ФИЛМСКА АНИМАЦИЈА

Александар Кајевић

Садржај:

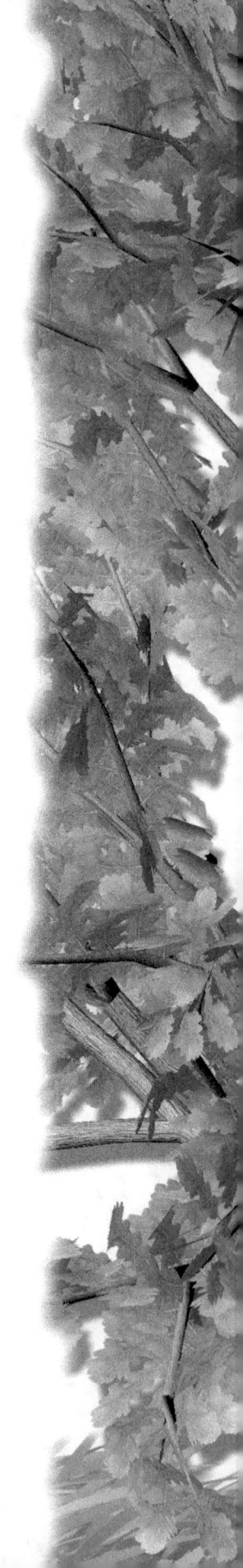

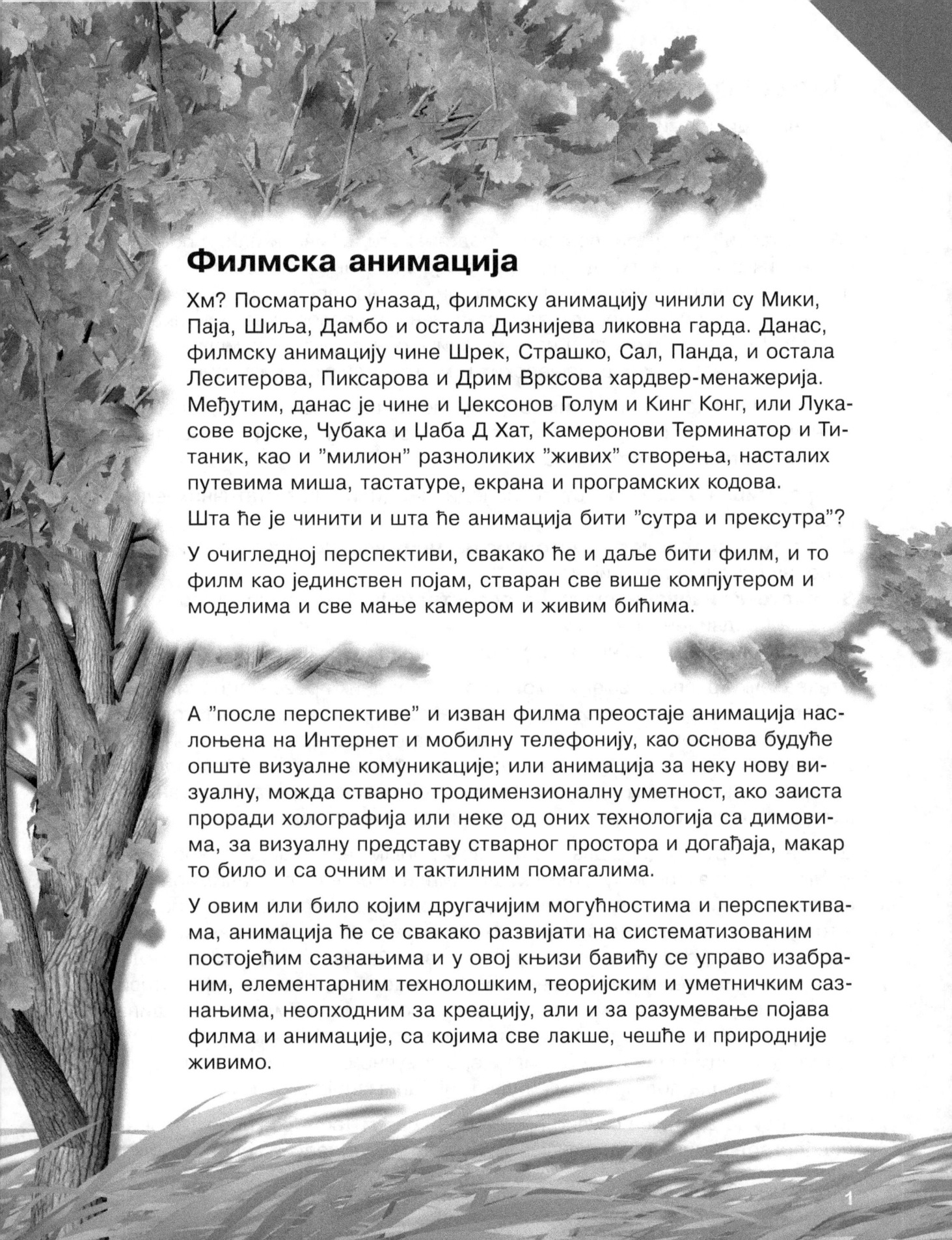

Филмска анимација

Хм? Посматрано уназад, филмску анимацију чинили су Мики, Паја, Шиља, Дамбо и остала Дизнијева ликовна гарда. Данас, филмску анимацију чине Шрек, Страшко, Сал, Панда, и остала Леситерова, Пиксарова и Дрим Врксова хардвер-менажерија. Међутим, данас је чине и Џексонов Голум и Кинг Конг, или Лука-сове војске, Чубака и Џаба Д Хат, Камеронови Терминатор и Ти-таник, као и "милион" разноликих "живих" створења, насталих путевима миша, тастатуре, екрана и програмских кодова.

Шта ће је чинити и шта ће анимација бити "сутра и прексутра"?

У очигледној перспективи, свакако ће и даље бити филм, и то филм као јединствен појам, стваран све више компјутером и моделима и све мање камером и живим бићима.

А "после перспективе" и изван филма преостаје анимација нас-лоњена на Интернет и мобилну телефонију, као основа будуће опште визуалне комуникације; или анимација за неку нову ви-зуалну, можда стварно тродимензионалну уметност, ако заиста проради холографија или неке од оних технологија са димови-ма, за визуалну представу стварног простора и догађаја, макар то било и са очним и тактилним помагалима.

У овим или било којим другачијим могућностима и перспектива-ма, анимација ће се свакако развијати на систематизованим постојећим сазнањима и у овој књизи бавићу се управо избра-ним, елементарним технолошким, теоријским и уметничким саз-нањима, неопходним за креацију, али и за разумевање појава филма и анимације, са којима све лакше, чешће и природније живимо.

Порекло речи и појма анимација

Реч анимација латинског је или грчког порекла. **Anima** (грчки), односно **Animus** (латински), означава дух, "душу". Латински **Animatio** означава оживљавање, давање душе, живост. **Animatio** означава и тренутак од кога се заметак у утроби сматра живим.

"Анимирати" означава: побудити, подстакнути, оживети или, у поетском и уметничком концепту, "дати душу нечијем кретању". Савремено значење и употреба опште прихваћеног појма "анимација" превазилази основно значење саме речи и представља сажимање у насловљавању конкретних уметничких и техничких дисциплина: анимираног филма, компјутерске аимације и разноликих дизајнерских и мултимедијских визуалних форми.

Појединачне дисциплине анимације представљају сложене технолошке и техничке системе стварања анимираног уметничког дела или производа, и то једноставним поступцима:

1. **формирања актера** - статичне јединице (или више статичних јединица);
2. **систематизованог просторног измештања актера** из статичне у наредну статичну позицију (позу);
3. **систематизоване визуалне регистрације** низа позиција (поза), актера на предвиђеном медију; и
4. **приказивања** (пројицирања), реализоване анимације.

Стваралачки распон између емотивно безвредних презентационих својстава анимираног производа реализованог претходном општом технологијом и истом технологијом реализованог вредног уметничког дела, дефинисан је само квалитетом "духа - душе" (**animusa - anime**), односно створеним психолошко-емоционалним својствима покрета и кретања актера, што значи створеним "животом" креираног лика.

До осамдесетих година двадесетог века, појам "анимација" односио се искључиво на аутономну филмску дисциплину са називом анимирани филм, са минималним учешћем у производима комерцијалног типа као што су пропагандни спотови, наставног типа (ткзв. техничка анимација), и текстуалним производима (шпице, наслови). Развој електронских (видео и телевизијских), технологија почетком седамдесетих година, није оставио траг на свеукупност анимације. Међутим, почев од осамдесетих година, развој и омасовљавање дигиталних технологија омогућили су значајну промену у свим аспектима анимације, закључно са формирањем појаве која се усталила под називом "индустрија анимације".

1982. године Дизнијев студио произвео је филм Трон (режисер Стивен Лисбергер), сачињен од значајне минутаже компјутерски генерисаних и анимираних модела, крајње поједностављених облика.

Џон Леситер је учествовао у формирању Пиксара 1986. године, а 1989. креирао је први краткометражни компјутерски анимирани филм Кник Кнак.

1991. филм Џејмса Камерона, Терминатор 2, садржао је скромну количину технолошки "тајанствено" реализоване, фасцинантне компјутерске, за тадашње услове хиперреалистичне анимације.

Пиксарова Прича о играчкама, доноси Џону Леситеру 1995. године Оскара за посебна достигнућа, за први дугометражни компјутерски анимирани филм.

Од 1999. до 2003. Матрикс и Ратови звезда укидају границу између аутономија креације класичних играних и анимираних филмова.

Од 2001. до 2003. године Господари прстенова Питера Џексона и Вете пробијају границу од једне милијарде зарађених долара.

Готово пола века од додељивања јединог Оскара аутору са ових простора Душану Вукотићу, за краткометражни анимирани филм Сурогат, у Србији није у целости створен нити произведен конкурентан дугометражни анимирани филм (Хачипу из 1987. или Филм Ноар из 2007. не могу се сматрати српским делима, с обзиром да се рад на њима сводио на пружање производних услуга).

Анимација је у протеклих четврт века експлодирала захваљујући дигиталним технологијама и техникама. Крај се не може наслутити ни у продукционом, као ни у уметничком и ауторском смислу. Такође се не може донети закључак о реалним уметничким и пословним перспективама анимације, с обзиром да је данашња анимација, у уметничком смислу, још увек дериват анимираног филма, а у пословном смислу, посебно у протеклих петнаестак година, исказује предимензионирану експанзију у пословним категоријама, са остваривањем годишњег новчаног обрта производа анимације у износу од неколико десетина милијарди долара. Овакав развој анимације паралелан је општем развоју информатичке индустрије, односно учешћу информатичких технологија и средстава у визуалним, аудитивним и комуникационим делатностима, и свакако је то простор за неке од смерова садашњости и будућности анимације.

С обзиром на текуће околности технологије и тржишта, уопштена анализа садашњости анимације чини се да исказује изузетно просперитетну будућност радника анимације (креатора, произвођача, техничара, информатичара, и осталих блиских дисциплина). Врхунска технологија (сам рачунар, основни улазни и излазни уређаји, основни програми), неопходна за самосталну ауторску или производну делатност анимације, набавља се за мање од половине вредности европског аутомобила ниже категорије.

Парадоксално је да је пре свега петнаестак година вредност основне професионалне технологије за реализацију анимације износила више од тридесетоструких данашњих вредности, односно више од 150 000$, без обзира да ли се радило о тадашњим радним станицама типа Силикон графикс са рендерингом на Креју, или Ајбиемовим радним станицама, са програмима типа Алиас, Вејвфронт, Софтимиџ, Топаз, или се анимација изводила класичном филмском технологијом: рострум камером и трик столом (слика десно). Тржиште савременог аниматора је цео свет, односно онај део света који је "покривен" електричном енергијом, авионским саобраћајем, Интернетом и телефонијом. Такође, пре споменутих само петнаестак година, тржиште је било класичног, државног и корпорацијског типа, без могућности за значајно заступање и промоцију самосталног аниматорског рада и ауторства. Јасни су показатељи овако просперитетних тенденција развоја посла анимације: данас је и студио Дизни само један од пословних система анимације, упоредо са Пиксаром, Дрим врксом, и јапанским, индијским, новозеландским и многим другим корпоративним системима у којима стотине уметника или техничара производи анимацију.

Овако идиличну перспективу за младог, талентованог креатора, који би желео да каријеру изгради у некој од изванредно забавних, екстремно интересантних и добро плаћених дисциплина производње анимације за потребе филма, телевизије, компјутерских игара, комерцијалних производа, мултимедијског дизајна у најширем, архитектонске, аутомобилске, авио, и свих осталих индустрија, озбиљно нарушава онај (поред технологије и тржишта), трећи и данас најзначајнији фактор развоја савременог човечанства: знање. И то не у толикој мери знање које је неопходно за комуникацију и управљање дигиталним технологијама, већ знање основа саме материје анимације, које чини вишевековно знање класичних дисциплина сликарства, вајарства, графике, музике, текста, као и једновековно знање уметности филма и анимираног филма. Управо примена тог типа знања чини Кинг Конга, Голума, Страшка и Сала, и остале савремене, оживљене јунаке, добрим анимацијама, исто као и у случајевима Бамбија, Паје Патка, Којота и Птице Тркачице, "оживљених" пре више деценија.

Примена класичног типа знања биће доминантна све време постојања садашњих дводимензионалних пројекционих медија анимације: филма, видеа и екрана. Такође, елементи класичног знања уграђени су у алгоритме најсавременијих програма за компјутерску анимацију симулацијом (наредна илустрација), као што су Позер и Ендорфин, који су представљени управљачким интерфејсом и основним командним менијима.

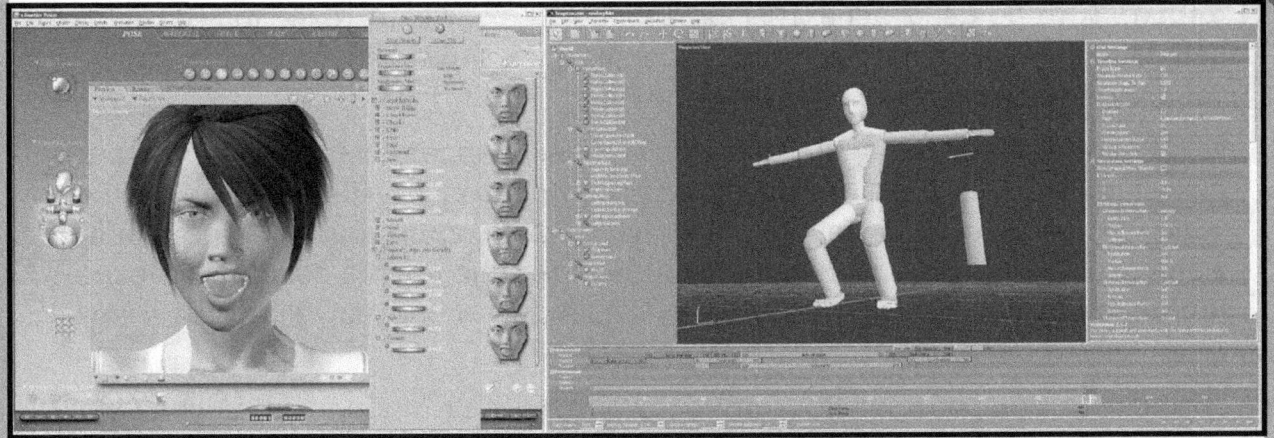

О анимацији, односно о анимираном филму, цртаном филму, компјутер-ски генерисаном филму, написано је и нацртано неколико изванредних књига, неколико десетина разноврсних приручника и стотине публикаци-ја.

Ова књига није писана са жељом да обједини и систематизује сва пос-тојећа и објављена знања из области анимације. Посебно и из разлога што су значајни аспекти знања класичне анимације у многоме измењени и адаптирани с обзиром на потпуну израду компјутерским средствима, а не класичном рострум камером на трик столу. Концепт овог писања је практична књига, уз чију помоћ ће читалац и корисник моћи да овлада свим основним технолошким процесима израде савремених производа или уметничких дела дводимензионалне анимације, као и да произведе визуално-аудитивно "писмен" ауторски филм или филмски производ.

”Анимација” и филм

Данас, када помислимо, изговоримо и употребимо реч "Анимација", ми се уопштено односимо према појавама из филмова, телевизијских еми-сија, музичких и пропагандних производа-спотова и осталих разноврс-них визуалних дисциплина, у којима препознатљива и непостојећа "бића" чине могуће или немогуће активности. Истовремено подразумевамо да су предметна "бића" и "активности" реализовани компјутером, односно дигиталним средствима и технологијама. Такође, не употребљавамо по-јам "анимација" за одређивање дела као што су: "Бамби", "Дамбо", "Ко-јот", "Симпсонови", "Тој Стори", "Саут Парк", већ користимо израз **цртани филм** односно **"цртаћи"**, или краткометражни филм, а за "Нид Фор Спид", "Томб Рајдер", "ФарКрај", користимо назив **"компјутерска игра"**. Иначе, у садашњости и блиској будућности, без обзира на жанровску припадност и одређеност претходних дела или производа, исправан на-зив за поменута визуално-аудитивна дела и производе јесте "**анимирани**

5

филм", и то по свим аспектима креативне, техничке и технолошке реализације, од идејне припреме и сценарија, преко третмана актера и карактера, до реализације сличицу по сличицу.

Иако ће компјутерска анимација сопственим напредним технологијама симулација, као и базама података, убрзо превазићи многе постојеће методе технолошке реализације анимираног филма, до даљег ће остати важећа ограничења излазних, пројекционих медија филма-телевизије-екрана, односно медија који омогућавају рецепцију и спознају кретања и времена чулом вида.

Дакле, све док развој човечанства не омогући да "пободемо" чипове у главу и да слике примамо и шаљемо уз помоћ директних електромагнетних стимулација мождане масе, анимација ће бити само стари, класични "анимирани филм", односно визуално дело реализовано "сличицу по сличицу", и пројицирано брзином која омогућава људском оку да спозна мек, континуелан покрет.

Ова књига ће се у наставку бавити стваралачким и технолошким основама анимираног филма. У маниру савремене комуникације и поједностављивања, употребљаваћу опште-прихваћени назив "анимација".

Анимација садашњости и будућности изванредна је уметничка дисциплина. Изванредна је у свим аспектима уметности, од ауторских слобода и стваралачких могућности, до техника и технологија реализације уметничког анимираног дела.

Анимација је уметничка визуална делатност. Заснована је на двема појавама, реталној перзистенцији и филмској технологији.

Ретинална перзистенција је медицинско-физиолошка способност (или недостатак), људског ока да прима и памти светлосне надражаје у малим временским јединицама. Из разлога овакве "лењости/тромости" ока, свест о слици и кретању формира се у људском мозгу на основу "пакета" светлосних информација о садржају пред оком.

Тестирајте ову појаву на најједноставнији начин: посматрајте своју статичну шаку, раширених прстију, са удаљености читања, 25 до 30 сантиметара. Јасно опажате и свесни сте свих својих прстију, укључујући детаље коже. Све је "оштро", како је и приказано на наредној слици означеној бројем 1. Лагано, један циклус у секунди, померајте шаку лево-десно. И даље сте свесни својих прстију, али детаље коже не можете распознати, (слика 2). Машите, што брже, лево-десно (3-5 циклуса у секунди), и уместо препознатљивих и дефинисаних прстију, имаћете свест о ритмичном, размазаном, неоштром покрету сивих површина (слике 3 и 4).

Ретинална перзистенција је учинила да се у свести посматрача формира

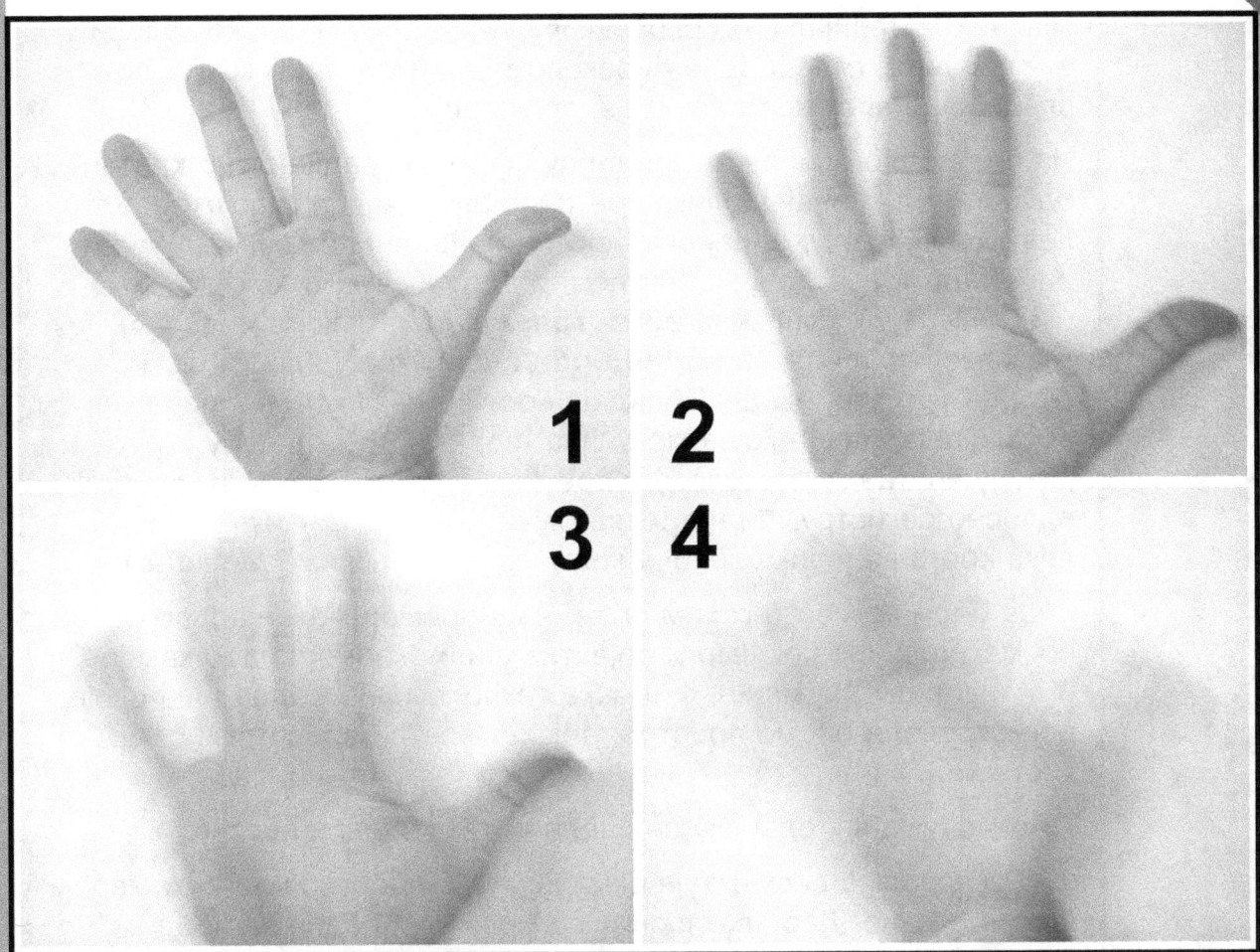

слика сачињена не из континуелног прилива светлосних надражаја и ин-
формација, већ из ритмичног низа пакета светлосних података из људс-
ког ока, а да су за време сваког појединачног пакета, шака и прсти пре-
лазили одређени пут пред оком, експонирајући истовремено и себе, као
и позадину преко које су прелазили. Кад не би постојала овако изражена
појава, односно кад би људско око реаговало на светлосне надражаје
сварно континуелно, или у светлосним пакетима-импулсима краћим од
нпр. 1/200 секунде, ми бисмо све време имали свест о оштрим прстима
током махања, готово као за време посматрања статичне слике. Обратно,
када би ретинална перзистенција условљавала регистровање светлосних
надражаја у трајању од нпр. 1 секунде по пакету, живот би нам био као
експериментални или надреалистички филм, све у **motion blur**-у, односно,
све неоштро и размазано. У реалности, можемо закључити да стандард-
но људско виђење региструје и памти светлосне надражаје у распону од
1/15 до 1/120 дела секунде, и у оквиру оваквих вредности формира се
слика у нашој свести о кретању и свим осталим вредностима: контури,
боји, перспективи и детаљима. Значајно је констатовати да се управо у
датом интервалу од 1/15 до 1/120 дела секунде, врши и пројицирање ви-

зуалних материјала, од екранског **avi**-ја и **mov**-а, преко телевизијске слике, стандардне биоскопске филмске пројекције, до специјалне **showscan** филмске пројекције.

На претходно описаном принципу формирања свести о кретању, односно формирању слике кретања, заснован је и други предуслов за анимацију, **филмска технологија**, чији су основни чиниоци: **медиј**, осетљив на светлост (филмска трака, електронска цев, **CCD** чип); уређај за **регистрацију** (филмска, видео, **DVD**, **HD** камера); уређај за **пројицирање** (филмски, електронски, **LCD**, телевизор, екран). У садашњости, овако конципирана технологија, једина је која омогућава "верну" регистрацију и пројекцију кретања у простору и времену, и то управо у "пакетима", односно региструјући и пројицирајући низ статичних слика делова кретања (слика лево) у кратким временским јединицама.

Када бисмо, уместо голим оком, наш пример махања шаком посматрали кроз окулар и објектив филмске или видео камере и активирали снимање, филмска технологија би одрадила своје: регистровали бисмо простор, објекат кретања, време и само кретање.

Током снимања, одвијају се следећи технолошки поступци:

1. Светлост се рефлектује са објеката и простора пред камером на све стране. Део светлосних зракова који падну на предње сочиво објектива камере (слика испод), пролази и прелама се кроз сва сочива објектива и формира обрнути и пропорционал-

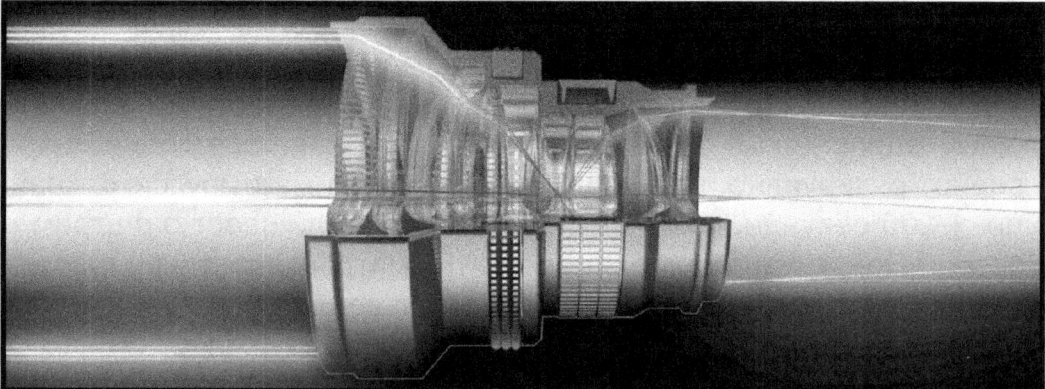

но умањени лик свих просторних чинилаца у видном пољу објектива (захватном углу објектива - прва слика на наредној страни). "Уоштравањем" објектива (уздужним померањем сочива), формира се "оштар" лик у уоквиреној површини такозване експозиционе капије (друга слика на наредној страни). Дакле, оштар лик актера и сцене, ствара се од континуелне светлости, проласком кроз објектив камере, у позицији експозиционе капије.

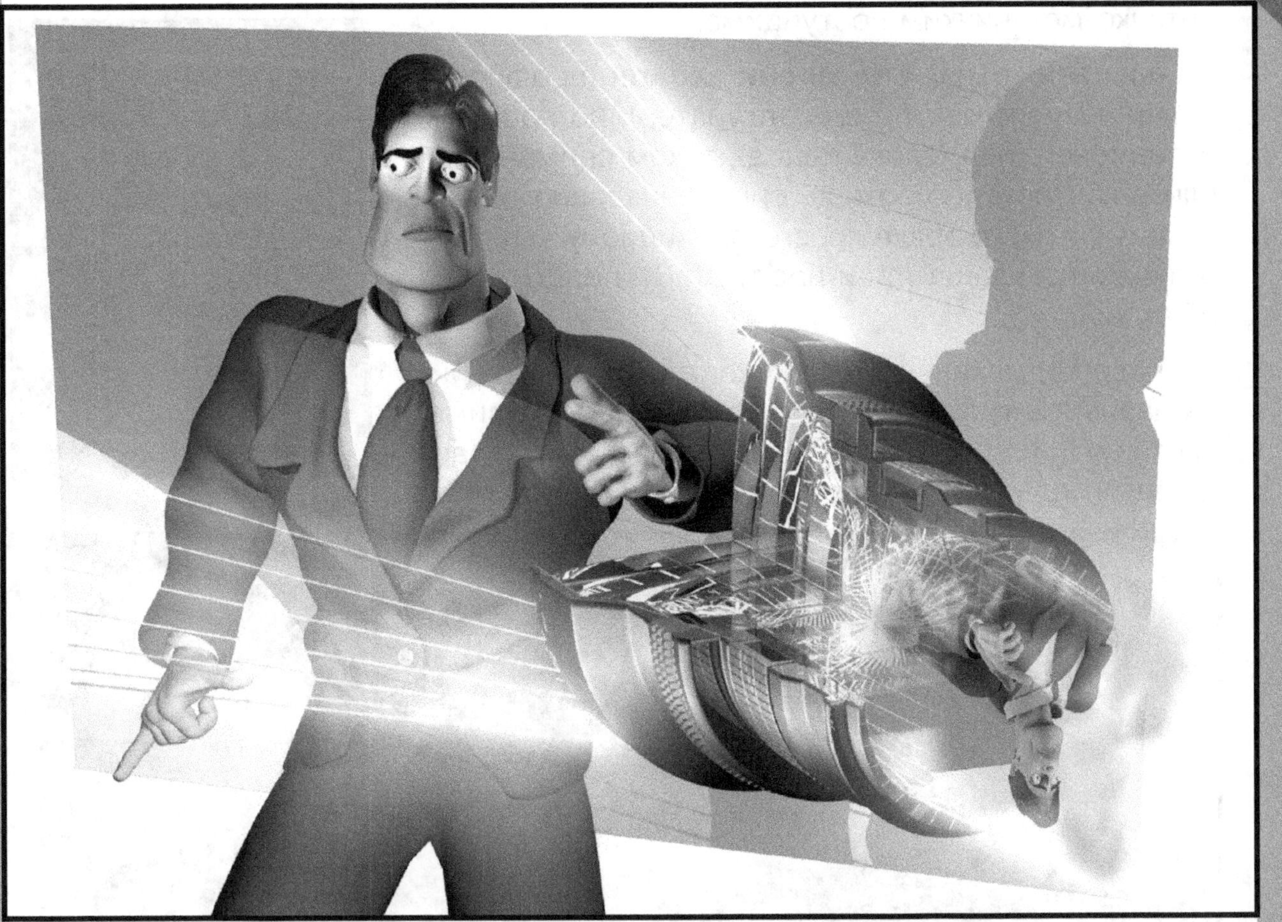

2. Медиј за регистрацију слике, у овом случају филмска трака, из спремишта улази у тело камере, пролази својом путањом, експонира се и, носећи латентну слику, излази из тела камере и намотава се у пријемни део спремишта. Трака се својом путањом креће континуелно, изузев током пута кроз експозициону капију, односно током експозиције (регистрације претходно описаног светлосног, обрнутог и умањеног), лика снимане сцене, када се трака креће испрекидано (крени/стани кретање, односно интермитентно кретање). На слици на врху наредне стране приказани су механизми кретања филмске траке и експозициона капија на анимационој камери произвођача **Crass**.

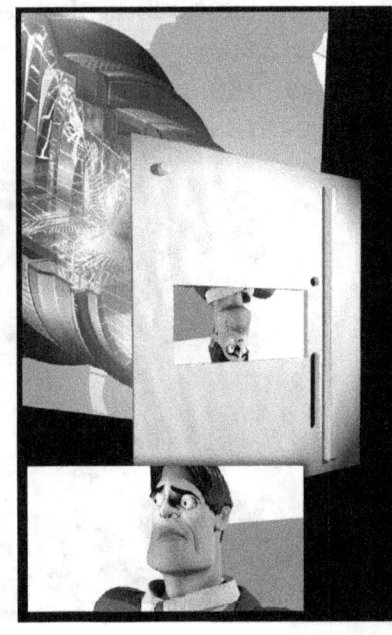

3. Сама експозиција (или "бележење светлошћу"), односно регистрација сцене и кретања објеката у сцени на светлосно осетљив медиј, одвија се следећим, суштински фотографско-филмским и оптичко-механичким поступцима:

а) посебан уређај, **светлосни заслон** (професио-нални назив је сектор или оптуратор), по правилу ротационог типа (слика испод), током снимања слике континуелно ротира, синхронизовано са кре-тањем филмске траке кроз експозициону капију, ритмично заклањајући и пропуштајући светлост из објектива.

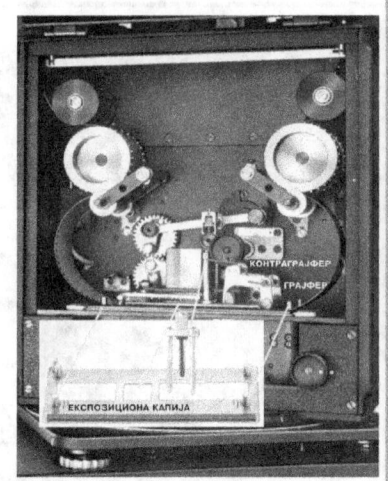

б) посебан механички склоп кога чине елементи са називима **грајфер** и **контраграјфер**, преузима кретање филмске траке у телу камере, претварајући и континуелно кретање у испрекидано (иста сли-

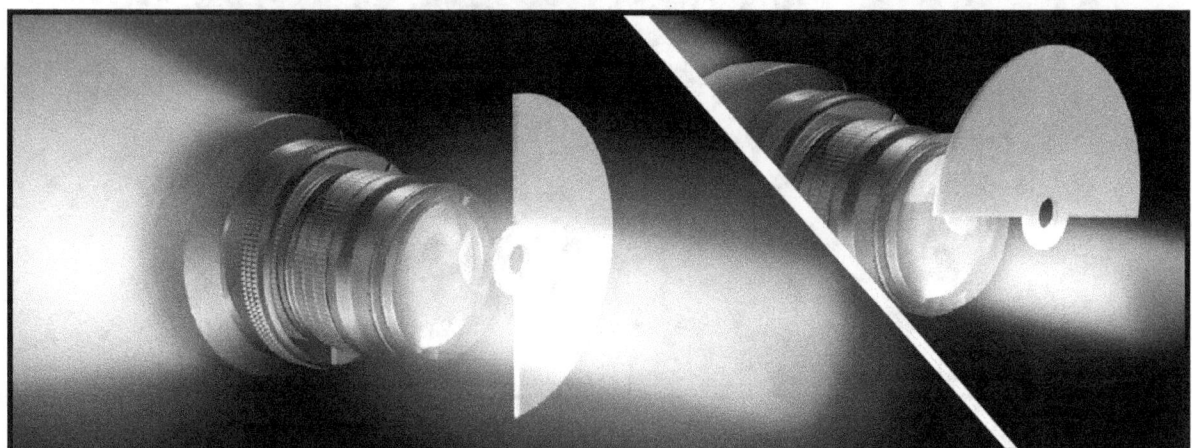

ка **CRASS**-а на врху стране). Синхронизованост са светлосним заслоном обезбеђује да је, током стања кретања траке, светлосни заслон прекрио отвор експозиционе капије и онемогућио проток светлости (слика испод). У наставку, током стања мировања траке у капији, отвор светлосног зас-лона прелази преко отвора експозиционе капије, и светлосни лик сцене, објеката и дела кретања у сцени региструје се на филмској траци. Током

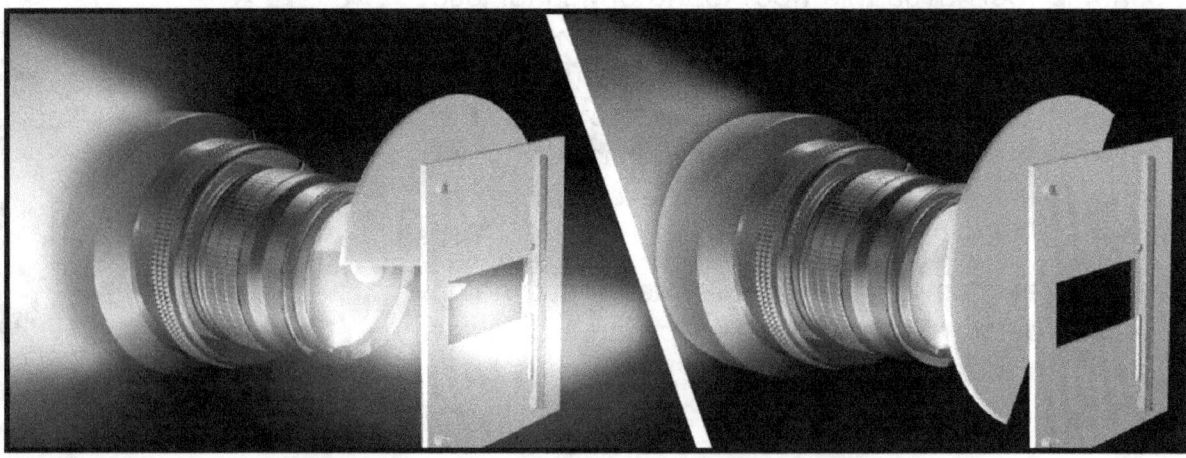

снимања сцене, овај поступак изводи се ритмично 24 пута у секунди, током чега се филмска трака 24 пута покрене у мраку, стане, и осветли кроз објектив. Сличан је концепт регистрације кретања и у видео и дигиталној технологији, али се изводи сасвим другачијим електронско-електромагнетским поступцима и брзинама од 25 сличица у секунди у Европи (**PAL** систем), односно 29,92 сличице у Америци (**NTSC** систем).

Дакле, постојећи уређаји за регистрацију континуираног кретања снимају кретање (а на готово идентичан начин и пројицирају и репродукују кретање), уз помоћ статичних слика-**фотограма** кретања брзином од 24 или 25 статичних сличица ("исечака" кретања), у секунди. На овом складу:

А. суштине **филмске технологије** коју чини регистрација кретања брзином од 24 статична фотограма у секунди, и

Б. **ретиналне перзистенције** са резултатом стварања свести о слици складног и меког кретања брзином од око 24 светлосна надражаја ока у секунди,

заснована је уметност и технологија анимираног филма и анимације: уметност генерисања, стварања, синтезе кретања било ког и било каквог објекта или актера, израдом статичних јединица у виду делова замишљеног покрета (фаза), и регистрације камером, снимањем сличицу по сличицу, као на илустрацији "хода прстију" на страни 8.

У техничком и сазнајном концепту, уметност анимације јесте уметност стварања и синтетизовања кретања, промишљањем и реализацијом сличицу по сличицу (фотограм по фотограм, **frame by frame**).

Иако је компјутерска анимација, у свим изворним аспектима, изван претходног концепта и дефиниције, ипак се до даљег, све док се визуални производи кретања пројицирају постојећим технологијама, ова ограничавајућа дефиниција анимације и анимираног филма може готово дословно применити и на уметничка дела и производе који су реализовани компјутерском анимацијом.

Визуално причање прича

Анимација је један од начина и могућности за причање или препричавање прича. За разлику од многих постојећих форми причања (текстуалних, вербалних, ликовних, извођачких, секвенцијалних, мултимедијских), **frame by frame** приповедач или песник, креатор је апсолутно свега визуалног, закључно са креацијом кретања.

Анимација у било ком материјализованом облику (филмска, видео, мултимедијска, а посебно компјутерска анимација), јединствена је уметничка дисциплина којом се ствара кретање. Такође је јединствена у слободи стварања кретања од свих могућих ликовних или пластичких форми (цртеж, пластелин, колаж, фотографија, модели, жива бића), апстрактних или експерименталних форми (гребањем или цртањем по филмској траци, мултипликацијом светлости и трагова сенки, анимација песка, тиме-лапс анимација), као и хиперреалних или хиперфикционалних форми (макете, симулације природних феномена, звездани објекти и догађаји, експлозије, и слично). Потпун визуални склад причања у ликовима и кретању неспојивих и хиперреалних и хиперфикционалних објеката и догађаја, најизраженији је такође у компјутерској анимацији за потребе дугометражних филмова, било анимираних у целости, или комбинованих са "живом" сликом.

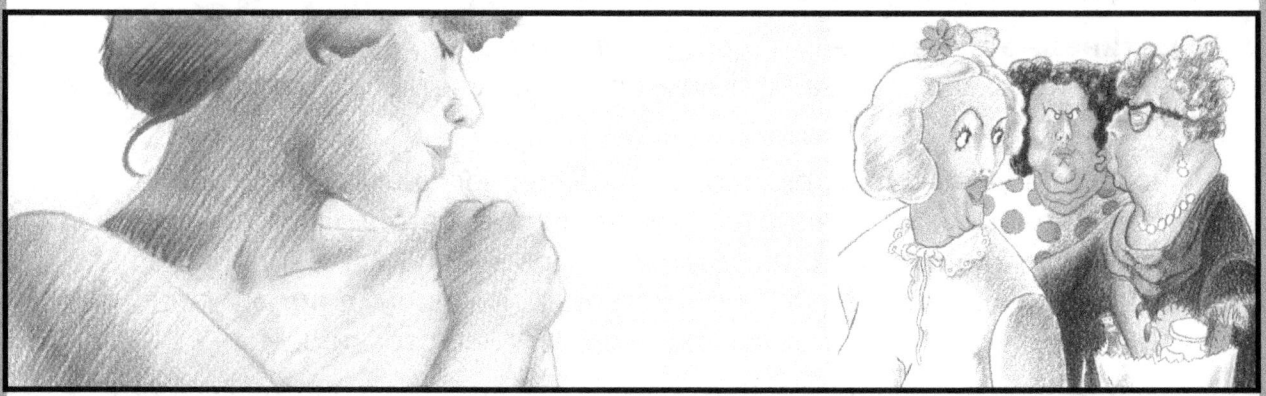

Као и свака испричана прича, и прича језиком анимације има своје симболе-знакове, своју морфологију и своју граматику, плус и јединствену технологију.

Језик досадашње анимације, укључујући и компјутерску анимацију, дословно је језик филма (филмске слике и звука), и сачињен је од: кадра, плана, ракурса, покрета камере, реза и монтаже. Технологија анимације, иако зачета као дериват филмске технологије, у савременом окружењу и захваљујући дигиталним алатима, у многоме је превазишла значајна ограничења класичне анимације засноване на камери и трик столу. Управо је беспрекорно познавање свеукупне технологије анимације предуслов за креативно визуално причање прича било којим анимационим обликом.

Данас је лако причати анимацијом. На пример, поставите у хоризонталан положај свој фотомобилни телефон, ходајте улицом у време гужве, снимите по један фотограм на сваких пет секунди, и за петнаестак минута снимања имаћете у меморији 180-200 фотограма. Пребаците слике на рачунар **IC**, **USB** или **Bluetooth** конекцијом. "Увуците" цео низ слика у Премијер 3 пута, и то са постављањем репродукција да свака слика траје по: 2 фрејма; 4 фрејма, 10 фрејмова. Увуците на аудио канал Премијера

"Бумбаров лет" или Бон Жовијев "**My Life**", и исеците аудио после 55 секунди. По жељи поставите своје А2, А4, А10 кадрове на видео траг, сецкајте их, убрзавајте, успоравајте, пројицирајте уназад. Евентуално додајте и неки филтер и ликовно пореметите оригиналну слику. Обавезно на почетак и на крај додајте по два натписа. Први је назив филма (измислите нешто што звучи поетично или употребите неки латински израз). Други натпис је "**Film by ...**", па ваше име и презиме. Трећи натпис је: Крај или **The end**. Четврти је **Directed by** ... па опет ваше име и презиме. Све ово експортујте из Премијера на неколико **DVD** медијума, одштампајте шарене налепнице и пошаљите на најмање 30 мање важних, од неколико стотина постојећих светских фестивала анимираног филма, у категорију од 1 до 5 минута. Вероватно ће Ваш филм бити приказан у конкуренцији најмање на једном од фестивала, што ћете одмах објавити у штампи као један од значајнијих успеха домаћег анимираног филма и кинематографије уопште. А све то би и био стварни успех, с обзиром да бисте у тако реализованом сопственом филму применили класичну стоп-фрејм технологију анимираног филма, остварену најсавременијом дигиталном нелинеарном монтажом, у професионалном формату и паковању, плус и са применом специјалних визуалних ефеката. И све то за укупно не више од 10 часова рада и уживања (10 минута снимања, 5 минута трансфера на компјутер, 10 минута трансфера у Премијер, 1 сат монтаже, 1 сат специјалних ефеката, пола сата рендеринга, пола сата експорта на **DVD**, плус још око 6 сати и 35 минута транспорта, кафе и сокића, евентуалног ресетовања програма и оперативног система, и другарских телефонских разговора его-емоционалног типа: имам нови филм...

Целокупна претходна креативно-продукцијска конструкција је, иначе, тачна и из године у годину примењујем је управо на уводном предавању, када збуњене студенте натерам да "потегну" своје изванредне фотомобилне телефоне и да међусобно реализују - **пиксилацију**, технологију класичне анимације људи . Њихова збуњеност се лако претвори у задовољство када, на следећем предавању, после мање од сат, сат и по утрошеног рада мојих асистената, одгледају 3-4 варијанте филма из свог фото материјала, различито измонтираног, са различитим музичким подлогама и потпуно различитог контекста и осећаја, од акционог дешавања до "љубавне" приче. Резултати оваквог "креативног надражаја" уочавају се за неколико месеци заокруженим и "писменим" анимираним испитним филмићима и учешћима, па и плакетама и наградама, на заиста и светски признатим фестивалима.

На илустрацији на врху наредне стране приказани су фотограми из неколико "фестивалских" студентских филмова.

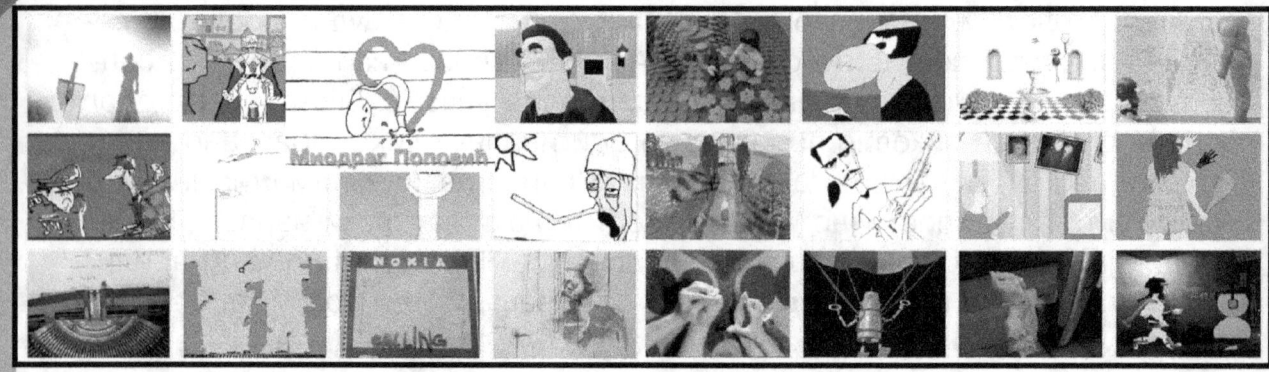

Данас је изузетно лако "причати" анимацијом.

Пре свега двадесетак година, снимајући цртано-играни филм Хачипу, могао сам, заједно са асистентом, да реализујем највише 15-20 секунди анимираног материјала, за пуних 8 сати снимања на трик столу, под пуном концентрацијом. Претходно је филмска екипа од око 40 цртача и аниматора, проводила сате исцртавајући и колоришући сваку појединачну слику цртаног филма, намењену композитном снимању. Креирати анимирани филм пре тих свега двадесетак и више година, био је подухват који се мерио десетинама утрошених јединица: дана, људи, хиљада новчаних јединица. Све се то потпуно и револуционарно изменило новим технологијама слике и аудиа.

Данас је заиста лако причати анимацијом. Односно, у стварности, лако је брбљати анимацијом. Добро причати анимацијом данас је тешко као и пре двадесет, четрдесет, и осталих година, јер је квалитет причања сакривен иза саме технологије, односно квалитет причања и анимације не обезбеђују само технолошка средства за производњу и пројицирање појединачних слика једног филма. Управо квалитет "доброг причања" анимацијом јесте оно што чини уметност анимације у односу на свакојаке производе технологијом анимације. Но, потпуно и беспрекорно познавање свеукупне технологије анимације јесте неопходан предуслов за остваривање форме којом се досеже уметност анимације. Иако је разноврстан део технологије који се односи на саму реализацију анимације (различито се реализује цртани филм, лутка филм, фото-филм, а посебно компјутерски анимирано дело), свеукупна технологија је јединствена и још увек је комплементарна и блиска обрасцима стварања играног филма.

Основе анимације у овој књизи биће представљене на примеру целокупног стварања дугометражног цртаног анимираног филма, с обзиром да је таква форма најпознатија, садржи готово све елементе неопходне за реализацију приче, који су уз то једноставни за уочавање, изучавање и систематизацију.

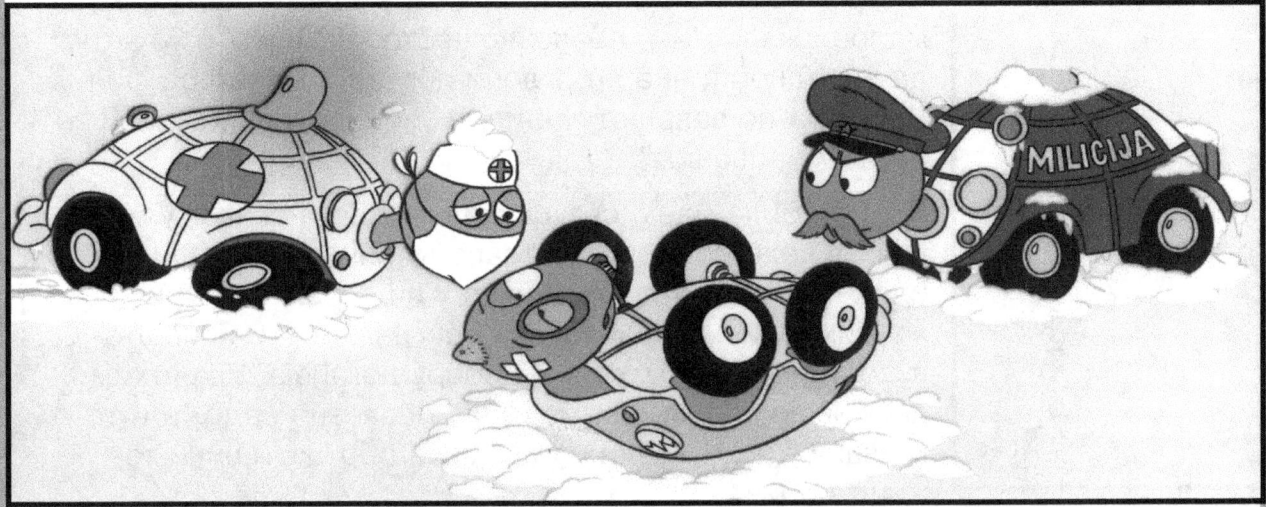

Реализација цртаног филма може се поједностављено систематизовати и изучавати у оквиру три велике стваралачке целине:

1. **Ауторска припрема** (идејна и текстуално-цртачка);

2. **Техничко-технолошка реализација** анимације;

3. **Монтажа и финализација** слике и звука;

Ауторска припрема

Ауторска припрема садржи следеће кораке: **идеју** филма, **текстуалну припрему** (прича и сценарио), **цртачку припрему** (разрада ликова, скице сценографије и визуелног концепта) и израду **сториборда**. Исправна и потпуна ауторска припрема најзначајнији је корак у изради анимираног филма, посебно у финансијском, организационом и креативном смислу. У финансијском смислу, ауторска припрема не мора "ништа" да кошта, а може да донесе "све" (инвеститора). У организационом смислу, ауторска припрема разрешава све аспекте касније технолошке реализације, од састављања екипе, до израде продукционог плана и саме реализације. У креативном смислу је и најзначајнија, јер рад на причи, сценарију и сториборду причињава велико задовољство, а завршетак сваке појединачне текстуалне и цртачке целине материјализује магловиту визију будућег филма, омогућава измене, корекције и унапређење, а може и да разбије илузије о аспектима одлучујућим за филм: квалитету и оригиналности, могућности реализације и, посебно, налажењу инвеститора или продаји идеје и сценарија.

Стварна идеја сваког анимираног филма одувек је била и заувек је једна

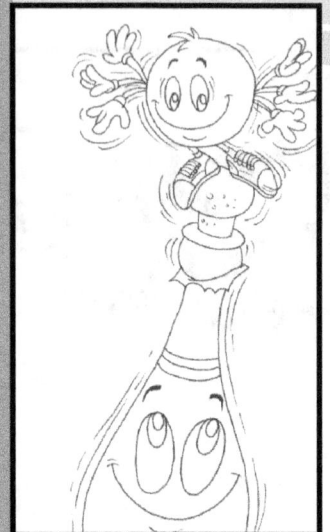

једина: "правим овај филм да забавим онога ко га буде гледао; свакако да гледаоца повремено и растужим, мало ражалостим, обавезно често насмејем и усхитим; да ни једног трена не склони поглед и мисао са филма; да га по завршетку филма учиним срећним; или бар замишљеним".

И то би била идеја сваког филма, као и сваког уметничког дела. У процесу стварању анимираног филма идеју третирамо прагматично у виду сажетка приче са максималним исказивањем оригиналности и маштовитости у опису ликова и избору догађаја. У кратким анимираним филмовима идеја обавезно садржи и такозвану "цаку", односно драмски обрт који чини тежиште приче.

Рад на филму управо и започиње "стављањем" идеје на папир, јасним, прецизним и сажетим реченицама, које акцентују главне ликове, догађаје и визуални изглед целокупног филма.

Идеја је добро реализована ако је изнета у 3-10 реченица, на трећини до две трећине просечне странице текста, тако да се читалац (по правилу потенцијални инвеститор, или професор који треба да одобри израду студентског филма), може "у даху" увући у све кључне елементе емоција, акције и општег изгледа, који ће предметни филм учинити "бољим од осталих" и вредним за даљу реализацију.

Прича филма садржи сажет опис главних јунака-ликова, сцена и костима, као и хронолошки опис свих важних догађаја, односно "радњу" филма. Прича се исписује фактографски, пожељно је организовати је у пасусима по сценама, без литералних фигура и поетских мисли и реченица. Прича би требало да заузме од две до пет страница текста (3500 до 9000 словних знакова), како би потенцијални инвеститор могао да се упозна са филмом за 3 до највише 10 минута читања, и како би постао довољно инспирисан и заинтересован да прочита целокупан сценарио (на мањој слици на наредној страни приказан је изглед три пасуса приче за филм Квинцес крофна).

Сценарио је кључна целина ауторске припреме. Колико је писање идеје и приче помоћна и информативна обавеза, толико је писање сценарија најзначајнија пословна обавеза, од креативне до формалне и форматне.

Не ваља ово. Не ваља. Требало је старом технологијом.

ГледаоцА:

(са рукама на устима, очајно)

...могуће, немогуће!!

Судија:

(...логурено нестајући низ степе-...иште, кроз облаке и врата)

...е ћу ракетом. Дефинитивно. На ...наестак дана. Што пре. А ако се ...а никад не вратим? Уфффф. Уффф.

Гледаоци Б1/2/3:

(...преплићу се погледима, изрази ...еописивог страха и језе)

...Мартела, не најлепша.

Не Млечни пут. Не бесповрат.

Не преко краја. Пепео је бољи.

Аааууууууууууууу.Ооооууууууууу.

Камера се удаљава од арене и нишана. Арена нестаје у дубини кадра. Около свемир. Све ређе звезде.

03.   ЕХТ, Свемир, сазвежђа, Пут ка Млечном Путу

У капсули, откопчавају се метални рукодржачи, спада плашт са Мартеле и указује се лик ружне и злобне старице. Душанка путује кроз свемир у капсули, гледа око себе, притисне дугме за отварање ролетни, указује се свемир и звезде које промичу. Душанка прича сама са собом, јадикује.

Душанка:

Да ли ја само сањам или се ово мени заиста дешава?..Не могу да верујем.....

Капсула пролази поред сазвежђа Велика Банана.

Душанка:

Шта је ово.. чек...чекај...стани...стани

(глас јој се све више и више утишава)

19

облачи се и чувши позив мајке на доручак, гаси телевизор, узима школску торбу и излази из собе. Кроз отворена врата, видимо је како доручкује и пије млеко које јој доноси мајка, чију сенку региструјемо при проласцима. Наратор прича причу о животу и делу принцезе Милчице и њеним школским успесима, док камера даје визуелни опис, фаровима по Милчиним стварима, школским наградама, спортским реквизитима и сликама и музичким албумима. Милчица искаче кроз врата напоље.

8. Милчица и Влада иду у школу.
Милчица на бициклу, Влада на ролерима (песма Квин-Бајсикл рејс), иду улицом према школи, разговарају код кога ће на журку. Влада мало јури сам, мало се држи за бицикл, мало за аутомобил заједно са Милчицом, и све време причају. Долазе до школе и улазе. Затварају се врата за њима.

9. Вештица прима извештај.
Ходник свемирске лабораторије. Ерклин придржава изнемоглог и преплашеног духа, водећи га до Душанкине спаваће собе. Дух дахће и једва се креће. Долазе до врата, провире и изненађено угледају Душанку како разговара (недовољно разговетно) са огледалом. Она их примети у огледалу, прене се. и умиљато. прикривајући огледало, испитује их. Дух панично описује како је страшна и опасна

За дугометражни анимирани филм од 75 и више минута, сценарио садржи од 75 до 100 и више страница стандардизовано форматираног текста са прорачуном да 1 до 1.5 странице текста износе око један минут филма (већа слика на претходној страни представља један од начина за форматирање сценарија).

Савремено писање сценарија подразумева јасно и прецизно форматиране следеће садржаје:

технолошке податке броја кадра и сцене, скраћене ознаке за простор, величину филмског плана, евентуални покрет камере, означено доба дана или ноћи и евентуалне карактеристичне визуалне детаље или ефекте,

име актера,

дидаскалије, односно текст упутстава актеру о понашању, кретању и емоцијама,

текст дијалога или монолога.

Иако постоје компјутерски текст процесори специјализовани за писање и форматирање текста сценарија (као што је **Final Draft**), текст сценарија се може беспрекорно форматирати у било ком програму за обраду текста, почев од стандардних верзија **Микрософт Ворда**. Рад се посебно убрзава дефинисањем 4 **макроа** за форматирање: технолошког текста, имена актера, дидаскалије и говорног текста. На претходном примеру сценарија уочљиви су сви форматни елементи сценарија. Наравно, насловна страна сценарија садржи: наслов и жанр филма, име аутора - сценаристе или групе сценариста, место и годину писања, ознаку или број ревизије сценарија. Сценарио је наиме жива материја: подразумева се ревизија и корекција целина или делова сценарија, све до тренутка усвајања и почетка снимања филма. У анимираном филму, адаптације сценарија врше се и током саме реализације, посебно у оквиру дијалошких секвенци или у случајевима надградње појединих ликова.

По упознавању са технолошким и техничким захтевима професионалног писања сценарија, преостаје креативна страна писања чије је тежиште на дијалошким и драматуршким захватима: шта актери-ликови изговарају; и како и када то у филму изговарају. Сценарио није самостална књижевна форма која ће бити боља ако садржи добре песничке описе, инспиративно исписане мисли, срцепарајуће комуникационе обрасце љубавне, акционе, трилерске и остале жанровске литературе.

Обратно, сценарио је само ауторска целина из које глумац и режисер недвосмислено морају увидети и применити идеје (или захтеве аутора-сценаристе), у грађењу лика и извођењу радње филма. То је посебно захтевно у реализацији анимираног филма, у коме непостојеће "биће" које је нацртано или компјутерски генерисано, треба да уведе гледаоца у причу; да гледаоцу омогући идентификацију са акцијом и комуникацијом; да гледаоца задржи у свом свету сваке секунде филма, са најавном и одјавном шпицом.

Књижевно умеће свакако да није безначајно у креативном писању сценарија, посебно у дијалозима (и осталим наративним елементима: **монологу**, **гласу из офа**, **наратору**), али није ни доминантно, јер је текстуални, говорни део причања приче само делимични учесник у причи филма.

Причање филмом и анимацијом јесте причање сликом, кретањем, тачком гледишта и укупним аудиом. Добро написан сценарио је основни потенцијал за добро реализовани анимирани филм.

Драматуршки аспекти анимираног филма засновани су, по правилу, на класичној хеленској драматургији којом се свака прича одвија по корачним целинама: **увод**, **заплет**, **разрада**, **врхунац заплета**, **расплет**. Услед брже савремене перцепције, значајно је "убрзана" и драматургија савременог анимираног филма, у смислу броја и интензитета појединих догађаја и акција, као и у смислу скраћивања времена за "описивање" самих догађаја.

Увод дефинише нормалност, уводи главног актера, дефинише простор, време и основну атмосферу. Увод упознаје а не оптерећује. Многи филмови уводе у причу класичним визуалним обрасцем отварања књиге-сликовнице и наратором: "**Било је то..., ту..., тада...**". Увод може бити и вербални, гласом наратора који прича пред-догађаје. Увод по правилу заузима од 2% до 10% филма.

Заплет чини догађај који ремети нормалност и иницира акцију. Заплет инспирише главног актера да реагује, да решава проблем, да се сукоби... Заплет је стожер приче. Без доброг заплета нема доброг филма. Дефинисање заплета и квалитет самог заплета није у зависности од утрошеног времена и може одузети различито временско трајање, и то од 10% до 30% укупног трајања филма.

Разрада је појам из драматургије класичних филмова и класичне, спорије перцепције визуалних надражаја, и односи се на целину причања којом се појашњава и употпуњава структура заплета. У савременом филму, уместо појма разрада, користимо назив "**градација преокрета**", у смислу формирања значајне временске целине после успостављања заплета, у којој се мора остварити циљ потпуног задржавања гледаочеве пажње, и то по правилу градуираним визуално-аудитивним садржајима у виду догађаја изненађења и, по правилу, преокретима изван основног смера, тока приче.

Када се садржаји градације преокрета одмерено и добро степенују, остварује се паралелно уздизање:

и **мотивације актера** до максимума,

и **идентификације гледаоца** са причом.

Градација преокрета је, по правилу, дужи део филмског причања који може да заузме и више од 50% филмског времена и представља значајан део за увођење осталих актера (епизодних улога), за балансирање њиховог учешћа у филму, за могуће измене и надградњу постојеће сценаристичке поставке, за све могуће корекције, па и за евентуалну измену жанровске концепције филма.

Климакс је врхунац заплета. Овај део је иза половине трајања филма и представља време највећег интересовања и највећег интензитета гледаочевих емоција. Добро изведен климакс неприметно произлази из градације преокрета. Добро изграђени актери и добро реализовани односи у климаксу, стварају у гледаоцу максимално ишчекивање, спречавају га да одвоји очи од екрана и доводе га у стање потпуне идентификације са филмом, односно до потпуне менталне припадности причи, невезано од невероватности самог цртаног или било како анимираног актера. Сам врхунац заплета, поред дијалога и акција које га чине, мора бити у потпуној временској корелацији са претходним драматуршким целинама, и гледаоц се у њега уводи са максимално подигнутим емоцијама и очекивањем. Прерано или прекасно успостављен климакс јако нарушава перцепцију филма и ремети гледаочеву припадност причи. Уосталом, овакви пропусти и јесу један од основних узрока постојања такозваних досадних филмова, односно филмова са којих гледаоци излазе или равнодушни, или пре истека одјавне шпице. Сам климакс може заузети око 2-10% филмског времена.

Расплет, односно део финалног обрачуна, данас је један од најинтересантнијих визуално-драматуршких делова филма. У концепту класичног причања, расплет укључује завршни обрачун претходно потпуно изграђених и остварених ликова. Расплет је део приче у коме побеђује или губи идеја главног лика. У савременом филму, расплет се употребљава и за визуалну демонстрацију текућих, најновијих технологија специјалних визуалних ефеката и импресивне компјутерске анимације, посебно у анимираним деловима живо-играних филмова, као што су Кинг Конг, Матрикс, Терминатор, Хари Потер и остали "разбијачи благајни". У функцијском смислу, расплет-финални сукоб, односно време око последње четвртине филма, требало би да у потпуности одржи највиши ниво претходно постигнутог емоционалног интензитета гледаоца. Расплет може узети разнолико време приче, од 10% до 20%, у зависности од тога да ли се њиме окончава прича, или из њега следи резолуција.

По правилу, на крају сваког сценарија и причања, следи **закључак** (односно резолуција), у виду излаза из филмске приче: шта се после десило са преживелима, да ли је младић оженио девојку, да ли ће се уништено зло појавити поново, и остало? Закључак је значајан као и сваки излаз: опушта претходно пренадраженог гледаоца и пружа му осећај заокружених доживљаја; поставља га у положај среће или му даје времена да обрише сузе. Закључак је и место филмске приче у коме се затварају или отварају могућности за наставак, за други део или неки претходни део у могућем серијалу, а у зависности од пословног (што значи финансијског), успеха или неуспеха самог филма. Резолуција се може извести за изузетно кратко време и у такозваном техничком и номенклатурном смислу, само набрајањем следа догађаја после краја филма, а може трајати и значајних 1% до 5% укупног трајања филма.

Претходна скица професионалног писања сценарија приказана је на примеру дугометражног, анимираног филма, као најпознатије форме која, иако комплексна у готово свим стваралачким аспектима, омогућава најједноставније изучавање, уочавање елемената и анализу драматуршке идеје и приче. Такође, односи се на писање сценарија у концепту такозване класичне линеарне нарације, а такав начин није једини начин филмског причања и писања сценарија. Стенли Кјубрик, Жан Жак Ано, браћа Коен и неколицина "генијалних" светских режисера причали су другачијим концептима драматургије. Дизни, Пиксар, Блу Скај Студио, и углавном највећи студији за анимирани филм, као и многи признати аутори, као што су: Џорџ Лукас, Џејмс Камерон или Џон Леситер, причају приче филмом управо на овакав начин. Са друге стране, многе кратке, анимиране, експерименталне или ауторске категорије анимираног филма, ни на који начин не могу се уклопити у претходни драматуршки концепт.

У сваком случају, како год и кад год се радио или не радио филм, сценарио је основни степеник за било који даљи корак у реализацији филма.

Story board је "усвојен" термин и означава "табле" цртежа приче, односно "нацртану" причу. **Сториборд** произлази из сценарија и предуслов је за почетак професионалне реализације анимираног филма било ког типа и било које дужине. Сториборд је креативна, ауторска позиција, у којој "камера" преузима причање приче. Савременим сторибордовима приписују се и придодају разноврсне функције као што су презентационе, пропагандне, артистичке или репрезентативне. Многе од ових функција и јесу стварне, посебно за добијање послова и средстава за кратке наменске и комерцијалне форме, типа пропагандних спотова или наменских производа, анимираних делова компанијских филмова или за презентацију индустријског дизајна. У случајевима оваквих сторибордова доминира артизам у врхунским ликовним квалитетима цртежа. У сфери филмске уметности, претходно набројани квалитети нису од пресудног значаја. Једино неопходни квалитети сториборда јесу исправни цртежи у смислу приказа: **изреза** слике, **тачке гледишта** и **видног угла** (односно плана и позиције из које ће камера снимити кадар); као и задовољавајући квалитет препознатљивости, величина и положаја елемената цртежа (актера, смера акције и елемената сцене и позадине). Поновићу на овом месту да је кључни значај и функција сториборда у ауторској припреми филма да камера преузме причање приче, што значи да је ономе коме је сториборд намењен (а то је, пре свега, филмска екипа, почев од режисера), неопходно цртежима дочарати шта ће садржати и како ће изгледати сваки кадар снимљеног филма. У професионалним условима, скица или кроки "чича Глиша типа", а правилног изреза, пропорција и перспективних усклађивања, испуњава све предуслове за квалитетан и функционалан сториборд. Фактографија и изглед уобичајеног професионалног сториборда приказани су на пратећој илустрацији.

TV-COMMERCIAL "BALOO DANCE"
3D VIDEO SYSTEMS

Scenario: KM & 3D VIDEO SYSTEMS

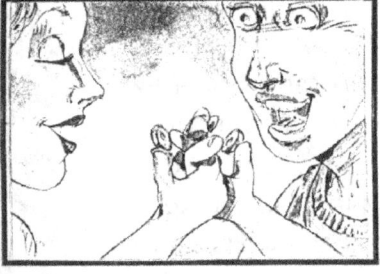

SCENE 1

Close-up of the two hands, fingers interlaced. Partly visible, happy faces of the teenage boy and girl, both of them throwing the BALOO candies into the mouth of the other one.

Flash - whitening of the whole screen. Music: the very beginning of the BALOO song: YEEAH...!

SCENE 2

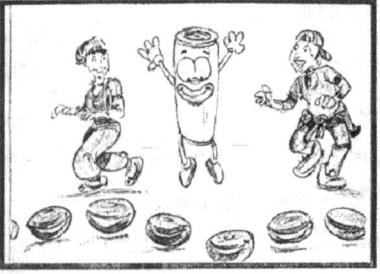

The same teenagers, boy and girl /MTV rap-styled, vivid colored, motley clothing/ seen dancing on a pure white background.

In the foreground, downscreen, a row of candies sing in chorus:
BA, BA, BALOO... simultaneously opening their "mouths", like tiny-little shells.

Falling from above /screen top/ , a "BALOO-GUY" /roll packing of BALOO, with the baseball cap, drawn-animated eyes, mouth, arms and legs/ jumps "on the floor" between the boy and the girl, shortly dancing with them.

SCENE 3

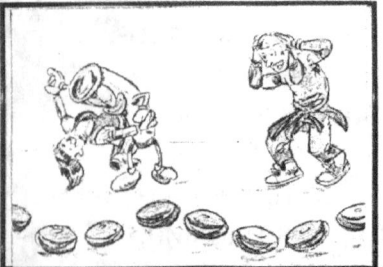

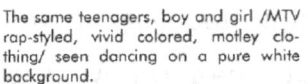

The BALOO-GUY steals the girl, breaks her down in a backward bending /as in TANGO/, and straightens her up

TV-COMMERCIAL "BALOO DANCE"
3D VIDEO SYSTEM

Scenario: KM & 3D VIDEO SYSTEMS

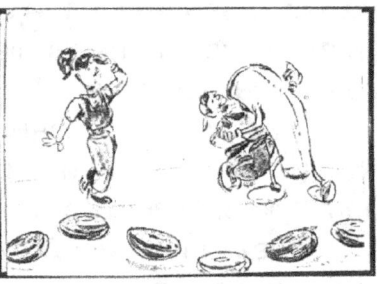

SCEN

...then he catches the boy, "bre him too /in a same manner/ straightens him up.

SCEN

The boy and the girl, on their t catching the BALOO-GUY, "bre him /in a same manner/, then t him upside down...

He looses his cap, and **a heap candies** fall out of package, "writi **BALOO** in the foreground, sing **YEEEAH!**

SCEN

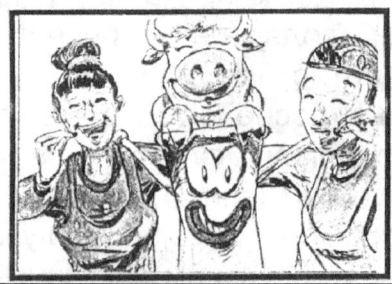

Flash. The three "heroes" of ours st smiling, hugged; the boy and the girl taking one more BALOO - the BAL(GUY winking at the camera. The peeps out /of the roll packing/ ha "saying" /like mooing/: **BALOO!** In the foreground, the title BALOO pears, made of candies slowly rock /following the rhythm of the music/.

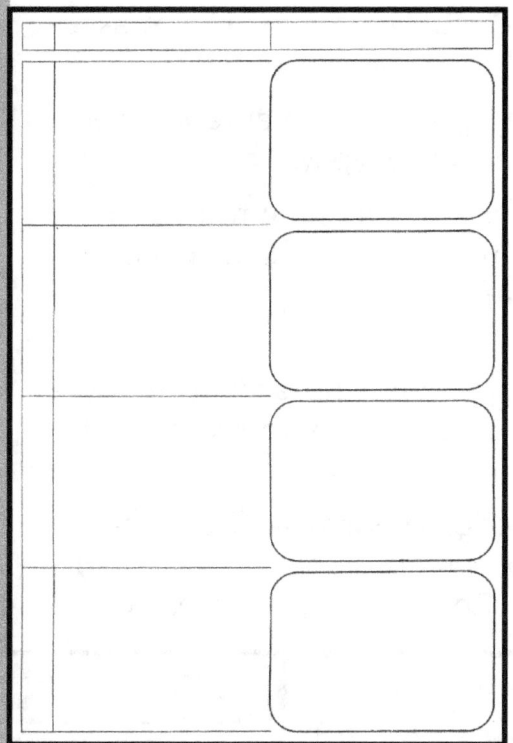

Сториборд се реализује на стандардном папиру А4, што је важно из разлога честих и брзих манипулација сецкања, фотокопирања, измештања сличица и текста, додавања кадрова, или за потребе једноставног и брзог умножавања. Папир се визуално подели по хоризонтали на леву и десну половину. Са једне стране се исписује текст из сценарија, са додавањем визуалних специфичности, посебно за употребу камере. Са друге стране су уоквирени правоугаоници за цртање. По вертикали, папир се дели на 3 или 4 једнака дела, за 3-4 цртежа са односима страница 4:3, што је стандардни однос страница телевизијског екрана или класичног, академског филмског изреза, или на 5-6 делова, у случају да се филм реализује технологијом широког екрана (**wide screen**), 1:1.85 или 16:9 или 1:2.40. У уоквирене правоугаонике уцртавају се цртежи за сваки кадар филма, и то у распону цртачког квалитета од линијског минимализма, претходно споменутог "чича Глиша" типа, до готово хиперреалних сенчених или колорисаних цртежа. Било који облик амбициозности у реализацији сториборда не би требало да превазиђе или промаши његове основне функције: први корак у причању визуалним средством; симулацију визуре камере за сваки појединачни кадар; лако сналажење и кретање кроз филм као и могућност развоја и унапређивања претходног сценаристичког причања.

Израда професионалних, односно исправних и употребљивих сторибордова заснована је на следећим правилима:

1. Режирајте сториборд: цртајте у прецизним филмским плановима и ракурсима.

2. Не цртајте воајерске кадрове, стално све из нормалне визуре, да се из цртежа у цртеж "стално све види". Цртајте из цртежа у цртеж у разноврсним плановима и ракурсима. Цртајте онолико различитих позадина и предњих планова колико би се заиста и захватило видним углом предвиђеног објектива.

3. Омогућите гледаоцу-читаоцу сториборда сталну и потпуну просторну оријентацију: започните сцену цртежом мастер кадра са свим актерима у свом делу простора и на свом почетном месту.

4. Омогућите гледаоцу сториборда да види емоцију актера: цртајте актере и у крупним и у детаљ плановима.

5. Омогућите гледаоцу сториборда да види акцију: цртајте актере у критичним позама, размазаног покрета, у израженом ракурсу.

6. Омогућите гледаоцу сториборда да види цртежима оно што нормално не би могао, баш као у филму: детаљ сузе у оку, центар експлозије бомбе, сусрет "очи у очи" са метком, лет низ зграду или лежање на шинама под возом који јури.

7. Мотивишите и интимизирајте гледаоца сториборда: цртајте цртеж погледом актера, преко леђа актера, из изражено поремећене тачке гледишта и видног угла.

8. Започните цртање сториборда најмањим бројем потребних цртежа, а то је: по један цртеж за сваки статичан кадар, по два за сваки покрет камере, по три цртежа за сваку значајну акцију. Потом додајте цртеже сву-

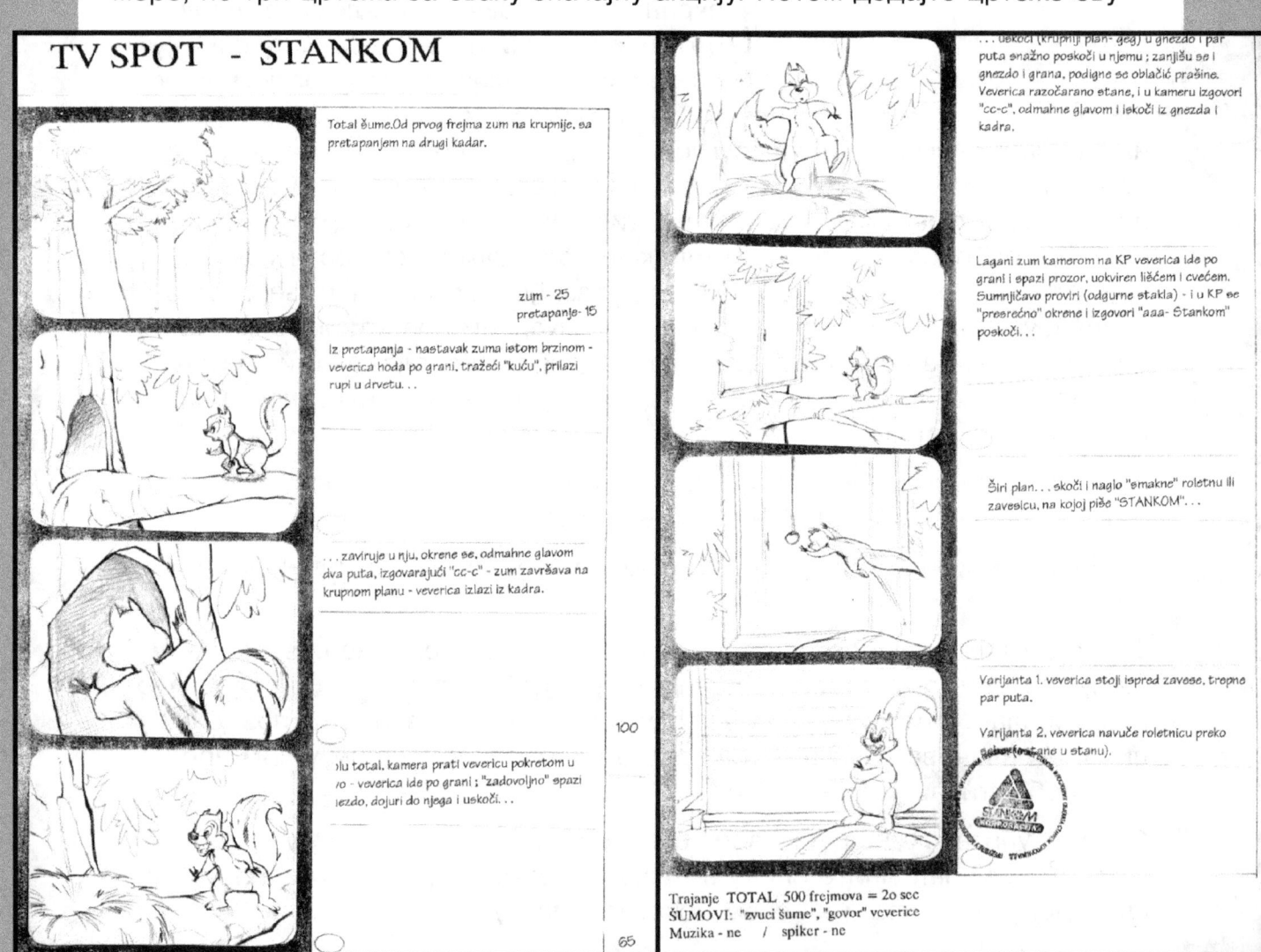

да где можете значајно појаснити или побољшати и развити причу. Кад исцртате сториборд целог филма једноставним линијама и поједностав-љеним-примитизованим облицима актера, и ако имате довољно средста-ва, платите доброг стрип цртача или сликара, да прецрта, осенчи и коло-рише све цртеже, а ви своје време искористите креативно и уметнички, истражујући и развијајући причу и визуру за сваки кадар. Можда ће мала промена видног угла и ракурса у појединим кадровима значајно унапре-дити филмичност приче и причања.

У сваком случају ручног цртања сториборда, не третирајте и не цртајте сториборд као слободну и произвољну визуалну, стрип форму. Такав на-чин није функционалан и одаје незнање. Посебно, улога доброг стори-борда не завршава се почетком технолошке реализације филма, увећава-њем и лепљењем цртежа по зидовима канцеларија филмске екипе, како би се сви учесници упознавали са тим шта се уопште ради. Исправан сториборд са добрим "фотографским" цртежима, може се употребити као целокупан лејаут у тест фази филма, по снимању говорног текста

А ако нисте заинтересовани за губљење времена потпуним ручним црта-њем и ако имате изграђен основни визуални и режисерски потенцијал, употребите неко од одличних дигиталних средстава и помагала за израду сториборда или за такозвану превизуализацију филма. Савремени прог-рами за израду сторибордова садрже све алате за класичан начин изра-де ручним цртањем и куцањем текста са значајним искораком у аутома-

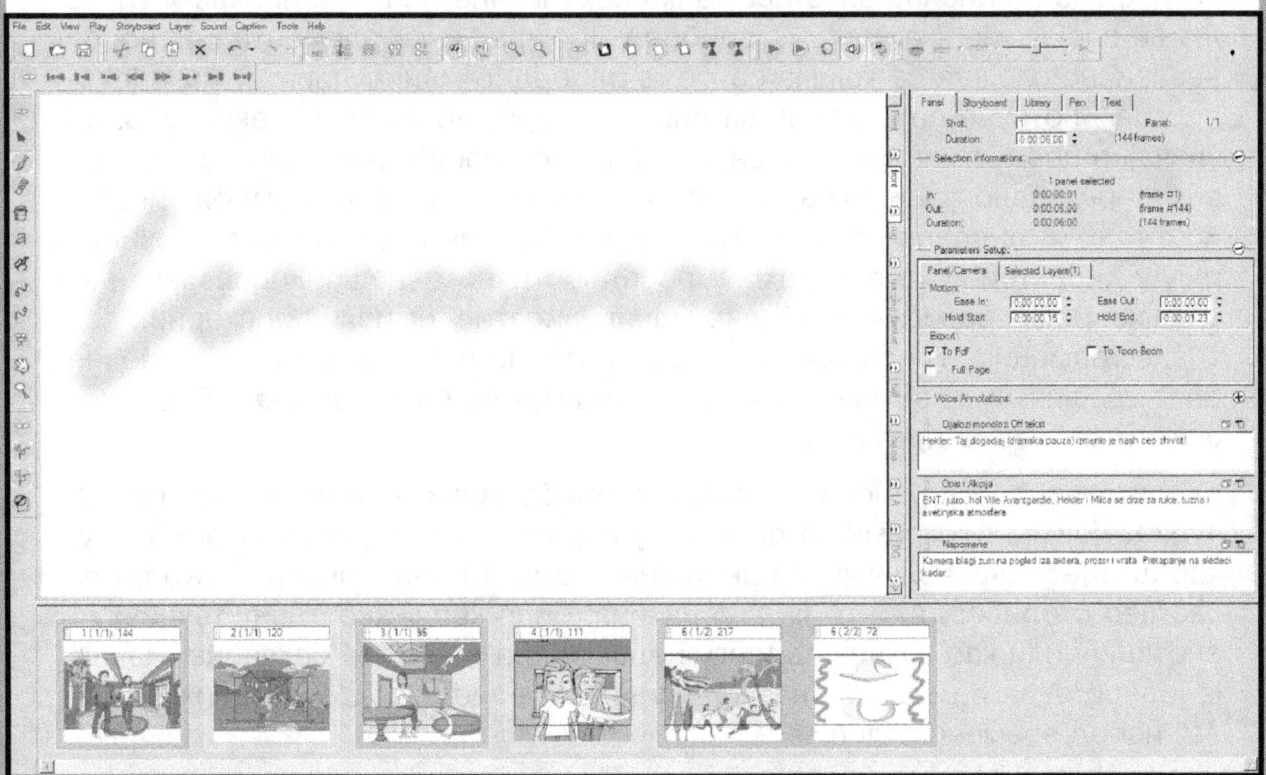

тизацији израде. Такође садрже не само напредне визуалне и форматске алате и корисничке архиве графичких елемената, већ и напредну "филозофију" у самом приступу сториборду, с обзиром да омогућавају и уношење аудио елемената, као и манипулацију "камером" и визуром. Производ дигиталне израде сториборда више не мора бити само табла цртежа, већ и прави, превизуализациони филм. Овакав начин израде сториборда демонстрираћу укратко уз помоћ програма Сториборд Про, фирме Тун Бум, чији је иницијални изглед приказан на претходној илустрацији.

Сториборд Про садржи препознатљиво графичко радно окружење. Чине га централни радни екран за цртање и уношење архивских елемената, изнад кога су командне линије са падајућим менијима или иконама основних извршних команди. Дуж леве вертикалне ивице смештени су основни алати за означавање, цртање, сечење, зумирање и остале елементарне радње. По доњој хоризонтали простире се временска линија, односно поље са сликама у редоследу. Са десне стране налази се велики радни панел са пет модула и то за управљање програмом, уношење текстуалних и временских елемената, цртање, дефинисање радног изгледа и завршног излаза сториборда, као и за рад са графичком библиотеком. Први модул садржи поља за упис временских одредница кадра као што су трајање кадра и третман убрзавања и успоравања евентуалног кретања камере. У доњем делу се налазе три поља за унос текста и то поље говорног текста, поље техничког текста и поље за напомене. Између радног екрана и панела налази се танко вертикално поље за приказ и управљање слојевима. Наиме, у Сториборд Про графички елементи се уносе у независне слојеве са којима се може слободно манипулисати. Иако је програм потпуно прилагођен за директно цртање у радном екрану, рад је значајно продуктивнији када се једноставно уносе и распоређују по слојевима претходно припремљени визуални предлошци који могу бити већ исцртани, скенирани или фотографисани. Овакви предлошци се архивирају у директоријуме програма и по једноставном уношењу превлачењем мишем, њима се може слободно манипулисати у смислу просторних трансформација. На слици на наредној страни приказане су три основне базе графичких елемената и то база **позадина**, база **актера** и база графичких *симбола кретања*.

Квалитативно унапређење у изради сторибордова огледа се у третману аудиа. Наиме, програми за дигиталну израду сторибордова омогућавају, као што је у овом случају, да звуковне елементе равноправно третирате као део сториборда, и то на два начина: било као једноставну техничку анотацију или као звучну подлогу целог кадра или целе секвенце. Начин је једноставан и своди се на отварање потребног броја звуковних "канала" испод временске линије.

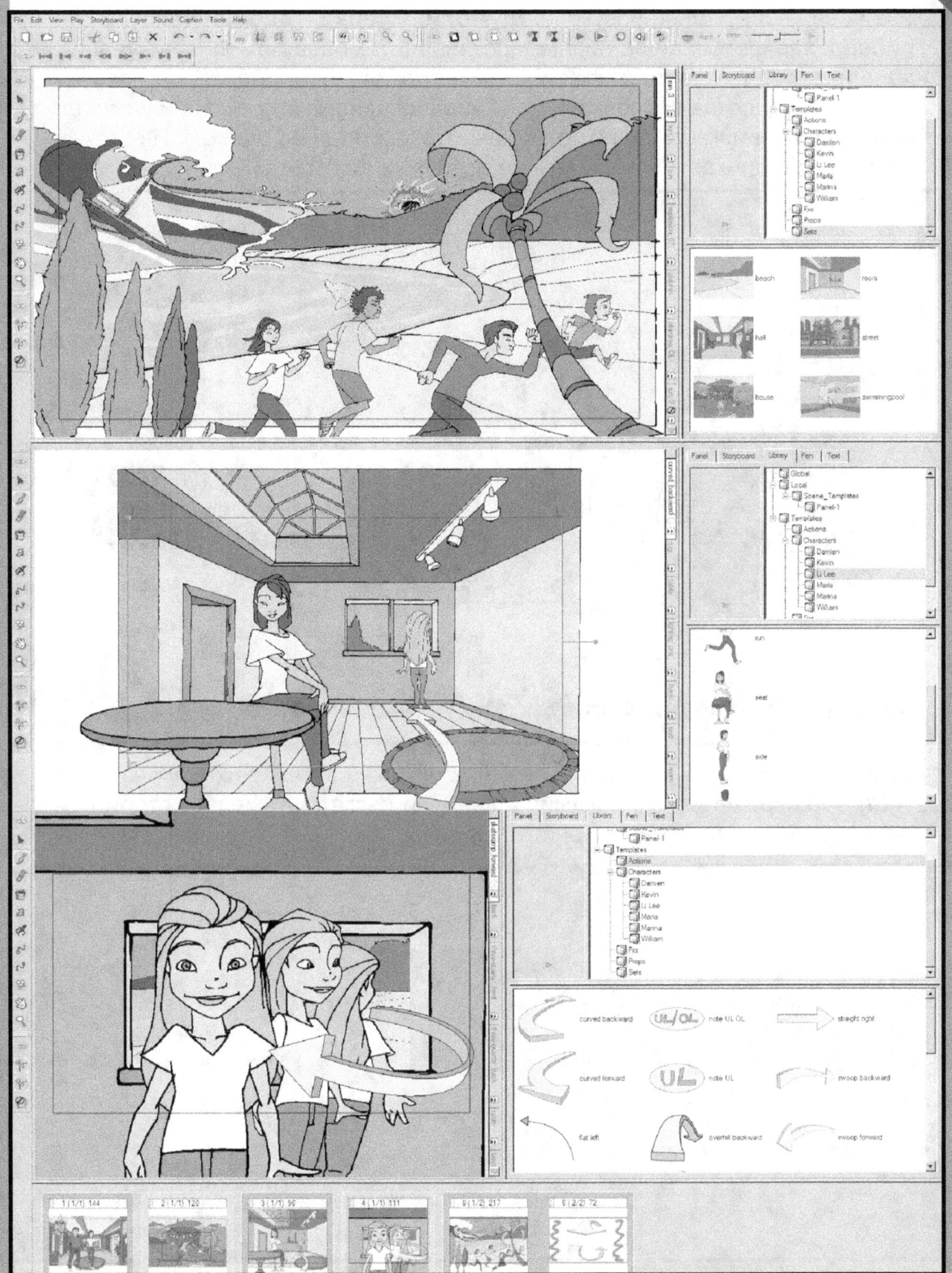

У њих се уносе жељени звукови: **шумови**, **музика**, **говорни текст**, и сто-риборд, као форма више није једноставна штампана помоћна визуална јединица, већ прераста у "филм", а сам програм Сториборд Про прераста у алат за једноставну "монтажу" анимираног филма. На доњој илустраци-ји приказан је изглед радног окружења током рада са аудиом. На истој илустрацији приказан је и модул са цртачким алаткама.

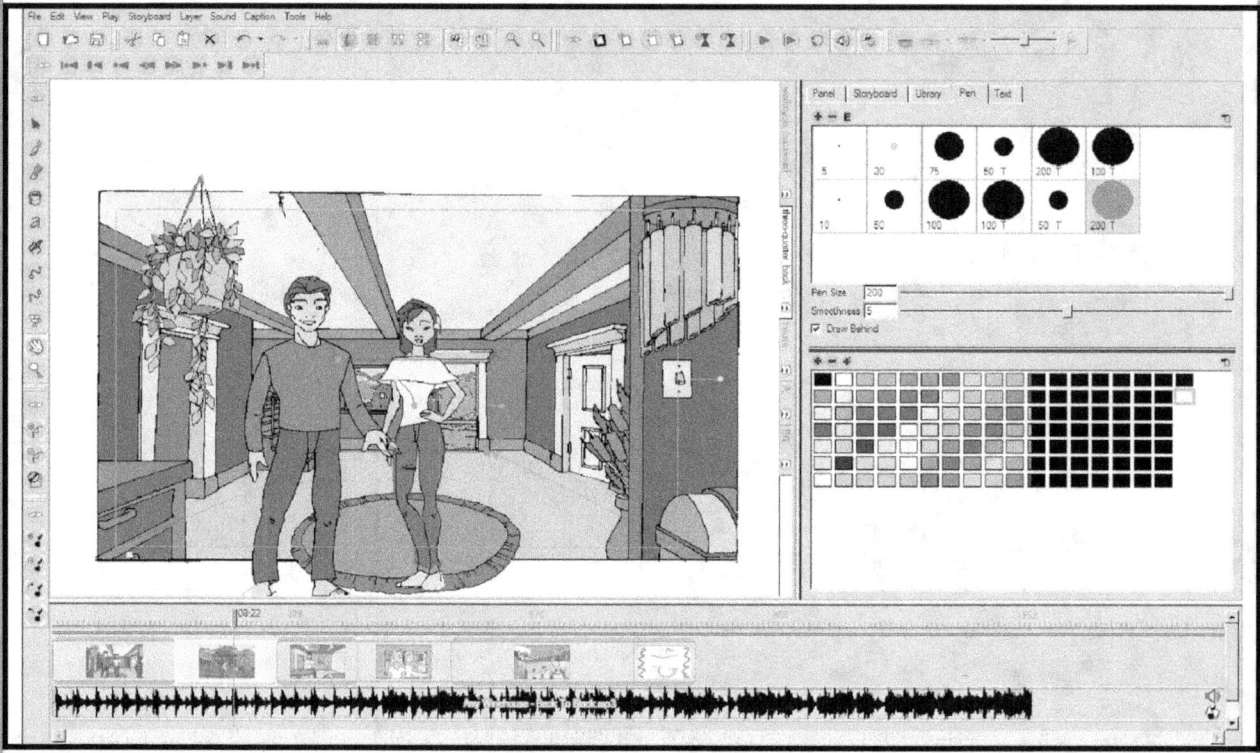

Сам програм поседује неколико радних окружења, од којих је у значајној употреби окружење које симулира финални изглед штампаног сториборда и приказано је на наредној илустрацији.

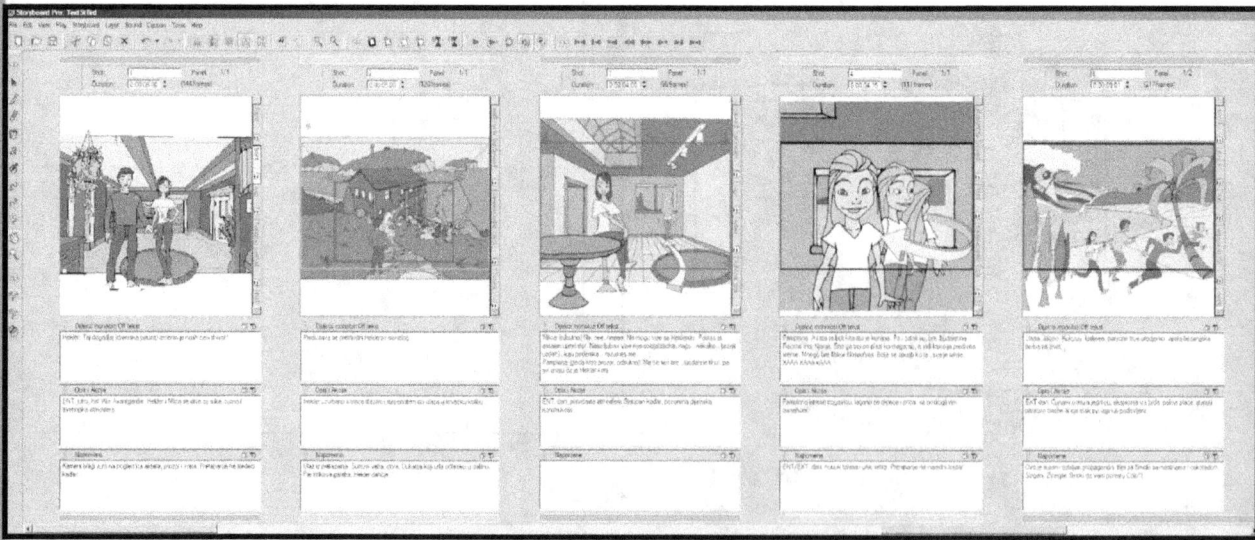

Резултат стварања сториборда дигиталним средствима је у првом кораку класичан и своди се на штампане форме. Сториборд Про има изванредне могућности за финално штампање, с обзиром да аутор може у целости да одреди како ће изгледати штампани примерци. Такође постоје предефинисане професионалне форме, од којих су на доњој илустрацији приказани, са леве стране **"ауторски"** (вертикални, филмски сториборд), и са десне стране **"индустријски"** (хоризонтални сториборд), који је у употреби углавном у телевизијским серијама.

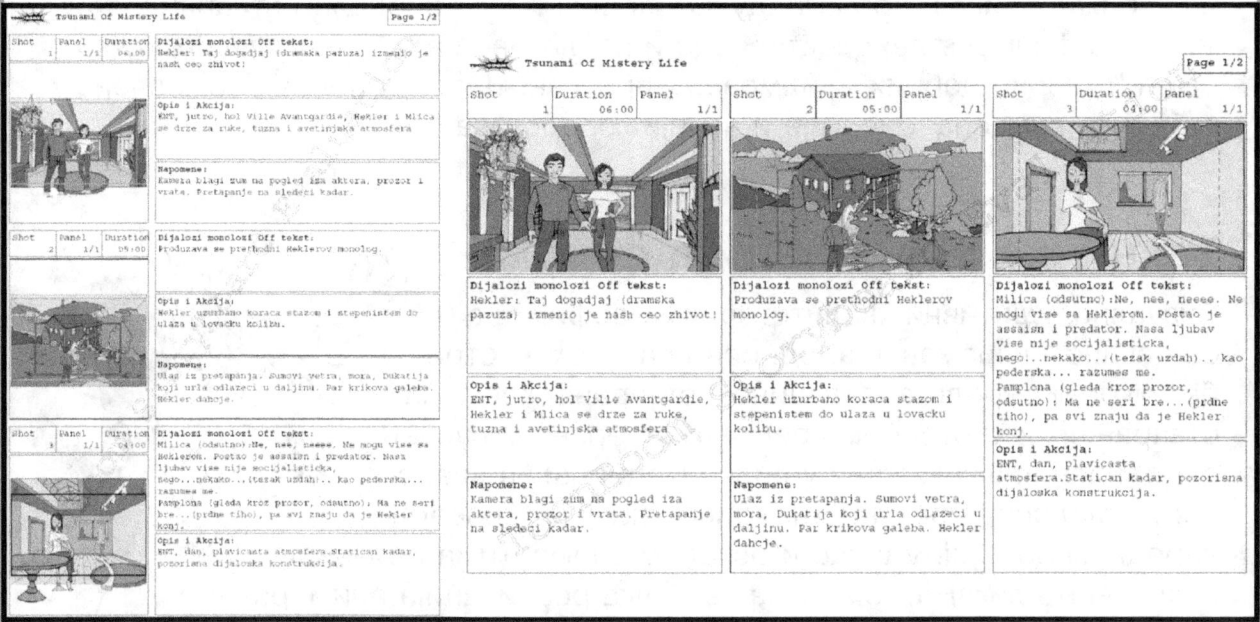

Већ је наглашена могућност експорта целокупног сториборда у формат дигиталног видеа, у ком случају се у целости приказује нацртана и озвучена филмска прича, са коректном симулацијом кретања камере и промене визуре.

"Лепо" укориченим сценариом и сторибордом (са пратећим **DVD**-ом филмованог сториборда), окончава се прва, најлепша, најслободнија, најкреативнија фаза стварања (за сада само потенцијалног), анимираног филма. На несрећу (или на срећу?), многи аутори, од краткометражних до дугометражних анимираних филмова, заустављају се на овим припремним радовима. За даље настајање филма неопходно је прећи критичну препреку: наћи инвеститора који ће по сториборду и сценарију поверовати да ће баш тај филм бити добар и уметнички и производ, да ће "сигурно" повратити уложена средства и да ће свакако донети и зараду. Базични принцип филмске уметности налаже: "Филм се ради за новац: туђи". Иако груба, ова прагматична концепција филмског стваралаштва важна је, јер ствара и дефинише први степен критичности и контроле пројекта и (по правилу), омогућава заокруживање целокупног процеса јавном пројекцијом. Наиме, професионално причање визуалне приче филмском анимацијом јесте дуготрајан, изузетно сложен и изузетно тежак, готово рударски посао, са рискантним крајњим резултатом. Такође, како смо на почетку књиге утврдили, изузетно је перспективан и исплатив посао, али само у случајевима: квалитетне припреме, квалитетног сценарија, беспрекорне технолошке и уметничке реализације (што значи адекватне количине уложених средстава, до неколико десетина милиона долара за дугометражни филм за технологију и екипу врхунских уметника), укључујући и скуп маркетинг и пропаганду. Скраћено: професионално стварање анимираних филмова перспективно је и исплативо само у случајевима стварања "стварно добрих" филмова. У противном, представља бесмислено губљење времена, енергије и нечијих средстава.

Техничка реализација филма

Визуално аудитивни квалитет филма дефинише се начином изражавања, односно начином употребе ликовних средстава; начином стварања кретања; стварањем и употребом времена; стварањем суспенса, односно ишчекивања у виду емоционалне зависности гледаоца према протеклим, текућим и посебно наредним догађајима; као и осталим елементима причања покретним сликама. Класична техничка реализација анимираног филма, без обзира на обим и трајање филма, сачињена је од мреже паралелних и степенастих уметничких поступака.

Навешћу их по продукционом редоследу:

01. Снимање аудиа дијалога и целокупне нарације;

02. Филмско или видео снимање сличица из сториборда, за сваки кадар, у трајању предвиђеном сторибордом;

03. Пројекција "филмованог" озвученог сториборда;

04. Финализација ликова;

05. Израда фонограма;

06. Израда позадина;

07. Израда лејаута;

08. Израда картона снимања;

09. Главна анимација;

10. Анимација и фазирање;

11. Копирање;

12. Скенирање (дигитализација), планова и позадина;

13. Колорисање ликова и позадина;

14. Контролне пројекције и корекције;

15. Композитинг финалне слике;

Понављам да реализацију анимираног филма изучавамо на примеру цртаног филма као најкомплексније, истовремено најпознатије форме и најлакше за изучавање и систематизацију. Из тих разлога дата је и претходна листа, која се свакако разликује у техникама реализације осталих анимационих облика типа лутка филма, експерименталних анимација, колажа, просторних 3д филмова и осталих, за које не важе поступци под бројевима 10 до 13.

Техничка реализација сваког анимираног филма, независно од технологије и дужине трајања филма, јесте "прецизно-механичарско-рударски" посао: изводи се у сваком поступку и кораку прецизно и концентрисано, дуготрајно и са физичким и умним напором. Техничка реализација визуалног причања приче започиње:

01. аудио снимањем целокупног говорног текста. У тонском студију или спикерској кабини, у професионалним условима, планирани и ангажовани живи глумци, појединачно или по потреби екипно, "глуме на слепо" свој лик из анимираног филма, читајући делове својих дијалога, монолога или нараторског, такозваног "оф" текста. Магаре и Мачак из Шрека не би били такви ликови да их нису, вокално и емоционално, изградили Еди Марфи и Антонио Бандерас.

Бојом, висином и дубином гласа, брзином говора, темпом и интензитетом изговарања, глумци стварају директну основу експресије коју ће визуално остварити аниматори, цртајући касније адекватне позе и изразе својих ликова. Изабрани, појединачно снимљени текстуални и дијалошки дублови, споје се у једну аудио траку, оквирно на временским позицијама на којима би их ликови и изговарали. Текстуалне празнине попуне се идејно блиском архивском музиком и сличним, неоригиналним шумовима, и тиме је завршена информативно-контролна аудио трака у целокупном трајању филма. Филмска пословица гласи да је у анимираном филму аудио носиоц и више од 50% гледаочевог учешћа и идентификације са ликом и дешавањима у причи.

02. По правилу, истовремено са израдом претходног аудија, једноставнијим видео уређајем сниме се статично сличице из сториборда у дужинама предвиђеним за сваки кадар појединачно. Раније снимање се изводило филмским камерама мањег формата или једноставнијим видео ка-

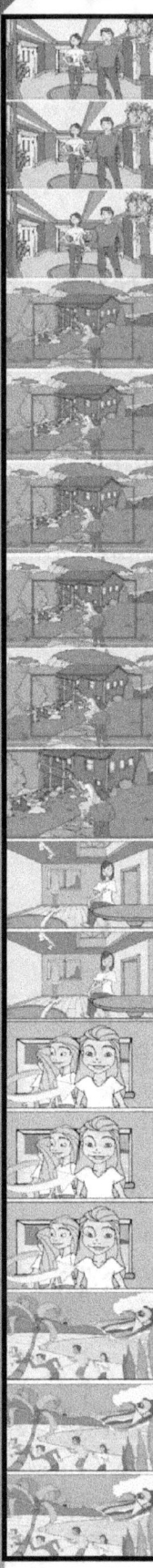

мерама. Данас је најједноставније фотографисати ручно-цртани сториборд дигиталним фотоапаратом. Снимљени појединачни кадрови слажу се и спајају по редоследу и дужинама предвиђеним сценаријом и сторибордом. Свакако, најефикаснији и најелегантнији је поступак експортовања целокупног дигитално реализованог сториборда у пројекциони видео формат, као на примеру "филмског" исечка на слици са леве стране.

03. За контролну пројекцију, дигитализују се претходне аудио и видео трака, грубо се синхронизују и по потреби измонтирају у неком од програма за дигиталну монтажу (као на слици на врху наредне стране). Затим се експортују у јединствен документ у виду видеа, који представља филмовани и озвучени сториборд. У претходној технолошкој генерацији стварања анимираних филмова, за овај, суштински помоћни, информативни, предкорак у изради анимираног филма, користила се потпуна филмска технологија, од камера мањег формата, до класичне филмске монтаже и биоскопске пројекције. Највећи значај ове фазе реализације је да се, по контролној пројекцији, односно по заједничком или појединачном, једноструком или вишеструком прегледу, превасходно аниматори, али и сви преостали чланови филмске екипе могу упознати и осетити сценаристичке и режисерске поставке и захтеве у вези са филмом, односно, сви учесници у стварању филма могу се упознати са причом и формирати своја мишљења и ставове "какав се филм ради". Материјал контролне пројекције је истовремено и целокупан (у овој фази помоћни), **лејаут** филма. У случајевима скромније реализованих цртежа сториборда, контролна пројекција се може остварити и генерисањем визуалног материјала у неком од графичких програма за компјутерску анимацију, или коришћењем специјализованих програма за дигиталну превизуализацију, као што је актуелни Ајклон3 и доскорашњи Антикс3Д, чија су радна окружења представљена на наредној страни. У таквим случајевима се користе компјутерски анимирани генерички ликови сачињени од комплекснијих примитива, који се рендерују на архивским позадинама и сценографији, и кадрирају по режисерским захтевима. Овако реализовани кадрови, синхронизују се и монтирају са аудио траком. Дигитална превизуализација је изванредно ефикасан начин за упознавање са основном "визуалном материјом" филмске приче, пре свега из разлога готово интерактивне могућности измене визуре (тачке гледишта и плана) сваког кадра током реализације, а и касније, по жељи режисера, а свакако пре почетка стварне реализације

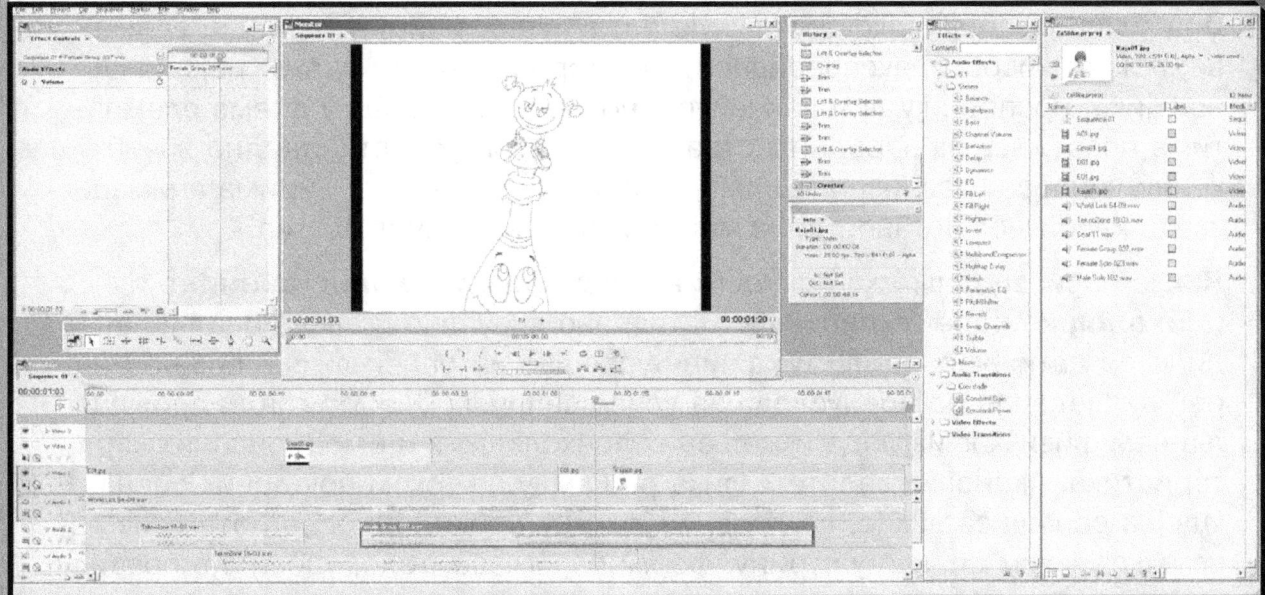

филма, и то не само анимираног, већ и класичног, живо-сниманог филма.

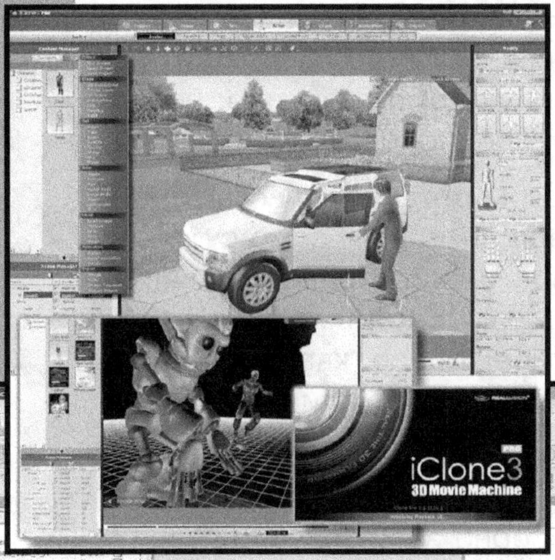

У организационом смислу, закључно са контролном пројекцијом, завршава се и фаза формирања целокупне екипе и окончава се план производње и израде филма.

Наредни, стварно производни поступци у техничкој реализацији филма, као што су финализација ликова, израда фонограма и израда позадина, изводе се готово паралелно.

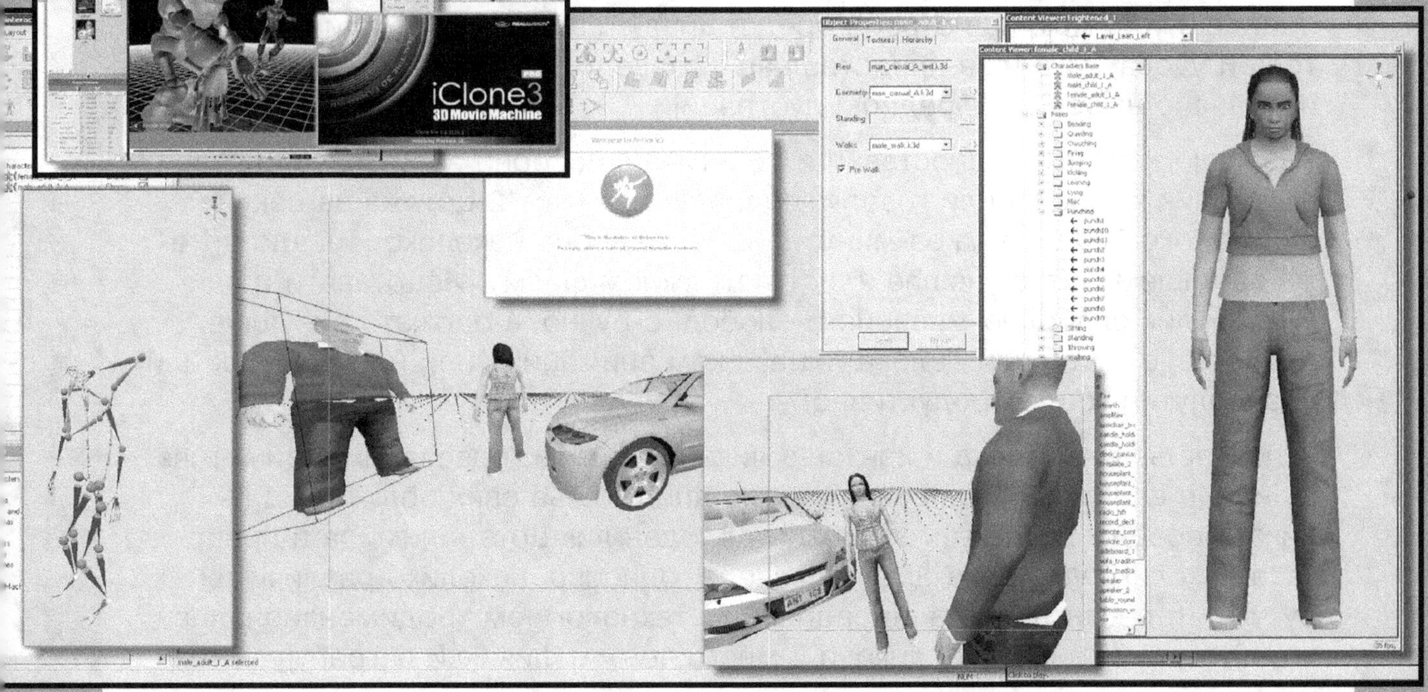

04.   Финализација ликова укључује потпуну дефиницију изгледа, величине, покретљивости, експресивности и стереотипности сваког појединачног лика, пропорцију ликова међусобно као и пропорцију према елементима позадине. На наредним странама ћу обрадити стандардне начине конципирања и реализације лика, применљиве у свим облицима анимације, од класичног цртаног, до компјутерски анимираног филма.

Лик је носилац филмске приче. Чине га **физички изглед**, **акционе** и **психолошке карактеристике**. Остварено визуално и емоционално јединство датих карактеристика чини успешно изграђен лик. Успешно створен лик један је од предуслова за успешан филм. Лик се гради промишљањем физичког изгледа и жељених психолошких и емоционалних карактеристика. Акциони квалитети лика решавају се током појединих сцена. Идејна основа за лик је, по правилу, **скица**, кроки, односно цртеж "из прве руке", којим се, као у стрипу, формирају глава, тело, удови; по правилу у некој трочетвртинској пози у сопственој пропорционалности и без односа са осталим ликовима и позадином. Основна визуална разрада лика укључује неколико демонстрационих поза: корак, скок, окрет, седећи положај (илустрација с десне стране), као и неколико цртежа главе/лица, фронтално, са стандардизованим изразима емоција: смеха, љутње, беса, чуђења, подсмеха, како је приказано на другој наредној страни.

Колико год били богати и прецизни, цртежи у овом стадијуму настају директно из мисли и руке аутора (цртача, дизајнера ликова), и само су визуална основа за израду и дефиницију изгледа лика за потребе анимације. Стварање лика за анимирани филм заснива се на **свођење** било како комплексног и компликованог лика, **на примитиве**: сфере, квадрове, цилиндре, купе, како за потребе представљања волумена појединих делова тела и удова, тако и за представљање главе и делова лица, како је приказано на трећој наредној илустрацији.

Разлог је изразито једноставан и практичан, посебно за класичан цртани филм: лик који хода или говори, подразумева око 12 цртежа за секунд филма, око 720 цртежа за минут филма, односно неколико хиљада цртежа за вишеминутно учешће у дугометражном филму. Исцртавати и анимирати лик слободно-мисаоно и слободно-ручно, а одржати визуалне пропорције удова или делова лица током анимације, или није могуће, или је апсолутно контрапродуктивно.

Успостављање покрета и кретања лика системом "повезаних" примитива, једини је ефикасан начин за коректно анимирање свих облика акције лика. Посебно ако се узме у обзир да један лик црта, анимира и прецртава неколико уметника-цртача-фазера, односно, неколико различитих руку. Интересантно је да се садашњом технологијом тродимензионалне компјутерске анимације, ликови у много чему и физички изграђују од нај-

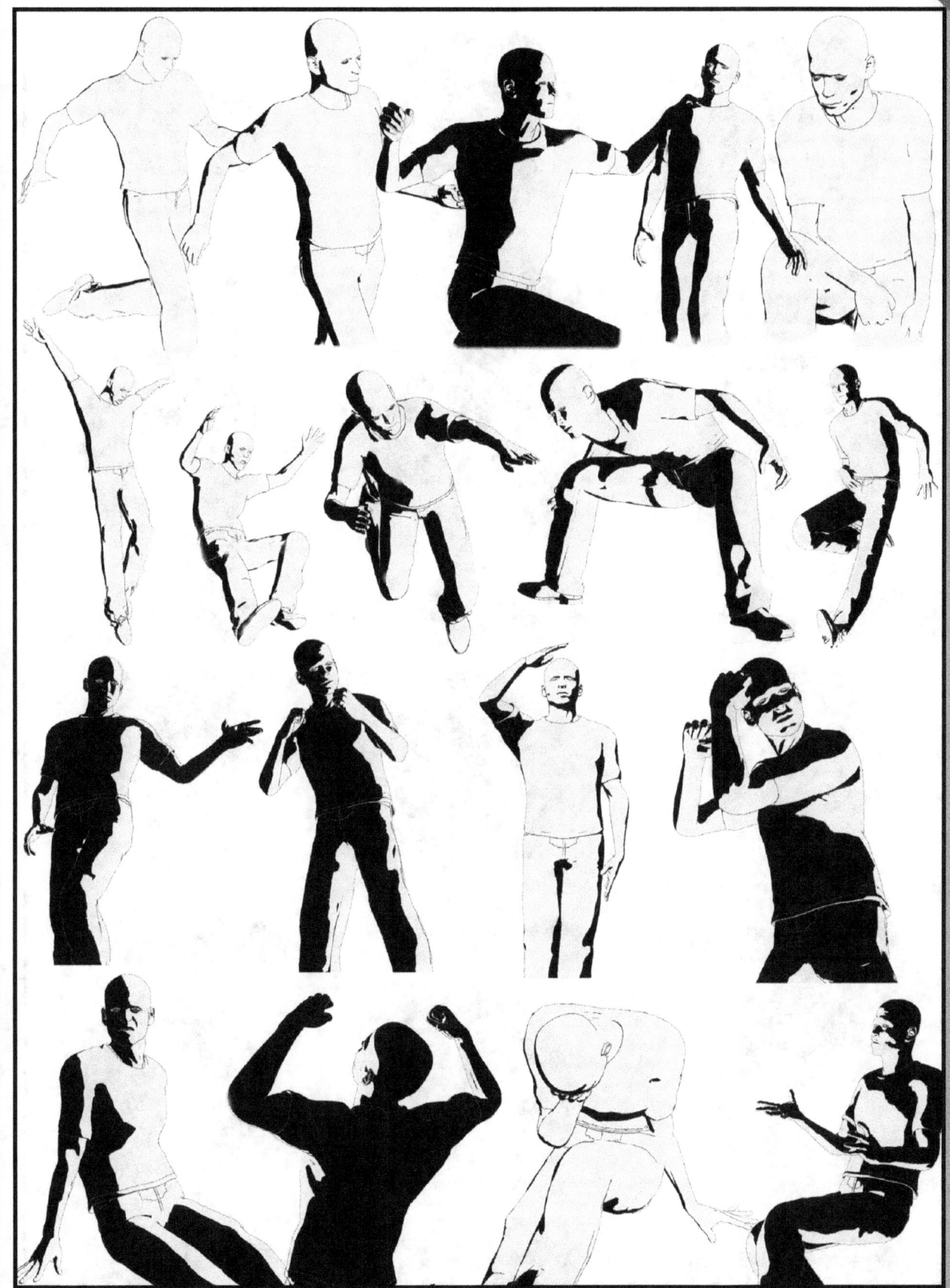

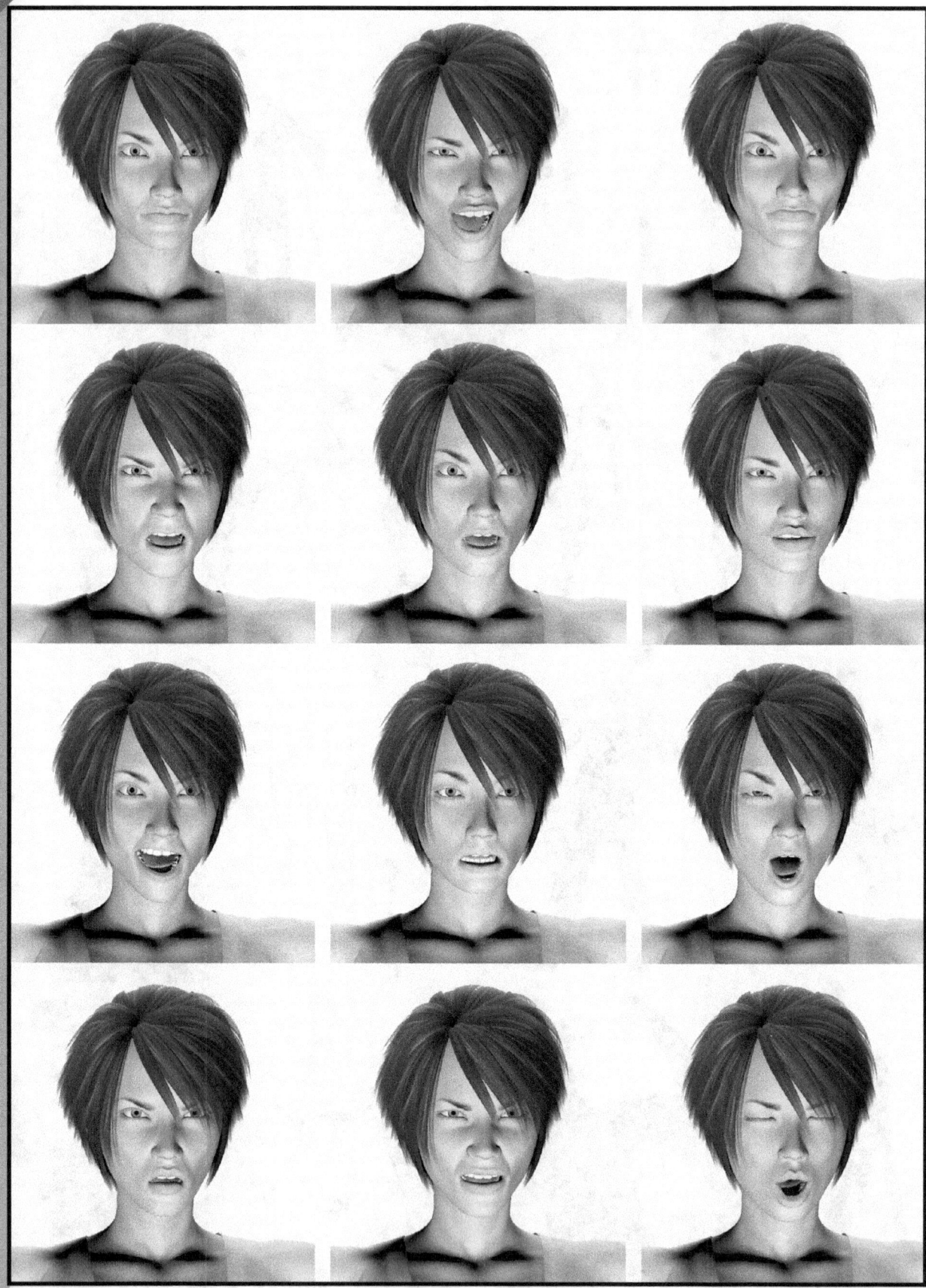

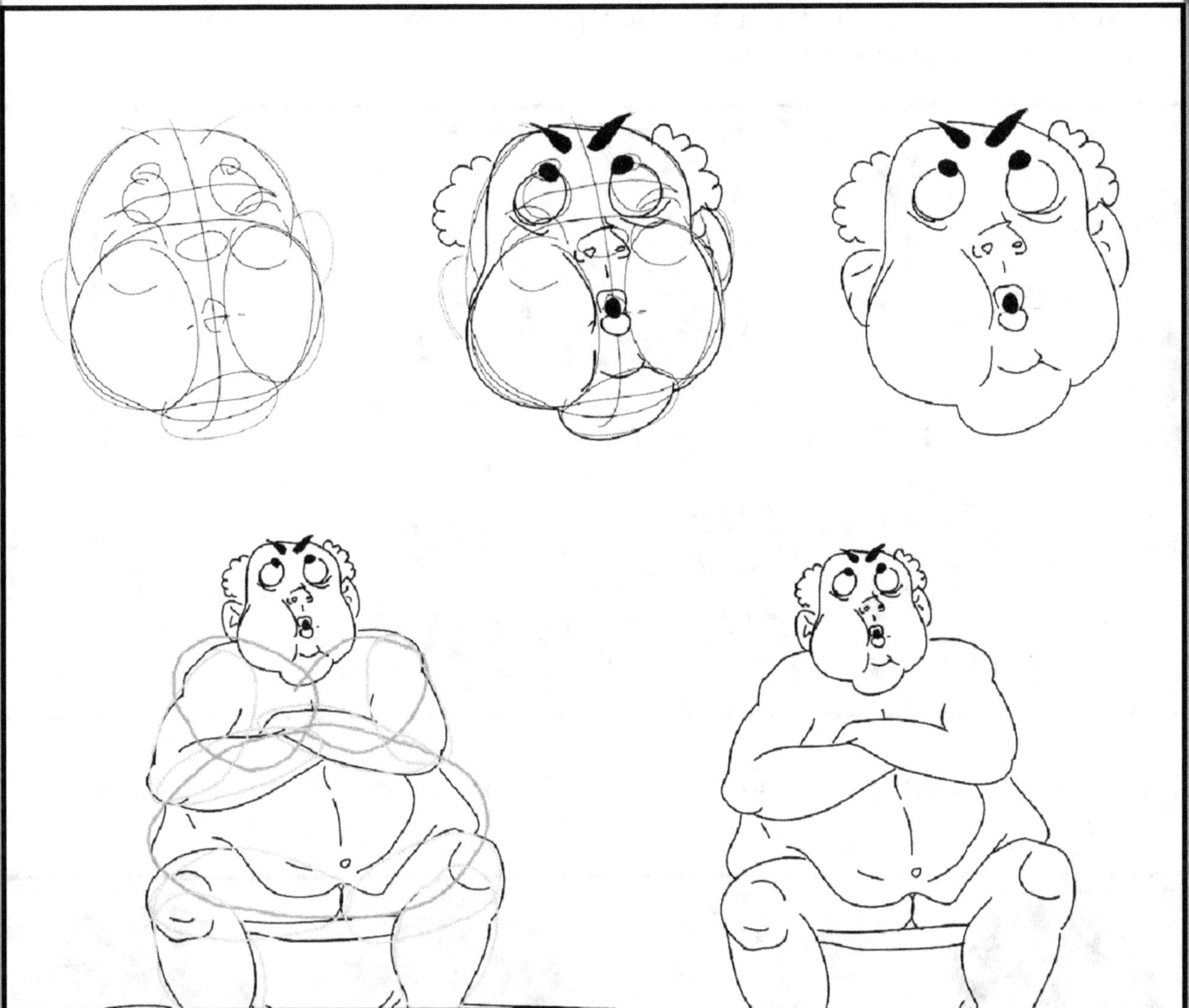

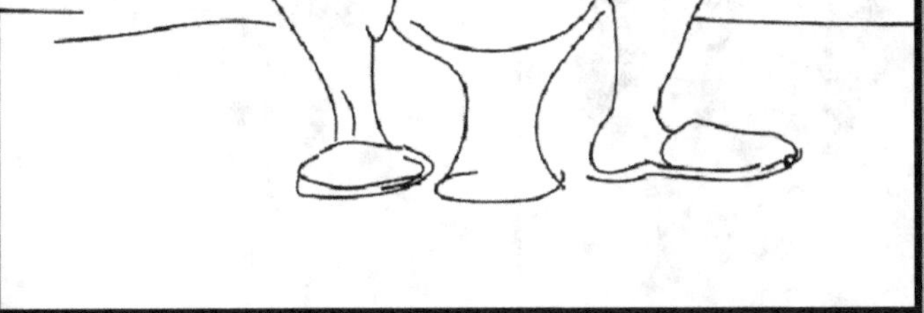

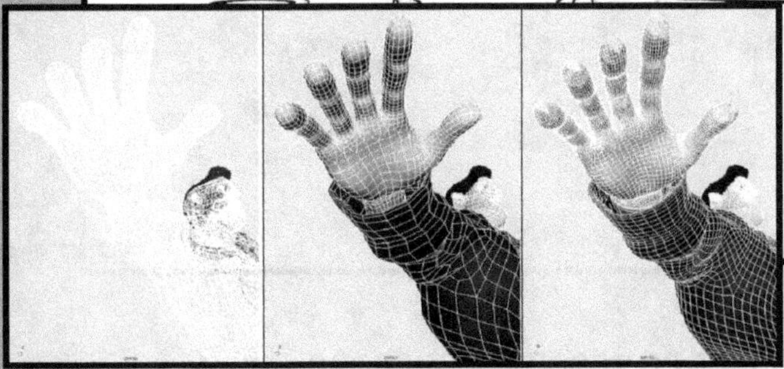

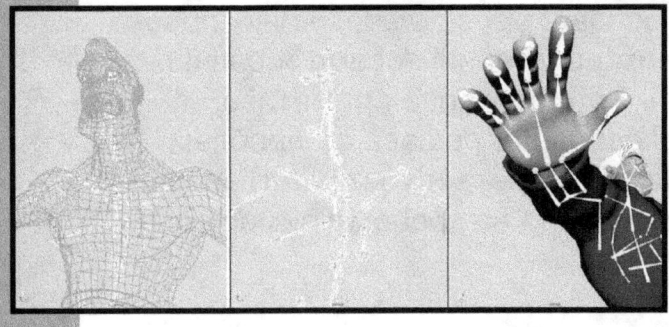

једноставнијих **NURBS**, полигоналних или **subdivision** примитива, извлаче-њем тачака, деформацијама, спаја-њем, пресецима и другим поступци-ма (две илустрације лево).

На илустрацији на врху наредне стра-не приказано је свођење лика на при-митиве тела, као и други степен сво-ђења, на графичке симболе за удове

и зглобове, као што је на овом примеру, са десне стране, ланац са еле-
ментима инверзне кинематике .

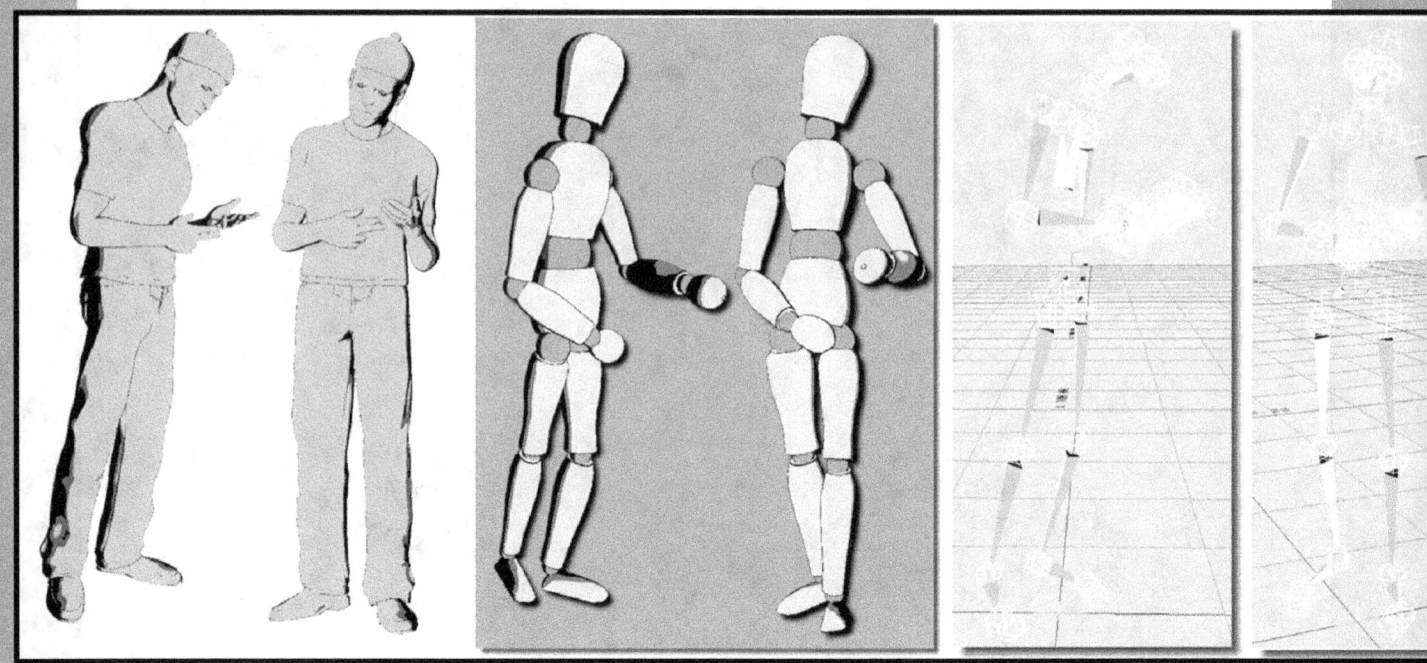

На наредној илустрацији приказано је свођење лица и главе на прими-
тиве.

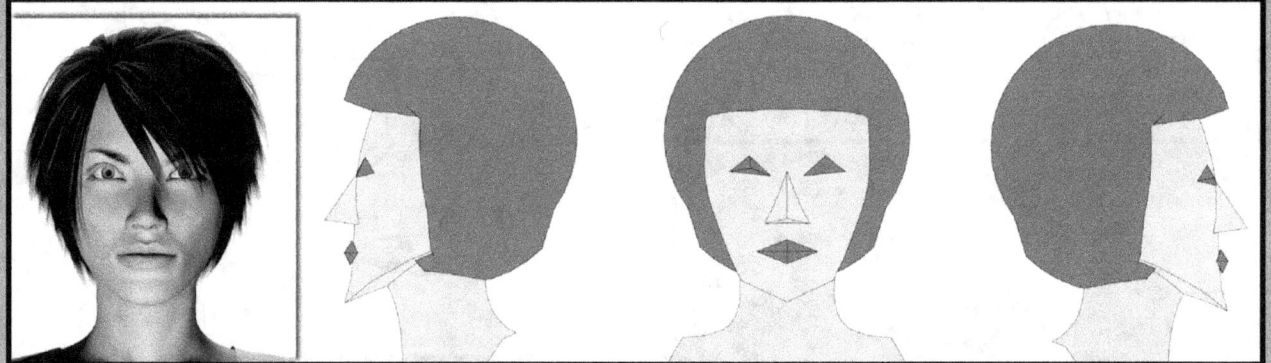

На илустрацији дат је приказ концепта разраде главе за потребе анима-
ције. Основу анимације (истовремено и основу "масе" главе), чини "прос-
торна" сфера, са јасним поделама по свим просторним осама и равнима
X (тамно сива), **Y** (средње сива), **Z** (бела). Ротацијом ове примитиве, и
правилним додавањем примитива за делове лица, решава се проблем
"чистоће и мекоће" једноставних, природних покрета и кретања главе фи-
нализираног лика у анимацији, како је приказано на трећем примеру овог
низа, на другој наредној страни.

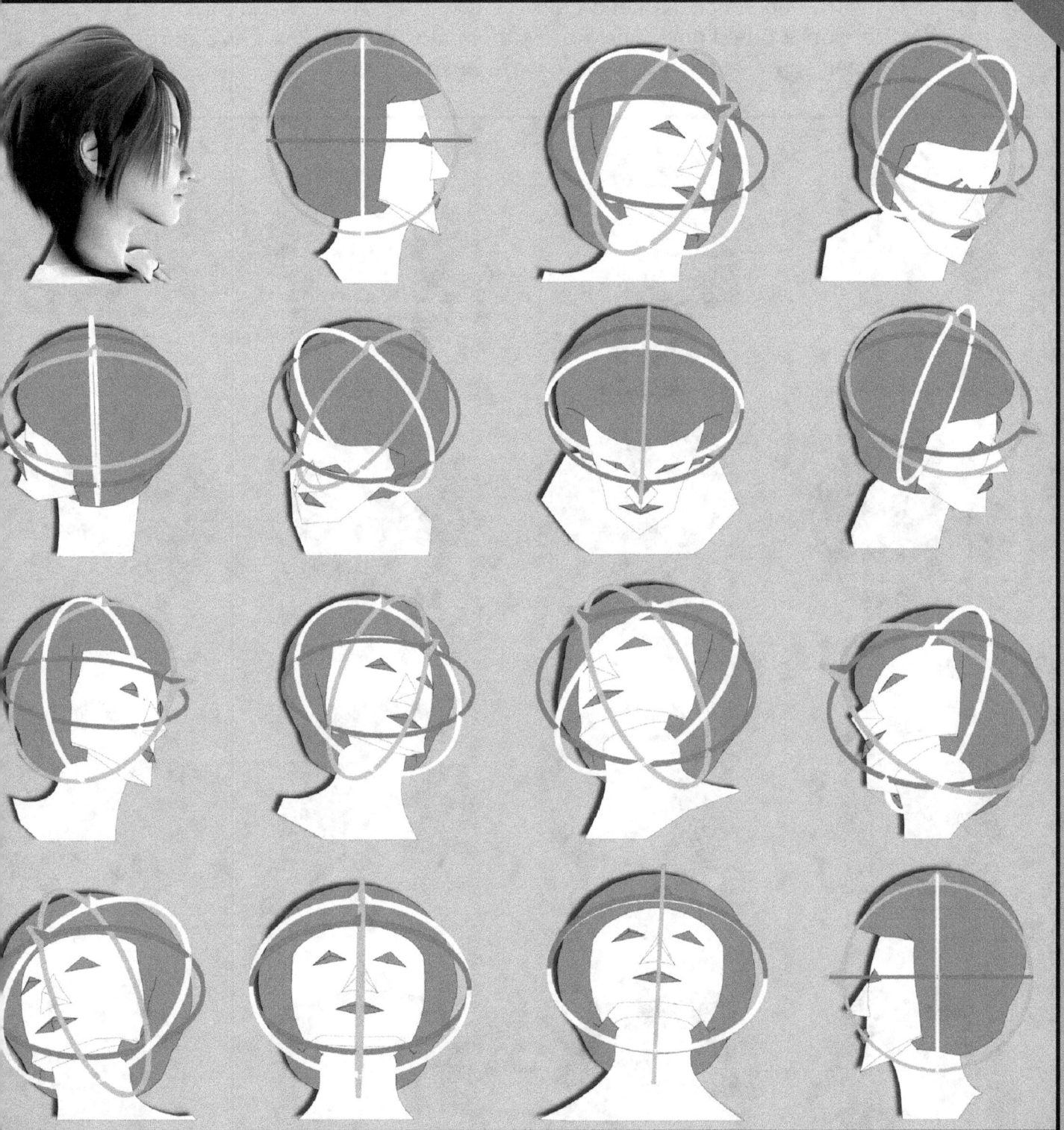

Физички изглед лика условљава и дефинише могућности његовог крета-
ња, односно акционе карактеристике лика. На крају, добро изграђен лик
подразумева јасне психо-емоционалне карактеристике. Иако су кључне
психолошке и емоционалне карактеристике лика већ дефинисане сцена-

ријом и аудитивно успостављене снимљеним гласовима глумаца, подразумева се формирање појединачног текстуалног описа, или само листе свих најзначајнијих нефизичких квалитета лика.

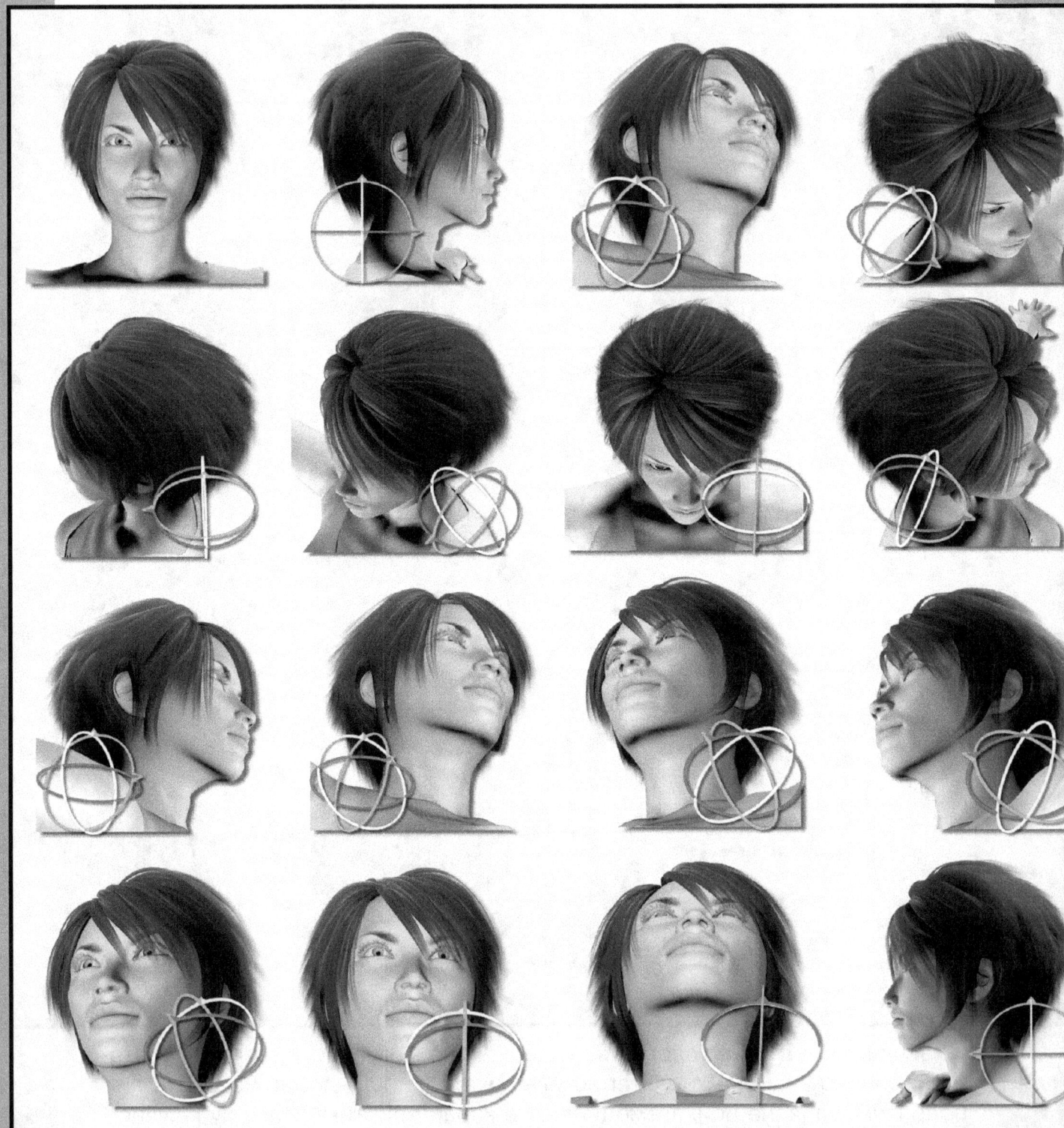

Основна листа могућих психо-емоционалних квалитета једног филмског лика требало би да садржи неколико десетина могућих одлика карактера, разврстаних у групе примарних и секундарних. На пример: нервозан, гласан, љутит, самовољан и агилан, биле би примарне карактеристике Паје Патка. Групу секундарних по правилу чине допунске и контрирајуће карактеристике, и у овом случају би то биле: плашљив, проницљив, лукав, злобан, заљубљив, превртљив. Пажљив одабир и балансирана примена психолошко-емоционалних карактеристика изводи се пре свега у циљу успостављања мотивације лика за дејства у акцијама, као и за евентуално оправдање његових поступака у разрешењу филмске приче.

Богатство и слојевитост психолошких и емоционалних својстава самог лика свакако је изузетно значајно у постизању високог квалитета и уверљивости причања, посебно кад га исказују Џек Николсон, Раде Шербеџија, Шон Пен, Еди Марфи, или неко од живих глумаца, мимиком, говором, кретањем, и то избором једног, најбољег, од 3 до 30 снимљених **дублова** по кадру. У анимираном филму, а посебно у цртаном, није рационално, нити је могуће ефикасно исцртати и остварити потпуну слојевитост "душе" лика. Уместо тога, практично је свођење свих духовних карактеристика на две основне: водећу и контрирајућу, плус евентуално до три додатне, препознатљиве, за потребе евентуалног нијансирања и градирања лика од сцене до сцене. Паја Патак, Шиља, Лављи краљ, Страшко, Којот, Кинг Конг и сви остали највећи анимирани ликови, највећи су управо из разлога минуциозног одабира и свођења "духовних квалитета", и њиховог прецизног потенцирања и градације.

Финализација ликова подразумева примену претходних поступака за сваки лик (свакако, са различитим нивоима разраде за више или мање значајне, главне или епизодне ликове). Финализација такође подразумева прецизно утврђивање пропорције између ликова као и пропорције ликова према сценографији и позадини.

05. Израда **фонограма** је технолошки поступак који изводи асистент монтажера или асистент из тонског дела филмске екипе. Фонограм је текстуални попис сваке изговорене фонеме и приписивање тог слова тачном броју сличице кадра на коме је изговорено. Израда фонограма тече следећим редоследом:

а) из потпуног аудија контролне пројекције издвоје се кадрови који садрже говорне целине, и за сваки кадар, под тачним бројем из сценарија или сториборда, формира се пратећи образац, познат под називом **картон снимања**, чија је функција појашњена у једном од следећих поглавља, у коме се обрађује лејаут.

б) аудио запис сваког појединачног кадра се дигитализује (ако већ није у дигиталном облику), са изричитим својствима дигитализације и манипулације на 24 фотограма у секунди за филмску "брзину" или 25 фотограма у секунди за телевизијску фреквенцу. Подразумева се да је и само снимање аудиа извођено на одговарајућој брзини. Фонограм се може израдити било којим савременим програмом за обраду или монтажу звука, типа Нуендо, Вегас, Рејзор Про или, као на илустрацијама испод, Саунд Форџ (горња) и Премијер (доња), у чијим се радним екранима може видети графички приказ аудија и нумерички приказ броја сличица. Пре учитавања аудио записа у програм, неопходно је у преференцама програма поставити да програм ради и калкулише све вредности на жељени број сличица у секунди, 24 или 25. Такође треба поставити да програм приказује време у егзактном броју фрејмова.

в) монтажер (или тонац) "скролује", односно превлачи показивач миша ритмично, у малим потезима, лево-десно, преко делића аудио записа, пажљиво преслушавајући изговорени текст, за свако слово, као на примеру доле-десно, у програму

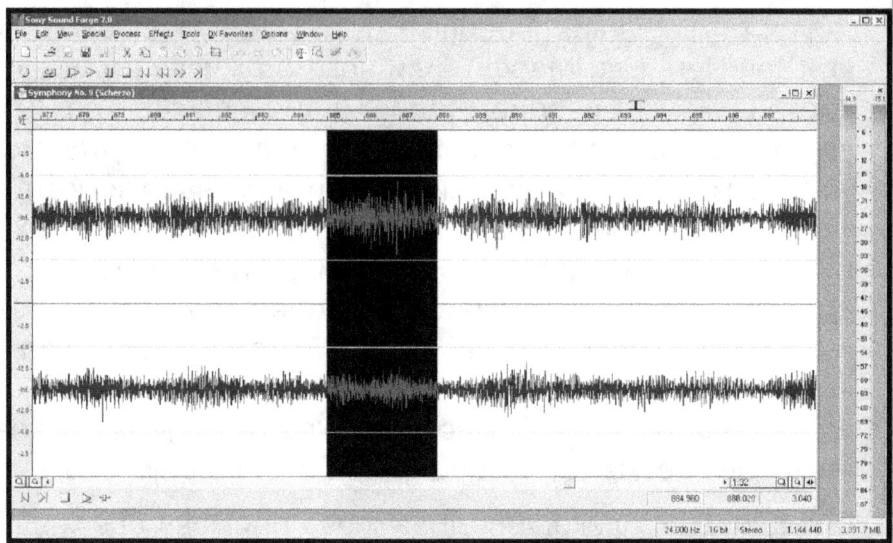

Премијер. Када означи тачан прелаз између фонема, уписује појединачна слова у картон снимања, у вертикалну колону која је њима намењена, у ћелију која припада броју фрејма на којој је фонема изговорена, и тако у низу, до краја целокупног "говора".

06. Израда **позадине** одвија се у две фазе: прва је само скица позадине за израду лејаута, а другу фазу чине скица, цртеж и потпуно колорисана позадина за потребе самог снимања анимацијских предложака (раније- целулоидних фолија), које чине слојеви са ликовима. У компјутерској, тродимензионалној или

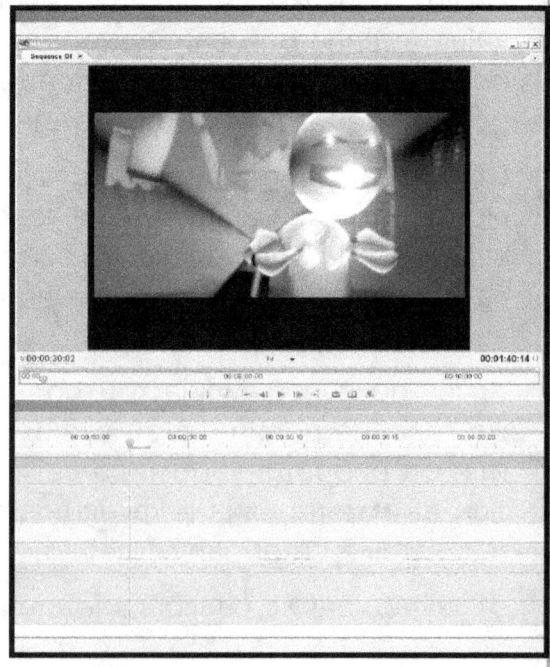

просторној анимацији, позадином називамо само последњи план слике који је, по правилу, насликано небо, зид или удаљена панорама. Све остале елементе унутар којих се одвија акција лика и осталих актера, називамо **сценом** и елементима сцене, без обзира да ли се налазе иза или испред актера. У дводимензионалном цртаном филму, позадине су увек цртежи који садрже елементе сцене у којима актер игра, али није у интеракцији са њима. Елементи су, по правилу, иза актера, али значајни делови "позадине" могу бити и испред актера (нпр. ход кроз шуму, или ход између биоскопских редова), када се позадина дефинише по плановима. У таквим случајевима, испред актера налазили би се предњи планови позадине (сцене), а иза актера задњи планови.

Позадину дефинишу следеће одреднице:

а. Величина снимајућег изреза;

б. Пропорције према актерима;

в. Перспектива;

г. Колорит и атмосфера;

Позадина има најзначајнију улогу у постизању визуалне тродимензионалности у дводимензионалном цртаном филму, а "тродимензионалност" се остварује начином цртања перспективе.

Цртана перспектива се промишља и реализује третманом хоризонталних и вертикалних линија ивица и површина цртежа, и то планирањем и цртањем њиховог замишљеног пресека.

Перспектива се може цртати као перспектива из једне; из две; или перспектива из три тачке.

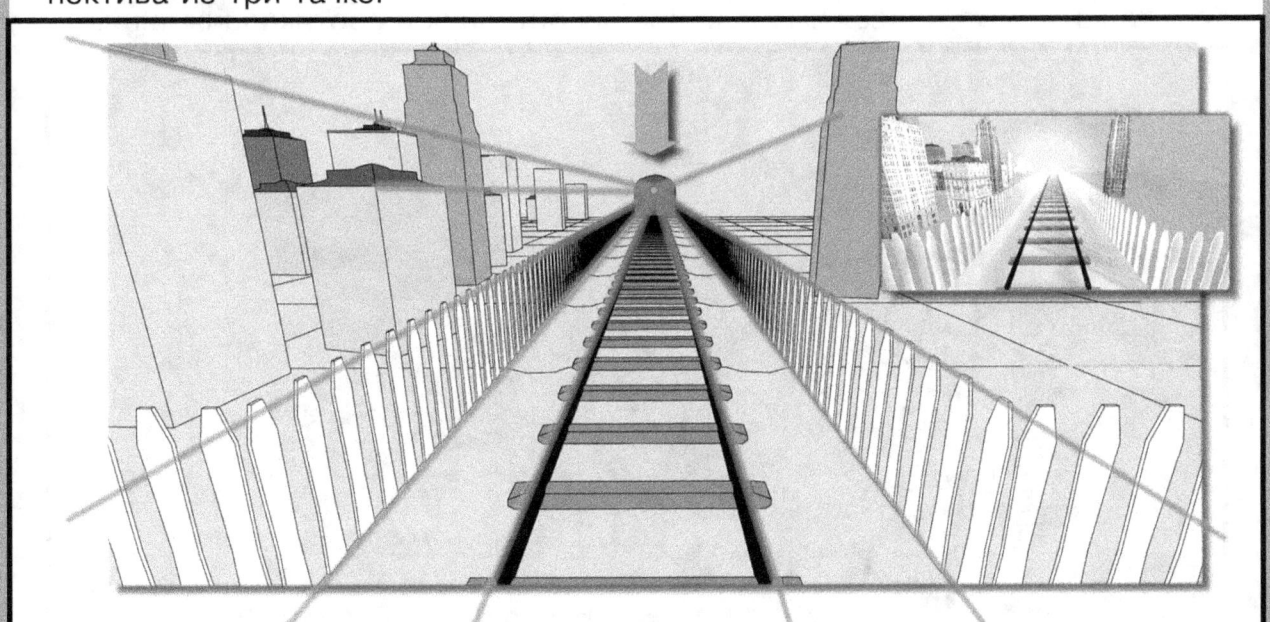

Перспектива из **једне тачке** се користи за изражено представљање дубине простора "тунелског" типа, као на претходном цртежу, и примењује се управо за цртање: пруге, ограде, кланца, тунела, улице, и сличних појава, по правилу центрираних у изрезу слике. Цртање се изводи сажимањем хоризонталних линија у једну замишљену тачку у самом изрезу. Вертикалне линије по правилу остају блиске паралелним.

Перспектива из **две тачке** црта се за представљање "раскршћа", односно угла улице, ћошка куће или зграде, и сличних погледа. Изводи се сажимањем хоризонталних линија леве и десне "половине" изреза, у своје две тачке, замишљене изван изреза слике, у висини хоризонта (илустрација у наставку). Вертикалне линије се цртају паралелно.

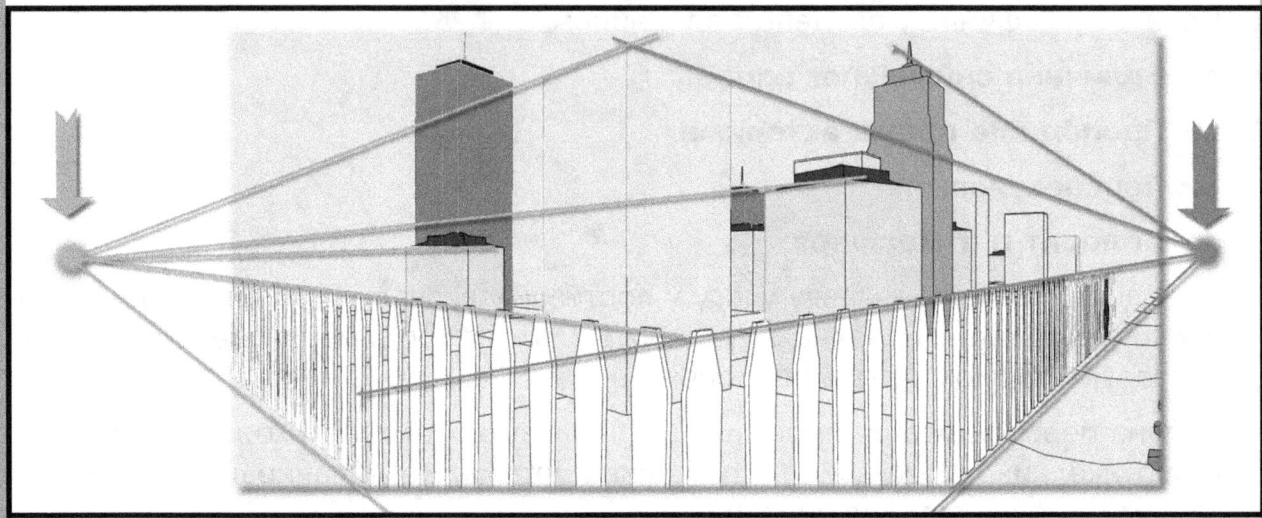

Перспектива из **три тачке** се користи за приказ драматичних погледа одоздо или одозго, односно погледа изван нормалних који су блиски хоризонталним. Црта се сажимањем и хоризонталних и вертикалних линија

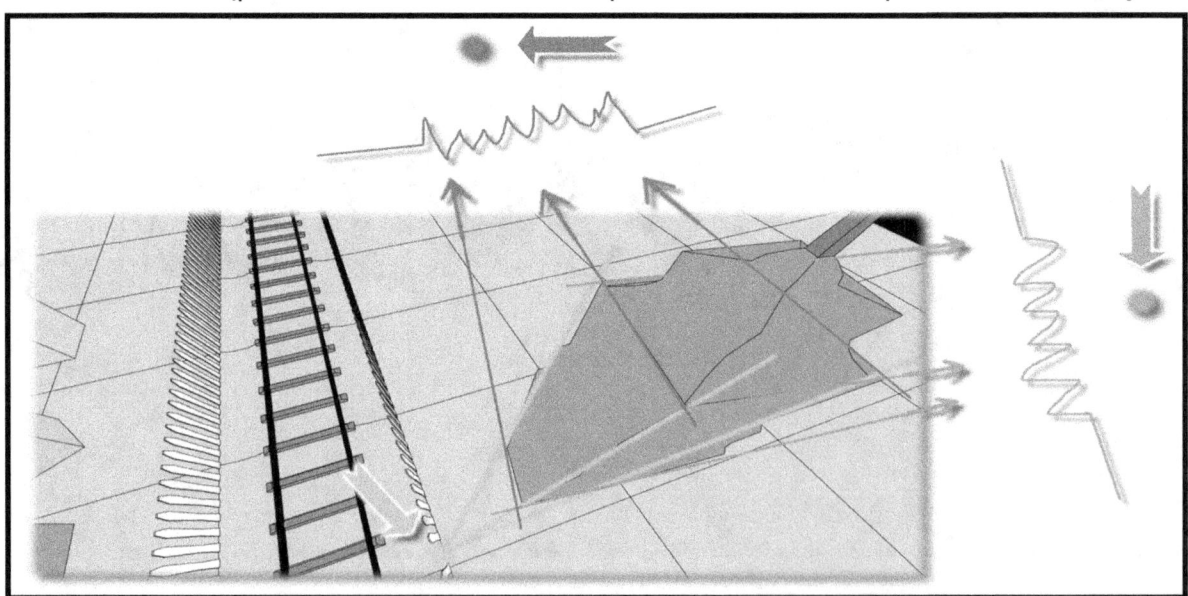

(односно њихових замишљених продужетака), у три тачке изван изреза кадра. Доња илустрација симулира поглед одоздо на горе, а претходна илустрација, на дну претходне стране, симулира драматику погледом кроз широкоугаони објектив, одозго на доле.

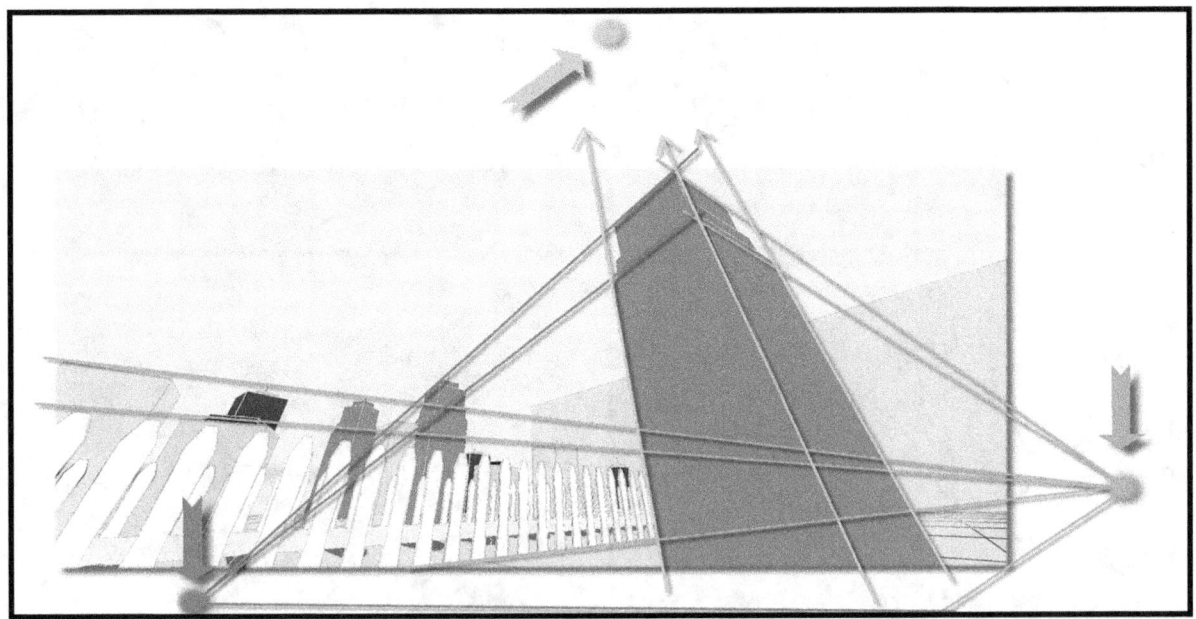

С обзиром да су све одреднице за израду позадина директна последица лејаута, а лејаут се не може израдити без позадине, прибегава се дво-степеној изради: за потребе лејаута, после израђених ликова, скицирају се позадине за сваки кадар, блиске виђењу из сториборда. После пост-ављања лејаута, израђују се нове, тачно дефинисане позадине, на којима се изводи композитинг, односно снимање целокупног филма.

На илустрацији на наредној страни приказано је неколико финализираних позадина са израженим представљањем перспективе, као и позадина са активним актером.

07. **Лејаут** је наредна фаза стварања анимираног филма, за чије је извођење неопходно следеће:

а. Потпуно **завршени ликови** са закљученим пропорцијама;

б. **Скице позадине** по сториборду, израђене у радној величини, која је по правилу између формата папира А4-А5;

в. **Фонограм** за сваки кадар у коме има говорног текста, односно попу-њен картон снимања;

г. Бланко или делимично попуњени **картони снимања** за сваки кадар;

Лејаут је, као и сториборд, израз преузет директно из енглеске термино-логије (**lay out**) и означава "изглед филма пре реализације".

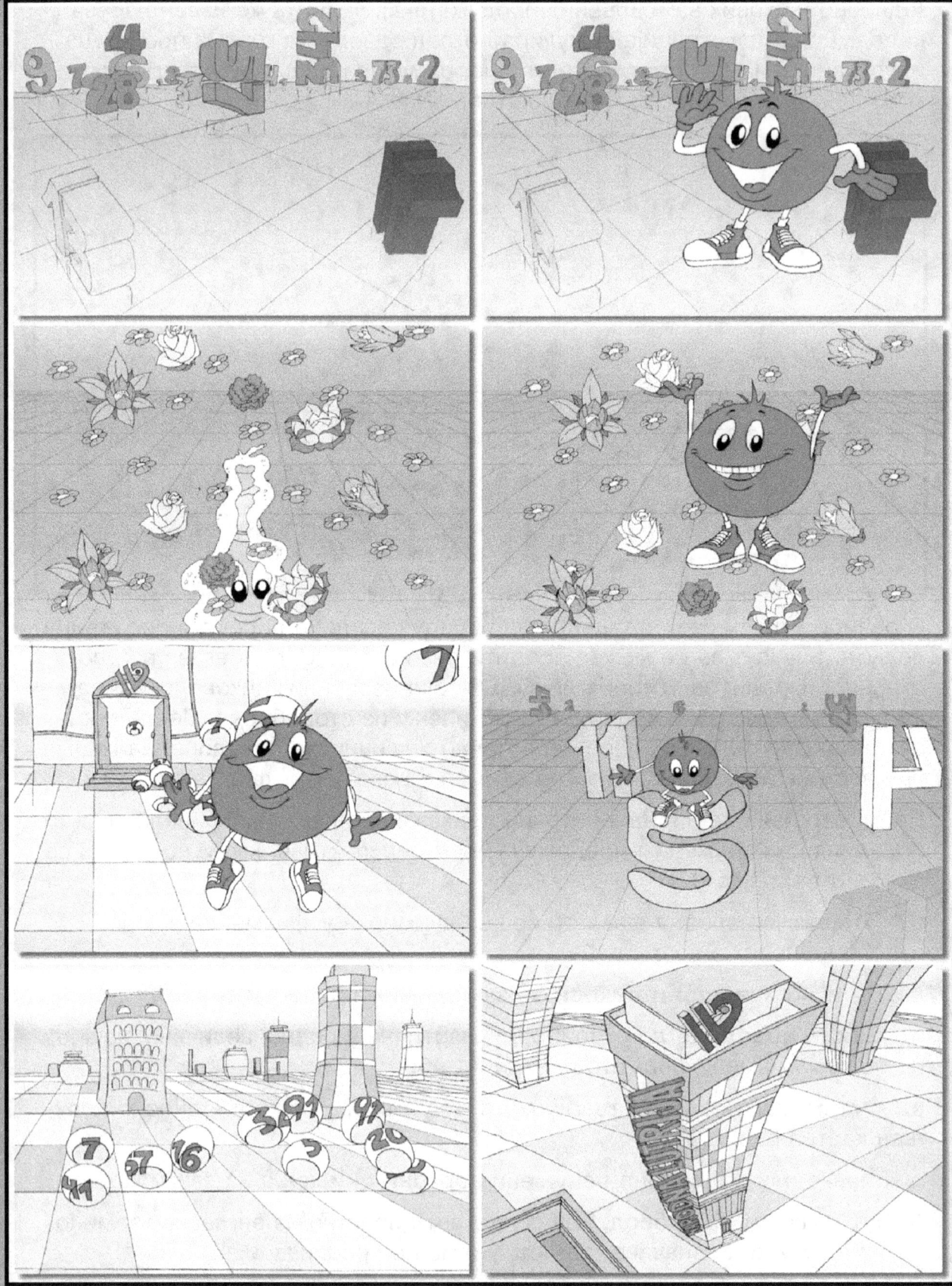

Лејаут представља истовремено и појам, и технику, и радни процес, којима се дефинише завршни резултат филма као визуално аудитивне приче. У традиционалним областима класичне анимације, као што су: цртани филм, лутка филм, колаж, пластелин и слично, лејаут је стварао главни аниматор, искључиво цртањем. Традиционални лејаут односио се превасходно на појединачне кадрове и подразумевао је композицију филмске слике у једном кадру, изграђену од следећих елемената: егзактног изреза слике (оквира снимајуће површине); тачне позиције и пропорције сваког лика са дефинисаним смеровима његовог кретања; линијом и маркерима за кључне фрејмове (такозвана "**линија акције**"); што прецизније (и пропорционално и перспективно) нацртане позадине; јасно дефинисане тачке гледишта (угао гледања и ракурс); и евентуалног покрета камере.

На основном нивоу класичне анимације, лејаут је означавао **композицију једног кадра**, а на вишем нивоу, посебно у савременој, "индустријској производњи" анимације, појам **лејаут** односи се на **след кадрова који**

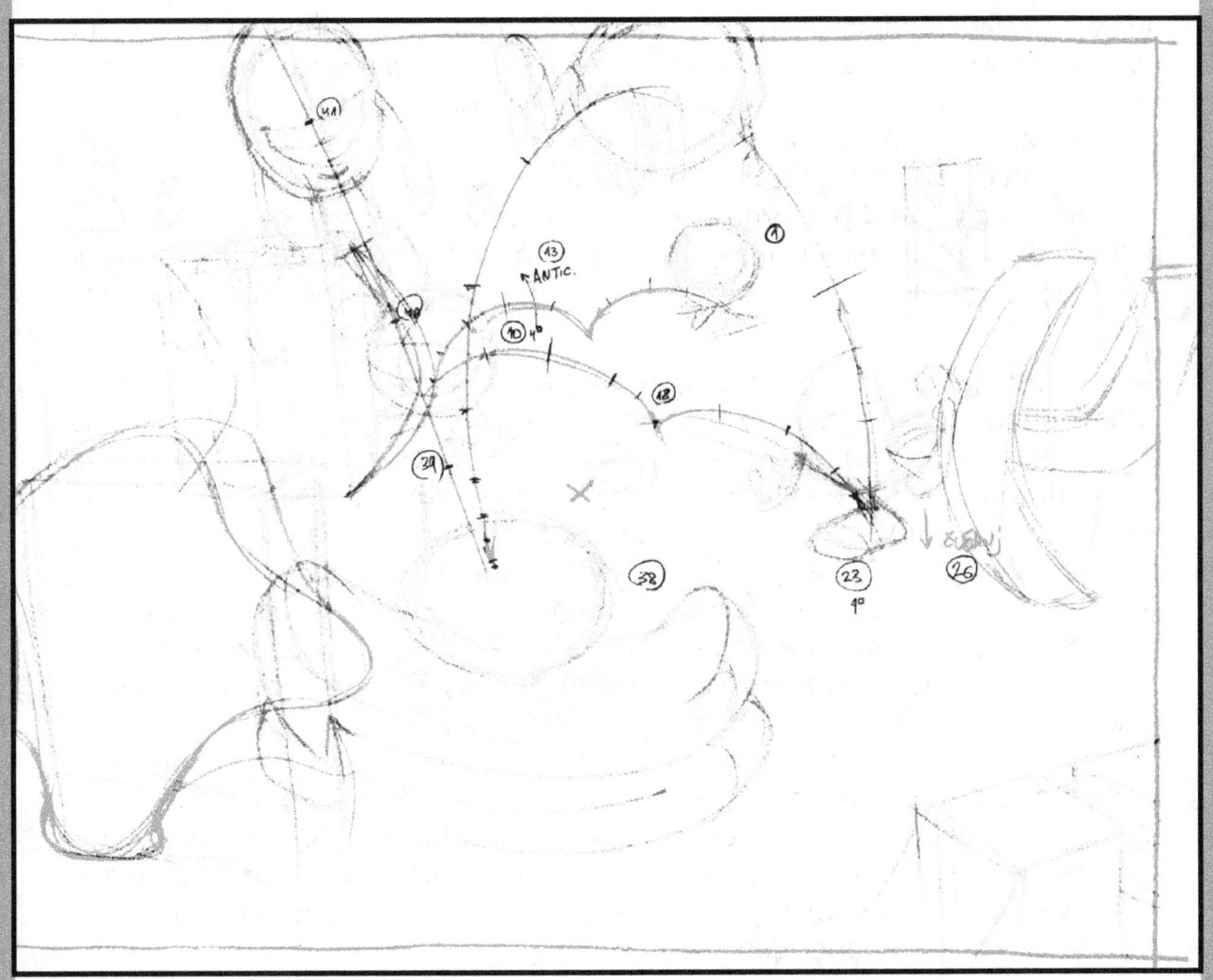

чине једну композициону целину, сцену или секвенцу. Потпуно завршени лејаут за све појединачне кадрове, са адекватно започетим попуњавањем картона снимања, омогућавао је почетак производње анимираног филма, од цртања до снимања.

На претходној илустрацији је приказана радна верзија лејаута за један кадар пропагандног спота. Шеста сличица на другој претходној илустрацији са позадинама представља један финални фрејм тог кадра.

Са повећањима трошкова израде савремених анимираних филмова до енормних вредности, посебно за дугометражне анимиране или компјутерски реализоване филмове, значајно је измењена и унапређена функција лејаута у целој филмској индустрији.

Савремени лејаут је **режијска поставка целог филма** која укључује и композицију сваког појединачног кадра као и повезивање кадрова у основне тематске целине-**секвенце**, до композиције монтажног система целокупног филма. На нивоу појединачних кадрова, лејаут је задржао примену свих претходно наведених елемената. Тежиште савременог лејаута је на разрешавању проблематике спојева појединачних кадрова и појединачних секвенци, и то међусобно, у смислу филмског правописа, односно у виду правилне, читљиве примене промена између кадрова, израженних у избору различитих планова, ракурса, захватних углова и перспективе, па и симулације фотографских параметара типа оштрине и дубинске оштрине. Савремени лејаут као режијска поставка филма, разрешава и проблеме временских аспеката филма, са тежиштем на постављању исправног тајминга, како за појединачне целине, тако и за цео филм.

Савремена филмска производња изменила је и креативне аспекте израде лејаута, с обзиром да лејаут више не црта главни аниматор (по правилу режисер филма), већ на њему ради или специјализовани уметник за лејаут (**lay out artist**), или читав уметнички тим лејаут цртача, а по усменим или писаним инструкцијама и корекцијама режисера филма. Иако савремени лејаут на нивоу појединачног кадра не садржи ни један елемент више од раније наведених, унапређени концепт третмана лејаута по филмском правопису за низове кадрова и секвенце, до целокупног филма, омогућава познаваоцима анимираног филма (а посебно свим члановима екипе за реализацију цртања и анимације), да потпуно сагледају и осете све драматуршке, сценаристичке и режисерске захвате, и да "одгледају" филм у мисли, пре но што је започето цртање и једног плана. Лејаут се не користи за потребе превизуализације већ се, у споју са формализмом картона снимања, користи као "еталон", у чијем се оквиру започињу и изводе технологије реализације и приступа се стварању и производњи анимираног филма.

08. **Картон снимања** је у професионалној филмској производњи образац (као што је случај и са обрасцем сториборда). У картон снимања се, у тачно одређена поља, уписују сви значајни и важни нумерички и словни подаци, за све фазе реализације филма, почев од сториборда, до композитинга или снимања који се, без овако прецизног означавања, не би могли реализовати. Свака продукција има сопствени дизајн картона снимања, у зависности од сложености пројекта на коме се примењује. За мање продукције анимације корисно је поједноставити картон снимања и уносити само најзначајније елементе: назив пројекта, бројеве сличица, две колоне за упис података (као што су фонограм, покрет и изрез камере), и минималан број колона за планове, као што је приказано на горњој илустрацији. "Озбиљне" и захтевне продукције типа дугометражног цртаног, лутка или компјутерски анимираног филма, подразумевају употребу конвенционалног, такозваног индустријског картона снимања, као на слици лево, чији сваки појединачни лист обавезно садржи: фактографске податке (продуцент, радни наслов филма, име режисера или главног аниматора, број сцене и кадра, и тачно колоне које покривају: број фрејма, фонограм, број планова (најмање три колоне), позадину, назнаке за рад сниматеља, назнаке за монтажера, слободне назнаке (евентуалне посебне напомене било коме од чланова екипе која реализује филм по картону снимања). На слици лево је картон снимања за филм Хачипу (продуцент Дунав филм, 1987. година).

49

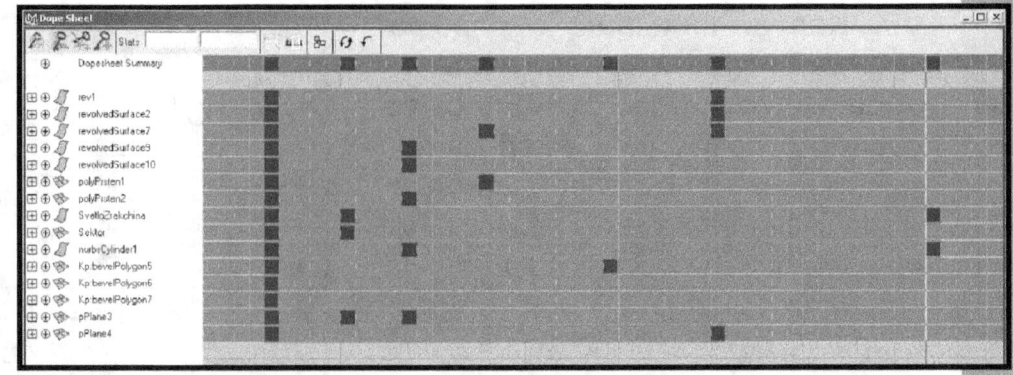

На слици десно је приказ дигиталног картона снимања (**dope sheet**) из програма за компјутерску анимацију **Maya**.

Првобитно попуњавање и припрему картона снимања извршава асистент монтажера или секретарица режије, уносећи фактографске податке у заглавље картона снимања и уписујући прецизно фонограм. По правилу, остала попуњавања картона снимања врше само главни аниматор (позиције позадине и планова/слојева, позиције фаза, напомене сниматељу и монтажеру), и евентуално аниматори и то само за позиције планова-слојева. Исправност попуњавања картона снимања и усаглашеност са материјалом за снимање и композитинг, проверава контролор, односно члан екипе са професионалним називом "чекер". Картон снимања завршава у рукама сниматеља анимираног филма (или композитора), који попуњава само евентуално уочене недостатке, као и ознаке за завршетак снимања појединачних кадрова.

09. Главна анимација је стварни почетак реализације анимираног филма сличицу по сличицу. Главна анимација и главни аниматор представљају хијерархијске појмове из терминологије класичног анимираног, превасходно цртаног филма, и означавају функцију, као и рад на анимираном филму који директно одређује како ће се кретати све: од главног актера, до покрета камере. На овом месту размотрићемо два традиционална концепта анимирања:

анимација **из слике у слику**, и
анимација **из позе у позу**.

Значајно је напоменути да технологије савремене и будуће компјутерске анимације, иако произлазе из ова два концепта, у многоме превазилазе цео познати систем класичне анимације новоствореним концептима калкулативне анимације принудама, процедурама, архивским подацима (**motion capture**), и посебно анимацијом симулацијама.

Анимирати **из слике у слику** једини је могући начин анимације за све типове такозваних регистрационих анимација као што су лутка филм, колаж, експерименталне форме, стоп фрејм анимација, и слично, односно оне форме које би било готово немогуће реализовати на други начин изузев у низу следећих поступака:

1. Поставимо лик / снимимо сличицу;
2. Померимо лик само за следећу фазу / снимимо сличицу;
3. Понављамо тачку 2.

И тако, из позиције у позицију, снимамо сличицу по сличицу, до краја кадра, сцене, односно до краја целог филма.

Један од најпознатијих примера оваквог начина рада је анимација из филма Судар Титана (први део, реализован пре пар деценија), аниматора (у овом случају и директора специјалних ефеката), Реј Харихаузена (савремени, други део, реализован је, нормално, компјутерском анимацијом). Евидентно је да је овакав тип анимације калкулативног облика, јер се мора прецизно промишљати свака фаза за сваку сличицу, како би се постигло да и поза и тајминг буду комплементарни. Основни недостатак оваквог концепта анимације јесте изглед такозване ”пливајуће” анимације, односно анимације углавном равномерног кретања, а из разлога тешкоћа у постизању различитих интензитета појединачних покрета и кретања, управо из неопходности промишљања и калкулације, а не сагледавања сваке фазе између поза.

Концепт анимације **из позе у позу**, природан је за цртани филм и за компјутерски анимирани филм. Идеја анимације из позе у позу налаже да главни аниматор исцрта лик у простору за појединачне кадрове, на онолико места на којима лик остварује позе, (положаје тела или главе са наглашеним значајем, терминолошки - **екстреми**). Такав рад подразумева најмање две до три позе за сваки кадар (почетна-улазна поза, завршна-излазна поза, и значајна поза у средини кадра). У следећем кораку, главни аниматор исцртава **линију акције**, повезујући тежиште лика у сваком исцртаном екстрему. Овако исцртаним екстремима и линијом акције, у релацији са елементима позадине, главни аниматор је разрешио просторну проблематику анимације.

У истој фази рада, главни аниматор разрешава и временске компоненте кретања, постављајући **маркере** (попречне цртице, ознаке), на линију акције, и бројеве уз њих, који означавају позицију тежишта лика у тачном фрејму времена кадра на коме се ради (цртеж десно).

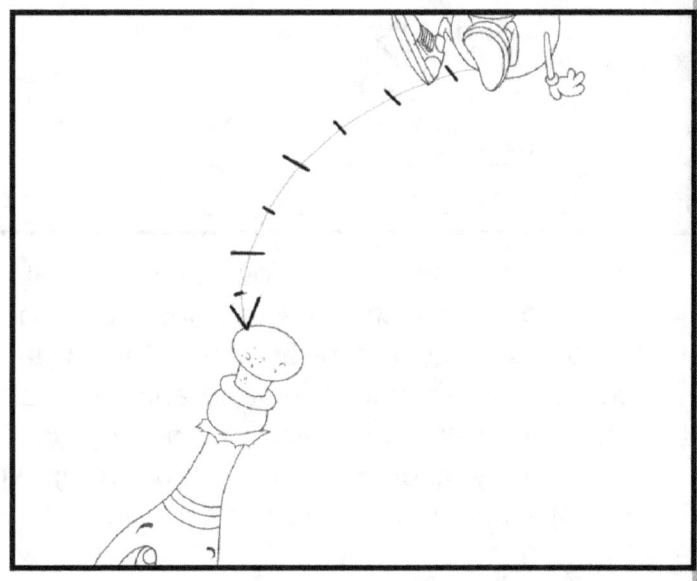

Кадар из главне анимације предаје се даље или **аниматорима** (ако је сложенији, односно ако је неопходно доцртати још поза), или **фазерима**, који на сваком маркеру исцртавају потпуни лик у одговарајућем прелазном положају - **фази**.

Концепт анимације "**из позе у позу**" напреднији је и значајан је утолико што омогућава егзактан тајминг свих поза као и потпуну контролу интензитета свих кретања у кадру. Такође је значајан и као природан начин компјутерске анимације екстремима, односно технологијом кључних фрејмова (такозваном "**key frame**" технологијом), којом аниматор постави лик у одређену позу-екстрем, активира-постави вредности тог екстрема за одређени фрејм на временској линији; помери маркер временске линије на време-фрејм наредног екстрема; помери, премести, измести све што се анимира на лику (руке, ноге, тело, говор...), активира-постави те вредности, а компјутер (машина и програм), укалкулише измене свих елемената за сваки фрејм између екстрема, и постави лик у сваку фазу, као на наредном примеру.

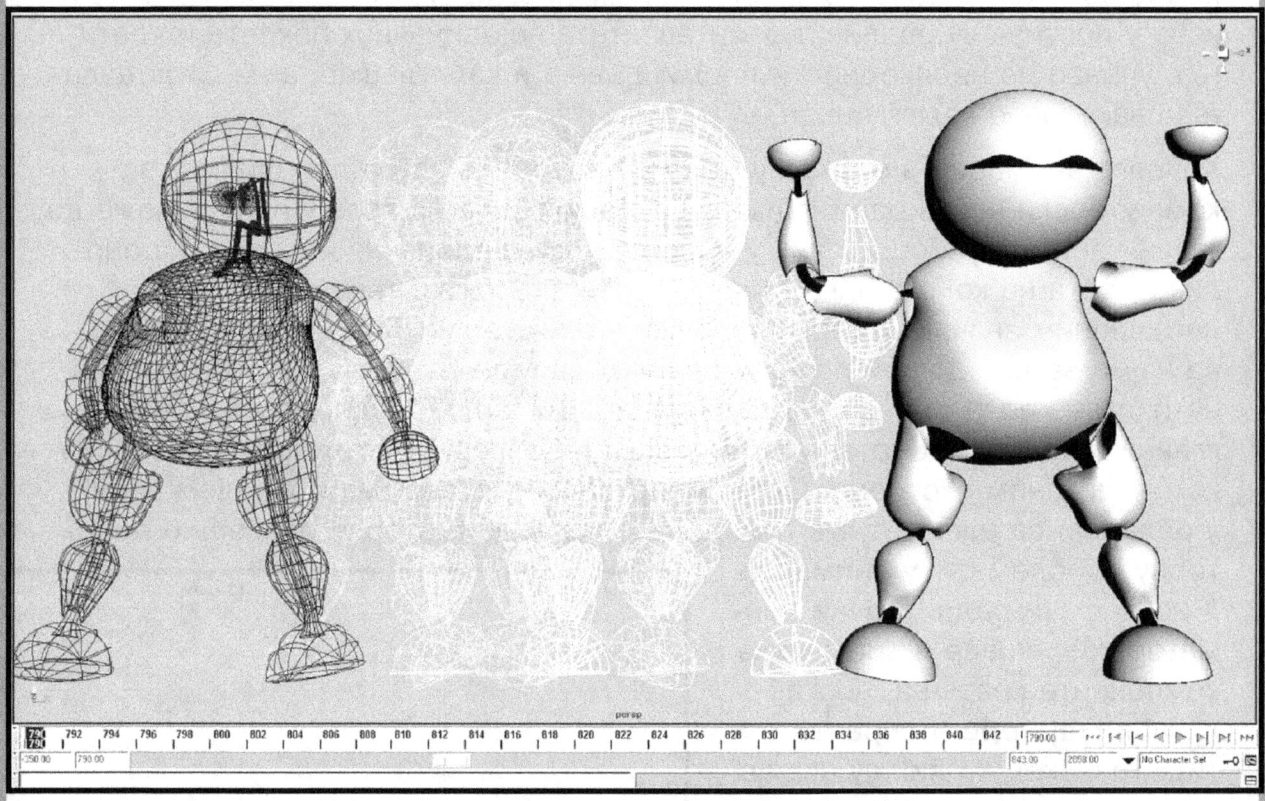

Главном анимацијом започиње реализација у смислу "физичке" израде анимираног филма и из тих разлога неопходно је да појасним неке од појмова које ћу употребљавати, као и да укажем на суштинско значење аспеката "практичне" израде анимираног филма, с обзиром да управо главна анимација и главни аниматор успостављају све параметре и квалитете визуалног изгледа и перцепције кретања у филму, те самим тим и одређују завршни квалитет филма.

Стандардни филм који се пројицира оптичко механичким путем (стандардна филмска пројекција), пројицира се фреквенцом, односно брзином, од **24 сличице у секунди** (изузетак је **Showscan**, специјализовани, изоловани систем широког екрана, који се пројицира фреквенцом од 60 фрејмова у секунди, а у време писања ове књиге, разматра се стандардизација повећања фреквенце на 30 и више фрејмова у секунди, управо за потребе пројицирања филмова са анимацијом и ефектима!). Сваки електронски или видео реализовани филм, пројицира се брзином од **25 сличица у секунди** у **PAL** систему, односно брзином од **29.92 сличице у секунди** у **NTSC** систему. Класичан цртани филм се, по правилу, реализује за филмску пројекцију, што значи да има: 24 слике за секунд филма, 1440 слика за један минут филма (један минут **PAL** видеа садржи 1500 слика), 86400 слика за један сат филма, односно од 100800 (сто хиљада и осам стотина), до 172800 слика за целокупно трајање филма од 70 до 120 минута, у којим се трајањима, по правилу, реализују дугометражни цртани филмови. С обзиром да се за сваки финални фрејм исцрта или прецрта најмање три "руке" (од папирне скице, преко анимације и фазирања, до потпуно обојеног фрејма), долазимо до броја од више од 300000 цртежа, односно јединичних цртања, ако бисмо реализовали филм по принципу: један финални цртеж за један фрејм филма. Овај принцип (такозвани **А1**, "**анимација на један**"), примењује се у цртаном филму само за изузетно мале делове анимација у кадровима са екстремно брзим кретањима и акцијом. С обзиром да би било неефикасно, нерационално и непотребно исцртавати стотине хиљада слика за цртани филм, успостављене су следеће посебне технологије професионалне анимације, у циљу смањивања "количине цртања", без утицаја на квалитет и перцепцију кретања актера у филму:

- **супституција фрејмова**,
- **поза**
- **подела слике на планове** (слојеве),
- **анимација у циклусима**,
- **реперкусија**,
- **симболичке форме** (швунг, облаци, експлозија),
- **рад камером** (пан, тилт, фар, кран).

На овом месту појасниђу само супституцију фрејмова и позу, у смислу значаја за рад главног аниматора.

Супституција фрејмова (А2;А3;А4;Ах) означава да се један цртеж употребљава и снима на 2 (или 3;4;х), фрејма односно сличице. Поента супституције фрејмова јесте умањење броја цртежа по секунди филма са 24 (споменутих А1), на 12 (или 8; 6; у посебним случајевима и мање), без губитака визуалних квалитета кретања. **А2** је стандард глатке анимације "нормалних" кретања ликова, с обзиром да је 12 појединачних цртежа-фаза статичних слика кретања, снимљених са по 2 фрејма за укупно 24 фрејма за једну секунду, довољно да ретинална перзистенција омогући перцепцију континуелног кретања у пројекцији. За изражене и брже покрете ликова у кадру, није довољна примена А2, јер би се велики простор-ни помаци перцепирали као стробоскопија, односно скоковито кретање, и овакви покрети захтевају реализацију А1 типа (један цртеж), за један фрејм филма. Интересантно је споменути да чак ни А1 није решење за перцепцију "идеалног" кретања. Наиме, у цртаном филму се експлозивни и екстремно брзи покрети не могу разрешити на овај начин, јер би се и то перцепирало као стробоскопија, већ се такви случајеви решавају сим-боличким формама по принципу: лик нестане у једном или два наредна фрејма, а А2 анимирани "трагови" (**швунг**), или облачићи који "испарава-ју", обележе и дефинишу брзину његовог кретања. Познати примери за овакве анимације јесу симболичке форме облачића у кратким филмовима Чака Џонса, почев од Птице тркачице.

Поза је значајан положај лика у кадру. У нормалним кретањима као што су ход, окрет, трчање, говор, позом се сматрају улазни и излазни положај лика у кадру. Дефинисана поза је први корак у изградњи и стварању карактера у смислу психолошких и емоционалних својстава лика у причи. Карактеристичне и значајне позе једног лика у акцији у једном кадру на-зивају се **екстреми**.

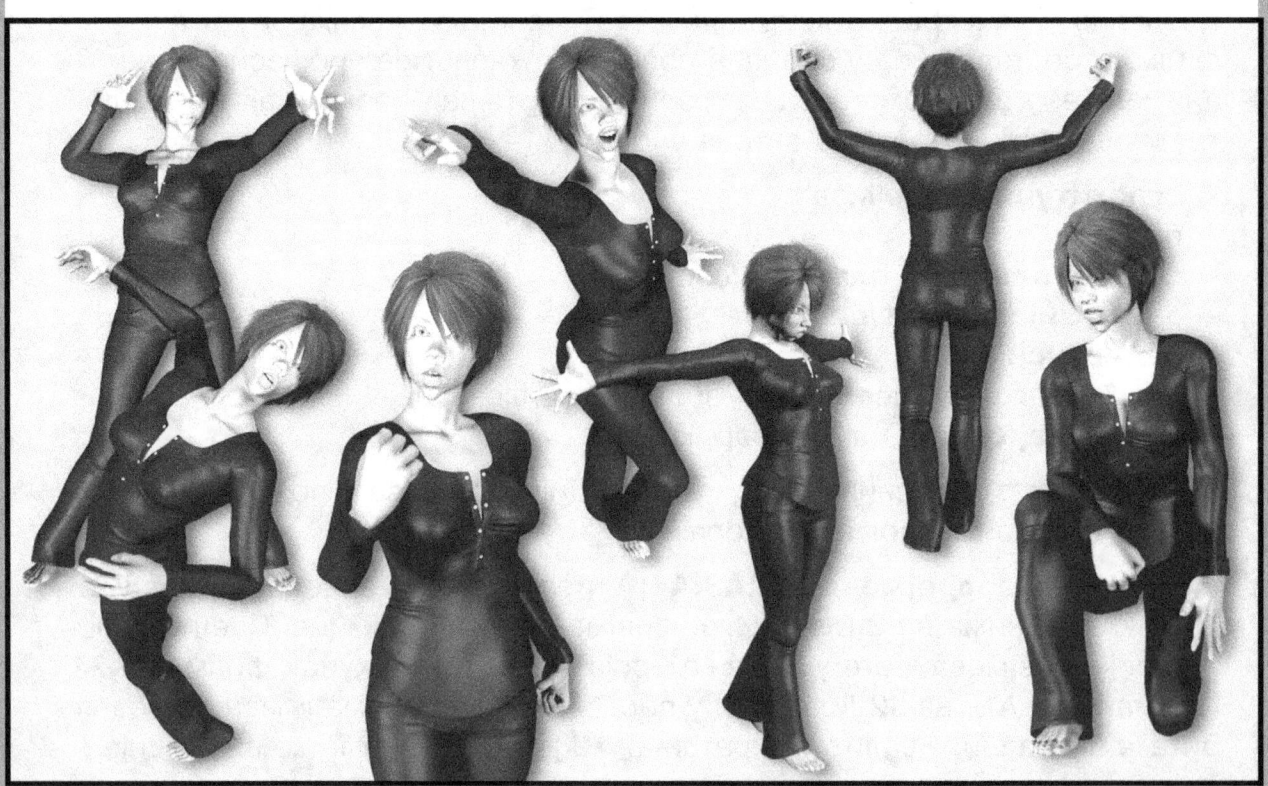

10. **Анимација и фазирање** произлазе из главне анимације. Ова два појма означавају две организационо и продукционо различите делатности, а производ обе јесте цртеж лика у једном, два или више фрејмова. Такође означавају и степен учења и напредовања према функцији главног аниматора. Анимацију израђују аниматори који између екстрема које је поставио главни аниматор, додају неопходан број поза (углавном свега један до два цртежа лика). Затим следи фазирање: процес израде фаза. **Фаза** је међупоза за сваки цртеж лика у снимајућем низу. След фаза чини анимацију кретања у филму. Фазирање извршавају фазери, који између свих задатих екстрема и поза додају захтевани број међупоза-**фаза** прецртавајући и доцртавајући цртеже **главног аниматора** и **аниматора**.

Досадашња реализација цртаног филма у потпуности се одвијала цртањем обичном црном графитном оловком, плус повремено црвеном и плавом за дефинисање изреза, линије акције и границе сенке, ако је предвиђена симулација сенчења на лику и позадини. Црта се по правилу на стандардном, фотокопирном, белом А4 папиру. Само цртање се изводи углавном "природ-

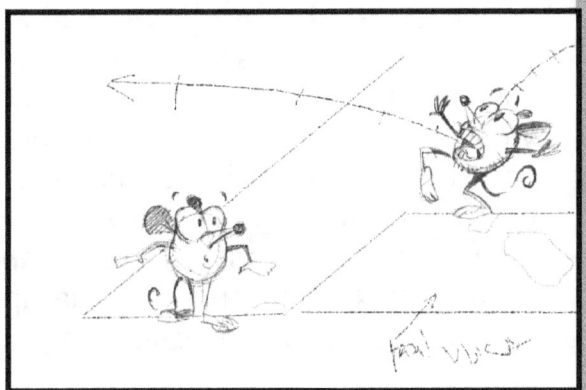

ним" потезима руке, што значи вишеструким, опуштеним и углавном "прљавим" потезима. Резултат рада **главног аниматора**, **аниматора** и **фазера** јесте целокупан филм: сви ликови са потпуним кретањима, на својим позадинама и у изрезу и композицији задатим лејаутом. Све то на обичном А4 папиру, штифтованом, са свим вишковима и погрешним линијама, са текстуалним напоменама и ознакама, пропраћено картоном снимања (цртеж горе, десно).

На овом месту неопходно је да објасним технологију "**стабилизације**" **слике**, односно технологију успостављања и одржавања неопходне прецизности целокупног цртања и снимања филма, како би се кретање и изглед актера и позадине перцепирали у жељеној "глаткоћи" и уверљивости, односно како би свака тачка и линија на низу цртежа и снимљених слика, била тачно и само на предвиђеном месту, од цртања и прецртавања, до пројекције. Захтев за стабилите-

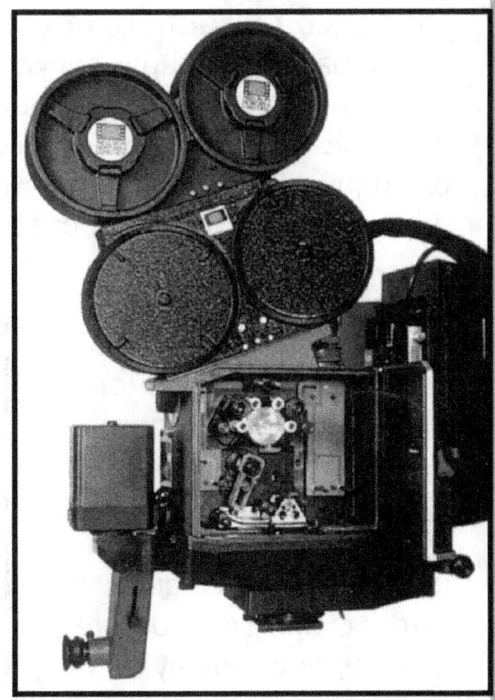

том произлази из редоследа значајног умањења цртежа током снимања на филмску траку, и каснијег енормног увећања током пројекције. Наиме, изрез од 22x16 сантиметара цртежа на папиру А4, пропорционално је умањен линеарно 10 пута, а површински 100 пута, снимањем на филмски негатив 35мм, на снимајућу површину стандардног академског сликовног формата 22x16 милиметара. Овај фрејм филмске слике од 22x16 мм, про- јицирањем на филмско платно или екран димензија на пример 8.8x6.4 метара, увећава се тачно 400 пута линеарно, односно 160000 пута повр- шински. Дакле, део цртежа величине 1 милиметар (колика је дебљина ра- пидографа за цртање линија крупнијих планова), у пројекционим услови- ма износи 4 сантиметра, што значи да евентуална грешка у цртању и прецртавању за само једну дебљину линије, у пројекцији ће, за наизме- ничне цртеже, изазвати неподношљиво треперење или стробоскопско титрање у низу фрејмова кретања. О стабилизацији слике води се рачуна у свим поступцима цртања и прецртавања, као и у поступцима дигитали- зације. Пре употребе рачунара, у "снимању" филма, посебно је решавана стабилизација током снимања, употребом масивних, робусних уређаја за снимање, трик столова и трик камера, као што је камера Оксбери на сли- ци на претходној страни, са загарантованм стабилитетом филмске слике мањим од 0.006 инча односно 0.15 милиметара по снимљеном фрејму.

Савремена стабилизација слике своди се на прецизан рад (у свим пос- тупцима цртања, фазирања и свих прецртавања), на професионално или

аматерски перфорираном папиру, упо- требом једноставног уређаја, **перфо- ратора** и једног приручног помагала са називом **штифт**. Професионални перфоратори папира (слика десно), праве на папиру или целулоидној фо- лији три отвора тачних димензија и одстојања. Централни, кружни отвор, служи за хоризонталну стабилност, а два ивична, правоугаона отвора, за вертикалну и ротациону стабилност. **Штифт** се састоји од танке лимене траке на којој су постав- љени један метални ци- линдрић и два квадра ко- нусно обрађених ивица (слика десно). Папири за цртање или целулоидне фолије, постављају се на

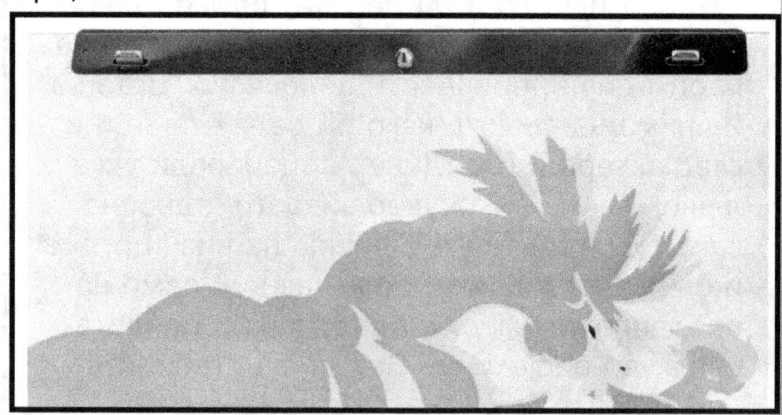

штифт, а неопходно "идеално" тесан контакт са цилиндрићем и са хоризонталним површинама правоугаоних стабилизатора, обезбеђује оптималан стабилитет цртежа у манипулацијама. Овако конципиран систем са обичним бушеним рупама на папиру, био је обавезан у класичном цртаном филму из једноставних разлога: основни линијски цртеж на папиру главног аниматора, до снимљеног негатива, преко целулоидне фолије, пролазио је најмање кроз 6-10 степена прецртавања, односно кроз толико могућности за чињење само споменуте грешке од једног милиметра.

Данашња манипулација је значајно редукована употребом рачунара, тако да стабилитет слике и цртања задовољава употреба канцеларијске бушилице са два кружна отвора, и аматерског "штифта", од комада дрвеног лењира, са два пластична или дрвена уметка на позицијама пробушених рупица. Штифт се употребљава у свим поступцима цртања и прецртавања, а и у процесу дигитализације-скенирања, као на слици испод.

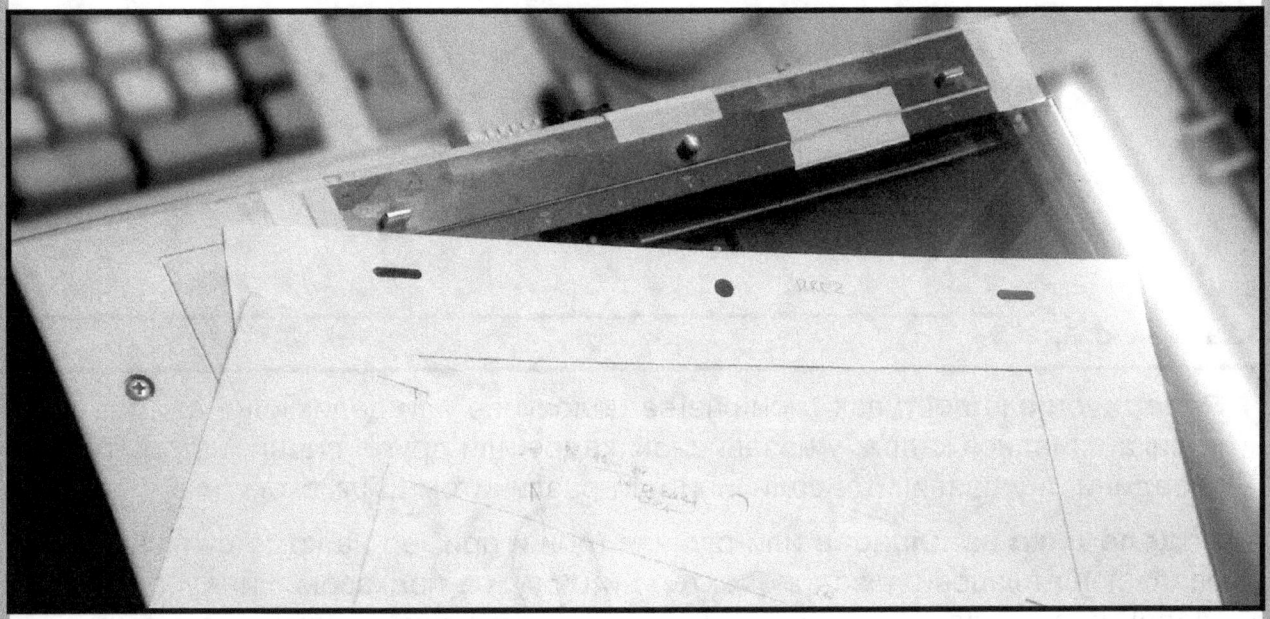

У склопу тема анимације и фазирања, појаснићу претходно наведене појмове:

Анимација у циклусима користи се у цртању једноставних ритмичних кретања као што су ходање, трчање, пливање, вожња бицикла и слично, тако што се број цртежа за само један целокупан покрет, на пример двокорак, понавља у снимању жељени број пута, по правилу током целог кадра. За исправан циклус неопходно је цртати кретање тако да лик из почетне позе-фазе може меко "ући" у идентичан цртеж фазе за наредни циклус (као што је прелаз фазе 14 у нулту фазу, на илустрацији на врху наредне стране);

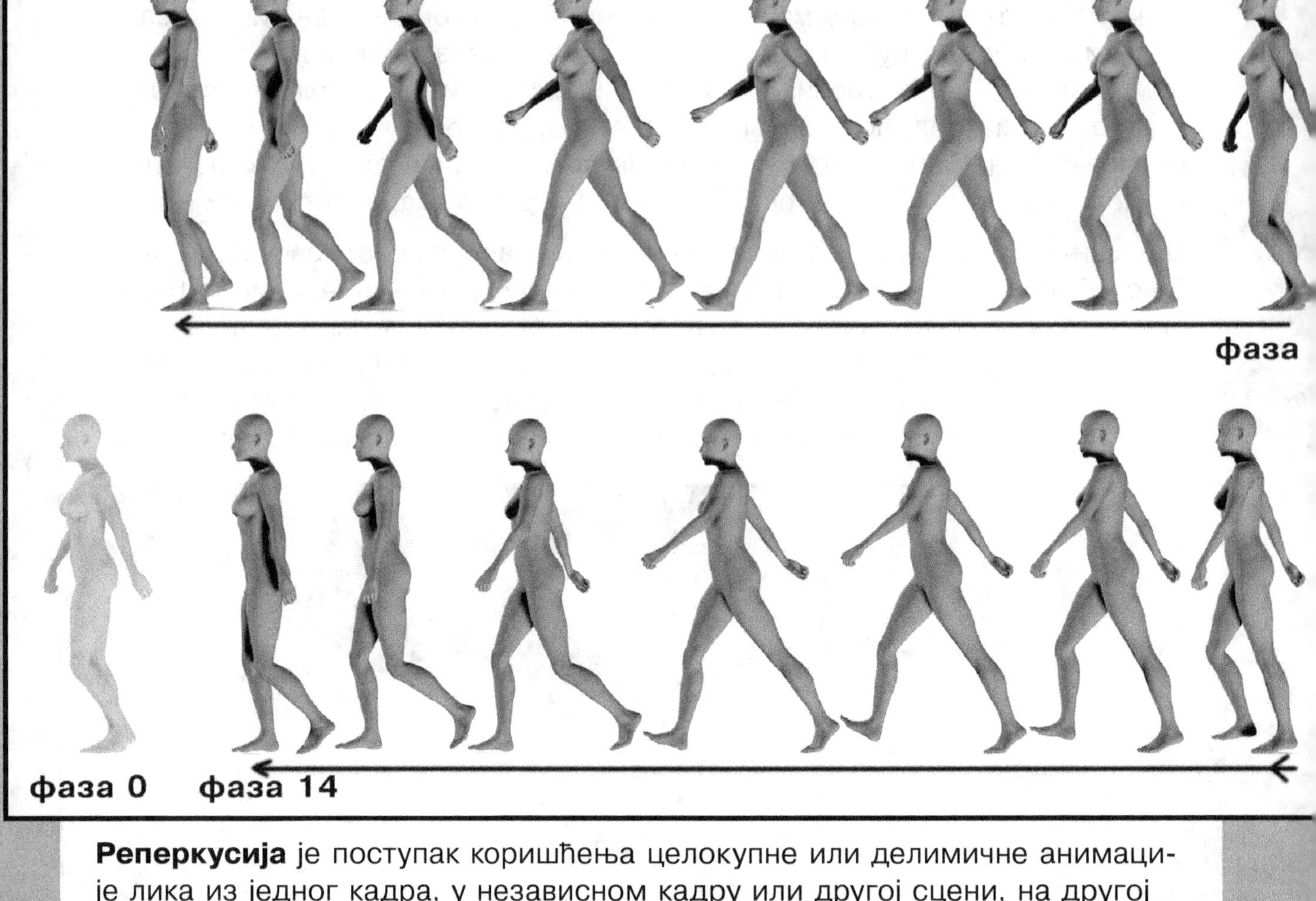

фаза

фаза 0   **фаза 14**

Реперкусија је поступак коришћења целокупне или делимичне анимаци-је лика из једног кадра, у независном кадру или другој сцени, на другој позадини, а у различитој величини или различитом филмском плану.

Подела лика на планове или слојеве (доњи пример на коме су јасно раздвојени планови позадине, актера и очију, са приказом финалног из-гледа), представља (као и супституција, реперкусија и циклус), основну технологију цртаног филма која се примењује у циљу уштеде на цртању, и то превасходно уштеде времена и рада цртача, као најспорије и најскуп-ље продукционе ставке израде цртаног филма. Подела на планове озна-

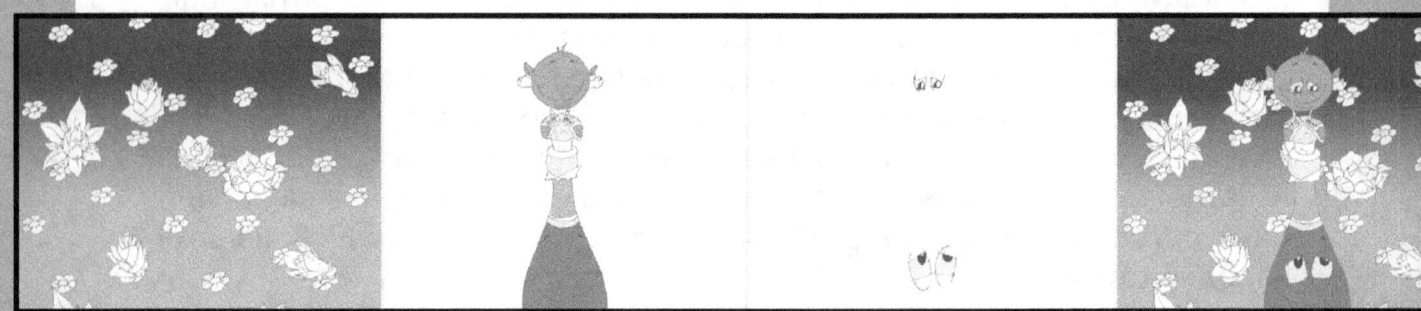

чава цртање анимираног лика не у целости на једном папиру или целулоиду, већ подељеног на два или три слоја, односно плана. Најчешће се употребљава у дијалошким сценама, када се тело и глава цртају на једном слоју, усне у фазама говора на другом, а по правилу, очи на трећем слоју. Подела на планове је посебно коришћена у класичним поступцима снимања и цртања на целулоидним фолијама.

По излагању претходних поступака, технологија и појмова, чије је потпуно познавање неопходно да би се уметнички успешно, а производно рационално и ефикасно могло створити анимирано дело, у овом случају цртани филм, даћу одговор и на најзначајније питање: како се уопште анимира комплексан цртани лик, као што је сваки вишезглобни и вишеекстремитетни лик који још и говори.

Основни поступак је крајње једноставан за опис: анимира се једноставно, као и код изградње лика, свођењем тела, главе и удова лика на примитиве. Контура лика се у овој фази црта црном графитном оловком а граница "сенке", црвеном, плавом или ткзв. "мастиљавом" оловком, искључиво из разлога распознавања за потребе колорисања, као на цртежу лево.

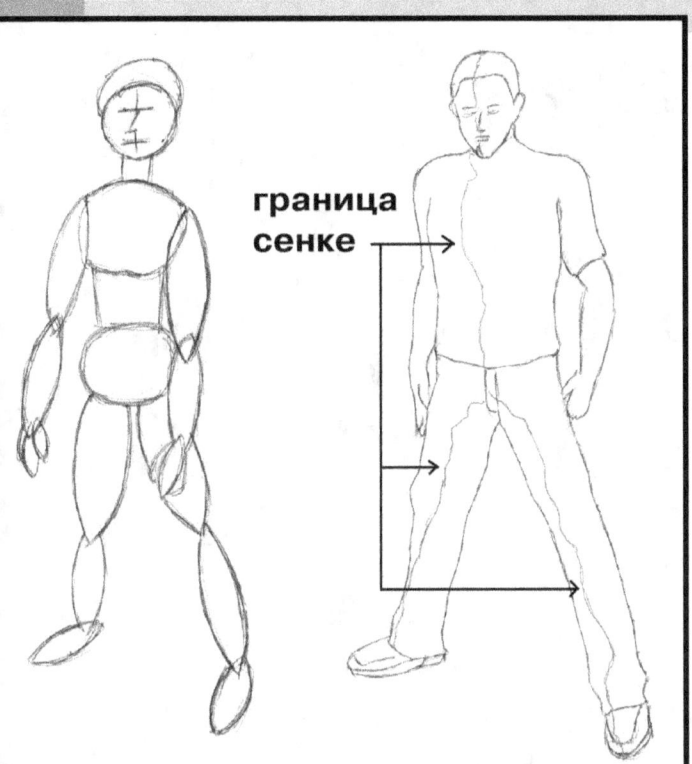

граница сенке

Промишљањем перспективе и калкулацијом ротација примитива око "зглобова", исцртавају се "сведени" ликови, на сваком маркеру који је поставио главни аниматор на линији акције (илустрација на следећој страни). Свакако, цртање се изводи на појединачним, перфорираним папирима, постављеним на штифт. По формираном "кретању" примитива сведеног лика по линији акције, следи цртање исправне контуре лика, а по потреби и исцртавање посебне линије сенке.

11. Копирање је следећа фаза реализације класичног цртаног филма, која је била од изузетног значаја у претходном, недигиталном периоду реализације цртаних филмова на целулоидним фолијама. У савременим дигиталним технологијама, копирање је делимично изгубило на значају, у складу са могућностима програма да детектују тачне контуре исцртаног лика после анимације и фазирања. Само копирање је техничко-технолошки поступак егзактног и чистог прецртавања исправне контуре лика са

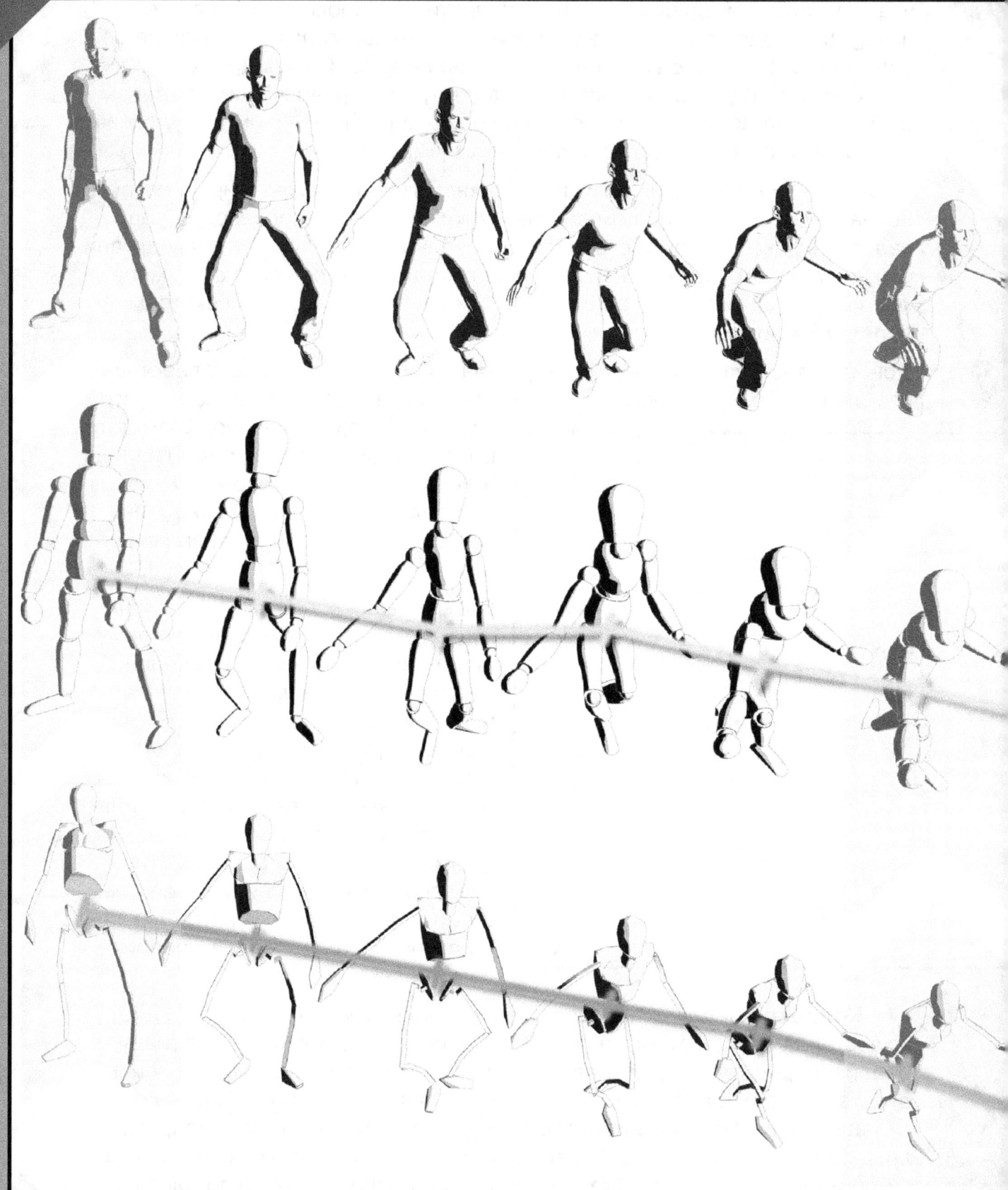

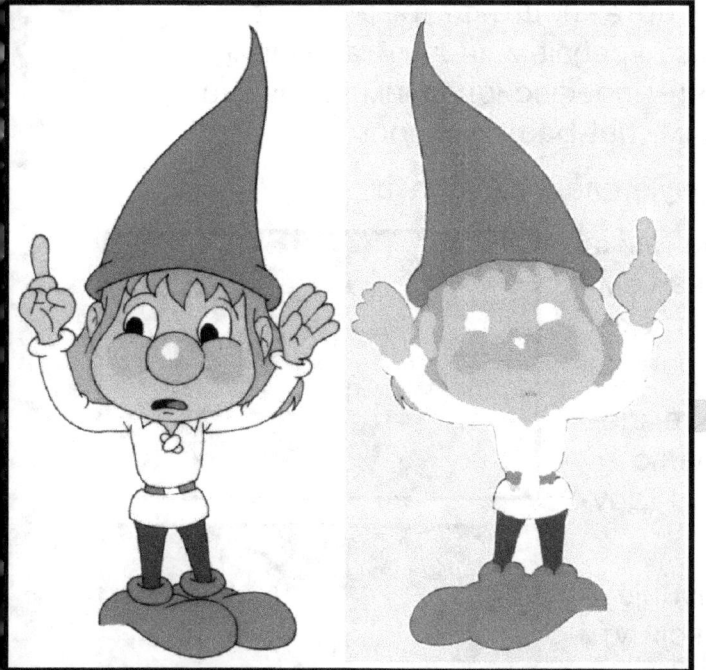

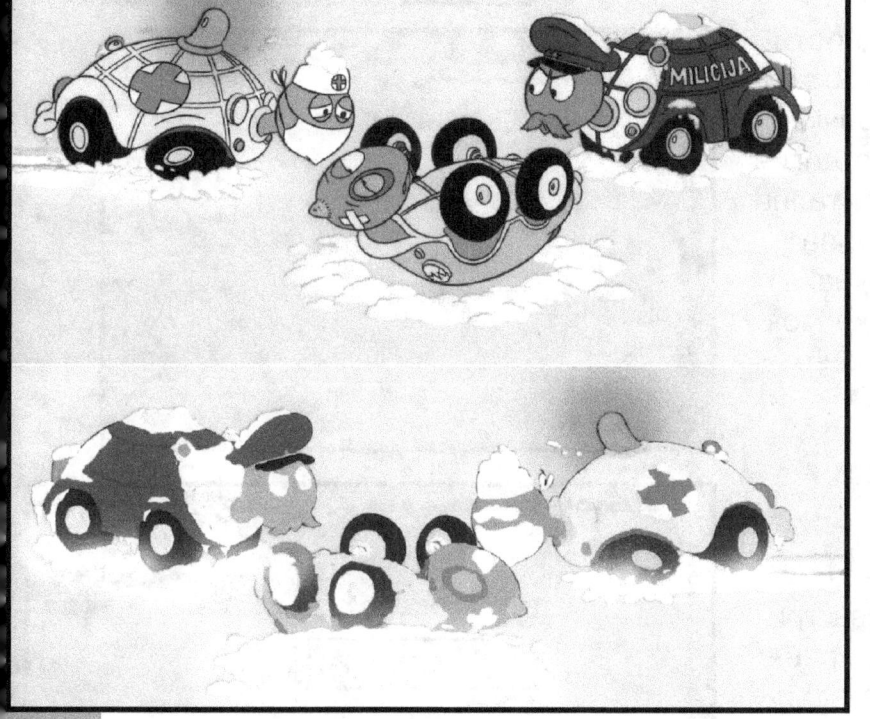

папира, уз помоћ штифта, на перфо-
рирану фолију, црним тушем и рапи-
дографима, са беспрекорно чистим,
равномерним и затвореним линијама.
Фолије су затим пролазиле кроз руке
колориста и поступак колорисања:
попуњавања линијама затворених
површина лика и позадине, посебним
бојама за целулоид или поликолор
бојама. Колорисање се изводило на
полеђини целулоидне фолије, као
што је приказано на илустрацијама.
Овај историјски поступак, каракте-
ристичан за класичне, камером реа-
лизоване цртане филмове, био је
изузетно спор и скуп у реализацији,
и у пракси је нестао употребом диги-
талних средстава.

Копирање у реализацији
дигиталним технологијама
представља само прецизно
прецртавање, са испрљаног
радног папира исцртаног
оловком, на чист папир, ра-
пидографом, подразумева-
јући затварање свих повр-
шина чистим линијама црне
боје, као и исцртавање
евентуалне линије сенке
већ споменутом црвеном,
плавом или мастиљавом
оловком. Даљи поступци
колорисања и осталог (сен-
чења или ефеката), врше се
помоћу одговарајућих диги-
талних алата.

12. **Скенирање** (дигитализација) планова и позадина јесте технолошки
поступак претварања цртежа у нумерички документ (фајл), који садржи
податке о позицији и обојењу пиксела, најмањих јединица површине цр-
тежа који се дигитализује. За поступак дигитализације неопходни су: кар-
тон снимања (којим се одређује редослед цртежа за дигитализацију поје-

диначног кадра); претходно разматрани цртежи; штифт (регистратор позиције и стабилности цртежа); рачунар са уређајем за дигитализацију и одговарајућим програмима. У савременим професионалним условима, дигитализација цртежа изводи се равним (**flat-bad**) скенером.

Припрема за саму дигитализацију укључује следеће кораке:

1. постављање штифта на скенер (прва слика), једноставним вишеструким причвршћивањем лепљивом траком и фиксирањем на тело скенера изван поља осветљавања и скенирања;

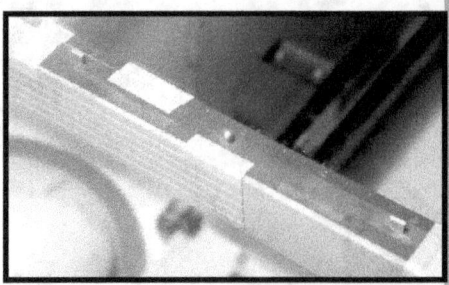

2. загревање лампе скенера на радну температуру пре самог скенирања и активирање програма којим ће се вршити скенирање (друга слика);

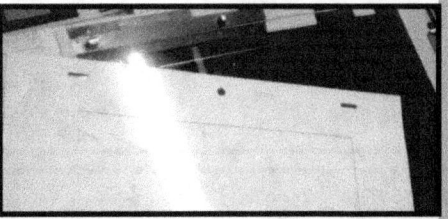

3. одређивање колорног мода и резолуције скенирања, као и осталих параметара који утичу на квалитет дигитализованог цртежа (трећа, доња слика);

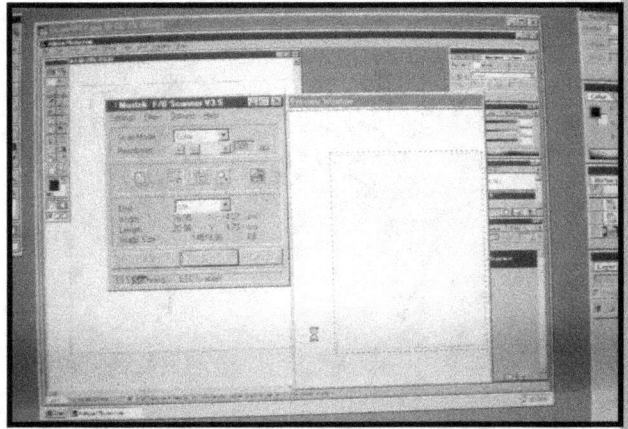

Колорни мод означава вредности под којима ће програм за дигитализацију интерпретирати нумеричке податке током самог процеса дигитализације, и архивирати дигитални документ на неком од медија, за даљу обраду и екрански приказ. Размотрићемо три технолошке могућности за избор и постављање колорног мода и то су:
бојена тонска скала,
сива тонска скала, и
линијска тонска скала.

Бојена тонска скала означава нумеричку интерпретацију за сва три канала боје (плави, зелени и црвени). Скенирани предложак се архивира у пуном опсегу боје и контраста за све три основне адитивне боје без обзира на то које од њих постоје, или не, на скенираном предлошку (слика десно). Треба споменути да је овај начин скенирања

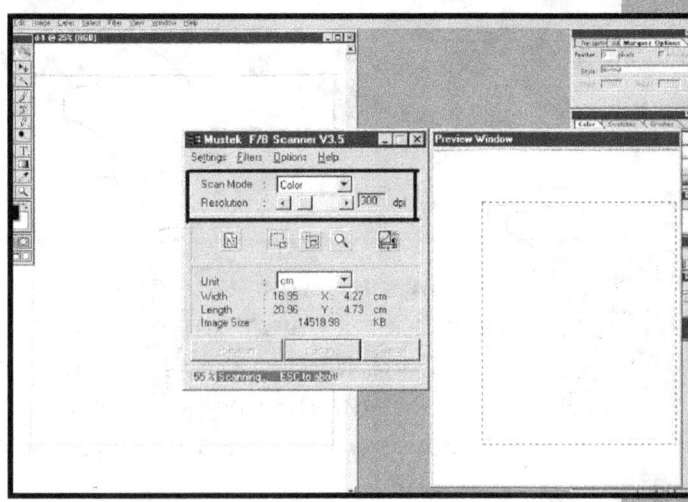

природан за скенер, односно да се свако скенирање извршава у овом моду, а остали модови се остварују програмском конверзијом. Архивирани документи су, у односу на све остале модове, највећи по величини фајла, као и по количини података,.

Сива тонска скала означава скенирање и архивирање документа сведеног на један канал који садржи само податке о тоналном опсегу од црног до белог, са градацијом тонова у зависности од квалитета скенера и програма за конверзију и архивирање. По правилу, савремени скенери су осмобитни, десетобитни или дванаестобитни, а архивирани документи могу бити осмобитни или шеснаестобитни. Подсећам да осмобитно означава укупно 256 нивоа градације тонова од црног до белог (десетобитно-1024 нивоа, дванаестобитно-4096 нивоа, а шеснаестобитно - 65536 нивоа).

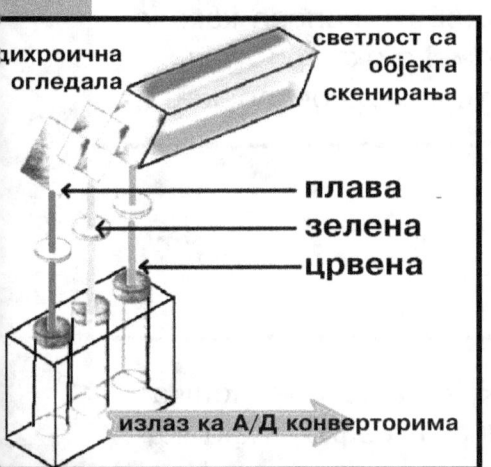

Сам тонални опсег скенирања директно је одређен квалитетом самих ћелија скенера, у смислу пријемног распона контраста и могућности да градацију осветљаја прецизно проследе конверторима. Стони (равни) скенери по правилу су десетобитни или дванаестобитни, што значи да њихови сензори могу да региструју распоне осветљаја од црне до максималне боје, у 1024 или 4096 нивоа, односно степенастих нијанси. На слици лево приказан је концепт рада скенера.

Шеснаестобитни су филмски скенери за транспарентно скенирање снимљене и развијене филмске траке, чији сензори могу да разложе и проследе више од 64000 нивоа тонског опсега за сваку од основних **RGB** боја, од црног, до максималног засићења боје. Са друге стране, програмски алати, односно програми за дигиталну обраду слике, процесирају податке у само два тонална опсега: осмобитни или шеснаестобитни. Сви графички и видео програми сликовне податке процесирају примарно у осмобитном тоналном опсегу који омогућава квалитет са по 256 нивоа за сваку од три основне боје, од црног до максималног засићења боје и укупан могући број од више од 16.7 милиона јединичних боја. У време писања ове књиге, само неколико врхунских композитинг програма као што су Алиасов Композер и Ајонов Диџитал Фјужн, омогућавају процесирање и обраду дигиталне слике у шеснаестобитном тоналном опсегу, односно обраду слике са 65536 могућих нијанси по каналу боје и укупног броја од 4 294 967 296 боја. Потребно је напоменути да претходно споменути увећани десето или дванаестобитни улазни квалитет скенирања јесте значајан, с обзиром да се приликом прве редукције опсега са 1024 или 4096 степени тонске скале на радних 256 нивоа, омогућава квалитетнији, мекши и чистији приказ скенираних бојених површина, из разлога извршавања интерполације, односно **antialiasinga**. Такође, и величина архивираног документа је оптимална, с обзиром да је неколико пута мања у односу на изворне податке скенирања. Претходно технолошко разматрање неопходно је у циљу сазнања основних, општих параметара дигитализације скенирањем. У пракси, дигитализација и обрада визуалних садржаја своди се на осмобитне формате, односно на могућност рада са 256 нивоа тонске скале за сваки појединачни канал боје, од црног до максималног засићења, и укупних 16.7 милиона боја од црног до белог.

Сива тонска скала означава да се скенирани предложак (без обзира да ли је и сам црно-бели или обојен), архивира у једном осмобитном каналу, са визуалним приказом градације тоналног распона само у сивим тоновима, од црног до белог, у могућих 256 нивоа за осмобитни опсег, како је приказано на слици испод. Сам документ је истовремено око три пута мање величине од документа архивираног у пуном троканалном обојењу.

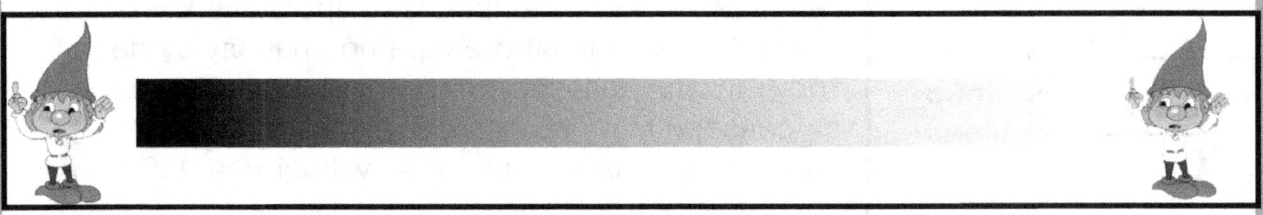

Линијска тонска скала означава интерпретацију скенираног предлошка у само два тона, црно и бело. Резултат је потпуно чиста графика, као на следећем примеру, која је изузетно мале запремине за архивирање. Иако

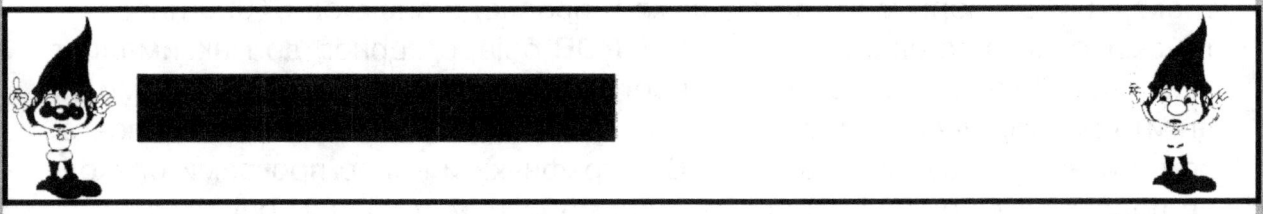

се чини да би управо скенирање у линијској тонској скали било идеално за дигитализацију цртежа црним рапидографом на белом папиру, поступак је обрнут: не скенирајте цртеже у овом моду, с обзиром да је после скенирања додир црне линије и белих површина представљен егзактним пикселима, без интерполације (без **antialiasinga**) и умекшавања прелаза. Самим тим је документ готово неупотребљив за даљу обраду што је очигледно на примеру с десне стране.

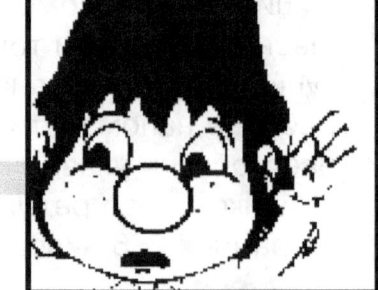

Исправно је црно-беле цртеже скенирати у сивој тонској скали чиме се задржава "мек" прелаз црне линије и белог папира, односно неопходно је скенирање у бојеној тонској скали ако цртежи садрже исцртану плаву или црвену линију унутрашње ивице сенке.

Са загрејаним скенером (око 20 минута је довољно да се устали квалитет исијања лампе скенера), врши се припрема рачунара и програма за скенирање, отварањем директоријума (фолдера), за смештај скенираних докумената и укључивањем драјвера и управљачког програма и интерфејса за комуникацију са скенером и за само скенирање. У озбиљним филмским продукцијама, скенирање се по правилу изводи из програма у коме ће се вршити даља израда филма. Скенирање се може вршити и независно од даље обраде, у неком од стандардних графичких програма, са обавезом прецизног нумерисања докумената током архивирања.

Непосредно пре скенирања, поставља се изрез за скенирање и одређује се резолуција скенирања. Правилно је да се скенирање не изводи по картону снимања, односно по редоследу извођења кретања, већ се изводи само по редоследу нацртаних цртежа (што значи да се један цртеж скенира само једном и садржи само један назив и нумеричку ознаку). Цртежи се скенирају у низовима за сваки план посебно. Сама дигитализација се врши у низовима од по 10 до 20 скенирања цртежа, са прекидом за потребе архивирања на диск, и настављањем скенирања наредног низа од десетак-двадесетак јединичних цртежа, до краја једног кадра. Наиме, током самог скенирања, дигитални подаци о цртежу не смештају се аутоматски на диск, већ се смештају у **RAM** (за потребе екранског приказа), и у привремене, интерне датотеке, које се тек при експлицитној команди **Save as**, конвертују у захтевани мод тонске скале и жељени документ. Претходна препорука о скенирању у серијама заснива се на количини података за једну серију којом се неће загушити **RAM** и виртуелна меморија оперативног система, чиме би се значајно успорио рад. Овако серијско парцијално скенирање такође умањује могућности губитака по-

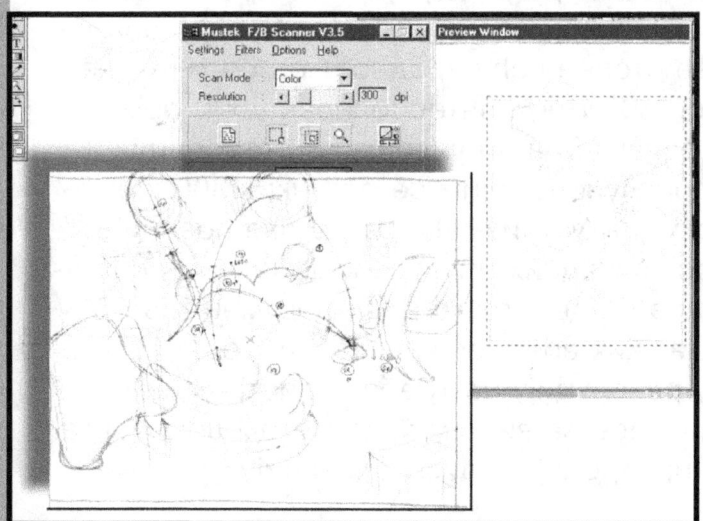

датака и понављања рада у случајевима било каквих прекида у раду, који су могући и чести, почев од грешака у рачунарској комуникацији, до хардверских несавршености или нестанка струје. Скенира се егзактан изрез који се поставља по оквиру из лејаута (слика лево), и скенира се целокупан, завршен кадар.

Правило је да се дигитална документа приликом архивирања

(**Save as**), називају идентичним називима којима су означени и цртежи (на пример: број кадра, ознака плана, број фазе, назив).

На крају овог дела, појасницу два најзначајнија аспекта скенирања црно-белих цртежа: резолуцију скенирања и екстензију дигитализованог архивског документа (**TGA**, **TIF**, **JPG**,...).

Резолуција скенирања одређује колико ће пиксела по хоризонтали и вертикали имати документ током дигитализације и архивирања на диск. Резолуција скенирања одређена је следећим аспектима:

а. **оптичком резолуцијом скенера**;

б. **величином изреза** на папиру;

в. планираним **пројекционим форматом**;

г. утврђеним процедурама и **навикама продукције** за даље процесе рада, колорисање, композитинг и монтажу.

а. Оптичка резолуција скенера дефинише се бројем стварних јединица, пиксела које скенер може дигитализовати по јединици мере (инч или сантиметар). Ознака резолуције од 300 линија по инчу означава да скенер може да препозна и дигитализује тачно по 300 делова цртежа-слике коју скенирамо, по ширини од 25,4 милиметара, односно да скенер има тачно 300 сензора на пријемној глави, на линији дужине 25.4 милиметара, односно да глава скенера има укупно око 2400 сензора на дужини од 210 милиметара, колико износи ширина А4 папира. Стандардни равни скенери производе се са оптичким резолуцијама од 300 до 1200-1400 **dpi** (**dots per inch**, тачака по инчу). Резолуције преко 1000 **dpi** представљају резолуције професионалних скенера и скенера специјалне намене. За највећи део скенирања цртежа за анимирани филм, 300 **dpi** резолуција задовољава све захтеве за квалитетом дигиталног документа, а 600 **dpi** је, по правилу, максимална резолуција скенирања специфичних фрагмената.

Размотрићу и појам интерполиране резолуције, која је честа у ознакама могућности разноврсних уређаја за дигитализацију (скенера, фото апарата, камера), и означава за најмање степен већу вредност од оптичке (на пример, оптичка резолуција износи 300 **dpi** а интерполирана 600 **dpi**). Појам интерполиране резолуције означава лажну, вештачки створену вредност резолуције интерним прорачуном, којим се оптичких 300 пиксела размести на 600 позиција у документу, а између сваке две позиције програм израчуна средњу вредност суседних пиксела и дода је на упражњено место. На овакав начин ствара се двоструко већи документ са 50% калкулисаних и интерполираних, лажних вредности пиксела у односу на оригиналну слику. Интерполирану резолуцију не треба користити ни у ком случају, а у случају стварне потребе за вишим квалитетом документа, неопходно је користити квалитетнији уређај за дигитализацију.

У вези са овим поглављем, закључићемо да је за професионалну дигита-лизацију цртежа анимираног филма на папиру формата А4, неопходно и довољно скенирати уређајем оптичке резолуције најмање 300 **dpi**, која ће нам, са стандардне димензије радне површине скенера од 215 до 310 милиметара, омогућити око 2400x3600 пиксела за документ, што је до-вољно за највећи део продукције. Дигитализација на 600 **dpi** омогућава нам документ већи од 4800x7200 пиксела, што је количина елемената која превазилази квалитет филмске пројекције. Савремени скенери ових оптичких резолуција представљају комерцијалне и доступне уређаје, как-ве и треба користити у раду на анимираном филму.

б. Величина изреза на папиру одређује стварну резолуцију документа дигитализованог цртежа за даљи рад. По правилу, на нацртаном папиру формата А4, ефективан изрез кадра заузима од 16x12 сантиметара до 24x16 сантиметара. Ако бисмо овако различите величине цртежа скенира-ли фиксираном оптичком резолуцијом, на пример 300 **dpi**, приликом ар-хивирања имали бисмо документе пропорционално различитих величина, а то се избегава у професионалној продукцији, јер је пожељно да се пре-лазак из аналогне (папирнате), у дигиталну фазу рада изведе са фајлови-ма једнаке величине (резолуције), или са што мање различитости у резо-луцији. Проблем различитости излазних величина докумената разрешава се на два могућа начина, а оба дају готово идентичан резултат. Први на-чин је измена резолуције скенирања за различите изрезе (мањи изрез на цртежу скенира се пропорционално већом резолуцијом и обратно, већи цртеж мањом резолуцијом). Други начин је да се цртежи скенирају фик-сираном, по правилу значајно већом резолуцијом, а да се током архиви-рања изврши скелирање величине документа на јединствену жељену ве-личину за даљи рад. Избор начина дигитализације зависи углавном од брзине скенера (већа резолуција једнака је мањој брзини), као и од снаге рачунара и радних навика, а квалитет архивираног документа је готово идентичан на оба начина.

в. Планирани пројекциони формат директно одређује начин дигитализа-ције и све касније процесе у раду. Пројекциони формати у којима се реализују цртани филмови, могу бити **филмски**, **телевизијски** и **видео-екрански** формати.

Филмски формати могу бити: **нормални** (такозвани академски), са од-носом страница 4:3; **широки** (такозвани **wide screen**), са односом стра-ница од 1,66:1 до 1,85:1, или **скоп** и **анаморфот** формати, са односом страница до 2.45:1. На наредној страни су приказани актуелни формати.

Телевизијски пројекциони формати, независно од система **PAL**, **SE-CAM** или **NTSC**, могу бити са односом страница од **4:3** (стандардна теле-визијска слика) или **16:9** (такозвани широки тв екран), а обе са вертикалних 576 пиксела, или **HDTV** (**high definition television**, са вертикалних 1080 пиксела/линија резолуције).

Видео-екрански, односно такозвани компјутерски пројекциони формати углавном задржавају односе страница блиске утврђеним филмским и телевизијским форматима, од 4:3; 16:9; до 1.85:1 и >2:1; а могу бити раз-

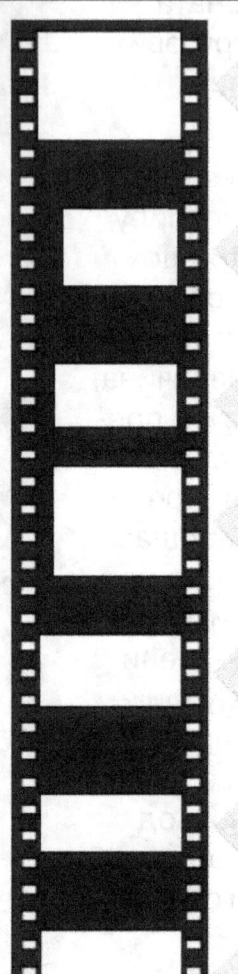

1.33:1 ... 24 X 18 мм
пун ("неми"), снимајући формат

1.33:1 ... 22 X 16 мм
академски ("звучни/тв"),
снимајући/пројекциони формат

1.85:1 ... 22 X 12 мм
пројекциони "**wide screen**"
широки формат

2.40:1 ... 21.3 X 17.8 мм
анаморфик пројекциони формат

1.85:1 ... 24 X 13 мм
"**Super Panavision**"
пројекциони формат

2.40:1 ... 24 X 10 мм
"**Super Panavision**"
анаморфик пројекциони формат

16:9 ... 24 X 13.5 мм
Panavision 3-Perf
снимајући/пројекциони формат

Формати на 35 мм филмској траци

Формати на 16 мм филмској траци

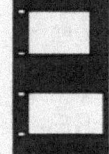

1.37:1 ... 10.2 X 7.5 мм
стандардни 16 мм снимајући формат

1.65:1 ... 12.4 X 7.5 мм
Супер - 16 снимајући формат

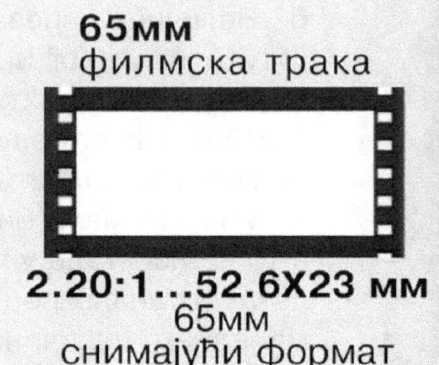

65мм
филмска трака

2.20:1...52.6X23 мм
65мм
снимајући формат

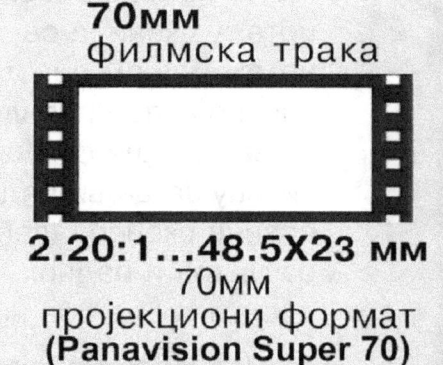

70мм
филмска трака

2.20:1...48.5X23 мм
70мм
пројекциони формат
(Panavision Super 70)

новрсне резолуције: од 80:60 пиксела за екране мобилних телефона, до 1920:1080 за **HDTV**, као и разноврсне организације и компресије дигитал-них докумената, од слободних **AVI**, **MPG** или **MOV**, до дефинисаних **DVD**, **DV** или **HDTV** формата. Резолуционе и колористичке карактеристике сва-ког појединачног формата одређују све аспекте значајне за дигиталну ре-ализацију цртаног филма. Додатно ћу појаснити најзначајније карактерис-тике претходно наведених формата, редоследом уназад.

Екрански формати предвиђени су за пројицирање на компјутерским ек-ранима или дигиталним пројекцијама, са резолуцијама пројицирања које по правилу износе 640x480, 800x600 или 1024x768 пиксела. Цртани фил-мови се реализују углавном као чиниоци презентација или као самостал-на форма, и реализују се у резолуцијама од 320x240 до 800x600 пиксела. Општа резолуција слике не мора да има строго одређен аспект 4:3 или 16:9, али је пожељно да нумеричке вредности вертикалних и хоризонтал-них вредности резолуције буду парни износи или, у појединим случајеви-ма, дељиви са 16, како би документ касније могао да се конвертује у од-говарајући компримирани формат.

Телевизијски формати су прецизно одређени постојећим системима архивирања, емитовања, трансмисије, пријема и саме пројекције, и то у свим параметрима слике: боји, компресији, тоналном опсегу, резолуцији, аспекту и фреквенцији емитовања. На пример, стандардна телевизијска слика у америчком **NTSC** стандарду (**National Television System Commit-tee**, у шаљивом контексту **Never Twice the Same Colour**), емитује се и пројицира на фреквенцији од 59,8 Херца (блиско 60 Херца), са 29,92 сли-ке, односно 59,8 полуслика у секунди, са вертикалном резолуцијом од 480 линија. Европски (и "светски"), систем **PAL** (**Phase Alternating Line**), ради на фреквенцији од 50 Херца, слика се заснива на 25 фрејмова (50 полуслика) у секунди, са вертикалном резолуцијом од 576 линија. Стан-дардна телевизијска слика у било коме систему, формирана је од парних и непарних линија, и један фрејм телевизијске слике се састоји од две полуслике, такозваних филдова, што је последица електронске техноло-гије трансфера сигнала на струји од 50 херца и уписивања слике на маг-нетну траку. У овој књизи нећу разматрати ову проблематику, с обзиром да је цртани филм, за разлику од живог снимања, формом цртежа и цр-тања кретања, строго оријентисан на целовит фрејм (целу јединичну сли-ку), чиме се искључује третман слике полусликама. Такође, савремена те-левизија се у свим поступцима (од снимања до пројицирања), све више оријентише на технологију прогресивног скенирања, која једну слику ис-писује у једном низу у целој резолуцији, чиме се телевизијска и елект-ронска пројекција, на 25 пуне слике у секунди, готово изједначава са кла-сичном оптичком пројекцијом филма на 24 слике у секунди. Савремени европски формати за реализацију слике цртаног - анимираног филма за телевизијску пројекцију следећи су:

1. **CCIR PAL** 720x576 пиксела, пиксел аспект 1:1.066, аспект екрана 4:3;

2. **CCIR PAL** 720x480 пиксела, пиксел аспект 1:1.066, аспект екрана 16:9 (сведена **PAL** резолуција за широки екран)

3. Основни (првобитни) **PAL** 768x576, пиксел аспект 1:1, или 512x576, пиксел аспект 1.5:1, оба за формат екрана 4:3.

Посебно је значајан формат **HDTV** који преузима светски примат у дигиталној видео и телевизијској технологији:

4. **HDTV** је опште позната скраћеница за телевизију високе дефиниције (**High Definition TV**), и односи се на системе снимања, емитовања и репродукције телевизијске слике са квалитетима изнад класичних **PAL**, **NTSC** и **SECAM** (**Séquentiel couleur à mémoire**), телевизијских стандарда. Савремени **HDTV** системи заснивају се на два начина уписа и репродукције слике и на неколико могућих резолуција. Слика се може уписивати и репродуковати у међулинијском моду или прогресив-скен моду. У међулинијском (**interlaced**) моду слика се формира из парних и непарних линија, односно полуслика, а прогресивно скенирање ствара слику у једном пролазу светлосног снопа. Оригинална **HDTV** резолуција се заснива на 1080 линија слике по вертикали (за разлику од класичне телевизије која износи 576 линија у **PAL** систему или 480 линија у **NTSC** систему), и 1920 пиксела по хоризонтали. У пракси се углавном употребљавају мање резолуције и приказане су на пратећој табели. Ознака **п** односи се на прогресив скен мод, а ознака **и** на интерлејсд мод.

HDTV назив	Резолуција у пикселима	Мод	Аспект екрана	Употреба
				Блу реј и будући
1080п	1,920x1,080	**Progressive**	Широки екран 16:9	ДВД плејери
1080и	1,920x1,080	**Interlaced**	Широки екран 16:9	Велике ТВ мреже
768п	1,366x768	**Progressive**	Широки екран 16:9	Велике ТВ мреже
720п	1,280x720	**Progressive**	Широки екран 16:9	Велике ТВ мреже
HDTV плазма	1024x768	**Progressive**	Нормалан екран 4:3	ТВ мреже и ДВД плејери
480п	852x480	**Progressive**	Широки екран 16:9	ТВ мреже и ДВД плејери
Класичан ТВ	480 или 576 линија	**Interlaced**	Нормалан екран 4:3	Сви

Филмски формати су, као и телевизијски, стандардизовани и директно одређени продукционим технологијама снимања филма и оптичког пројицирања слике фреквенцом од 24 статичне сличице у секунди, као и величином снимљених слика у зависности од филмског медија, негатив-позитив трака ширина 16мм, 35мм или 65/70мм, у комбинацији са стандард или **анаморфот** оптиком. За потребе дигитализације снимљене филмске слике, у пракси одређене су две групе стандардизованих пројекционих формата, и то група заснована на 35 мм филмској траци (анаморфот и неанаморфот и изведени формати, сви на ефективној ширини развијене слике од 22 милиметара), и у ређој употреби, група заснована на 65/70 мм филмским материјалима (65 мм широка негатив трака, 70 мм позитив, неанаморфот или анаморфот, до Имакс формата, ефективна ширина слике 57мм). Управо је споменута ширина филмске слике од 22 милиметара на филмској траци ширине 35мм одређујућа за процес дигитализације цртежа. Договорном теоријском претпоставком да један милиметар филмске траке може да региструје 100 различитости (100 линија), лако утврђујемо да ширина ефективне филмске слике од 22 милиметра може да пружи максималну резолуцију од 2200 линија, односно 2200 пиксела по хоризонтали. Ова вредност је блиска вредности скенираног цртежа ширине 8 инча (22 сантиметара) на папиру А4, скенираном на 300 **Dpi**. Иначе, стварна оптичка резолуција филмске траке значајно је слабија од 100 јединица по милиметру, посебно ако се узима у разматрање и вредност резолутивности објектива којим се снима, као и објектива за пројицирање слике. У пракси, за постизање максималног оптичког квалитета нашег цртаног филма, за пројицирање на постојећим стандардизованим 35 мм форматима медија и уређаја, морамо дигитализовати цртеже у најмање 2200 пиксела хоризонталне резолуције документа, односно најмање у 2К резолуцији, што означава 2048 пиксела, у складу са стандардима савременог штампања слике на пројекциону траку (**film printing**).

г. Процедуре и навике продукције за даље процесе рада, односно продукцијска правила дигитализације, одређују на који начин ће се вршити дигитализација, с обзиром да је овај поступак први значајан корак који одређује крајњи технолошки квалитет дела. Елементе на којима се заснивају правила дигитализације разматрали смо у претходним одељцима. На овом месту појасницћу концепт практичне резолуције дигитализације и значај и употребу екстензије дигиталног документа.

Практична резолуција дигитализације означава скенирање којим остварујемо документ 1,5 до 2 пута линеарно (што значи 2,5 до 4 пута површински), већи од планиране пројекционе резолуције. Са таквом величином документа процесира се до краја технолошких поступака (колорисања, композитинга, монтаже), да би се пред умножавање извршило умањење на егзактну величину пројекционог формата. Ово радно увећање омогућава довољно простора за максималан квалитет слике и могућност корективних прекадрирања, а сама величина документа не утиче значајно на успоравање дигитализације нити каснијих поступака. Размотрићу претходни став на примеру дигитализације за телевизијски и филмски формат, са три узорка цртежа.

А. PAL слика од 720х576 пиксела налаже да после дигитализације располажемо радним фајловима резолуције веће 1,5 до 2 пута. Одлучићемо се за двоструко увећање, што значи радну резолуцију од 1440х1152 пиксела. На папирима имамо дефинисане изрезе кадрова блиске димензијама 24,4х19.5**cm**, 15,2х12,2**cm** и 10,2х8.1**cm**, како је приказано на наредном примеру.

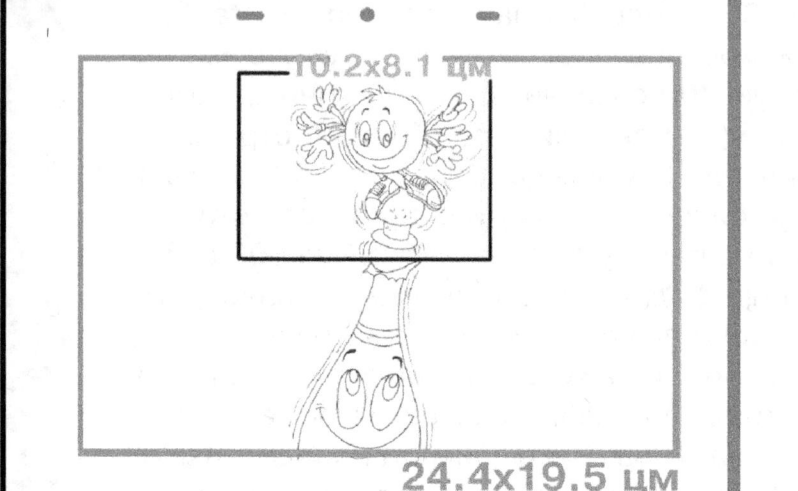
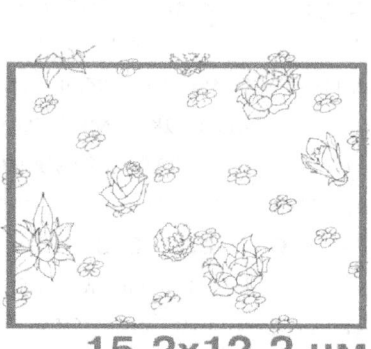

Дигитализацију серије цртежа првог изреза извршићемо са 150 **Dpi** и сачуваћемо документ у радној резолуцији 1440х1152 пиксела. Цртеже другог изреза скенираћемо у различитој оптичкој резолуцији од 240 **Dpi** и оствaрићемо исту захтевану 1440х1152 резолуцију. Изрезе трећег цртежа скенираћемо у 600 **Dpi** и оствaрићемо резолуцију од 2400х1920 пиксела. Затим ћемо у програму за графичку обраду извршити умањење слике (**down scale**), на захтеваних 1440х1152 пиксела, и оствaрићемо комплементарне радне резолуције за сва три различита цртана и дигитализована предлошка, како је и приказано на слици доле.

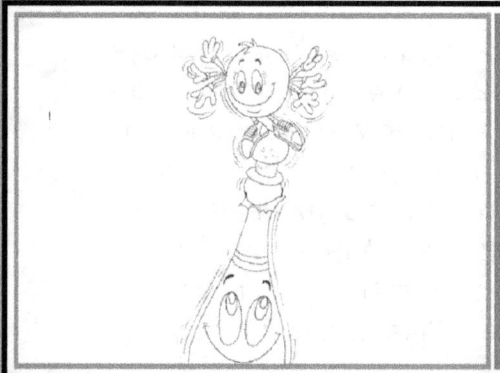
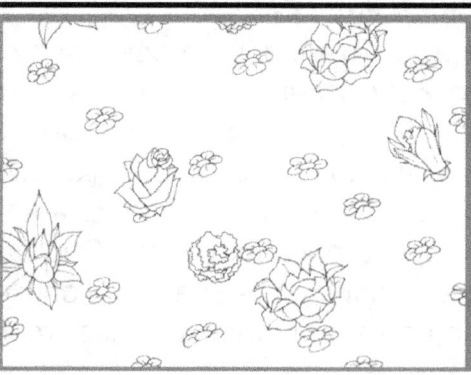
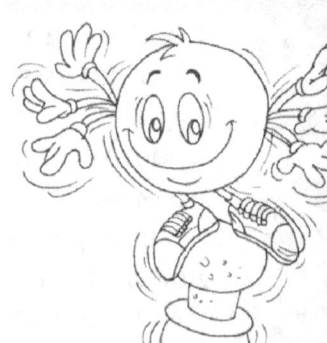

Б. Дигитализација истих предложака за филмску резолуцију подразумевала би прорачун односа према 2048 пиксела хоризонталне резолуције. Скенирали бисмо у истом реду поступака као и за **PAL** слику, са пропорцијом увећања 1,5 пута, односно на радну резолуцију од 3072 пиксела.

Архивирање (**Save as**) означава крај поступака дигитализације. Поступак архивирања подразумева одговарајуће називање и нумерацију сваког појединачног документа као и избор дигиталног формата (**TGA**, **TIF**, **JPG**, **BMP**, и остали), у коме ће се дигитализовани цртеж чувати и бити доступан за даљи рад. Сваки секвенцијални графички документ цртаног филма насловљава се и нумерише по следећем обрасцу:

НазивБрој.Екстензија

Исписана су два могућа начина означавања:

k152s12pB037.TIF   или   **TarzanA037.JPG**

У првом случају, компликован назив документа означава:

Кадар број 152, сцена број 12, план Б, цртеж број 37.

Ово је стандардан начин технолошког насловљавања по нумеричком месту у раду. Други пример означава дигитализацију по актеру (Тарзан), плану (А), и броју цртежа у секвенци. Први део насловљавања (сам назив и број), врши се по договору продукције и у складу са организацијом докумената у даљој изради дигиталним алатима и техникама. Други део насловљавања, избор екстензије, јединствен је у целокупној даљој изради анимираног филма и технички директори продукције одређују екстензију у којој ће се вршити целокупна дигитална обрада. Саму екстензију чине три слова, по правилу скраћенице одређеног назива технологије, а изабрана екстензија директно одређује следеће параметре дигиталних докумената скенираних цртежа:

1. Начин и величину уписивања података на архивски медиј за сваки пиксел слике. На доњој слици се могу упоредити различити текстуални изгледи једног сликовног предлошка архивираног у **TGA** и **JPG** формату.

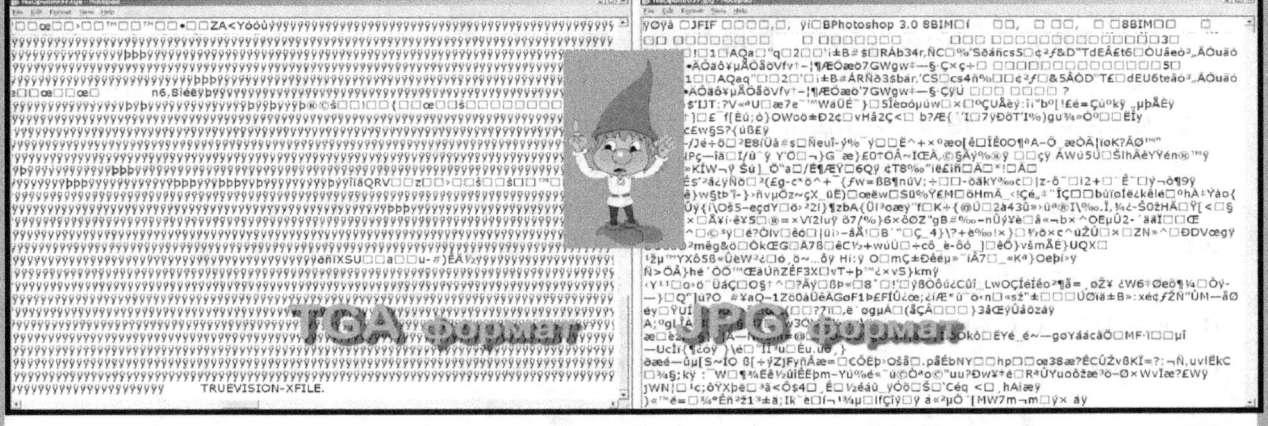

2. Упис и начин уписивања бојених канала или палете боја и додатних канала слике као што су **Алфа** и **Z-depth** канал.

3. Општу резолуцију и позицију сваког пиксела у **XY** простору слике.

4. Упис евентуалних посебних података: тип резолуције штампања, заштитне ознаке, аспект пиксела, и слично.

Претходно наведене екстензије представљају стандардне професионалне екстензије (односно, формате дигиталног записа), за архивирање и манипулацију јединицама или секвенцама слика, у видео, филмској и графичкој индустрији. Слике архивиране у овим форматима доступне су за читање и обраду у свим професионалним програмима за дигиталну обраду слике, и у готово свим графичким програмима. Навешћу само најзначајније основне карактеристике и квалитете **TGA**, **TIF**, **JPG** и **RLA** формата.

TGA екстензија потиче од иницијала за **Truevision Graphics Adapter**, а сам формат је терминолошки познат као **TARGA** формат, што је акроним од **Truevision Advanced Raster Graphics Adapter**. Формат је намењен растерској графици и првобитно је написан за **TARGA** и **VISTA** графичке адаптере фирме Трувижн (**Truevision Inc.**). Ова два графичка адаптера за **IBM** компатибилне личне рачунаре, могла су да прикажу компјутерску графику у пуном опсегу боја и представљали су прве графичке уређаје који су омогућавали видео излаз са рачунара. Сам **TARGA** формат је, резолуцијом, контрастом и описом боја, природно оријентисан ка **PAL** и **NTSC** видео форматима. **TGA** документ је некомпримиран или екстерно компримиран без губитака. Запис боје је у **RGB** моду са осмобитним записом по каналу боје и то са могућношћу записа слике као **RGB** троканалне двадесетчетворобитне, или **RGBA** четвороканалне, тридесетдвобитне, са три канала боје (**RGB**) и четвртим Алфа каналом (**A**). Формат садржи податке о бојеним мапама, транспаренцији, вредности гаме, сличицу-маркицу, текстуалне информације и програмерске податке. Иако подржава рад у свим могућим резолуцијама, **TGA** је превасходно универзални врхунски видео формат и није намењен употреби изван филмске и видео слике.

TIF или **TIFF** (**Tagged Image File Format**) развијан је од фирми Алдус и Микрософт као флексибилан и платформски независан растерски формат и израстао је у "стандардни штампарски" формат. С обзиром да је стваран од стране стручњака за скенере, принтере и мониторе, **TIF** формат је изузетно богат могућностима за чување разноврсних информација за опис слике, почев од елемената за опис боје и компресије, до елемената калибрације појединих уређаја. Поред **RGB** мода, **TIF** подржава и просторе боје сиве скале, псеудо-боје, **CMYK**, **YcbCr** и **CIELab**. Фајл може бити некомпримиран или екстерно компримиран, без губитака квалитета, разноврсним алгоритмима као што су **PackBits**, **Lempel-Ziv-Welch** (**LZW**), **CCITT Fax** 3 & 4. Запис боје је по правилу осмобитни по каналу, са могућ

ношћу запи-
са Алфа ка-
нала, што је
приказано
на илустра-
цији десно.
У оквиру по-
датака о ре-
золуцији,
TIF формат
садржи и
штампарске
податке:

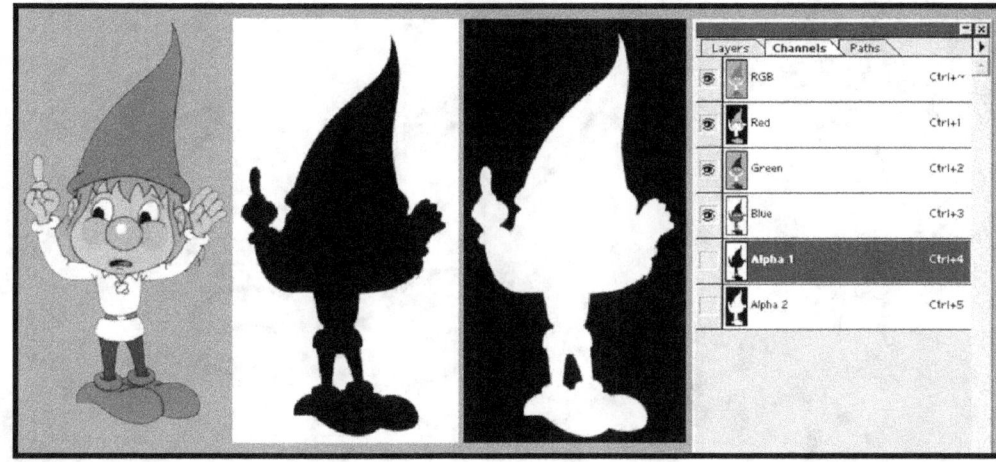

величину странице и број пиксела по инчу).

JPG или **JPEG** (**Joint Photographic Experts Group**), представља екстензију за стандардизовани, интерно компримирани формат, са губитком технолошког квалитета слике у зависности од степена компресије. За разлику од формата који боју описују преко осмобитних бојених канала, **JPG** садржи двадесетчетворобитне податке о боји по пикселу, што омогућава опис слике са 16 милиона различитих боја за један пиксел. **JPG** не садржи податке за додатне канале слике.

Суштину овог формата чини стандардизован механизам за "описивање" и компресију фотографске слике, прилагођен познатим ограничењима људског вида да се мале разлике у обојењима на слици перцепирају непрецизније у односу на мале разлике у сјајности и контрасту. Алгоритам описа боје и компресије **JPG** формата прилагођен је дигитализацији слика из реалног света, односно "шареним" фотографијама. У таквим случајевима **JPG** компримирана слика не исказује визуалне недостатке у поређењу са некомпримираним форматима. Са друге стране, **JPG** формат са већом компресијом је готово неупотребљив за линијске цртеже, класичне цртане филмове, или за пастелне градације, са последицама у виду изражене "пиксилације" површина или линија, како је приказано на горњем примеру на наредној страни, са уочљивим последицама различитих компресија на увећаним детаљима. **JPG** је флексибилан формат и употребљив је у свим медијима, од филма до Интернета. **JPG** документ садржи податке о штампарској резолуцији, а у максималном квалитету архивирања (са минималном компресијом), резултује око 70% мањом величином документа уз готово идентичан визуални квалитет у поређењу са некомпримираним форматима .

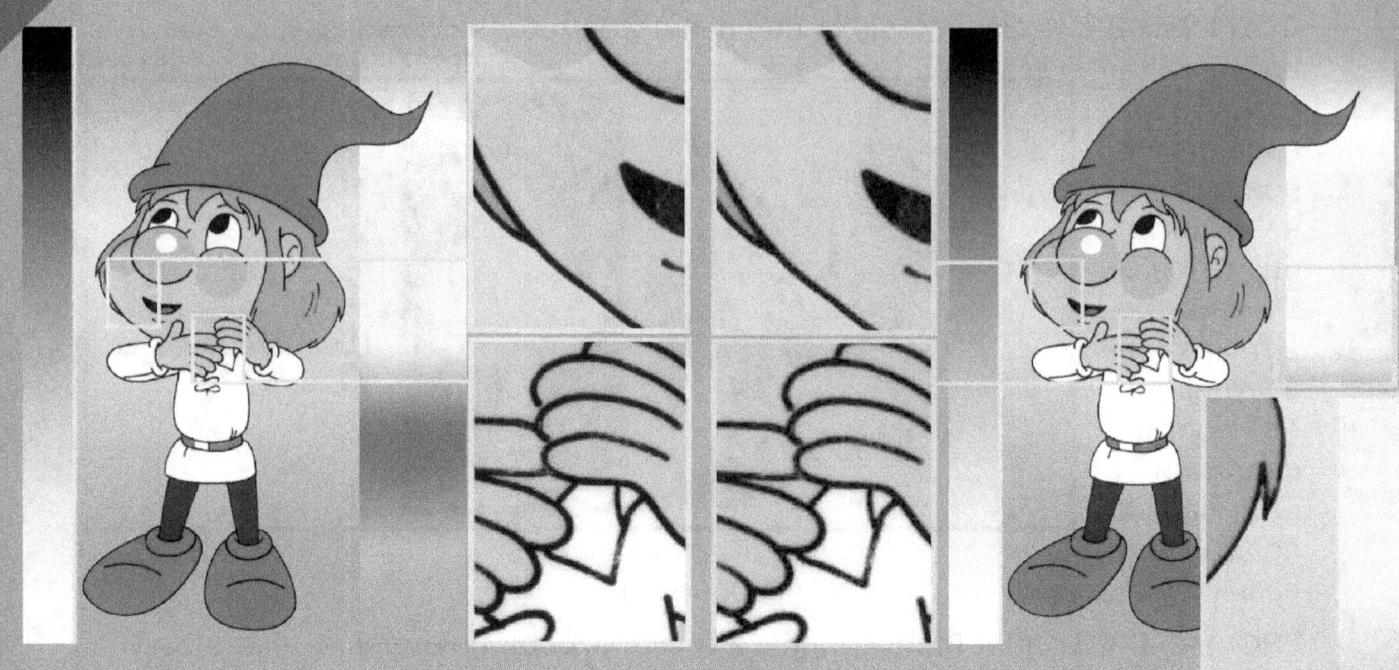

RLA (**Run-Length Encoded Version A**), представља традиционалан филм-ски и видео формат фирме **Wavefront**, намењен професионалном **SGI**, **IRIX**, **UNIX**, **XENIX,** окружењу графичке машинерије и оперативних система. Овај формат данас није у широкој употреби, али је незамењив у појединим делатностима компјутерске анимације, с обзиром да може да садржи три типа података:

1. основне податке о растерској слици (као и претходно наведени фор-мати, укључујући и податке о транспаренцији);

2. податке о полусликама (за потребе рада или рендеринга телевизијске слике сачињене од полуслика (**field-**ова));

3. податке о тродимензионалности рендероване слике, почев од канала дубине простора, познатог под називом **З-канал**.

Изван претходно наведених професионалних формата дигиталних гра-фичких записа, у употреби су разноврсни формати од којих су неки ау-тономни унутар појединих програма за графичку обраду. Иако је током рада на цртаном филму често неопходно користити посебне формате као што су **PSD** (**Adobe Photoshop**), **IFF** (**Maya**), **BMP** (генерички **Windows** формат), и сличне, по завршетку специјализованих графичких поступака подразумева се конверзија у један од стандардних формата (**TGA**, **TIF**, **SGI**) по избору продукције, и окончавање свих даљих поступака реализа-ције у њему.

Табела на следећој страни приказује препоручене вредности за дигитализацију цртежа цртаног филма изреза 22x16 сантиметара на папиру А4, са очекиваним величинама архивираног, некомпримираног документа.

влазни медиј:	Резолуција:	Скен резолуција:	Величина:
D/WEB	640x480	1280x960, **Gray scale**	1.17 **Mb**
идео	720x576	1440x1152,	1.55 **Mb**
илм	2048x<1536	3072x<2304,	6.75 **Mb**
DTV	1920x1080	2800X<1680	4.5 **Mb**

Дигитализација професионално организованих цртаних филмова врши се искључиво равним скенерима иако је то напоран, захтеван, некреативан,

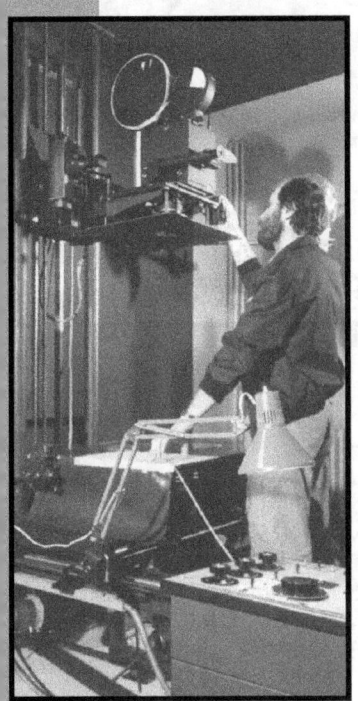

одговоран и изнад свега досадан посао. Свакако да се овај процес може извршити лагодније (посебно за мање захтевне филмове), савременим дигиталним фото апаратима са изванредним **CCD** чиповима резолуције изнад 10 мегапиксела, са изванредном оптиком и аутоматиком, а изнад свега значајно брже и удобније но скенирањем. Иако ћу на наредним странама описати овакав концепт, не подржавам га, осим ако није последица романтичне жеље за симулацијом старе филмске технологије класичног снимања анимираног филма на трик столу, као на фотографији лево. Коректна дигитализација на овај, "оптички" начин, захтевала би изванредно познавање оптике, мануелне експозиције, осветљавања вештачким, поларисаним изворима, технологију накнадне дигиталне стабилизације слике, и још неколико ситница класичних технологија којих су се професионални реализатори цртаног филма одрекли у тренутку формирања потпуно оперативног машинског и програмског система за дигитализацију.

Документи свих цртежа се, по окончању парцијалних дигитализација кадрова, разврстају у директоријуме (фолдере, пројекте), и прослеђују на даљу обраду.

13. **Колорисање ликова и позадина** јесте једноставан технолошки посао ручног попуњавања површина лика и позадина дефинисаним бојама за сваку појединачну површину, на сваком лику и на сваком дигитализованом цртежу, за сваки појединачни кадар, до бојења целокупног филма. Предуслов за почетак радног процеса колорисања јесу потпуно завршени ликови и позадине, у смислу исцртаних контура свако појединачног детаља и затворене сваке појединачне површине (наредна илустрација).

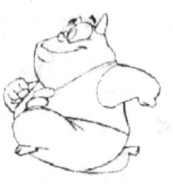
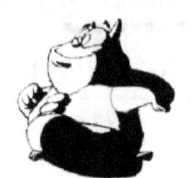
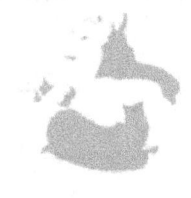
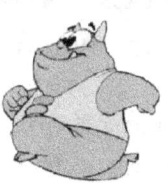
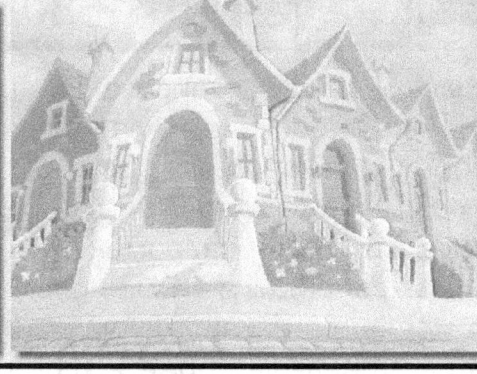
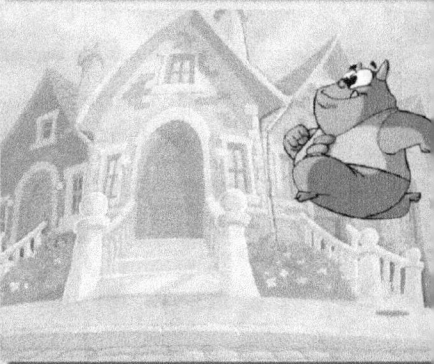

Колорисање се изводи у два корака. Први је одређивање палете боја за сваки појединачни лик и за сваку позадину. Појам "**палета боја**" означава

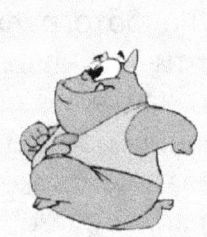
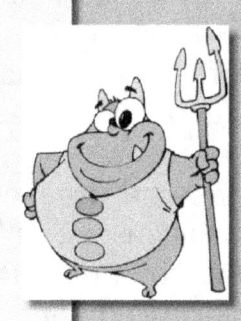
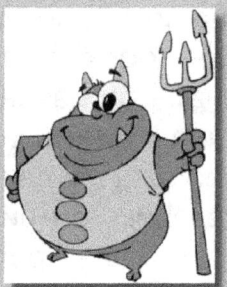
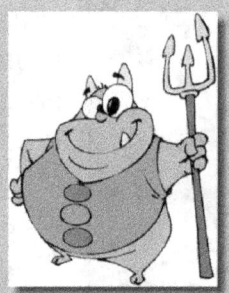
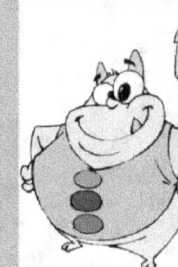
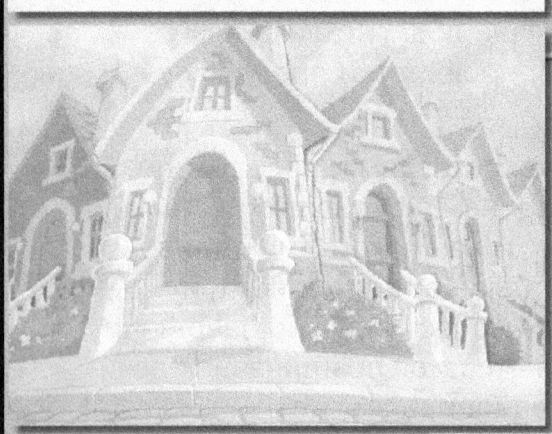
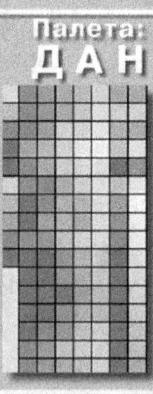

Палета: **ДАН**

Палета: **НОЋ**

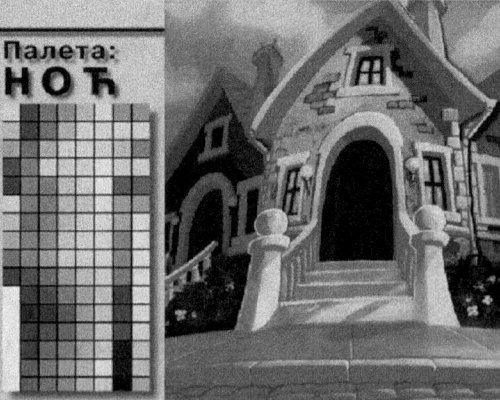

скуп свих егзактних боја које чине једну бојену целину: целину лика, целину плана или целину позадине. Палета се гради узимањем узорака боја са дефинисаног изгледа лика и формирањем такозване **колор карте** лика као на илустрацији на претходној страни, и везана је за једно целовито обојење лика. Палета за једно целовито обојење сачињена је из најмањег броја стварно примењених боја, и чува се у виду документа са сопственим називом. На претходној илустрацији приказане су колор карте и палете боја за лик и позадину у две различите сцене (дан и ноћ).

Други корак у колорисању је мануелни рад: на сваком појединачном документу дигитализованих цртежа попуњава се одговарајућа површина припадајућом бојом из палете. Кликом миша изабере се једна боја из палете. Следећим кликом на саму површину, алгоритам којим се дефинише попуњавање "тражи" границе те површине (линије којима је исцртана површина), и до њих конвертује сваки пиксел површине у задату боју. У случају да површина пропустом цртача није затворена, боја се "разлије" по целом цртежу и неопходно је ручно доцртавање пропуштеног дела линије (такозвано "затварање" линија), и поновно колорисање. Крај колорисања значи да су сви делови ликова и припадајуће позадине у једној

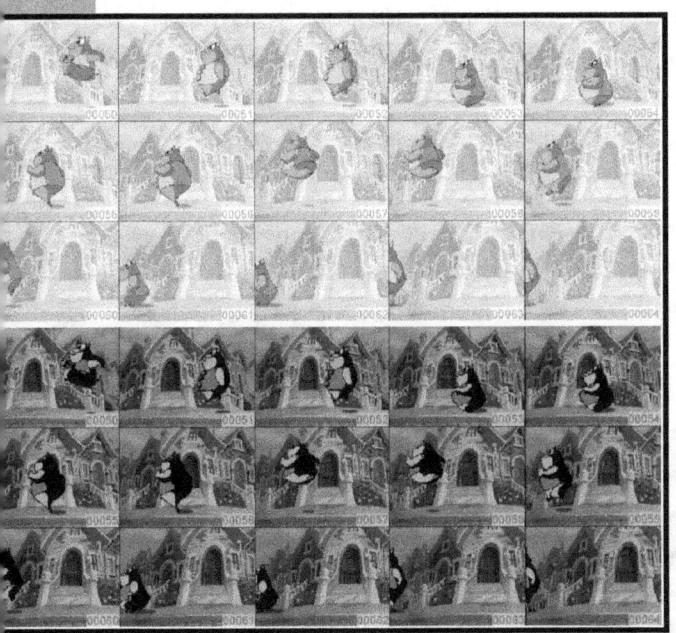

сцени обојени припадајућим бојама из дефинисаних палета. Значај формирања прецизних палета са минималним, прецизно дефинисаним и стварно потребним бојама, огледа се у томе да се, по окончаном колорисању једног кадра или једне сцене, може једним потезом потпуно изменити свако појединачно обојење, једноставном променом вредности боје у самој палети. Ова карактеристика је од изузетног значаја за цртани филм јер омогућава да, на самом крају реализације, за минимално утрошено време, "једним потезом" унапредимо визуелни квалитет филма од корекција, преко измена тоналитета, до измене целокупне визуелне атмосфере филма као на примеру светлосних атмосфера дана и ноћи, како је приказано с леве стране, на илустрацијама низа кадрова и појединачних фрејмова.

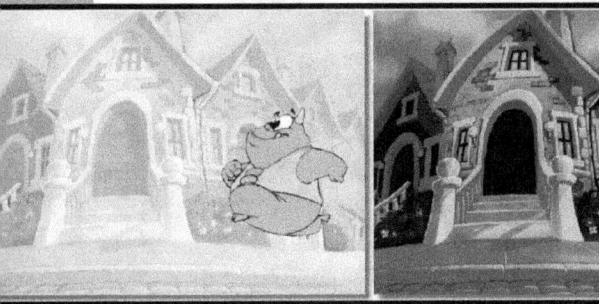

Претходно описани поступак могућ је у специјализованим програмима за графичку обраду слике, као што су Фотошоп или Диџитал Фјужн. Колорисање филма може се вршити и у стандардним графичким програмима типа Фотошоп, Флеш и сличним, и то у концепту појединачног фрејма. Свака грешка или промена обојења подразумевала би потпуно реколорисање сваке појединачне слике, односно поновни ручни рад као у старим технологијама колорисања целулоидне фолије. Колорисањем се, у пракси цртаног филма дигиталним технологијама, завршава "ручна" израда цртаног филма. Каснији поступци композитинга, монтаже, свих финалних корекција, аудио и музичких захвата и осталог, припадају већ стандардизованим захватима филмског језика и филмског и видео стваралаштва. Финални резултат колорисања чине потпуно обојени, истоимени и исто нумерисани документи сваког појединачног цртежа лика, слоја или позадине, архивирани у сопственим директоријумима и спремни за наредни поступак композитинга.

14. Контролне пројекције и корекције извршавају се по изради сваке јединичне целине анимације по слоју и лику, на нивоу једног кадра, а пре започињања финалног композитинга. По правилу, ове контролне пројекције су последња прилика за уочавање евентуалних грешака у било ком делу израде цртаног филма и њихове корекције, као и за евентуалне измене у појединачним обојењима на нивоу боје из палете. На контролним пројекцијама се усваја свака колорисана целина и прослеђује се за финални композитинг.

15. Композитинг финалне слике цртаног филма означава последњу фазу реализације на нивоу јединичног кадра, у смислу слагања и стапања више слојева (планова), ликова са позадином. У специјализованим програмима за израду цртаног филма дигиталним технологијама, сам поступак композитинга је оперативно интегрисан у поступке цртања линија, сенчења и колорисања; "неприметан" је и сматра се "природним" у радном окружењу. Из дигиталног композитинга цртаног филма излази визуално финални кадар: завршени ликови и сценографија на позадини. На нивоу цртаног филма, дигитални композитинг је сменио огромну, скупу, рогобатну, спору и неефикасну категорију снимања на трик столу, и свео је заиста на пар покрета и клика мишем, за потпуно интегрисање нацртаног лика у нацртану позадину. Иначе, композитинг слике, разматран изван

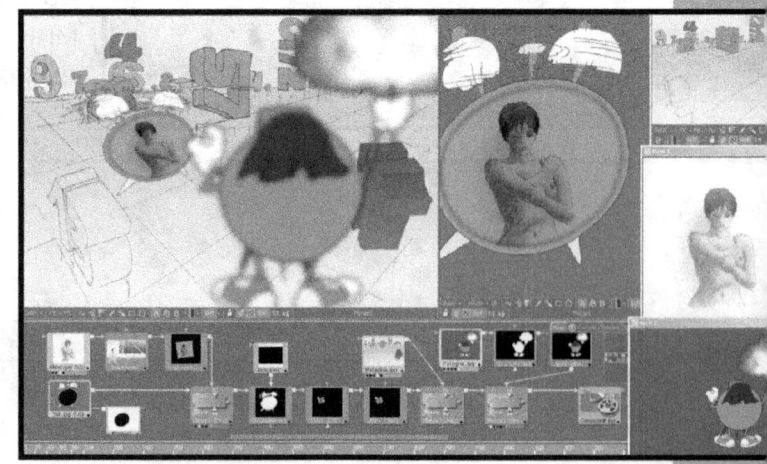

изолације чистог цртаног филма, представља изузетно комплексну категорију савременог филмског стваралаштва и јесте компликована технолошко-техничко-уметничка структура у случајевима стапања разнородних материјала, а то је честа појава у савременим играним филмовима са специјалним ефектима.

Уметност анимације

Уметност анимације је у стварању илузије "живота" лика "варањем" хумане рецепције ликовном и симболичком симулацијом кретања. Уметност анимације, у смислу стварања, чине следећи мисаони и креативни поступци:

а. **Анализа** изабраног постојећег и познатог кретања бића и објеката из реалног живота, које ће се симулирати анимацијом;

б. **Свођење** кретања на позиције графичких примитива у простору, по правилу за сваки "зглоб" и за сваку "кост" актера;

в. Делимична или потпуна примена **базичних принципа анимације** (правила анимације у цртаном филму);

г. Примена **симболичких** филмских решења за симулацију посебних кретања и појава (швунг, облачићи, киша, снег, ватра);

д. И самог цртања, или измештања и снимања, или **анимирања** у било ком уметничком жанру-форми, односно стварања "кретања" ликовним или осталим анимационим средствима и формама.

Дакле, поента анимираног филма јесте стварање илузије кретања и само је "добро кретање" најзначајнија вредност анимираног филма, без обзира да ли је настало снимањем макета "фрејм бај фрејм", као у Кјубриковом филму "2001: Свемирска одисеја"; цртањем "фрејм бај фрејм", као у Дизнијевим цртаним филмовима; оптичком мултипликацијом "фрејм бај фрејм" (као што је филм "**Pass de Deux**", Нормана Мекларена); компјутерском анимацијом (у распону од филмова браће Витни, до Ласитеровог Удружења монструма); гребањем или писањем по филмској траци; померањем песка или кафе; исечцима, колажом; снимањем људи; или било којом другом техником.

Стварање илузије "доброг кретања" почиње анализом постојећих кретања, односно уочавањем, препознавањем, истраживањем, промишљањем и систематизацијом свих елемената које чине сам покрет и целину кретања. Значајно истраживање разноврсних кретања и регистрацију на фотографски медиј чинио је енглеско-амерички фотограф Едвард Мејбриџ, у другој половини деветнаестог века, и позната је његова анализа кретања коња у галопу, или серије фотографија људског хода, којима је, од "фрејма до фрејма", прецизно забележена свака појединачна позиција тела или екстремитета.

Савремена корисничка технологија омогућава ефикасну и брзу анализу кретања: фотомобилни телефон или **MiniDV** камера омогућавају снимање, (регистрацију) кретања, а рачунарски алати су изванредни за преглед (и "прецртавање") свих аспеката који чине појединачни покрет или сложено кретање. Могућ је и једноставнији приступ: снимање исечака телевизијског програма, и директна анализа сваке сличице покрета. Овакав припремни приступ уметности анимације битан је и у ауторском и у реализаторском концепту, јер се своди на стварање сопствене "архиве-базе података покрета и кретања" у свести аниматора. По спознаји постојећих кретања, аниматор их може интерпретирати, копирати, помешати, надградити, или потпуно изменити у својој анимацији.

Анализу кретања бића или ствари прати (као и у процесу израде лика), свођење на примитиве или иконичке форме за сваку једничну фазу кретања, како је визуално представљено на наредној илустрацији на којој је

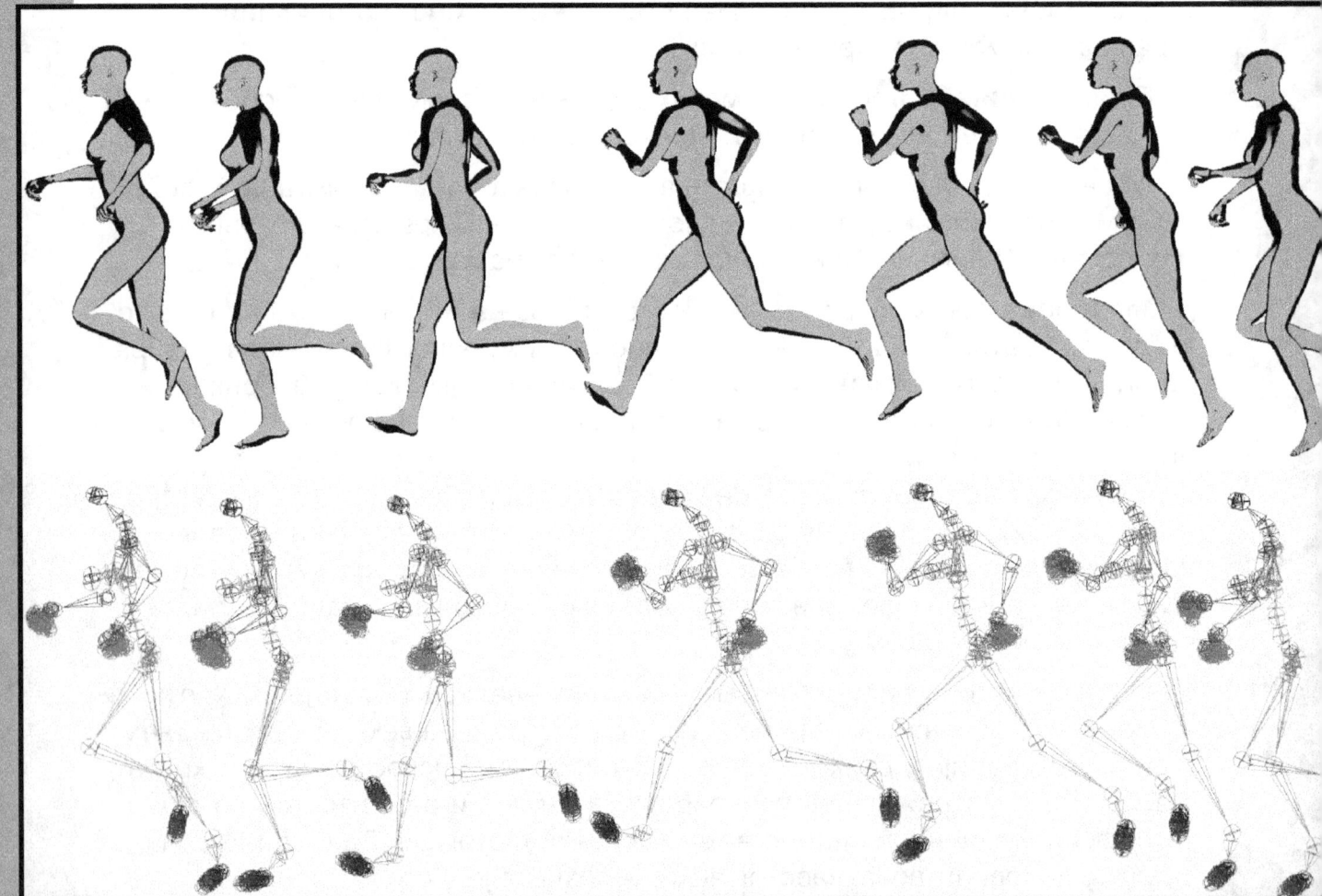

приказан пример из компјутерске анимације технологијом костију. Анализа покрета и свођење на примитиве само су почетак и технолошки део стварања кретања. Други део синтезе кретања чини познавање и примена постојећих, утврђених и исказаних "правила добре анимације", која чине два скупа појмова:

1. **Општи елементи визуалног причања**;

2. **Основни принципи анимације**;

Опште елементе визуалног причања чине: **глума, тајминг, прича и "физика" акције**. У основи, ови елементи припадају једновековном "систему" класичног филма, и разматрани су у стотинама књига, писаних теоријских радова, практикума и осталим облицима развоја и размене филмског знања. Суштински значај складне уметничке примене глуме, тајминга, приче и физике акције чини да се гледалац идентификује са личношћу и кретањем ликова у причи, и да гледалац "верује" актеру и његовим активностима, без обзира да ли је актер живо створење, нацртан лик, лик извајан од глине, компјутерски генерисан лик, или креиран на било који други начин. Насупрот томе, некоректна употреба ових елемената онемогућава гледаоца да саучествује у илузији кретања и дешавања визуалне приче. У овој књизи биће разматрани само фрагменти ове теме који су у директној вези са стварањем и реализацијом анимираног филма, и то у додиру са аутономним анимацијским техникама.

Стварање илузије и уверљивости кретања у анимираном филму заснива се и на извесним техничким правилима која су уочена и успостављена у раном периоду развоја цртаног филма.

У студију Волта Дизнија, у периоду између 1920. и 1930. године, извођена су истраживања и тестирања рецепције анимираног филма, и то у циљу школовања младих аниматора и њиховог увођења у послове анимирања. Резултат ових истраживања систематизован је у серији од дванаест основних правила анимације. Овај систем класичних, такозваних базичних принципа анимације, деценијама представља основну школску лекцију аниматорима, а њихова готово дословна примена карактерише све најпознатије анимиране (посебно цртане), филмове до данашњих дана (од Бамбија, преко Зеке Роџера и Удружења монструма, до Аутомобила и Волија). У литератури о анимираном филму постоје различите интерпретације и прилагођавања Дизнијевих принципа у виду сажимања и свођења на мањи број, како из разлога лакшег учења и практичне примене, тако и из стварног развоја анимираног филма из аутономне, ликовно-цртачке форме, преко свих постојећих класичних облика, до компјутерски генерисане визуалне јединствености анимираних и живоснимљених филмских форми.

У овој књизи задржаћу се на приказу изворних дванаест Дизнијевих принципа (**Basic Principles Of Animation**), и њиховом сажетом појашњењу. Листу основних принципа чине:

1. Привлачност лика (**Appeal**)

2. Уверљив, "пун" цртеж (**Solid Drawing**)

3. Предпокрет/предрадња (**Anticipation**)

4. Пратеће/секундарно кретање (**Secondary Action**)

5. Лучно кретање (**Arc**)

6. Пратња и преклапање (**Follow Through And Overlap**)

7. Претеривање (**Exaggeration**)

8. Позирање (**Stagging**)

9. Тајминг (**Timing**)

10. Линијска анимација (**Straight Ahead Versus Pose To Pose**)

11. Убрзање и успорење (**Slow In, Slow Out**)

12. Сабијање и истезање (**Squash And Stretch**)

1. Привлачност лика (**Appeal**): Сваки цртано-анимирани лик заснива свој успех на привлачности, односно на изазивању позитивних осећања гледаоца према његовој визуалној појави и представи, независно од његове позитивне или негативне улоге у самој причи. Основна визуална привлач-ност лика остварује се складом у пропорцијама и бојеним површинама којима градимо лик. Потпун квалитет визуалне привлачности остварује се **ставом** и **кретањем** лика, како у целини, тако и у акцентима којима се гледаоцу сугеришу психолошке и емоционалне карактеристике лика.

2. Уверљив, "пун" цртеж (**Solid Drawing**), односно потпун, чврст цртеж, означава цртање у циљу остваривања утиска тродимензионалности. Овај Дизнијев концепт "доброг" цртања подразумевао је прецизан и захтеван рад за сваки лик и сваку фазу, у циљу избегавања једноставне дводимензионалности, која је карактеристична за скромније и брже исцртане цртане филмове. Уверљиво, пуно цртање, заснивало се на поштовању перспективе и осенчености ликова и простора, а визуално богатство Дизнијевих филмова произлазило је из овог концепта. Данас, скоро цео век по увођењу принципа, његов изворни значај је поларисан: савремени цртани филм готово да не уважава овај принцип, већ је заснован на ње-говој визуалној супротности - ликовном минимализму; а компјутерска анимација, иако најсавременија и најнапреднија уметничка дисциплина, садржи га у својој бити: све (ликови и сцена), изворно је тродимензио-нално, у свим варијантама перспективе, сенчења и кретања.

3. Предпокрет/предрадња (**Anticipation**: најавити, узети залет за сваки значајнији покрет или кретање), представља принцип који није заснован на реалности живота и реалном кретању. Антиципација јесте значајан принцип посебно цртаног филма и у технолошком и у перцептивном својству сваког кретања. Технолошки, примена антиципације неопходна је из разлога саме цртане форме коју чине равномерно обојене површине оивичене јасном црном линијом, без могућности размазивања ивице током кретања. Антиципација олакшава перцепцију сваког покрета (ма како се брзо или споро одвијао), припремајући гледаоца најављивањем, залетом. У пракси цртаног филма, предкретање се остварује делимичним покретом лика у супротном смеру од смера главног кретања, .

4. Пратеће/секундарно кретање (**Secondary Action**) представља принцип извођења посебне, допунске радње, допуне кретања актера, током извођења примарне, важне радње. Примарна радња је она носећа, главна радња коју анимирамо; радња због које и за коју постоји кадар и сцена у којој се она одвија. Примарна радња је у сржи приче. На примеру хода по жици, примарна радња је сам ход по жици и прелазак са краја на крај. Примарном радњом се прича прича. Она произлази из претходне сцене и најављује следећу. Секундарну радњу чине допунска кретања, на пример: покрети рукама и главом, евентуално застајање и осциловање по жици, трептаји очима, њихање капе и кићанке. Ако би актер на жици секундарним радњама исказивао неодлучност, гледалац би перцепирао страх актера од могућег пада. Ако би актер секундарне радње извршавао одсечно, гледалац би перцепирао одважност, храброст. Дакле, примарном радњом причамо причу и дефинишемо и изводимо акцију, а секундарном радњом (радњама), градимо и дефинишемо карактер лика. Секундарна радња, у адекватном споју са извођењем примарне радње, ствара богатство кретања и психолошко-емоционалних својстава актера.

5. Лучно кретање (**Arc**). Овај принцип означава промишљање и реализацију сваког анимираног покрета и кретања изван праволинијског. Принцип се заснива на следећем:

а) Кретање свих живих бића је зглобно-ротационог типа, односно, целокупно кретање засновано је на доминантним ротацијама појединачних удова око припадајућих зглобова, као што је приказано на илустрацији на почетку наредне стране..

б) Земаљска физика не допушта велика праволинијска кретања (и хоризонтални лет авиона или испаљени пушчани метак представљају, захваљујући гравитацији, део кружне путање око центра Земље).

в) Гледаоци негативно перцепирају дуга праволинијска кретања јер су неуверљива, досадна, неприродна или извесна.

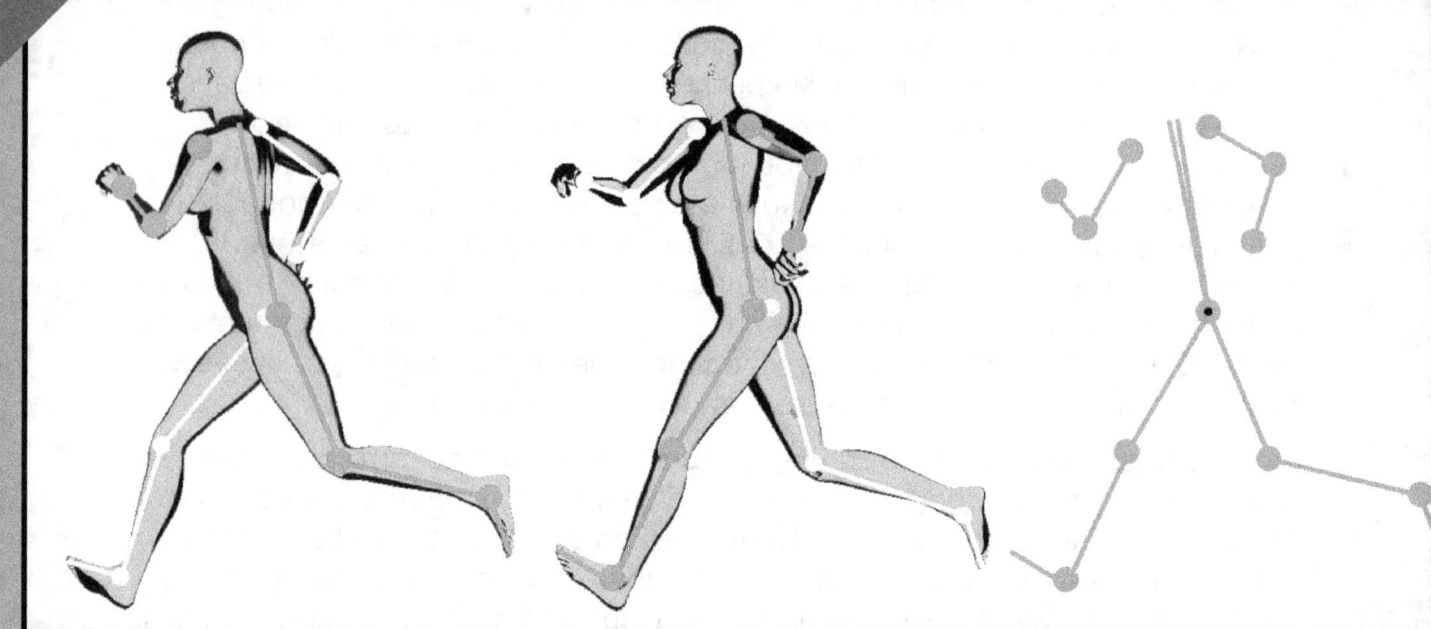

У пракси анимираног филма дословна примена овог принципа неопходна је и означава формирање лучног или таласастог кретања за сва кретања, па и она која би се могла сматрати праволинијским, за сваки модел и сваког актера. Лучно кретање је примењиво на појединачним покретима као што је испаљивање топовске гранате или лет авиона. Таласаста кретања се примењују у анимацији понављајућих покрета, као што је ход човека. Реализација таласастих, или прецизније синусоидалних кретања, подразумева формирање појединачних лукова или таласа за тежиште актера, и за сваки део тела који је чинилац кретања. На примеру испод је дата анализа овог принципа на фазама трчања хуманоида.

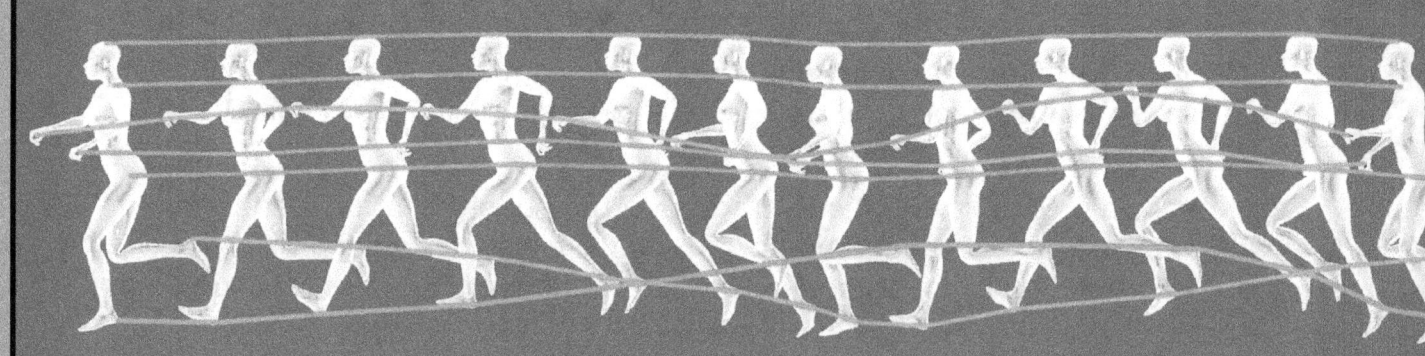

6. Праћња и преклапање (**Follow Through And Overlap**). За разлику од сврхе и употребе секундарне радње, пратећа и преклапајућа кретања чине елементе технолошког обогаћивања визуалних садржаја покрета и саме слике. Пратећа и преклапајућа кретања надграђују перцепцију континуитета покрета. По правилу, ова кретања се анимирају на сценогра-

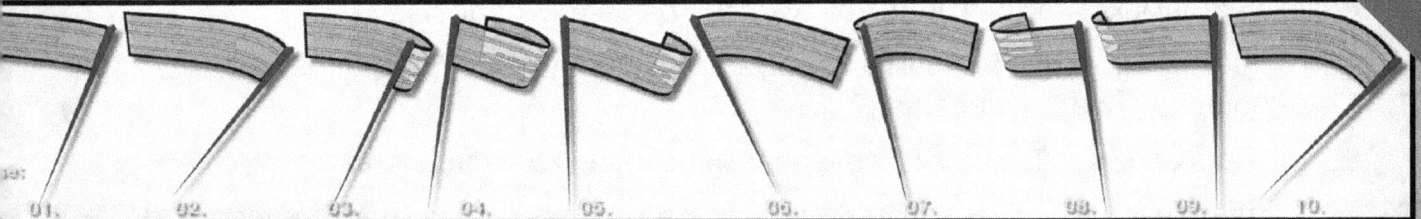

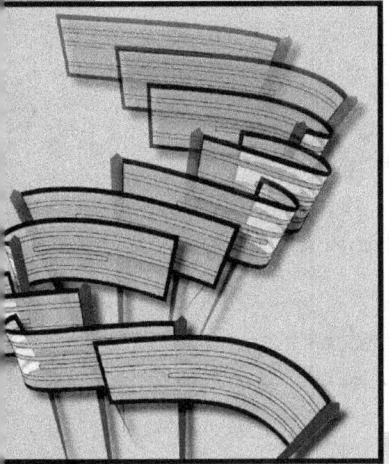

фији, костимима и реквизити, и означавају наставак, инерцију кретања по прекиду извођења примарне радње. На пример, актер хода и стане, а мантил и коса настављају своје кретање са повратним циклусом до сопственог заустављања. Или пример махања великом заставом (као на цртежима изнад и лево), чији је континуитет кретања условљен само радом држаље, али је кретање независно током преклапања кретања самог платна.

7. Претеривање (**Exaggeration**). Изворни и суштински принцип за ових почетних неколико деценија анимације јесте: **п р е т е р и в а њ е!**

Примена је обавезна повремено, а пожељна је често и у свему! Концепт савремених акционих филмова, од Индијане Џонса до Матрикса и Трансформерса представља директну примену управо овог основног принципа анимације. Идеја претеривања у анимираном филму огледа се у третману ликова на граници изгледа и кретања у оквиру ”њихових физичких” могућности, и то значајно изнад очекиваних, реалних и познатих могућности хуманих или компарирајућих бића. Уверљивост претеривања представља значајан чинилац карактера лика. У практичном смислу, претеривање се остварује екстремним позама и екстремним кретањима, у садејству са режисерским и снитатељским поступцима, као што су: кратки кадрови, широки или уски захватни углови објектива, изражени и екстремни ракурси, варијације брзином камере и специјални ефекти.

8. Позирање (**Stagging**): У техничком смислу означава ликовну композицију анимације са јасним истицањем лика у односу на позадину. У контексту креације приче, позирање означава говор тела, даје гледаоцу квалитет визуалног ”читања” приче и могућност да у појави актера разуме акцију и без изговорених речи. Правилно позирање, односно ”добра” појава лика, једно је од основа ”добре” анимације, исто колико је и ”добра” глумачка поза основа филмског причања у играном филму.

9. Тајминг (**Timing**) је опште прихваћени појам који се употребљава за вишестрано означавање временских компонената филма и осталих ”временских” уметности као што су опера, позориште и књижевност.

Тајминг се може дефинисати на више начина:

а) Академски: тајминг је интензитет и трајање експресије;

б) Лаички: тајминг је **начин извођења и трајање покрета** (кретања), односно акције (дешавања);

в) Психолошки: Тајминг је правовременост сваког дешавања.

У стварању, као и у анализи филмског анимираног дела, промишљање и успостављање тајминга јесте једна од кључних компонената рецепције приче, посебно у деловима који су можда и најзначајнији: уверљивости кретања и очекивању (суспенсу).

Тајминг може бити јединични (такозвани "мали" тајминг), и збирни ("велики" тајминг). Јединични тајминг је тајминг једног покрета или једног кадра, као на примеру истезања опруге, на наредној илустрацији. Збирни, "велики", јесте тајминг једне секвенце или целог филма.

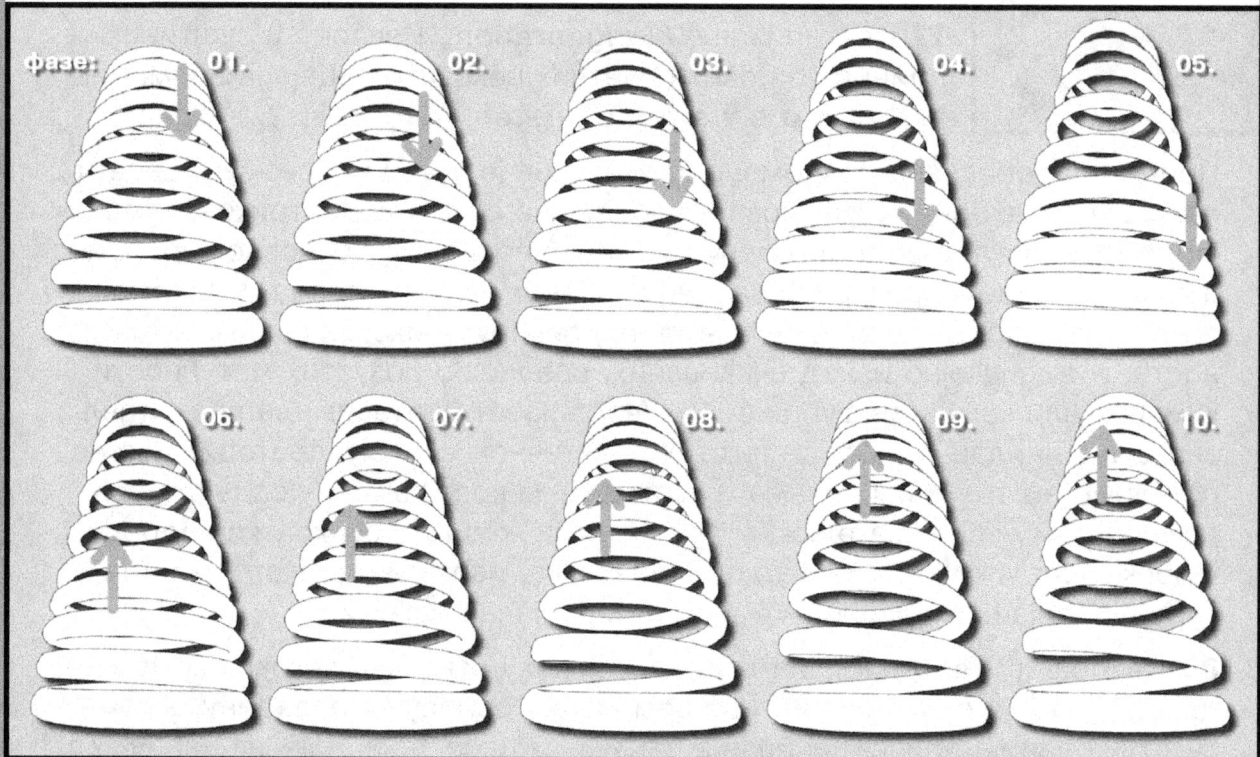

Исправна примена осталих базичних принципа омогућава гледаоцу исправно "читање лика", кроз уверљивост изгледа и става у споју са кретањем лика. Тајминг је принцип који, правилном и квалитетном применом, омогућава гледаоцу "читање" акције у првом кораку, и "уживљавање" у радњу у другом кораку, у смислу вишестепене градације емоција "очекивањем" и "релаксацијом", у праћењу активности актера.

Размотрићемо "читање акције" на примеру јединичног, малог тајминга једног кадра следеће радње:

1. рука извлачи пиштољ из футроле;
2. заузима положај за окидање;
3. опаљивање метка;
4. спуштање пиштоља.

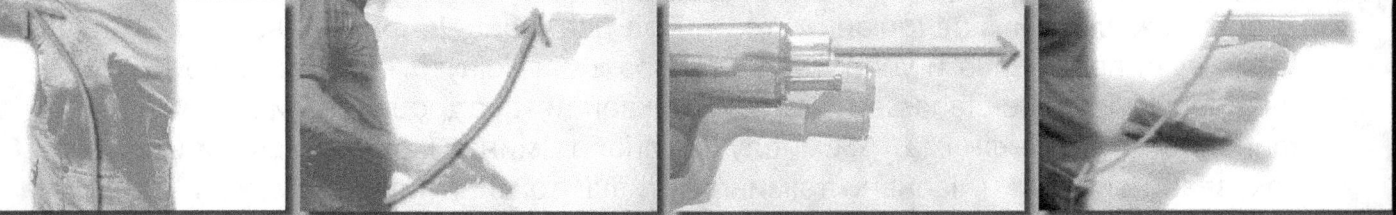

Шеме тајминга:
А: 1=25фрејмова/ 2=94ф/ 3=6ф/ 4=25ф
Б: 1=12фрејмова/ 2=7ф/ 3=6ф/ 4-125ф

Покушајте сами да изведете ову радњу у 4 корака у укупном трајању од 6 секунди, прво по шеми А, а затим по шеми Б, које се разликују само по тајмингу. Очигледно је да извођење по првој шеми представља олимпијског такмичара у стрељаштву, који се: 1. спорије припрема; 2. дуже концентрише и нишани; 3. окида; и 4. полако спушта руку. Друга шема је ближа Вајату Ерпу, Дивљем Билу Хикоку или било којем револверашу, који у ватреном обрачуну: 1. експресно потеже; 2. усмерава и; 3. опаљује; 4. да би кроз нишан, спуштајући руку, пратио непријатеља који, погођен, пада. Гледаоц би исправно прочитао акцију извођења или анимирања ове радње само на основу тајминга.

Јединични тајминг је категорија којом се лако може овладати и која се лако учи, једноставним "цртањем", односно анимацијом, и тест-пројекцијом; и поновном анимацијом и пројекцијом, до постизања жељеног резултата. Препоручујем вежбу "Чича Глиша на жици" (доњи пример је реализован програмом Пивот Стикмен), којом се, са минималним бројем редукованих фаза и понављањем у петљама, тестира дејство тајминга на правилну рецепцију жељене акције: Чича Глиша као балетан, као самоубица, као акробата...

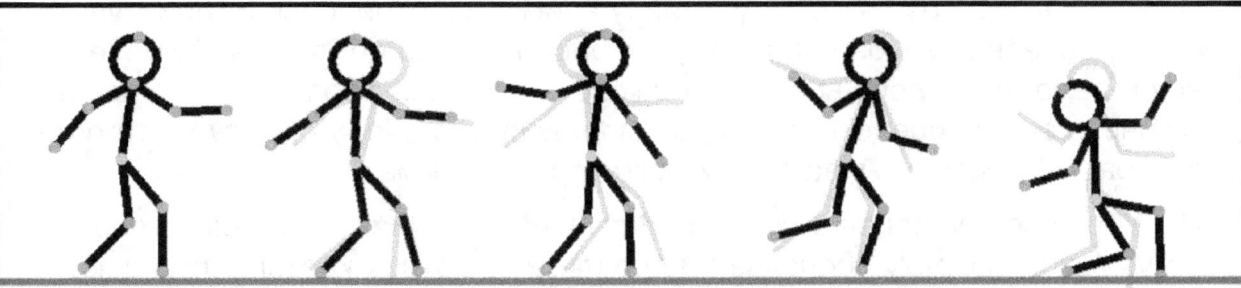

Збирни, велики тајминг, значајно је комплекснија категорија и не представља јединствен збир исправних јединичних тајминга. За разлику од малог тајминга који се једноставно (и обавезно) вежба и тестира пре реализације филма, збирни тајминг се не може лако и брзо научити и знатно је условљен осећајем "аутора", односно индивидуалним талентом и карактером режисера и главног аниматора. Пре реализације филма, велики тајминг се промишља и успоставља на позицији лејаута, а коригује се и унапређује током склапања појединих секвенци и кадрова, као и током финалне монтаже филма. У смислу збирног тајминга можемо уочити и такозвани активни и пасивни тајминг. Активни тајминг чине временски аспекти стварног кретања актера у кадру. Пасивни тајминг је тајминг камером и неакционим кадровима или међукадровима (нпр. детаљ планови очију актера, пејсажи, небо и облаци, ваза са цвећем и слично).

10. Линијска анимација (**Straight Ahead Versus Pose To Pose**).

На странама 50 и 51 (у одељку 9. - Главна анимација), појашњен је технолошки концепт реализационих различитости које се односе на овај принцип, у смислу разлика између технике цртања из слике у слику (из фазе у фазу), у односу на технику цртања постављањем екстрема (поза), на фиксирана места у простору и временској линији, и попуњавању одређеним бројем фаза, без обзира на квалитет самог кретања и саме анимације. Суштину различитости ових техника анимације у смислу успостављеног принципа треба разматрати у историјско-естетичкој идеји и значају саме анимације као уметничке форме. Дизни је димензионирао само кретање и стварање и перцепцију кретања у анимираном филму као најзначајнији уметнички и квалитативни аспект визуалног причања (у смислу: важно је како се креће). На другој страни, европски и јапански концепт анимације заснован је на пози као тежишту причања, а не на квалитету саме анимације и самог кретања. Лаичким језиком, Дизнију и америчким аниматорима је било важно шта се одвија између поза и како се актер креће, и то је концепт линијске анимације (**straight ahead**), који подразумева изванредно школоване аниматоре и цртаче за послове саме анимације, а такође подразумева и скупу продукцију. "**Pose to pose**" начин анимације занемарује значај и квалитет самог кретања, зарад предимензионирања значаја позе актера, у смислу анимације стриповским приступом. Иначе, посебни разлози за развој и форсирање концепта **pose to pose** јесу и недостатак довољног броја школованих аниматора, као и мање количине улаганих средстава за производњу анимације, у односу на тржиште и растућу потражњу за анимираним производима.

11. Убрзање и успорење (**Slow In, Slow Out**). Принцип убрзања и успорења у сваком покрету произлази из реалних животних кретања под дејством сила земаљске физике, с обзиром да се свака промена стања неког

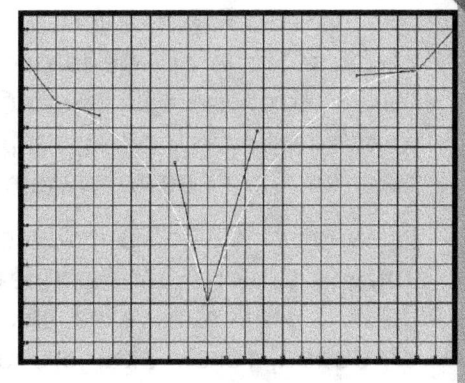

облика (на пример прелаз из стајања у трча-
ње, а из трчања у ход и заустављање), не из-
вршава тренутно, већ је неопходно време за
постизање промене. У пракси анимираног
филма, овај принцип је технолошког типа: ост-
варује се додатним, непропорционално распо-
ређеним фазама при започињању или оконча-
њу одређеног кретања, како је приказано на
доњем примеру одскока лоптице. Консеквент-
на примена овог принципа доприноси "живот-
ној" уверљивости сваког анимираног кретања. Предимензионирана или
непромишљена употреба убрзавања и успоравања нарушава уверљивост
кретања и доводи до такозване "пливајуће" анимације. Ова појава је чес-
та у компјутерској анимацији, с обзиром да је алгоритам линеарних убр-
зања и успорења основна одредница сваке промене кретања. На врху
ове стране приказана је контрола овог принципа графичким едитором у
програму за компјутерску анимацију, Алиас Маја.

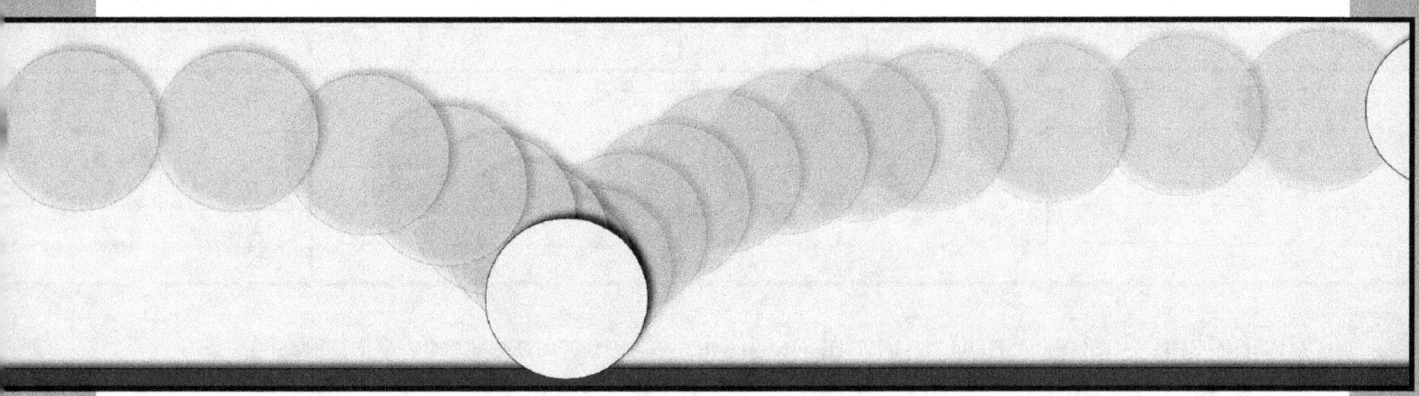

12. Сабијање и истезање (**Squash And Stretch**) засновано је на реалнос-
ти промене волумена/облика, тела/модела, у зависности од односа са
околином, било у виду отпора околине или судара актера са околином,

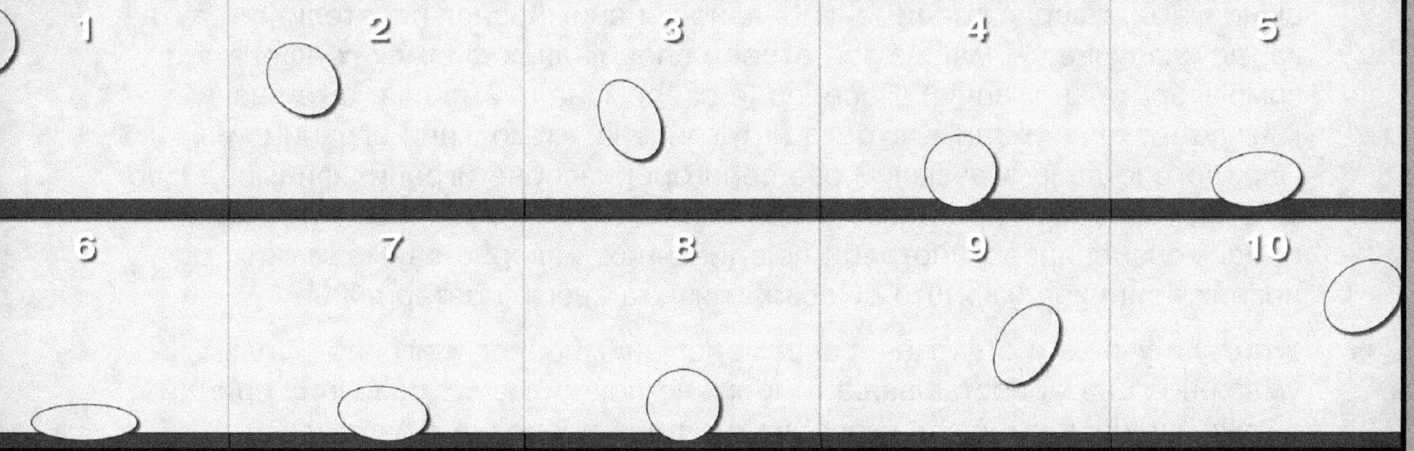

или у смислу активности прилагођавања тела околини током самог кретања. Иако је примена овог принципа у директном садејству са принципом претеривања, срж сабијања и истезања је у балансу: анимирани лик изложен дејству силе, деформише се у зависности од интензитета самог дејства. По престанку дејства, лик ће тежити повратку у основни изглед.

Гумена лопта ће из кружног прећи у овални облик током одбијања од тврде подлоге, као на претходној илустрацији. У Пиксаровој најавној шпици, метална стона лампа ће се истезати и сабијати ротацијом око зглобова, током акције сабијања латиничног слова "I", .

Класична "добра" анимација заснива се на континуелној примени овог принципа као једног од својстава ликовног "реализма кретања" у анимираном филму.

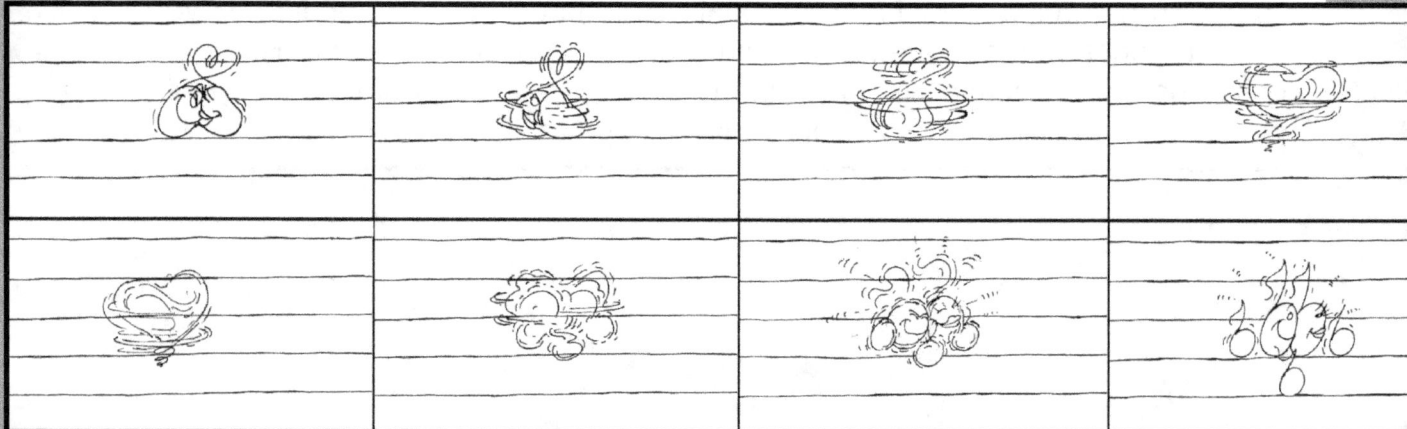

Дизнијеви базични принципи анимације успостављени су у време јасне диференцијације између играног и цртаног филма, и концитирани су за стварање управо цртаног филма, као јасне ликовне форме у којој су актери, простор и кретање сачињени од линија и равномерно обојених површина. У наредним деценијама, до данас, анимирани филм је значајно прерастао ограничења чистог цртања и у жанровском и у технолошком смислу (од стварне тродимензионалности анимираног пластелина и лутака, до класичне анимације за потребе специјалних филмских ефеката и компјутерске анимације). Посебно је савремена анимација, што значи компјутерска анимација, дубоко интегрисана у такозвани играни филм. Парадокс је да је значајан, и све већи број изворно играних филмова (као што су: Господари прстенова, Хари Потер, Мумија), заснован управо на предимензионираној употреби појединачних, изворно анимацијских, основних принципа, као што су поза, и изнад свега, претеривање.

У пракси учења и стварања савременог анимираног и играног филма, умањен је значај постављања и примене појединачних базичних принципа анимације, у смислу њихове јединствене препознатљивости.

Савремени концепт стварања "читљивих" актера и акције заснива се на четири креативне целине којима се промишља и ствара визуелна прича, и те целине садрже умрежене и интегрисане поједине базичне принципе. Целине су:

1. **Представа лика**: коју чине поза, појава и потпун изглед (**staging, appeal, solid drawing**).

2. **Представа кретања**: коју чине физика кретања, баланс, еластичност, елементи антиципације, убрзања, успорења, секундарне радње, пратеће и преклапајуће радње, претеривање.

3. **Представа карактера**, која је сачињена од споја представа лика и кретања, са тежиштем на дефинисању психолошко-емоционалних својстава актера.

4. **Целокупан тајминг**, од јединичног покрета, преко једноставних и сложених кретања, до тајминга драматургије и режије, односно великог тајминга као потпуног уређивања временских аспеката визуелног причања.

У вези са тачком **2**., представа кретања у анимираном филму и посебно у цртаном филму, ствара се и уз помоћ јединствених технологија реализације ултра-брзих покрета актера, познатих као швунг и облачићи.

Швунг се визуално реализује директном сменом екстрема почетка покрета са 5-7 сличица екстрема краја покрета, преко кога се, у смеру одвијања покрета, исцртавају јасне линије, од дужих ка краћим, до чисте слике екстрема. Швунг је могуће реализовати чистим линијама на постојећој позадини, и то у маниру: екстрем почетка кретања, 3-7 сличица само са линијама швунга у смеру кретања, и екстрем краја покрета, како је и приказано на илустрацији са фазама из студентског анимираног филма и употребом швунга за ротацију и трансформацију актера, на претходној страни. Швунг се, по правилу, пропрати аудиом "фијука" или "звиза", у времену трајања швунга. Смисао и употреба швунга је визуална симулација "ултра-брзих" кретања самог актера у кадру.

Облачићи се користе у виду симулације "тренутних" покрета актера и нестајања из кадра. Цртају се у 4-12 фаза, на позицији претходне фазе актера, са благим ширењем по слици и умањивањем до нестајања. Технологија облачића такође укључује обавезан пратећи аудио, у маниру дуготрајног шума ветра или звиждука.

У компјутерској анимацији нема потребе за претходним симулацијама, с обзиром да се ултра-брза кретања (кретања која трају од 1/10 до 1/6 секунде, односно 2-4 сличице), једноставно и реалистички реализују рендерингом "размазаног" покрета, применом алгоритма за **motion blur**.

Размотрићу често употребљавану технологију симулације природних феномена кише, снега и ватре. Професионална анимација ових кретања своди се на јасан циклус од 8-14 цртежа у једном, предњем плану.

Кишу приказује праволинијска анимација малих, сивих или црних линијица, на доле, вертикално или под малим углом, као на илустрацији.

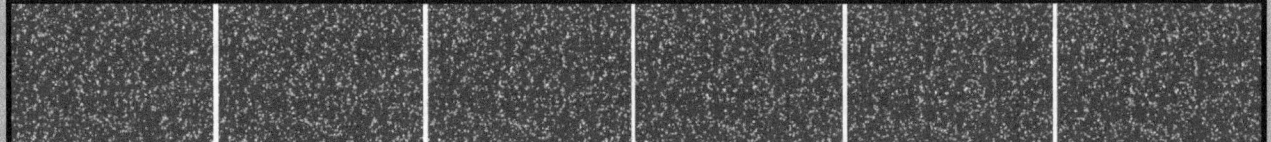

фаза 01							
							фаза (цик

Снег се приказује у виду спиралне анимације неколико нацртаних, препознатљивих, већих кристала снега, пропраћених исто спиралним или турбулентним кретањем белих тачака у неколико величина, на доле. Снег се анимира у једном, првом плану. На илустрацији је анимиран у 6 фаза.

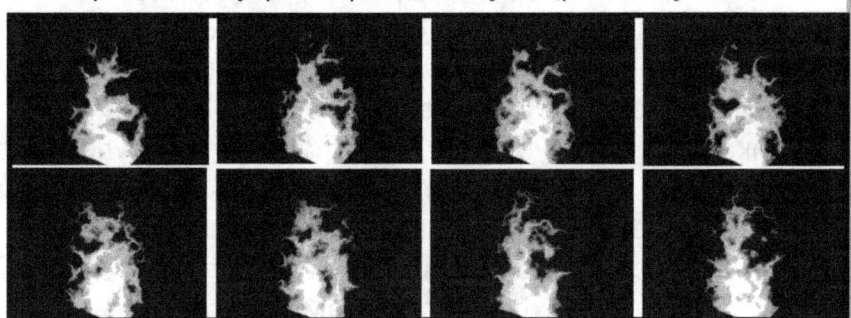

Ватра се црта у пуном колориту са црном контуром и 2-3 обојења у распону од беле, преко жуте и оранж, до јарко црвене боје. Црта се у 3-10 фаза у циклусу, у виду љуљања и у облику латиничног слова **"S"**, или са ератичним променама облика и значајним променама величина, као на фазама десно.

Анимација - технологије и технике

Технологије анимације:

Класична филмска анимација заснива се на регистрацији слику по слику (у српском језику је устаљена употреба енглеског термина **frame by frame**), и пројицирању брзином (фреквенцом) од 24 слике у секунди за оптички филм, или 25 слика у секунди за телевизију (29.92 сл/сек. у америчком, **NTSC** систему). **Опште технологије** анимације могу се разматрати у оквиру три групе:

1. Технологије дводимензионалне анимације: цртани филм, фотографски филм, колаж, стоп-фрејм анимација, анимација песка и слично, односно сви облици анимације у којима се реализација изводи у једној равни, по правилу на трик столу, а "дубина" простора дочарава се ликовним (цртачким) технологијама израде перспективе. Доња илустрација представља пример за ове технологије.

2. Технологије тродимензионалне анимације као што су: анимација макета, лутака, модела, пластелина, пиксилација (анимација људи), тајм-лапс (аутоматизовано снимање сличица у једнаким временским интервалима), односно, сви облици анимације камером и оптиком у стварном тродимензионалном простору.

3. Експерименталне и комбиноване технологије, у којима је анимација самостална целина или део сложене ликовне целине. Ове технологије се по правилу заснивају на класичним оптичким копирним и композитним поступцима.

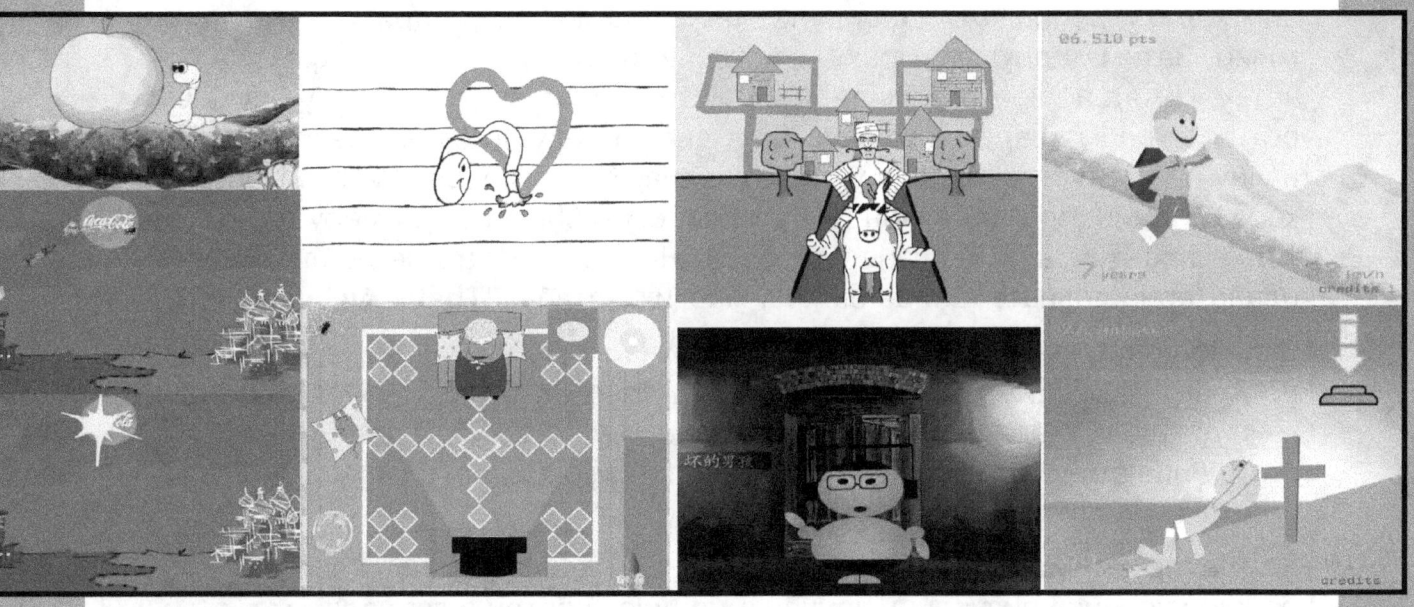

Технологије израде анимације (технологије самог анимирања), изучавају се и примењују независно од избора и припадности општим технологијама, и анимација може бити:

А. **Техничка анимација**, или

Б. **Карактер анимација**.

Техничка анимација се заснива на принципима једноставног измештања објекта анимације (модела, позадине, тачке гледишта), по простору, у циљу стварања утиска кретања и употребе кретања на најнижем нивоу рецепције гледаоца (у смислу коришћења самог кретања за визуелни надражај). Техничка анимација се назива и линијском или просторном анимацијом, с обзиром да се реализује управо у смислу стварања кретања по некој "путањи". Техничка анимација има изузетно значајну примену у појединим филмским и телевизијским производима, као што су пропагандне, едукативне, презентационе и сличне утилитарне и наручене визуалне форме. Коректна техничка анимација заснива се на калкулацији фаза и тајминга и изводи се управо у маниру прецизног измештања објеката из фазе у фазу. Ову једноставну технологију описаћу на примеру исписивања назива, с обзиром да је овај тип анимације честа појава у наставним и пропагандним категоријама.

Дигиталним уређајима, исписивање се може реализовати на неколико начина (пре свега у зависности од алата, односно програма), и поступци могу бити од крајње једноставних (као што је исписивање у **Power Pointu**), до крајње компликованих (као што је анимација исписивања у програму **Maya**). Исписивање се може извести и крајње прецизним поступком брисања и снимања уназад, на најбржи и најједноставнији начин. У првом кораку, испишемо један пуни назив у целости, укадрирамо га и снимимо. Затим, у другом кораку, у истом изрезу, бришемо, од краја ка почетку, комад по комад назива, и региструјемо фотоапаратом (у случају оптичког снимања), или сачувамо на диск, слику по слику, сваку појединачну промену нумерисану у низу, стварајући секвенцу слика. У трећем кораку, пројицирамо секвенцу у супротном (исправном), смеру и беспрекорна техничка анимација је изведена. На пример, тако је реализована и планетарно позната шпица за крај многих цртаћа: "**That's All Folks**" .

Сам концепт реализације анимације снимањем у назад значајан је у свим поступцима у којима је битан последњи положај актера или објекта. Много је лакше и уверљивије поставити актера у тај кључни положај и анимирати у назад, него калкулисати тачне позиције за сваку фазу и реализовати анимацију хронолошки у напред.

Карактер анимација је анимација која се изводи у циљу стварања актера као учесника визуалног причања из чијег кретања гледалац може прочитати и препознати психолошке и емоционалне карактеристике, на основу којих ће се идентификовати са анимираним актером као са живим бићем. Карактер анимација је, по правилу, анимација сложених форми (модела, цртежа), у смислу вишезглобних, вишеекстремитетних облика или бића. Карактер анимација се изучава и примењује у оквиру две упечатљиве целине и то су:

Експресија говора, и

Експресија кретања.

Експресију говора чине три анимационе јединице:

вокализација,

мимика, и

гестикулација.

Вокализација је запевање у изворном значењу, односно наглашено дуже изговарање самогласника. Вокализација у анимираном филму означава технологију израде фазног говора.

Говор је формирање и испуштање артикулисаних звукова из "уста" живих бића (од писка делфина, лавежа паса, рике лава, до човека). Говор настаје протоком ваздуха кроз карактеристичне органе живих бића, и завршним формирањем звучног таласа обликом и елементима усне дупље (образи, језик, зуби, гласне жице, усне). У визуалном смислу, говор се може идентификовати променама облика усана, образа и браде. Говор, на начин употребе препознатљивих знакова (било ког типа), у циљу комуникације (размене информација, мишљења, емоција), у живом свету се детектује звучним и визуалним појавама: звуковима сваког изговореног слова сваког појединачног светског језика, од српског, енглеског, руског, кинеског... Овакав гласовни говор визуално се детектује пре свега променом облика усана, као и мање значајном променом волумена образа и позиције браде у односу на лице и остале делове главе.

У анимираном свету говор се ствара у два корака. Први је студијско аудио снимање стварног говора изнајмљеног глумца, чије су гласовне и говорне вредности намењене анимираном актеру. Други корак је вокализација, технологија израде фазног говора редукованим бројем фаза усана и дела лица чији је изглед синхрон и очекиван за перцепцију самог говора. Редукција фаза говора значи израду најмањег броја визуалних предложака усана, чијим се смењивањем може дочарати синхрон и потпун говор, подразумевајући да значајан број звуковно различитих гласова има врло сличан, односно готово идентичан изглед усана током изговарања.

У класичној филмској анимацији, врхунска професионална вокализација изводи се са 9 фаза за представу говора на било ком језику, независно од броја фонема којима тај језик располаже. Врхунска, потпуна, вокализација укључује и модификације величина појединих фаза за потребе дочаравања гласности (тих говор подразумева мање отворена уста, гласан говор подразумева већи отвор). Овакав тип вокализације представљен је илустрацијом на наредној страни.

Оваквим типом потпуне вокализације са 9 фаза обезбеђена је значајна уверљивост анимираних ликова, посебно у најтежим категоријама као што су цртани филм или лутка филм.

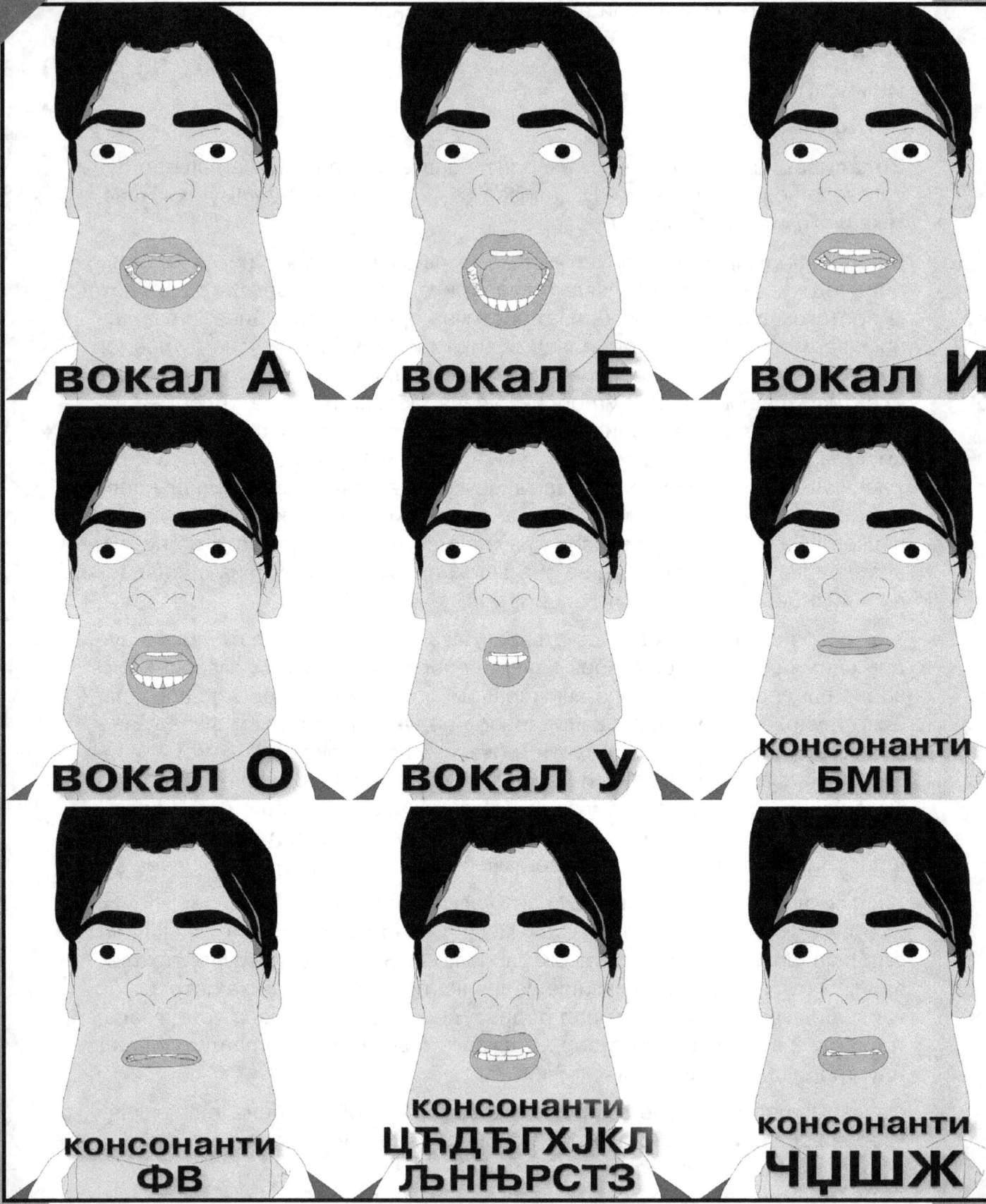

вокал А

вокал Е

вокал И

вокал О

вокал У

консонанти
БМП

консонанти
ФВ

консонанти
ЦЂДЋГХЈКЛ
ЉНЊЅРСТЗ

консонанти
ЧЦШЖ

Уверљивост говора у анимираном филму може се додатно појачати нијансама у модификацијама претходних фаза у зависности од јачине изговора живог глумца. Модификације се извршавају по шемама за сваку фазу, којима се једноставно дефинише величина отвора усана за одређену јачину изговора, у смислу да тиши говор подразумева блиске усне, а гласан говор или вика подразумевају изражено, па и пренаглашено отворена уста.

Фаза затворених уста, позната као нулта фаза, представља фазу "тишине и слушања у дијалогу", а користи се понекад као прелазна фаза са вокала на консонанте (слика десно).

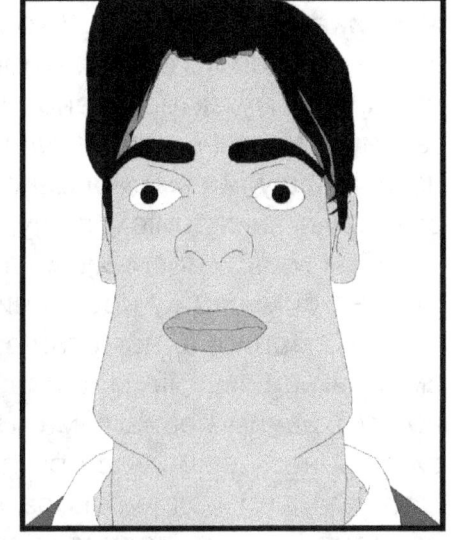

Претходни тип вокализације применљив је само за највредније, односно најскупље пројекте, као што су дугометражни цртани или анимирани филмови. У квантитативно великим анимираним производима као што су цртане телевизијске серије, примењује се вокализација са већим степеном редукције, свођењем целог говора на свега 5 фаза, како је приказано на доњој илустрацији.

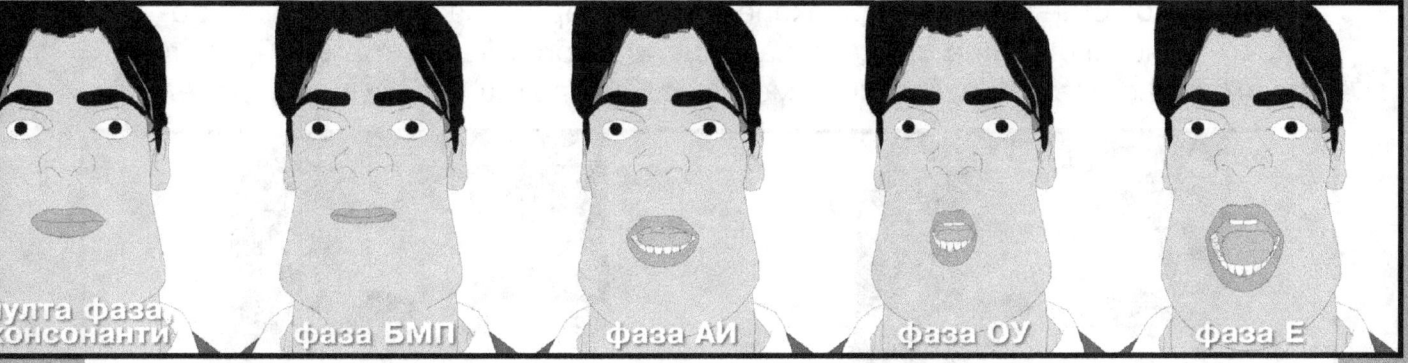

нулта фаза, консонанти | фаза БМП | фаза АИ | фаза ОУ | фаза Е

Овај виши степен редукције заснива се на стапању иначе визуално блиских фаза А и И. Иако различите, фазе О и У представљају се једном међуфазом. Фаза Ф се искључује јер је и иначе ретка у изговору и замењује се фазом затворених уста. Нулта фаза замењује све остале сугласнике. Овај степен редукције омогућава велике уштеде у изради говора, како по броју ангажованих аниматора, тако и по времену неопходном за реализацију. Истовремено, омогућава задовољавајући квалитет визуалне презентације говора било каквог "бића" на било ком светском језику.

Постоји и трећи степен вокализације који се употребљава у најјефтинијим продукцијама анимације и заснива се на свега 3 или 4 фазе за представу целокупног говора: затворена уста; јако отворена уста; и између једна или две фазе. Лоше стране овог типа вокализације огледају се у томе да није могуће успоставити изглед говора ни близак уверљивом и синхроном. Добре стране огледају се управо у недостатку синхронитета, посебно код цртаних телевизијских производа за децу. Наиме, актери једноставно "клопарају" уснама једнако на свим језицима на којима се врши нахсинхронизација, а детету је довољно да разуме садржај приче само преко звучне подлоге.

Мимика је говор лица. Ако вокализација, у смислу прецизног и уверљивог техничког изговора, омогућава гледаоцу да фактографски прати садржај који му актер преноси говором, мимика (у крупнијим плановима), и гестикулација (у ширим плановима), заокружују експресивност говора, наглашавајући емоционално стање актера током говора. Говор лица се остварује анимацијом очију, обрва, набора чела, трепавицама и евентуално образима и позицијом главе и браде. У раду, анимација мимике представља симулацију несвесних покрета мишића лица у зависности од тренутног емоционалног стања. На доњем примеру стрелицама су означени смерови анимације мишића лица из неутралне позиције према наглашено емотивним позицијама. Важно је знати да анимација мимике није континуирана, у смислу да се перманентно анимирају покрети мишића лица. Обратно, анимација говора лицем своди се на брзу промену (2-4 фазе), из једног емоционалног стања у друго; затим се задржава статичан изглед таквог стања, да би се, такође у малом броју фаза, извршила промена на нормално или следеће наглашено емоционално стање. Правилно анимирање изгледа статичних емоционалних стања укључује познавање

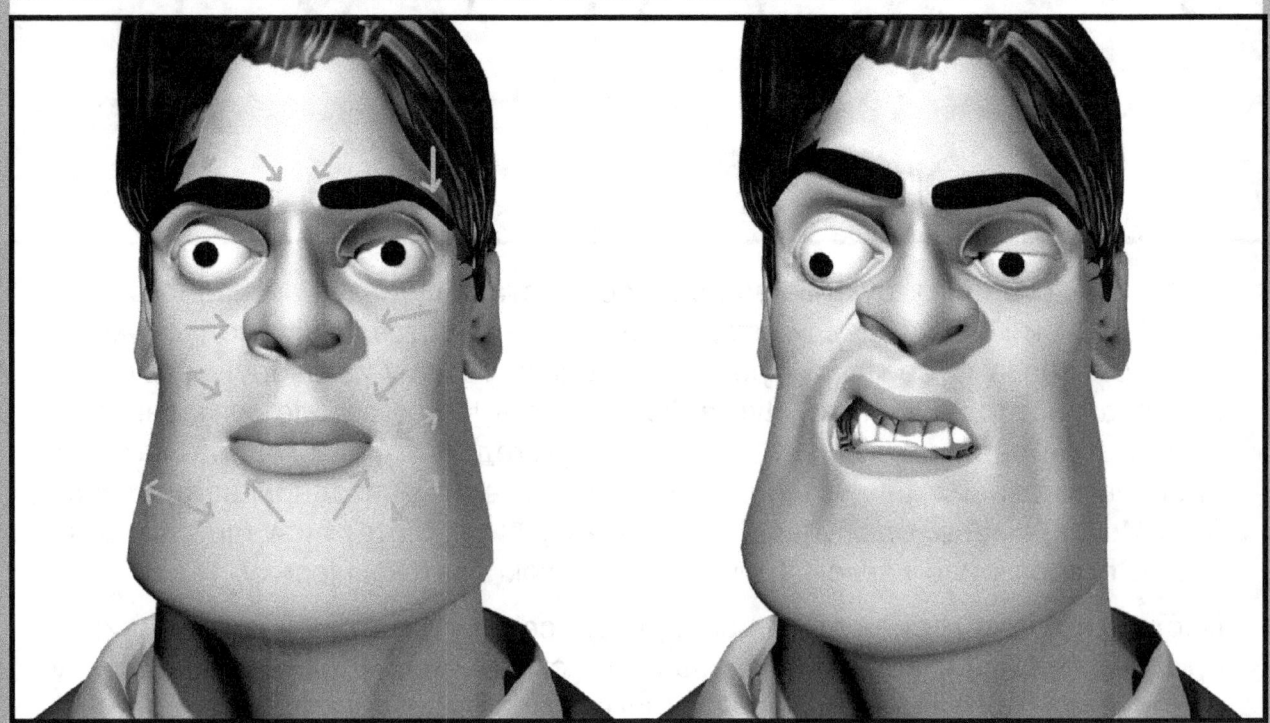

стереотипских изгледа лица за такво стање. На пример, стање зачуђености заснива се на широко отвореним очима, усправној глави, подигнутим трепавицама и обрвама и благо спуштеној бради; или стање туге које подразумева благо накривљену или оборену главу, стиснуте усне и очи, оборене обрве.

На пратећој илустрацији представљене су експресије задовољства, туге, љутње, гађења, страха и беса.

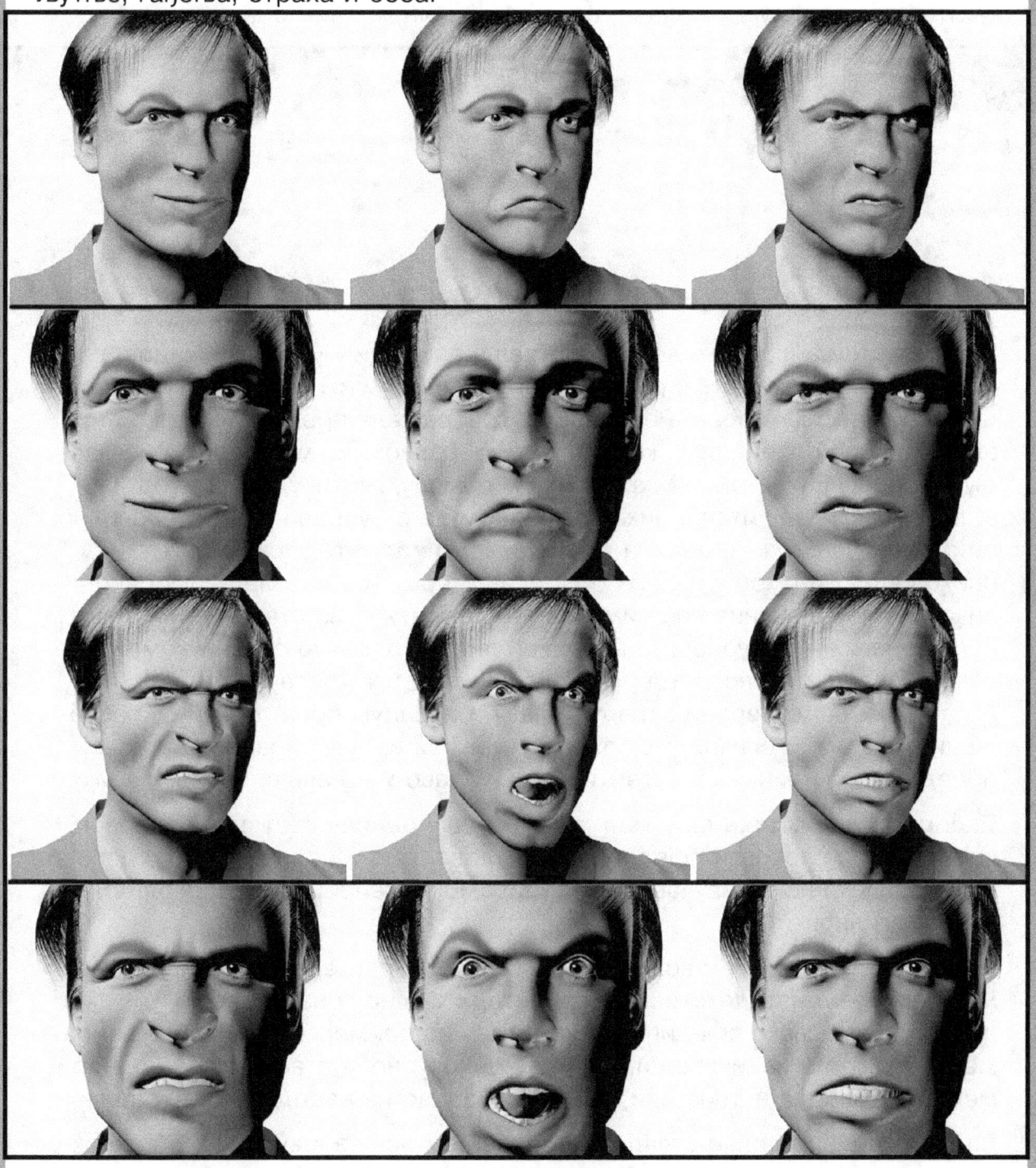

У вези са мимиком, значајно је познавати и поступак анимације трептаја ока, с обзиром да се овај поступак често примењује и представља стандард "оживљавања" анимираног лица. Трептај једног или оба ока анимира се увек по принципу: једна брзина, и то искључиво А1, унапред, а упола спорије уназад (исте фазе, сада А2). Отворене или затворене очи статичне су по потреби. У пракси, анимација брзог трептаја реализује се са 3 фазе до затвореног ока, како је приказано на доњем примеру. Спори трептај се реализује у 5 фаза, са истим начином снимања.

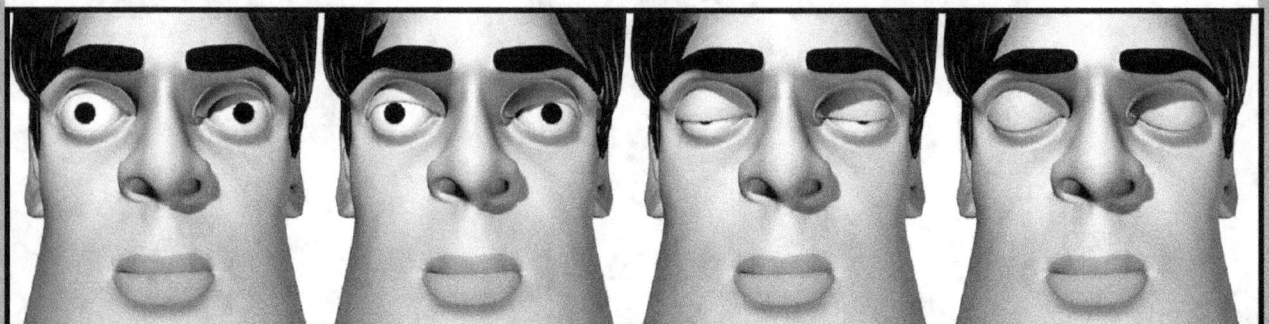

Гестикулација (говор тела), представља анимацију у изрезу (кадру) видљивих делова тела (руке, рамена, ноге, реп...), чијим се покретима допуњава експресија говора. Реализација говора тела представља сложену анимацију по принципима који ће бити образложени у наредном поглављу: Експресија кретања. У креативном смислу, гестикулација је од изузетног значаја за читање лика, с обзиром да се управо њеном правилном применом заокружује целина коју називамо **карактер** (скуп физичких, психолошких и емоционалних особина актера). Говор тела анимираног лика такође се заснива на симулацији стереотипа из стварног живота. На пример, агилни, ужурбани и нервозни ликови одсечно раде рукама и главом; превaранти и подлаци преплићу шаке и држе погнута рамена; препотентни и самоуверени забацују главу и избацују прса; тужни су погрбљени и мирни; и слично. Најпознатији ликови из анимираних филмова, поред говора и мимике, аутентични су управо и по својој гестикулацији.

Експресија кретања са вокализацијом даје целину кретања. Експресију кретања чине покрети појединачних делова тела и покрети тела у целини. Експресију кретања изучавамо и креирамо у оквирима две целине: баланса и агилности.

Баланс је просторни и волуменски чинилац карактера и одређен је анимацијом елемената (екстремитета) актера у односу на тежиште или целину актера, за свако појединачно кретање (на пример: покрети шака и рамена у току анимације хода), као и за целокупно кретање актера (на пример: циклус хода актера или прикрадања, као на наредној илустрацији).

Баланс се у анимацији ствара одређивањем оса за кључне зглобове ак-

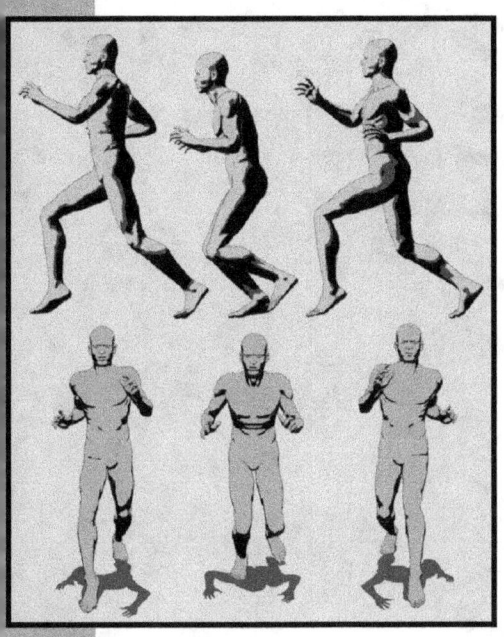

тера и постављањем жељених граничних углова за поједини тип кретања. Анимација се затим изводи у вредностима између постављених оса. На слици у доњем делу стране приказано је промишљање основних оса баланса људског бића. Суштина промишљања и успостављања баланса кретања јесте склад позиција волуменских елемената ("мишићне масе") актера, који током кретања гледаоцу дочаравају психолошки или емоционални став актера, независно од брзине и тајминга извођења кретања.

На примерима на наредних пет страница, приказани су стереотипски циклуси поносног, манекенског-женственог, опуштеног-гегавог хода, као и прикрадање и трчање, са јасним различитостима заснованим само на балансу.

Агилност је временски аспект експресије кретања. Агилност чине брзина, тајминг и ритам кретања елемената и целине. Ова три елемента агилности реализују се анимацијом оса баланса и ротацијом свих зглобова који чине покрет или сложено кретање актера. Исправна композиција агилности значајна је за читање самог карактера и истовремено за рецепцију акције. Агилност се у филму заснива на броју фаза сваког појединачног покрета, условљених принципом убрзања и успорења.

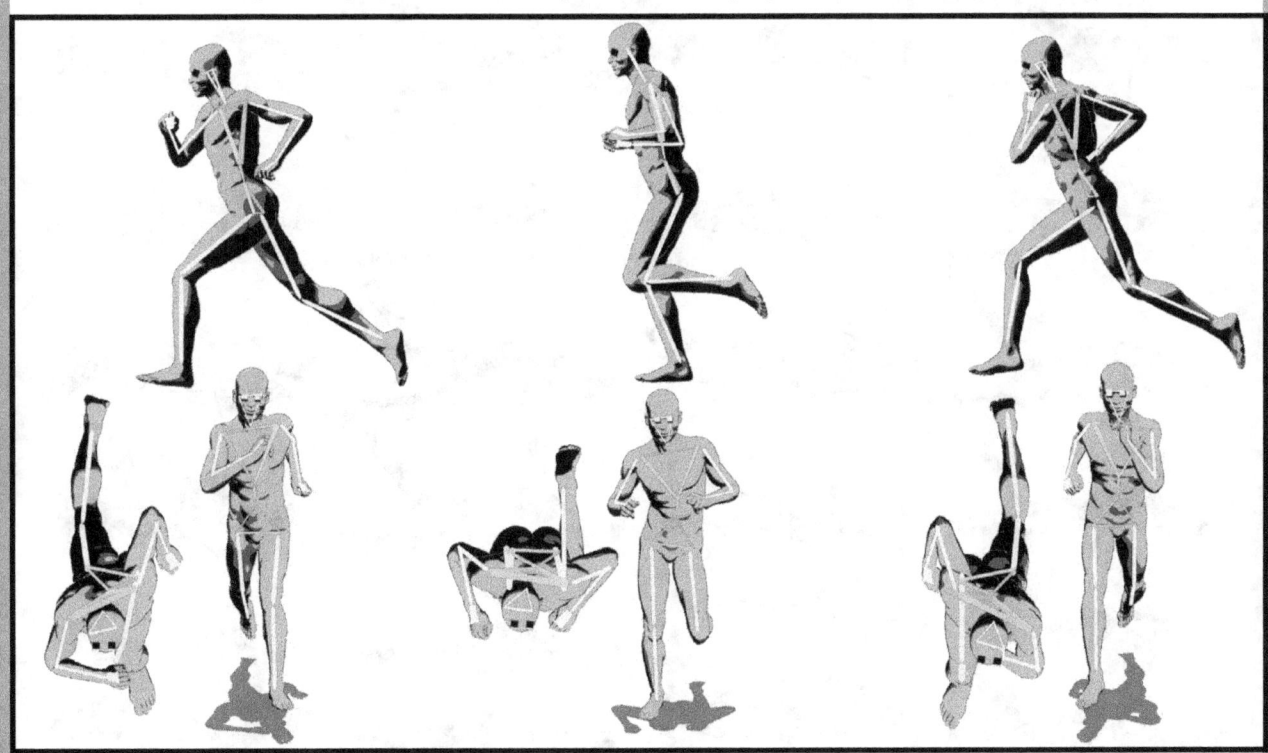

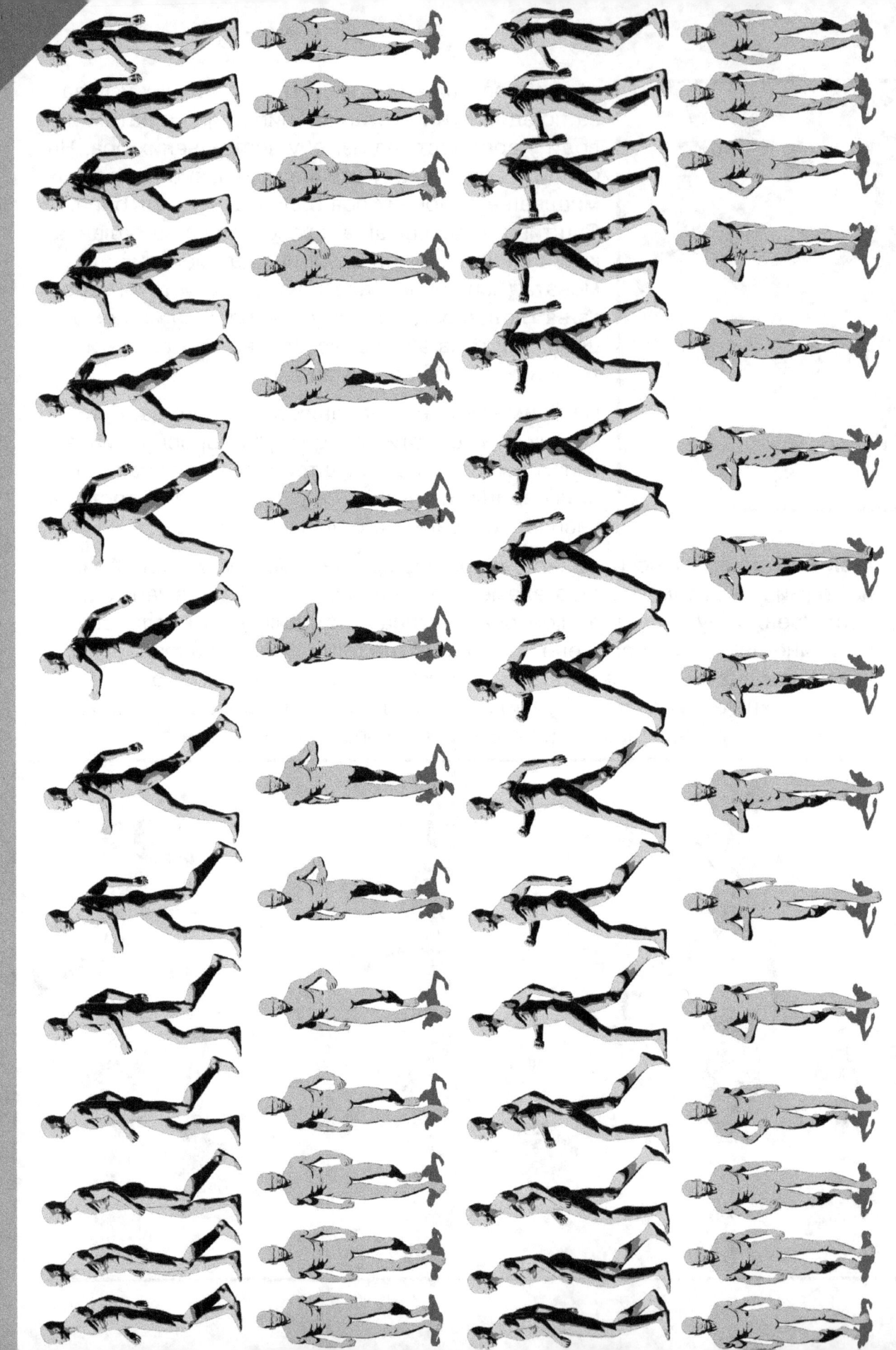

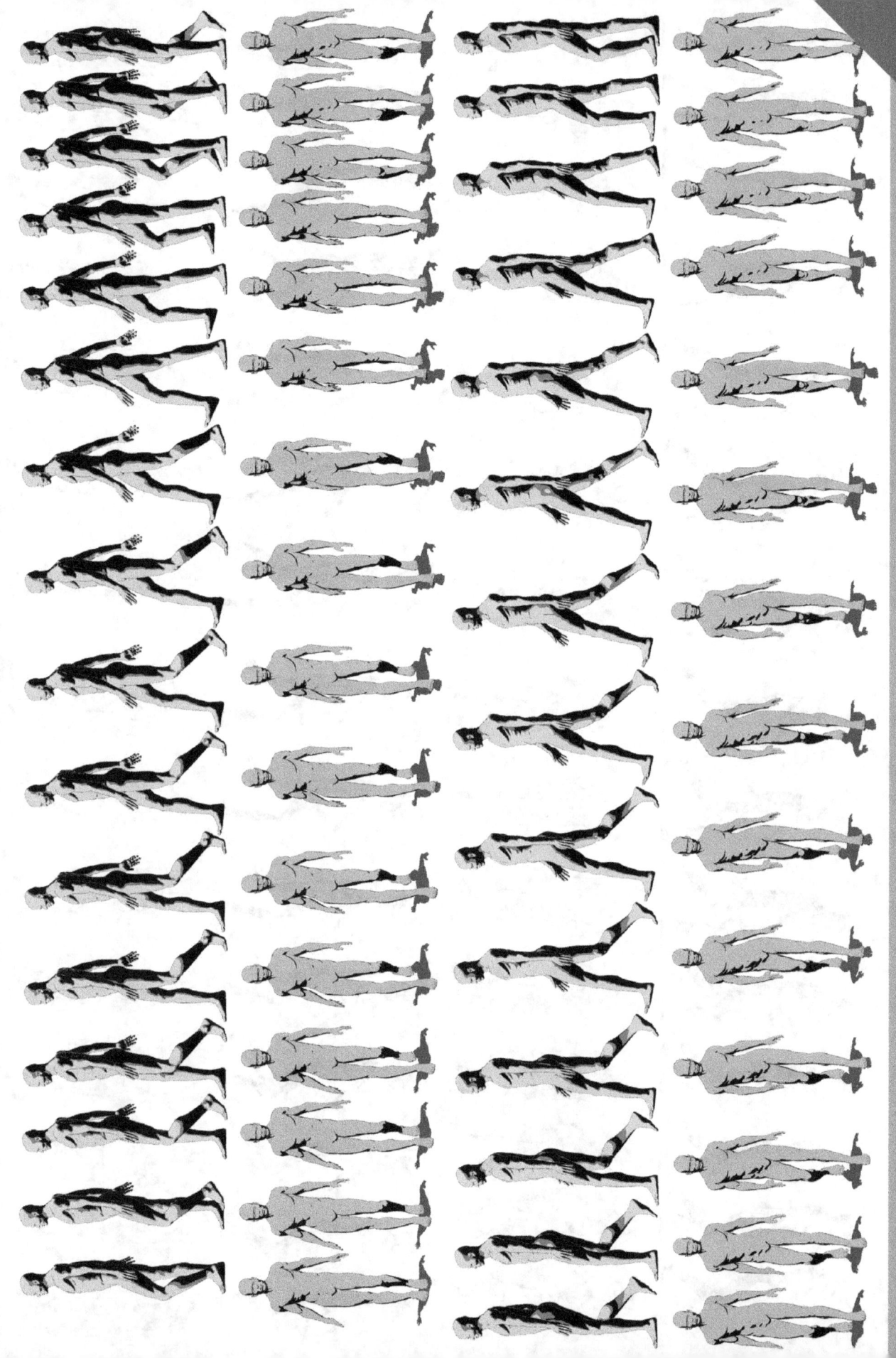

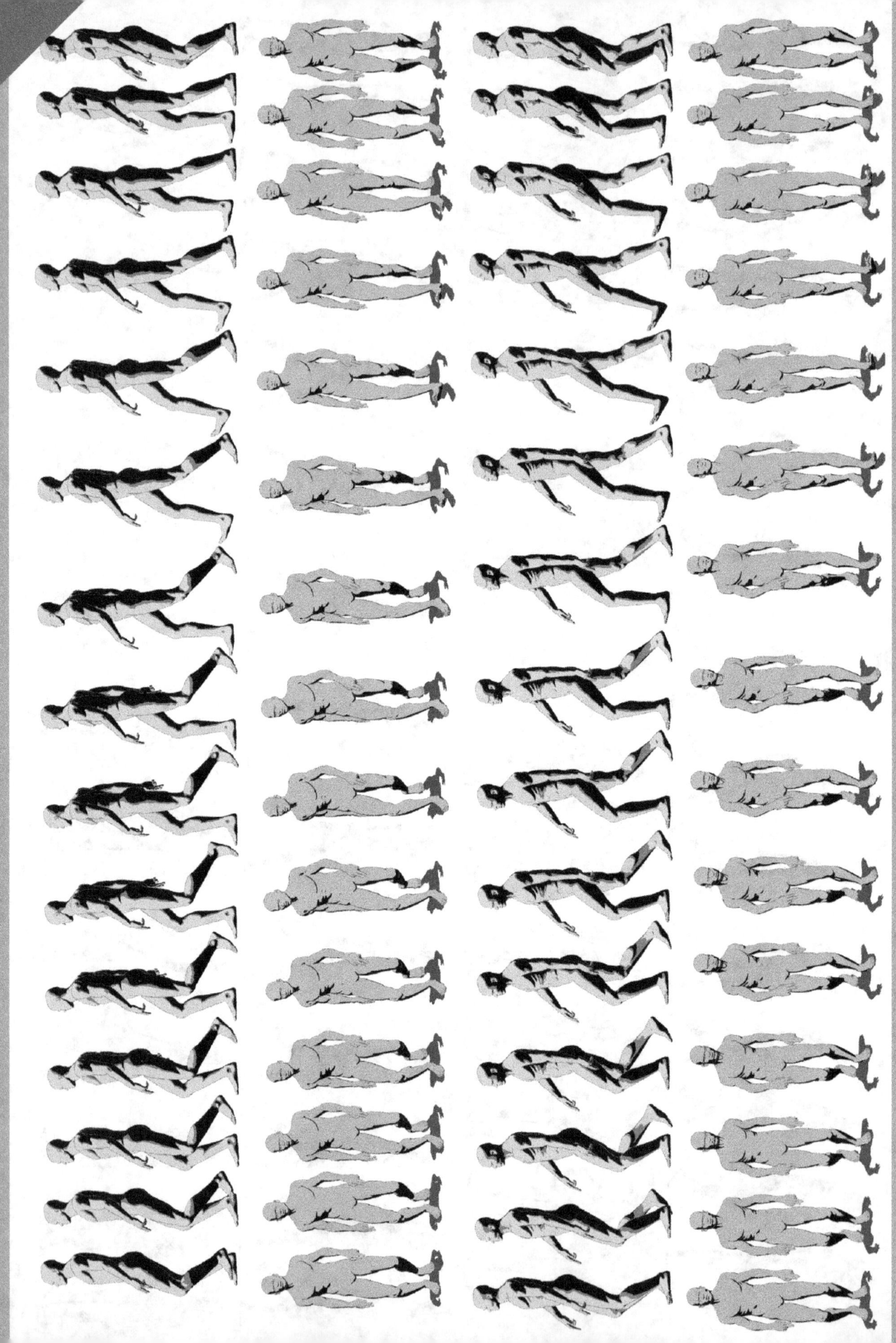

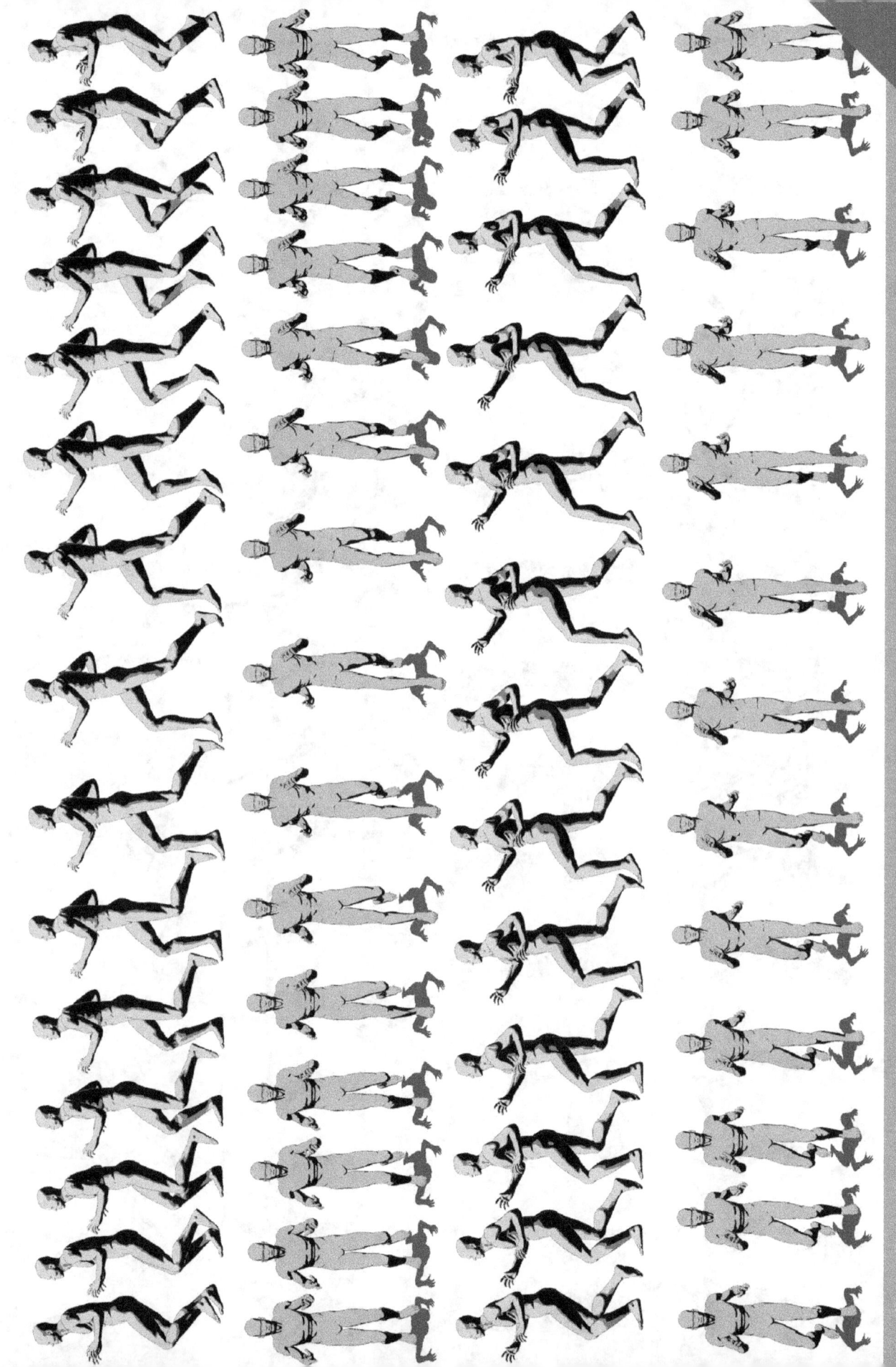

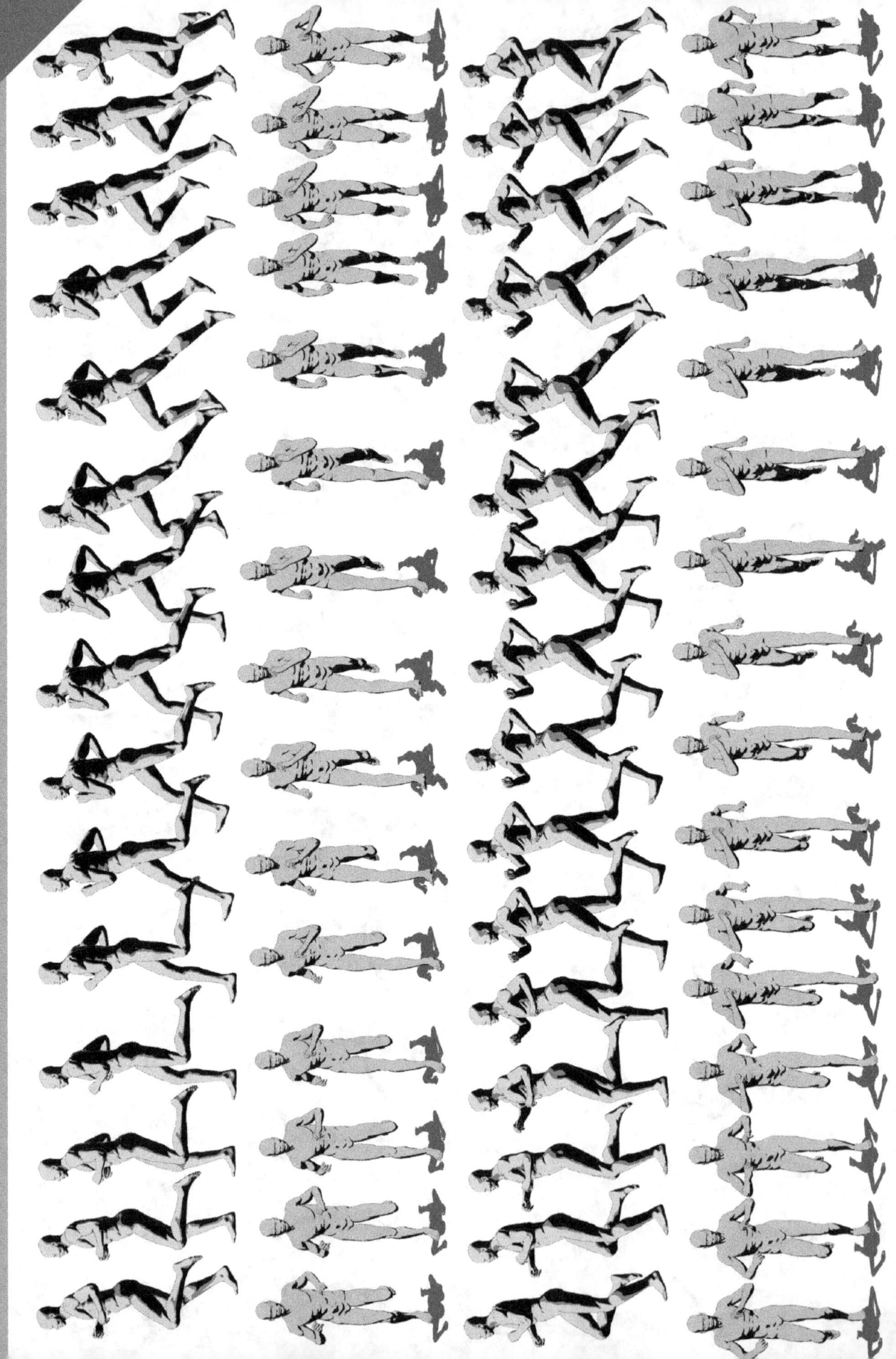

Експресија кретања се, као и експресија говора, остварује познатим поступцима технологије анимације једноставних и сложених објеката, модела и ликова, и то у складу са жељеним сличностима са кретањем познатих живих бића.

Технологија анимације сложених кретања једноставна је и лако се учи и примењује, с обзиром да се заснива на примени два елемента који су чиниоци кретања и то су: таласасто кретање тежишта лика и зглобно-ротационо кретање екстремитета лика.

Таласасто кретање тежишта лика последица је природне појаве успостављања равнотеже измештањем центра масе лика у складу са измештањем ослонаца кретања, а насупрот силама које утичу на кретање. На примеру кретања двоножних бића уочићемо два таласаста кретања. Хоризонтални талас (талас у хоризонталној равни), дефинише баланс лика (поглед одозго на наредној слици). Једна таласна дужина покрива један корак. Изменом амплитуде хоризонталног таласа утичемо на експресивност хода: мања амплитуда је карактеристична за мушки тип хода, а већа амплитуда (заношење кукова), карактеристична је за женствени ход.

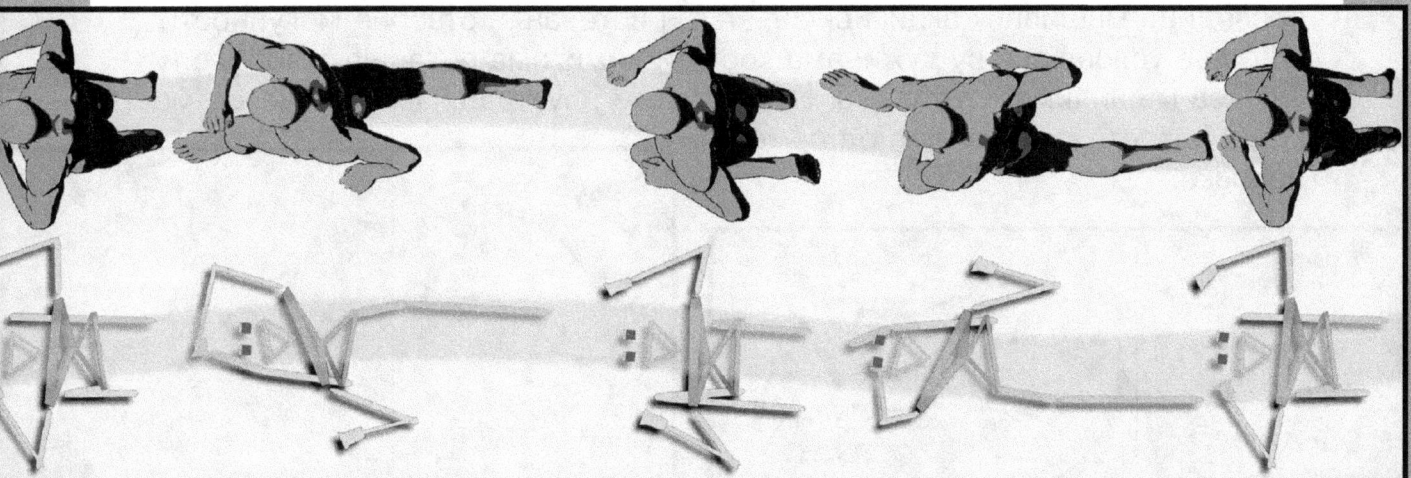

Вертикални талас (талас у вертикалној равни, на илустрацији на врху наредне стране), дефинише агилност. У оквиру таласне дужине која је идентична таласној дужини хоризонталног таласа, повећање амплитуде доприноси повећању динамичности и скоковитости кретања.

Прецизно промишљање и успостављање таласа за позиционирање тежишта лика током кретања јесте од великог значаја, али само као основа експресије кретања, у смислу да таласима дефинишемо удаљеност коју лик пређе током једног циклуса кретања (таласна дужина), и основну динамику кретања (амплитудама за оба таласа). Потпуна експресија кретања остварује се промишљањем и успостављањем адекватног зглобно-ротационог кретања сваког појединачног екстремитета актера, како у

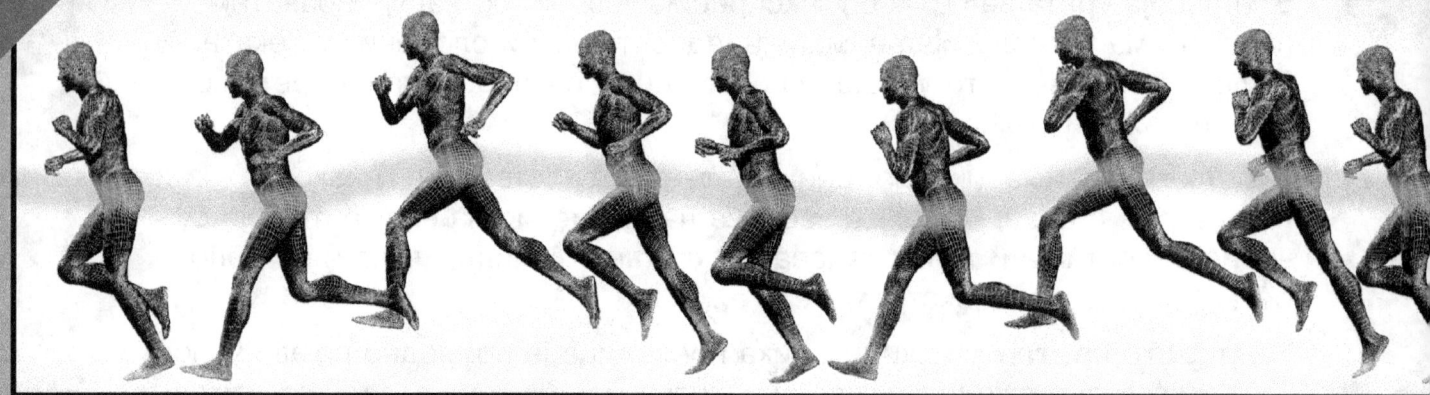

јединичном кретању, тако и у синхроним или осталим кретањима која су зависна од других екстремитета.

Зглобно-ротационо кретање је логична последица конструкције и "дизајна" сваког кичмењака, односно сваког живог бића које за ослонац телесне масе има коштани скелет. Испод коже живог бића налазе се чиниоци кретања које чине мишићи, који су тетивама повезани са костима и њиховим спојевима (зглобовима). Иако је кретање живих бића директна последица мишићних акција скупљања и истезања, стварне могућности кретања условљене су дужинама кости и лимитима ротације зглобова и веза са мишићима - тетивама. На пратећим илустрацијама је пример могућих покрета људске руке од рамена до шаке.

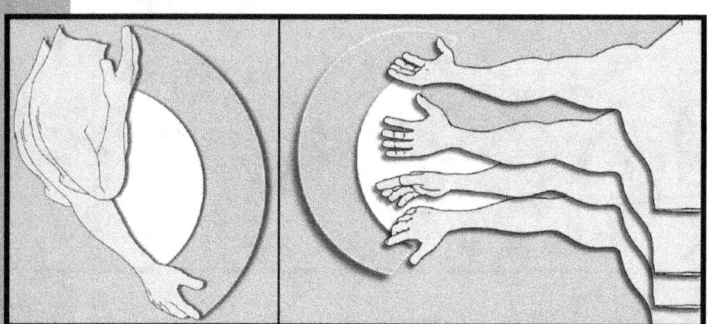

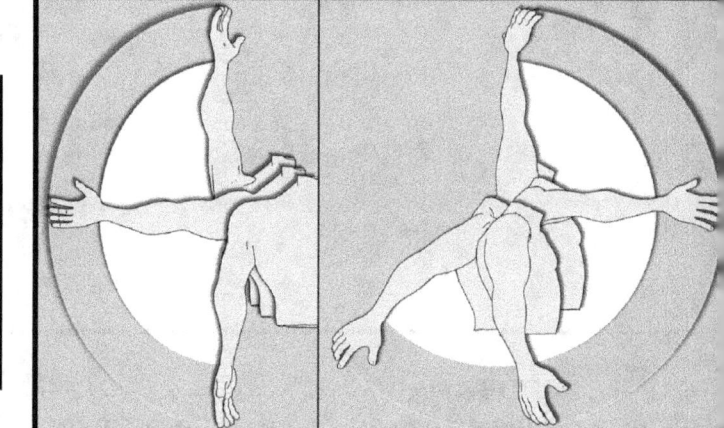

Овакав начин промишљања и креирања кретања сложених бића директно је пренет у технологије компјутерске анимације познате под називима **Bones** и **Skining** (кости и кожа), и у садејству са технологијом инверзне кинематике представља напредан систем реалистичне анимације сложених кретања (илустрација на врху наредне стране).

У класичној анимацији зглобно ротационо кретање изводи се у два корака. Први корак је успостављање једноставне хијерархије виших и нижих зглобова и кости и њиховим представљањем примитивама или символи-

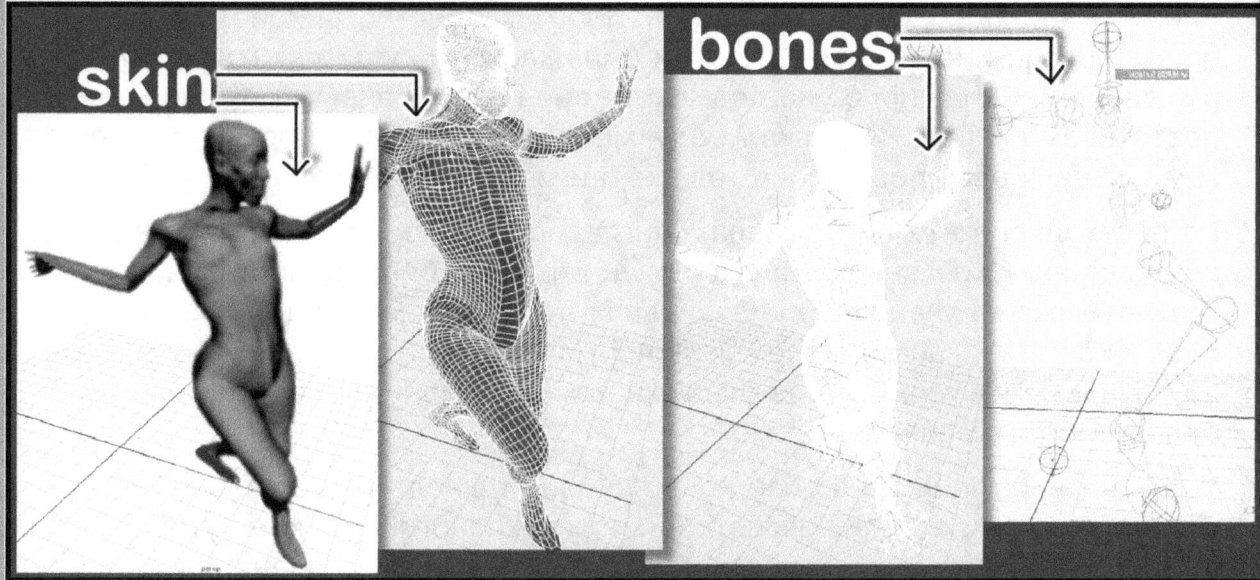

ма као на средњој илустрацији, са десне стране.

Други корак је једноставна калкулација максималних углова ротације за сваки зглоб и подела на углове који припадају појединачним фрејмовима.

На доњој илустрацији приказане су рука и нога у трчању, са максималним и минималним угловима ротације током самог кретања.

Иако је зглобно-ротационо кретање у природи увек тродимензионално (као последица учествовања екстремитета у равнотежи кретања у садејству са таласастим кретањем тежишта, а ниже хијерархијске структуре у сваком покрету, више или мање, ротирају у све три осе), креирање оваквих кретања у класичним технологијама ани-

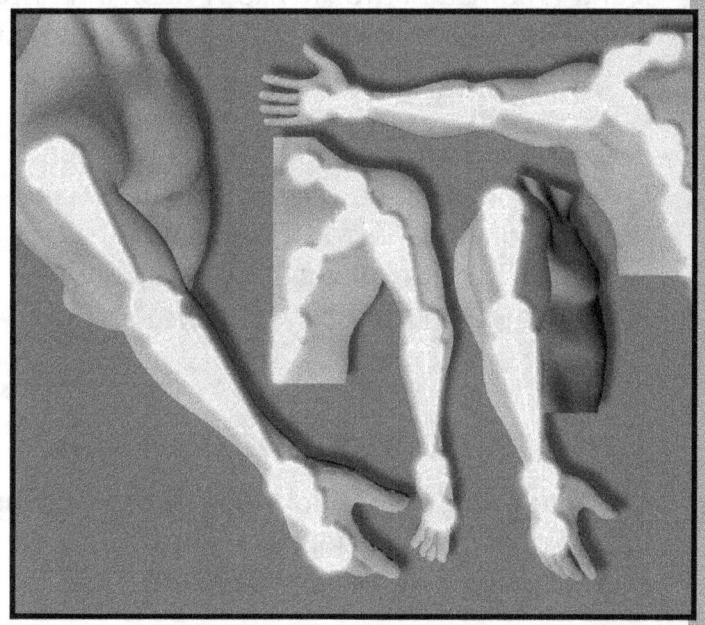

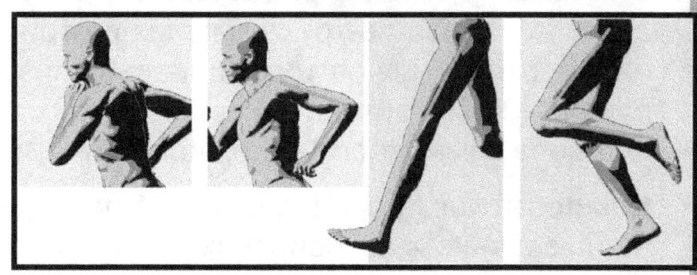

мације поједностављено је на калкулације ротација око једне осе, која је управна на цртеж, а из разлога јасне дводимензионалности простора кретања унутар оквира слике.

Анимација сложених кретања технологијом зглобно-ротационог прорачуна применљива је и на кретања осталих бића као што су рибе, змије, или раже, односно бића чији се изглед и кретање не чине значајно условљеним постојањем скелета. И у таквим случајевима изводи се прорачун ротација замишљених оса кроз делове тела који изводе кретање.

Из претходног текста и примера, очигледно је да је и технологија анимације сложених кретања комплексних анимираних бића једноставна категорија и лака за учење, јер је заснована на препознавању и анализи жељеног кретања, као и на елементарној математици. Међутим, беспрекорно познавање и увежбавање ове технологије само је предуслов и део у целокупности умећа анимације.

Уметност анимације, без обзира на основне технологије (од класичних стоп-фрејмова и осталих регистрационих технологија, до компјутерске анимације и анимације симулацијама), није само једноставан спој и примена анализа, математике и базичних принципа. Обратно, уметност анимације је изразито индивидуална и ауторска дисциплина која подразумева бриљантно познавање и примену свих постојећих технологија и принципа анимације, као и брижљив и разноврстан избор њиховог учешћа у креирању "живота" лика који је читљив и уверљив за гледаоца, био он хуманоидног изгледа или робот од конзерви. Иако лепа и забавна уметност, анимација је такође и тешка радна и производна категорија, јер је резултат директно зависан од броја сати, дана и недеља аутора, или сваког члана екипе, проведених у посвећеном креативном раду.

Снимање и композитинг

Снимање (или само композитинг), анимираног филма представља производну позицију у којој се извршава склапање и стапање свих претходно реализованих чинилаца слике.

Снимање, односно трик снимање, јесте уметност из пре-компјутерског доба. Изводило се трик камером на трик столу, и представљало је класичну технологију регистрације свих визуалних предложака, сличицу по сличицу. Композитинг је назив за "снимање" савремених анимираних филмова компјутерским технологијама и техникама.

Композитинг је процес стапања постојећих визуалних предложака, већ реализованих и архивираних у облику дигиталног записа, симулацијом изреза и "виђења" виртуелне камере и посебним технологијама: маскирања слике, корекције слике и специјалних ефеката.

Снимање анимираног филма представља, у професионалном смислу, изумрлу уметничку дисциплину. Изводило се у специјализованим лабо-

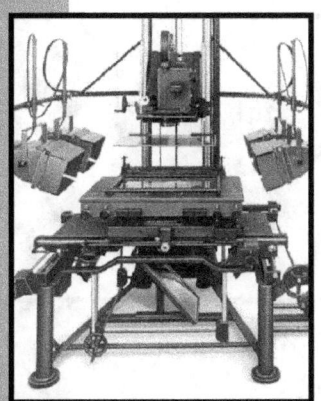

раторијским условима и специјалним уређајима (трик или рострум камера и трик сто), којима је било могуће стабилно, егзактно и континуирано, регистровати и експонирати сличицу по сличицу цртаног или анимираног филма, без технолошких недостатака у стабилитету, експозицији или било коме од осталих аспеката квалитета филмске слике. На слици лево приказан је изглед професионалног трик-стола произвођача **Crass**, који је конструисан од пет функционалних целина: самог стола, трик камере, расветних тела, уређаја за задњу пројекцију и контролних уређаја.

Професионално снимање анимираних филмова на трик-столу, као и професија трик-сниматеља (**rostrum camera operator**), измрла је природном сменом класичних филмских технологија дигиталним, и то у периоду последње деценије двадесетог века. У току неких десетак година, компјутерска технологија је постала ефикаснија у анимацији: бржа, комфорнија, прецизнија и безбеднија у односу на дотадашње класичне технологије, а посебно у реализацији цртаног филма. Међутим, у ауторском краткометражном филму, и даље ће остати у употреби основни елементи и концепт регистрације филма сличицу по сличицу, камером. На пример, анимација лутака, колажа, песка, као и једноставније технике линијске анимације, и даље су актуелне и инспиративне за реализацију класичним снимајућим филмским технологијама, у концепту регистрације "фрејм бај фрејм".

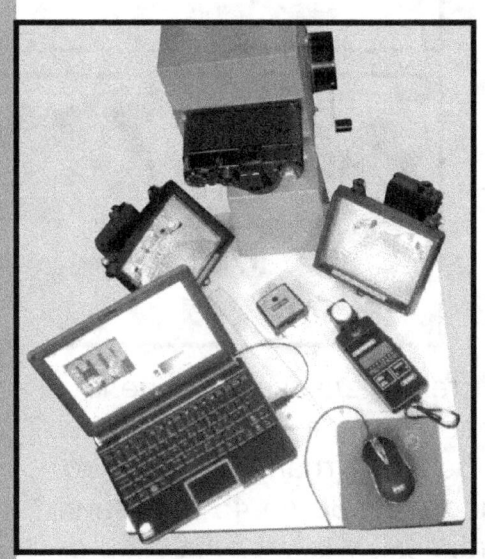

Као што сам раније навео, снимање савременог дводимензионалног анимираног филма може се реализовати на изглед импровизованим, а суштински потпуно функционалним трик столом, сачињеним од следећих елемената: дигиталног **фото-апарата**; стабилног **стола** са вертикалним носачем; халогене **расвете**; неопходних основних **инструмента**; и **рачунара**; као на илустрацији лево.

"Камера" би била савремени дигитални фото-апарат који, да би успешно надокнадио квалитет слике професионалне трик камере, треба да има снимајућу резолуцију од 6-12 мегапиксела, а свакако од 10-12 Мп у случају да је продукцијом предвиђено штампање филма на 35 мм филмску траку. Такође је обавезна функција неаутоматске експозиције и мануелног уоштравања. Препорука је снимати објективима са фиксном жижном даљином и то "благим" телеобјективима (на пример, за резолуцију од 10-12Мп користити жижну даљину од 60-75мм). Употреба зум објектива је могућа, али се препоручује само за потребе стварног зумирања, односно симулације приближавања или удаљавања од објекта снимања у циљу промене филмског плана у самом кадру (овај поступак је иначе готово немогуће извести стандардним зум објективом за дигиталне фо-тоапарате, без употребе неког додатног меха-ничког уређаја за прецизно померање прстена

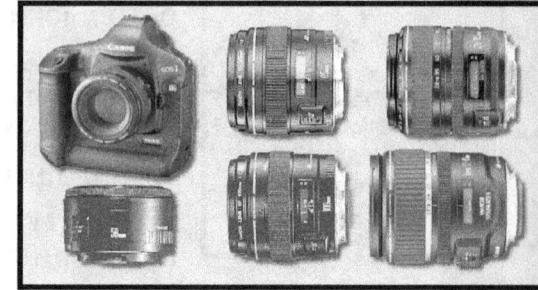

зума). На слици десно приказан је дигитални фото апарат произвођача **Canon**, са избором објектива који одговарају описаној намени.

Сто са носачем "камере" треба да буде масиван и стабилан. Значајно је да и радна плоча и носач камере имају могућност прецизног помера-ња механичким путем, пожељно је употребом пужних преноса, чиме се њихова употребљи-вост готово изједначава са професионалним трик столовима, што значи да се током снима-ња могу изводити и симулирати покрети каме-ром (пан, тилт, фар, ротација). У скромнијим ау-торским условима трик сто се може импрови-зовати плочом и носачем старог апарата за увећавање фотографија (пример десно), а огра-ничени покрети камером могу се изводити им-провизованим клизачима уз помоћ два лењира и лепљиве траке.

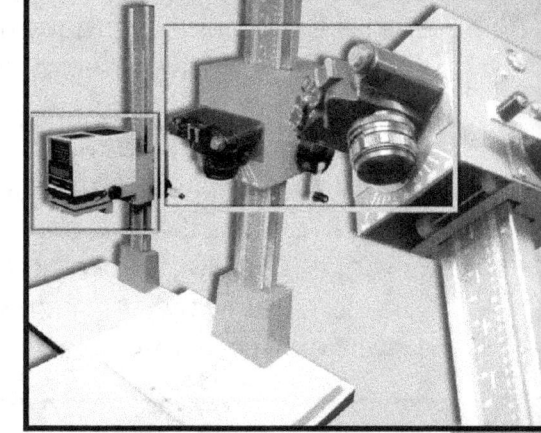

Расвета мора бити по интензитету довољна да обезбеди осветљај за фотометријски отвор нај-веће оштрине објектива, а то је у вредности от-вора дијафрагме од броја 5.6 до броја 8, с тим да не сме бити прејака, јер је тешко снимати неколико сати при високој температури коју производе сијалице. Светлост треба да се рас-

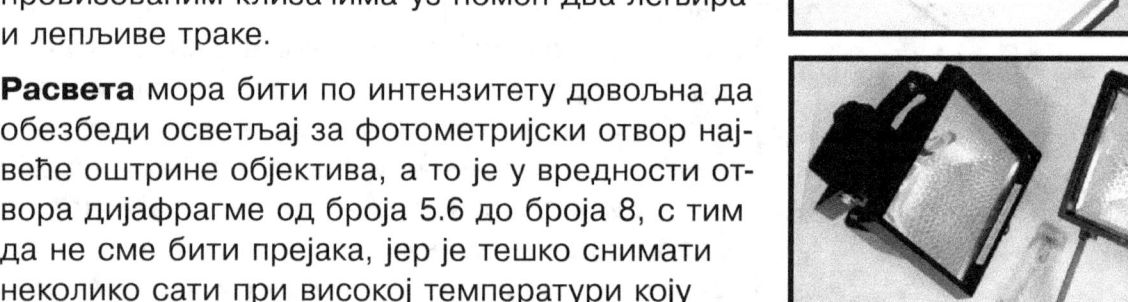

простире површински равномерно, и по интензитету уједначено по цело-купној површини стола, што подразумева употребу парног броја расвет-них тела (2 или 4), постављених симетрично са бочних страна стола. Угао осветљавања би требало да буде близак вредности од 35 до 45 степени, посебно ако се снимајући објекти прекривају стаклом, у ком случају је по-жељно користити **поларизационе филтере** и на објективу и на расвети, у циљу онемогућавања нежељених рефлексија у објектив фото-апарата. Расвета свакако треба да буде халогена на 3200 степени Келвина како би се обезбедила исправна обојеност слике. Не препоручује се употреба неонске и волфрамове расвете. У пракси (доња илустрација), изузетно употребљиво "као-профи" осветљење може се извести и са два халогена расветна тела за "улично" осветљавање, снаге од 300-500 вати. Пожељна је употреба и **експозиметра** и **колориметра** (слика лево), за постављање тачних снимајућих вредности, мада се савременом дигиталном технологијом експозиција беспрекорно утврђује визуалним методама.

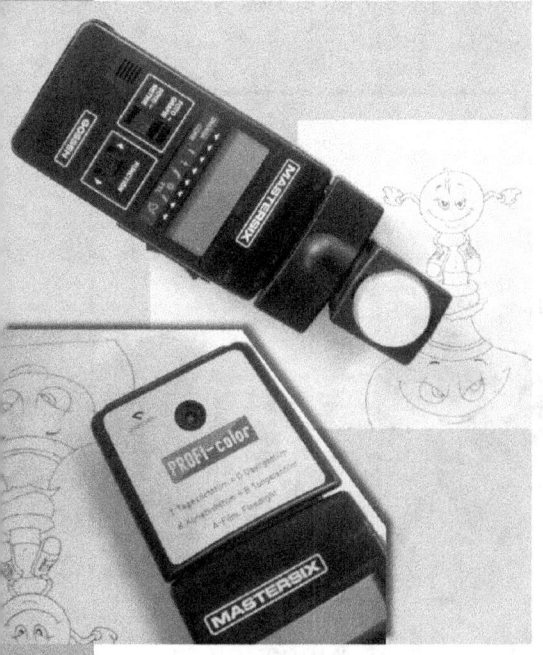

Рачунар повезан са "камером", односно дигиталним фото-апаратом, чини и контролну и архивску јединицу нашег анимационог система. Овако конципиран "систем" омогућава изванредну ауторску слободу у стварању анимираних филмова и то свих "дводимензионалних" филмова који се и иначе реализују на вертикалном трик столу. Употреба квалитетног дигиталног фото-апарата као "трик-камере", представља рационално и ефикасно решење из следећих разлога:

а) резолуција од 6-12 Мп блиска је резолуцији професионалних филмских система заснованих на филмској траци;

б) квалитет регистроване слике еквивалентан је изворном квалитету савремених филмских штампача (филм принтера) и подразумева се рад са **RAW**, 24-воробитним форматом;

в) брзина рада је једнака брзини рада са професионалном трик камером а то је значајно брже од скенирања које траје од 20 до 60 секунди за један А4 цртеж;

г) поузданост и трајност савремених дигиталних фотоапарата предвиђена је за више од 100000 или 150000 реализованих снимака, што значи да се једним фото апаратом може снимити неколико краткометражних, или се може упустити у снимање једног или два дугометражна филма.

У реализацији анимираних дела могућ је концепт рада са хоризонталним трик столом као и концепт слободне камере. Идеја хоризонталног трик стола представља само успостављање осе снимања (и целог система), по хоризонтали. На овакав начин реализују се специфичне техничке анимације и ефекти, типа луминокинетикс, слит-скен и слично, као и остала снимања у којима је неопходно да објекти снимања стоје усправно у простору (на пример: флаша са течношћу). У анимацији, хоризонталним трик столом називају се и **оптичке копирке,** и то као специјализовани уређаји за копирање класичних филмских материјала у процесима маскирања (на наредној илустрацији је професионална филмска оптичка копирка произвођача Нилзен Хордел). Интересантна је напомена да највећи број класичних филмова са специјалним филмским ефектима, од Одисеје 2001, до Конана, иако је створено у форми живе слике, у многоме представља анимиране филмове, с обзиром да су углавном реализовани управо на оптичким копиркама, експонирањем сличицу по сличицу.

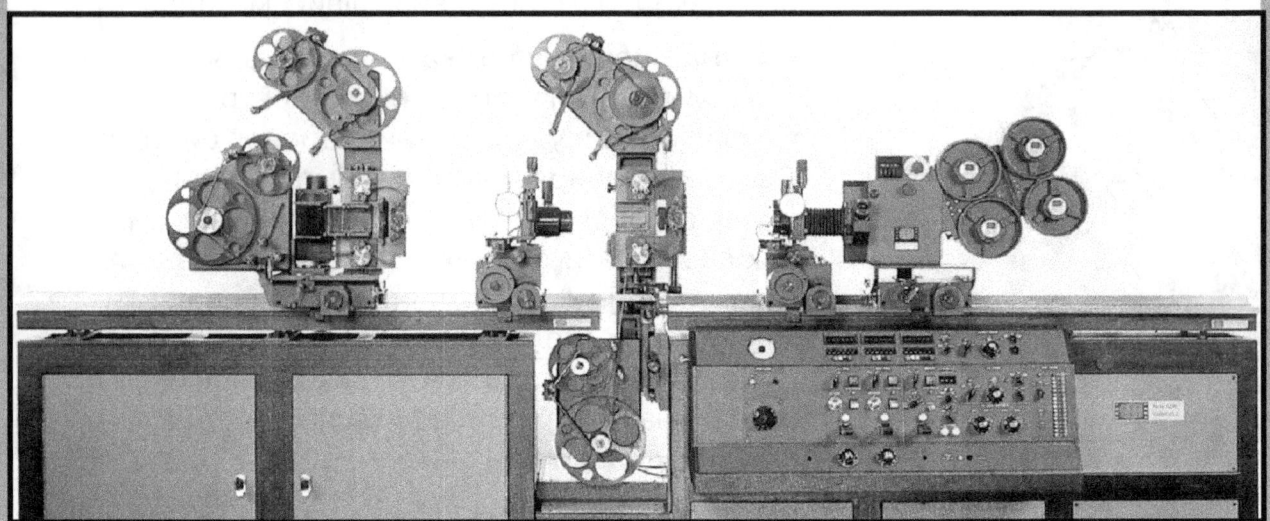

Концепт слободне камере примењује се у реализацији тродимензионалних анимираних филмова, као што су лутка филмови, пластелински, или било који тип филмова у стварном простору, класичним снимањем сличицу по сличицу, имајући у виду да употребу придева "слободна", треба схватити само у смислу третирања камере као тачке гледишта, у односу на актере и њихов околни простор. Наиме, класично анимирани тродимензионални филмови снимају се на начин сличан снимању играног филма: актери заузму места у сценографији, постави се камера на статив и на жељено место, осветли се сцена и снима се. С разликом да се у анимираном филму сними само једна или две сличице, а затим се измести актер, или му се замени глава, или се замене само очи и уста, и може се снимити следећа или следеће две сличице. И тако за један цео кадар. У концепту слободне камере реализују се лутка филмови, пластелински филмови, макете и слично. На илустрацији десно приказана је професионална анимациона камера произвођача Крас, на посебном "стативу" (фар-кран са пужним преносима).

Следи рад са рачунаром. Претходно описани поступак снимања (или скенирања), представља регистрацију и архивирање појединачних визуалних предложака (појединачних слика), од којих ће се даље, рачунарским технологијама, формирати цео филм, по правилу следећим поступцима:

А. Финализација јединичних слика

Б. Израда кадрова

В. Монтажа филма

Г. Колор корекција и специјални ефекти.

На овом месту појасниђу само прва два поступка и за те потребе вратићу се на цртани филм и на већ описане опште поступке. Од програма које сам навео и који су међусобно блиски по могућностима и начину рада, определио сам се за **CTP**, из разлога његовог изванредног управљачког и радног окружења (интерфејса), и из личних афинитета. **CTP** (**Cartoon Television Production**), је програм за израду анимираних телевизијских серија и створила га је фирма Кратер Софтвер. Програм одликује професионална организација и доступност свим управљачким елементима у једном екрану, као и изванредна поузданост и ефикасност у раду. На наредној илустрацији приказан је основни радни екран програма **CTP**.

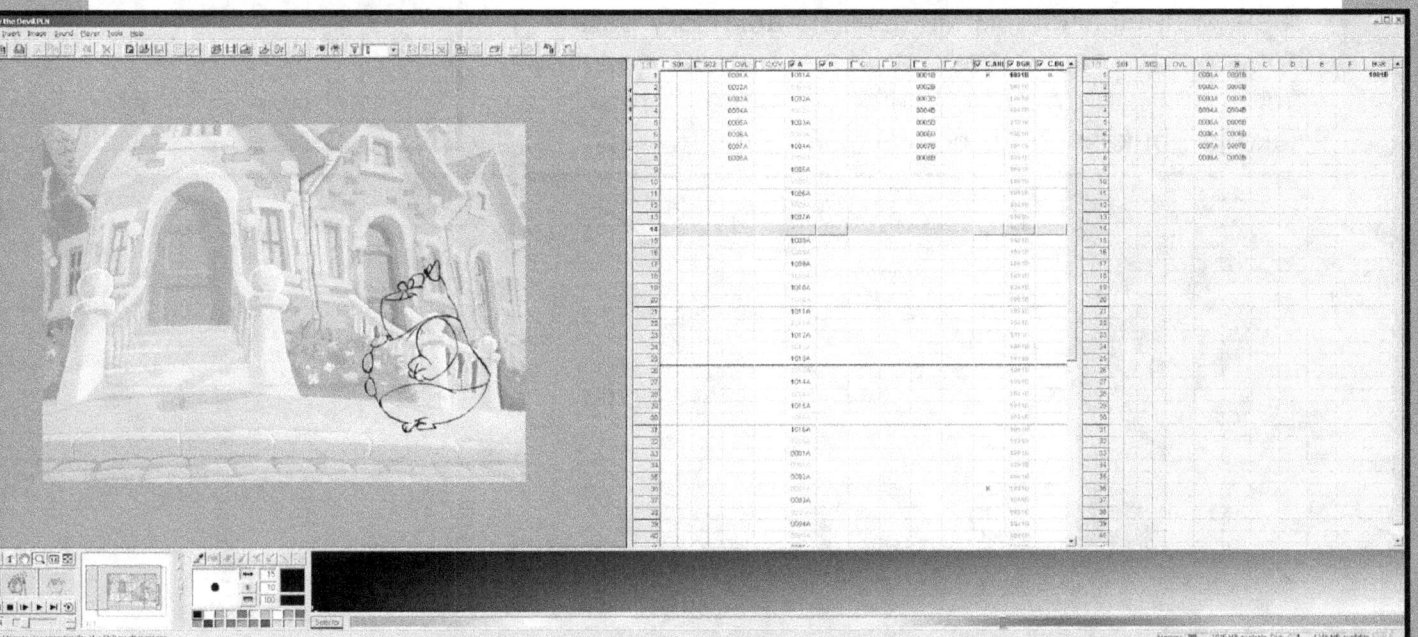

А. Финализацију јединичних слика почињемо уношењем скенираних предложака позадине и планова, исцртаних на папиру и припремљених на већ описан начин. На илустрацији на врху наредне стране приказана је обојена позадина, план актера и план сенке.

Командом **Insert/Import** уносимо правилно нумерисане предлошке у архивски простор **CTP**-а (друга илустрација на наредној страни), и то по припадајућим позицијама планова. Архивски део радног окружења служи

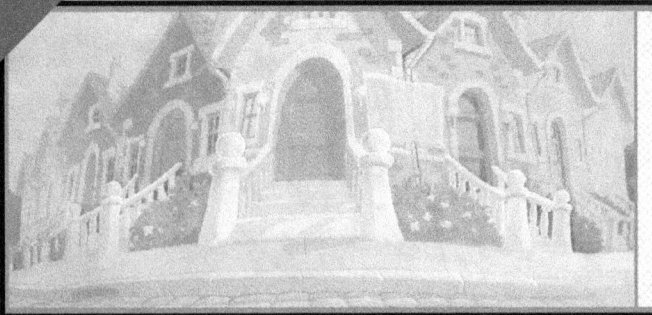
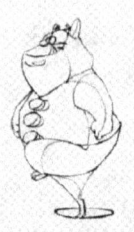
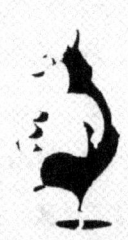

само намени уношења и у њему се не може ништа радити. На нашем примеру, у архиву смо унели једну слику позадине, цртеже анимираног актера и цртеже припремљене сенке на актеру. Сачуваћемо ову поставку командом **Save As** и даћемо назив пројекту: Кадар1. Рад у **CTP**-у одвија се у неколико могућих корака. За било који од њих, мора се пренети жељени материјал из архиве у припадајући радни простор програма, који је истовремено и картон снимања. Предлошци се преносе једноставним превлачењем мишем; из архиве у радни простор; постављањем на жељени план и жељени број сличице; што смо учинили за све материјале, како је приказано на доњој илустрацији.

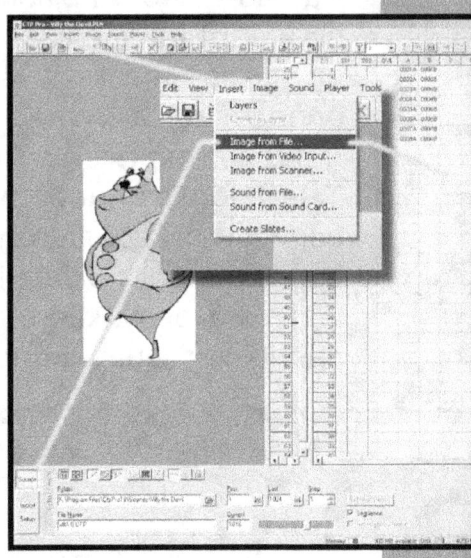

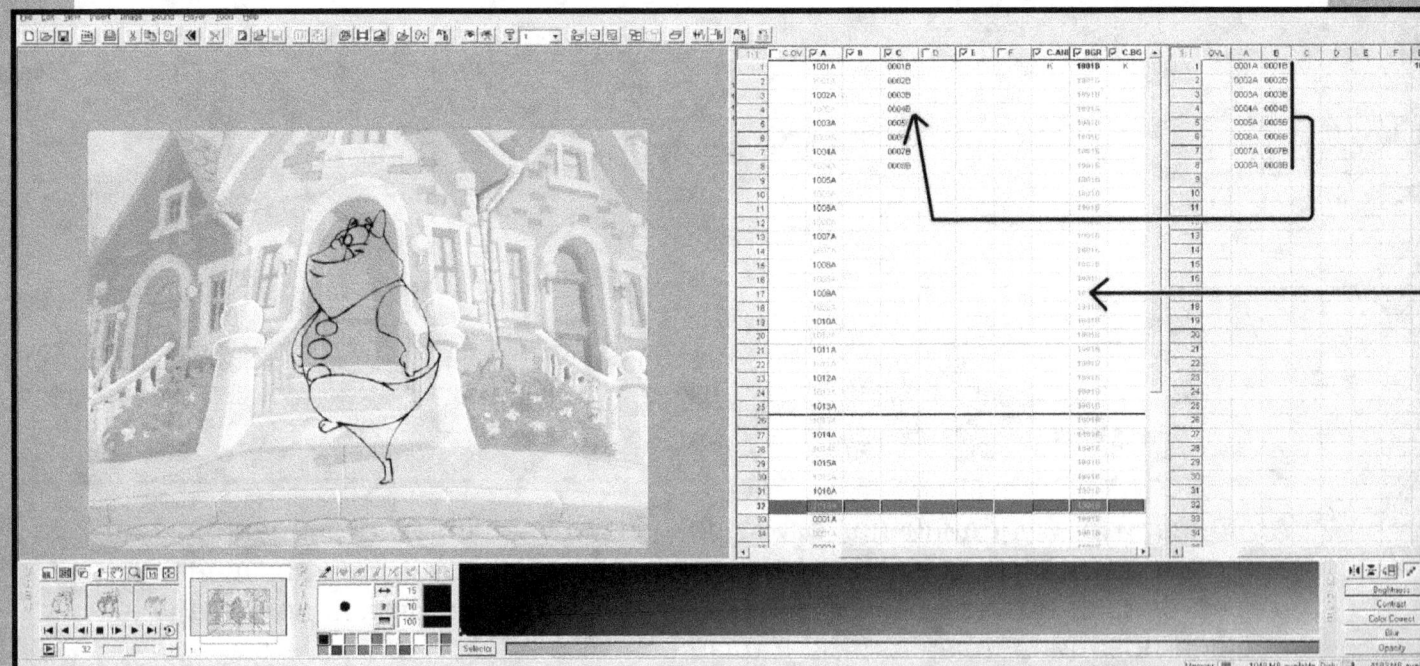

У првом кораку поправићемо и доцртати линије на актеру, а затим ћемо га обојити. За цртање линија, **CTP** треба поставити у одговарајући цртач-

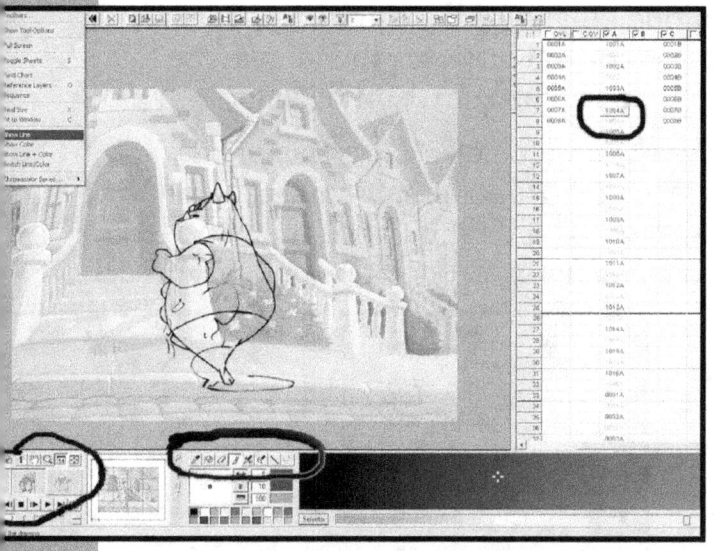

ки радни мод, активирањем иконице за приказивање линија. У картону снимања означимо слику коју треба доцртати и у радном простору можемо радити на њој. Линије се цртају или доцртавају избором дебљине линије и алатом за цртање, а могу се и брисати алатом за брисање. У овом кораку битно је линијама затворити све површине намењене колорисању. По завршеном цртању или доцртавању, из мода линијског приказивања прећи ћемо у мод приказа боје (или и линија и боје), у коме можемо бојити површине. С обзиром да радимо на појединачним цртежима, бојићемо их узорцима боја које ћемо једним кликом узети са потпуне палете, и следећим кликом на жељену површину, боја ће се разлити до граница означених затвореним линијама. На претходном примеру заокружени су основни радни елементи и алати за цртање.

CTP је изразито ефикасан за овакав тип колорисања. Такође је важно знати да је у случајевима рада са јединичним предлошцима, некад рационалније унети слику израђену у било ком другом графичком програму, као што је Фотошоп, или Фрактал Пејнтер, посебно када је неопходно користити неке напредне сликарске алате какви не постоје у **CTP**-у.

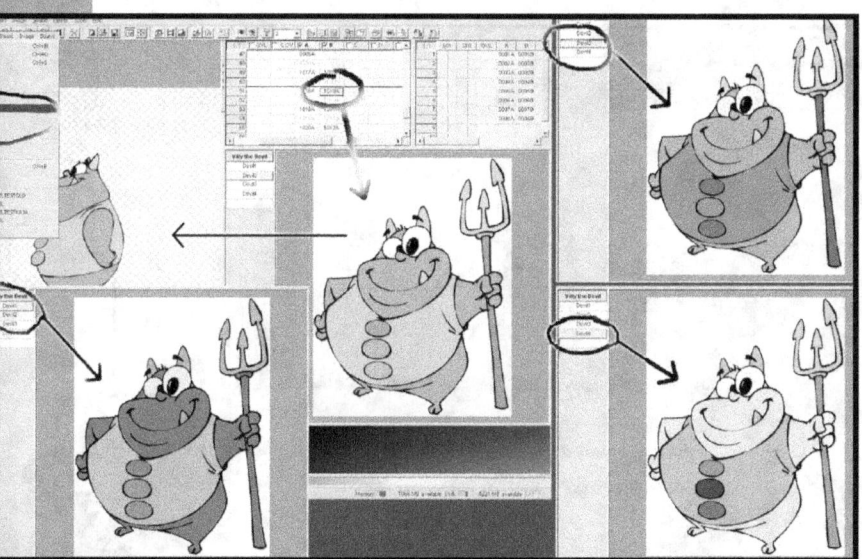

Доцртавање и колорисање актера (односно појединачног плана), одвија се уз могућност значајног убрзавања колорисања избором боје са претходно припремљеног узорка у виду бојеног модела актера. Бојени модел актера (**CMA, Color Model Archive ((reference image))**), четири примера на илустрацији лево), можемо израдити колорисањем једне слике актера у пози у којој су јасно дефинисане и видљиве све боје. Ту слику треба архивирати као **CMA** (колор модел) документ, чиме смо створили независан документ који се користи као јединствена палета обојења једног актера. У пракси, један колор модел актера садржи неколико различитих комбинација обојења. На пример, обојење за дан, за ноћ, различит костим и слично.

Колорисање актера у анимацији започиње учитавањем припремљеног колор модела (илустрација на претходној страни). Затим се, у линијско-колорном моду, клик по клик мишем, преузима боја са једне површине колор модела и преноси на припадајућу површину сваке појединачне слике.

Лепа и корисна појава са дигиталним колорисањем огледа се у брзини рада: један клик, преузмем боју, други клик, разлије се боја по жељеној површини. На слици десно приказан је концепт колорисања у **СТР**-у. Значајно је напоменути да је у **СТР**-у неопходно "потврдити и закључити" сваку операцију командом **OK**, која се налази у самом доњем десном углу радног окружења; или одбацити извршене промене командом **no!**. Ове команде приказане су уоквиреним правоугаоником у доњем десном делу илустрације.

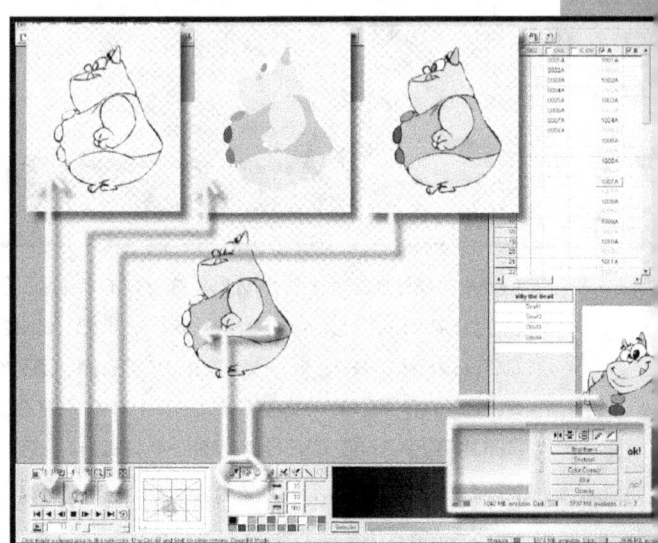

Свакако, ово је драматично убрзање у односу на колорисање целулоидних фолија класичним поступцима. Ружна појава са дигиталним колорисањем је: такође брзина. И даље се мора појединачно обојити свака појединачна површина на сваком појединачном цртежу актера. По колорисању свих цртежа актера, на исти начин "колоришемо" и цртеже плана сенке, како је приказано на илустрацији десно. Подразумева се да после сваке значајне радне целине, а свакако на 5-10 минута рада, сачувамо пројекат командом **Save-As**. Корак израде појединачних слика окончава се основним, технолошким композитингом: стапањем

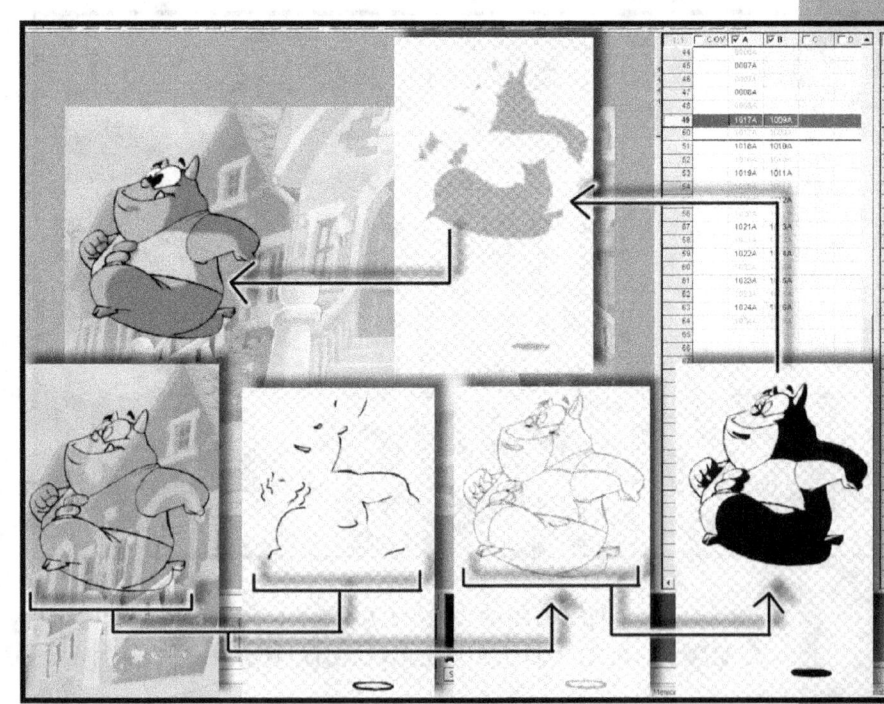

постојећих планова у јединствену слику. У овој фази рада сматраћемо јединственом сликом стопљене планове актера, сенке и позадине.

Б. Израда појединачног кадра у **СТР**-у састоји се из постављања "камере", правилног позиционирања планова и евентуалне генералне корекције слике. По правилу, рад са камером, односно рад са изрезима, врши се у линијско-колорном моду **СТР**-а. У овом моду, радно окружење приказује све планове у једној целини. Активацијом слоја камере, мења се изглед

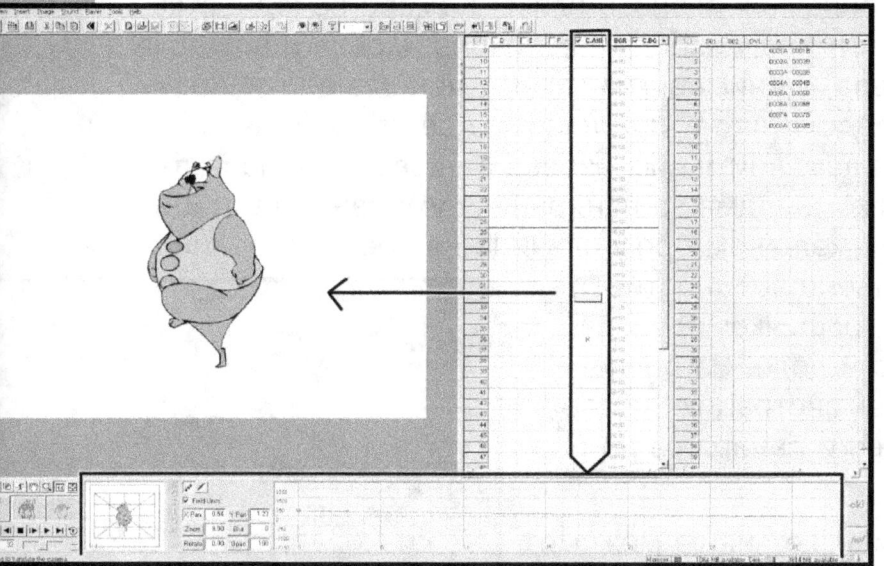

доњег дела екрана (пример лево), који сада, уместо палете боја, садржи команде за "кретања" камере, мрежни приказ изреза камере и временску линију са графичким едитором. Први корак у изради кадра је постављање "камера", односно изреза слике. Појашњавам да термин "камера" има у **СТР**-у само симболичко значење у концепту професионалних

афинитета и навика, с обзиром да су у цртаном филму (или било ком снимљеном материјалу и унетом у **СТР** само на дораду), сви изворни артефакти камере (ракурс, видни угао, перспектива, оштрина), већ у слици, као нацртани или снимљени. У нашем случају камера је само изрез слике, односно "урамљена" површина, која представља слику која ће се пројицирати. У програмима за дигиталну реализацију цртаног филма, камера

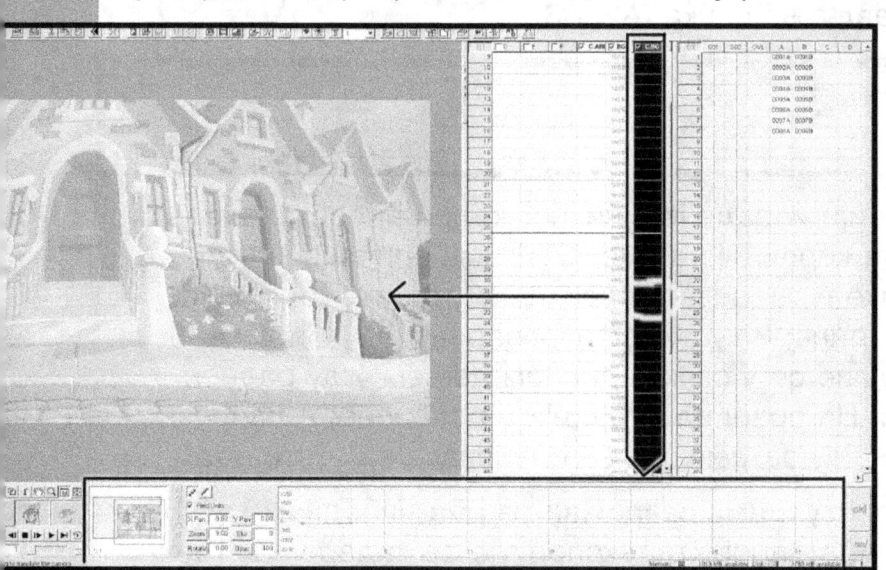

је рам којим се од целокупног цртежа исеца део који се пројицира.

У **СТР**-у постоје два типа изреза слике. Основни тип је стварна, финална камера, и то је изрез који гледа све планове и позадину, а представљен је једним планом, "слојем" у простору картона снимања, и то последњим десно. На слици лево означена је управо ова камера. Само ова камера даје онај изрез који ће се видети у пројекцији и који чини наш кадар. Други тип камера јесу радни изрези којих може бити, по жељи и потреби, за сваки појединачни план.

Камера се у програму активира командом "**Insert /Camera Layer**" (слика лево) и креира се у форми плана у картону снимања, са десне стране у

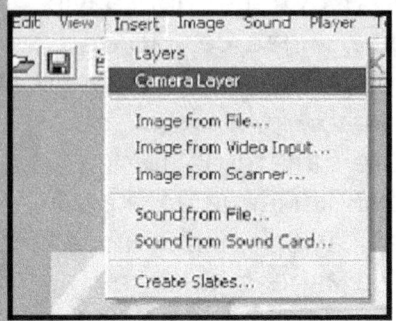

додиру са жељеним планом слике. Радне камере се користе за правилно и жељено позиционирање појединачних планова слике. Камере се једноставно анимирају избором величине изреза и позиције изреза, а анимацијом камере чинимо да гледалац погледом "шета" по слици, да се приближава и удаљава. Анимација изреза се изводи једноставним командама за панирање, зумирање и ротацију, на жељеном броју сличице на временској лини-

ји, и програм памти постављене вредности и приказује их у виду радног графичког едитора, као на илустрацијама десно и доле. На десном примеру сам, за потребе демонстрације, извео вештачку ротацију, зумирање и панирање по обе осе.

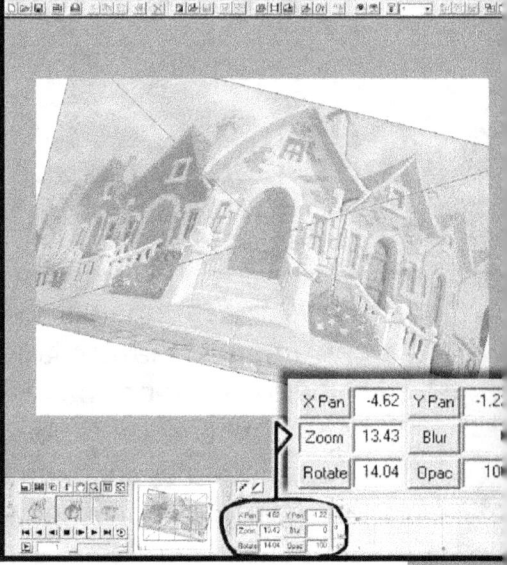

Превлачењем клизача временске линије можемо контролисати исправност анимације у кадру. Такође, вишеструким копирањем фрејмова можемо направити циклус у анимацији.

Командом за супституцију фрејмова (иконица шрафа и поље за упис броја, како је приказано на вертикалној слици на дну стране, лево), можемо одредити степен понављања слика (А2, А3,

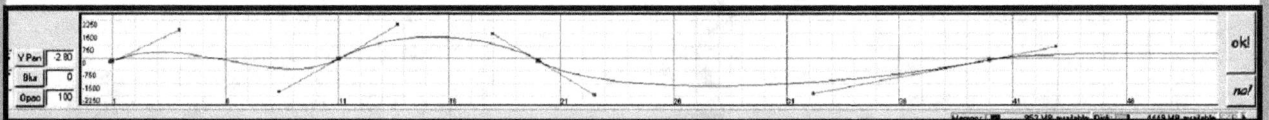

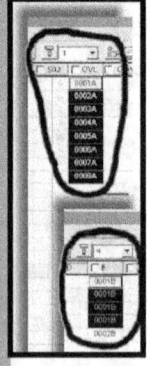

А4. Ах). У финализацији израде јединичног кадра преостала је још могућност генералне корекције слике. **СТР** има основне могућности корекције слике и то: осветљености; контраста; корекције боје; оштрине/неоштрине; и густине/транспаренције. Контроле опште корекције налазе се у самом десном доњем углу радног окружења програма. На првој илустрацији на следећој страни извршили смо корекцију затамњивања и појачавања контраста.

До сада описаним поступцима завршава се рад на једном кадру. По архивирању (**SaveAs**), пројекта, експортује се кадар у контрол-

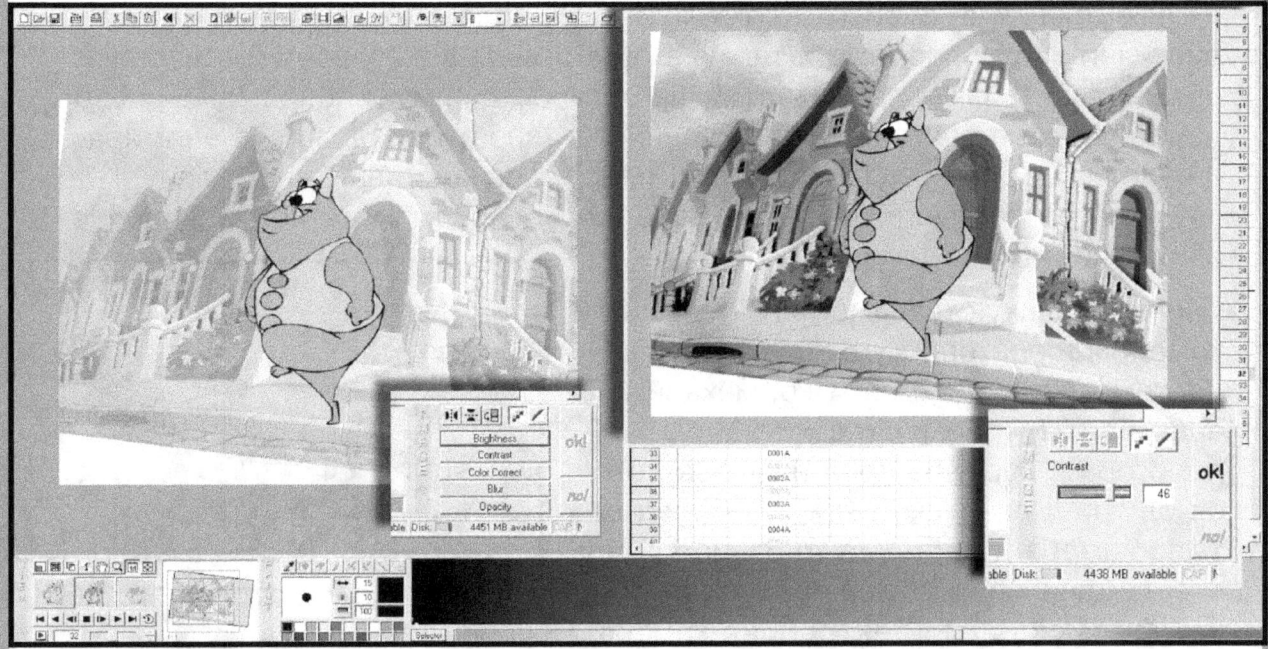

ни филмски документ са називом Кадар1.**avi** (илустрација лево), и све је спремно за контролну пројекцију. По усвајању изгледа кадра, треба екс-портовати пројекат у фи-налну секвенцу **Targa** или **TIFF** слика, и архивирати до почетка монтаже фил-ма. Иако је **CTP** (као и компаративни програми), превасходно намењен из-ради цртаних филмова и производа, његове опера-тивне могућности изван-редне су за све облике "фотографски" реализо-ваних анимираних филмо-ва, односно за све облике "регистративних", "фрејм бај фрејм" филмова.

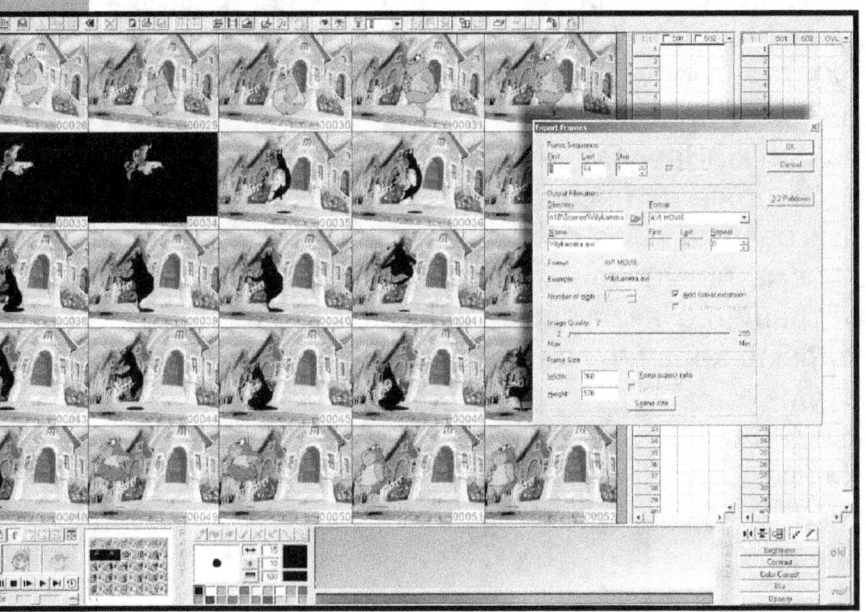

Израдом јединичних кадрова окончане су све технологије које карактери-шу анимирани филм као јединствену уметничку категорију. Са постоја-њем кадрова као јединица причања, наступају технологије и технике из-над анимације, односно започиње склапање елемената наше визуално аудитивне приче језиком филма, чији су аспекти (сазнања, правила, пос-тулати, односно елементи савременог филмског "правописа"), значајно одређени у протеклих више од стотину година.

У разматрању теме филмска анимација, до сада смо се бавили карактеристичним технологијама и техникама промишљања, учења и стварања анимираног филма, са тежиштем на цртаном филму и повременим освртима на неке од осталих разноврсних могућности реализације анимираних дела. Да бисмо успешно и "писмено" окончали нашу анимирану филмску причу, неопходно је да овладамо основама уметности филмске слике, монтаже и режије.

Филмску слику стварамо или "бележимо" камером и пратећим уметничким активностима. **Камера** је оптичко, механичко, електронски уређај за регистрацију простора и времена пред њом. Састоји се од три функцијске целине: **објектива**, **тела** камере и **спремишта** за медиј, и у стандардним изведбама производи се

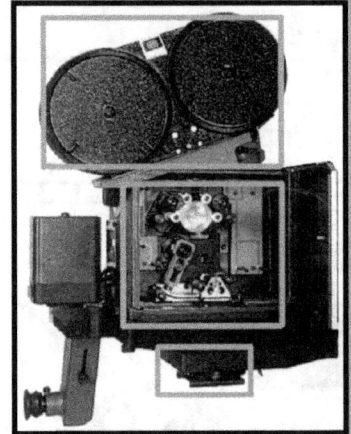

као **филмска** или **електронска** камера. Основну технологију рада камере већ смо упознали, као и стандардне филмске и телевизијске формате. На овом месту бавићемо се "умећем" употребе камере у стварању слике нашег анимираног филма. Ове основне аспекте демонстрираћу на примеру снимања тродимензионалног простора у виду постављене сцене за компјутерски анимирани филм. Нашу сцену чини сценографија затворене просторије са прозорима, и три актера од којих двојица играју карте за столом, а трећи корача иза њих. Сцену смо приказали на тлоцрту десно и на наредној илустрацији. Начин промишљања и стварања наше филмске слике размотрићемо кроз четири основне целине, које ћемо назвати: Употреба камере, Осветљавање, Композиција слике и Фотографски аспекти филмске слике. Обојење и изглед сценографских и костимографских елемената нећемо разматрати.

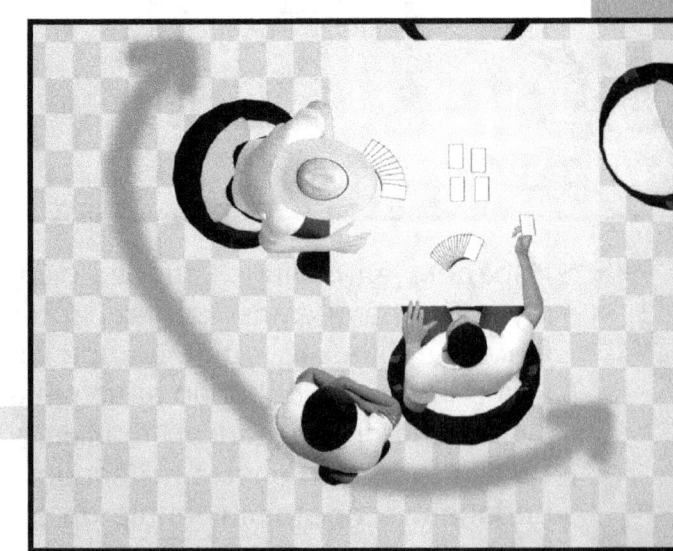

Промишљање и употреба камере своди се на избор начина на који ћемо (као и гледалац филма), "гледати" исечке континуираног одвијања радње у сцени. Тај начин "гледања" камером чине **тачка и углови гледишта**: тачка гледишта у смислу позиције камере

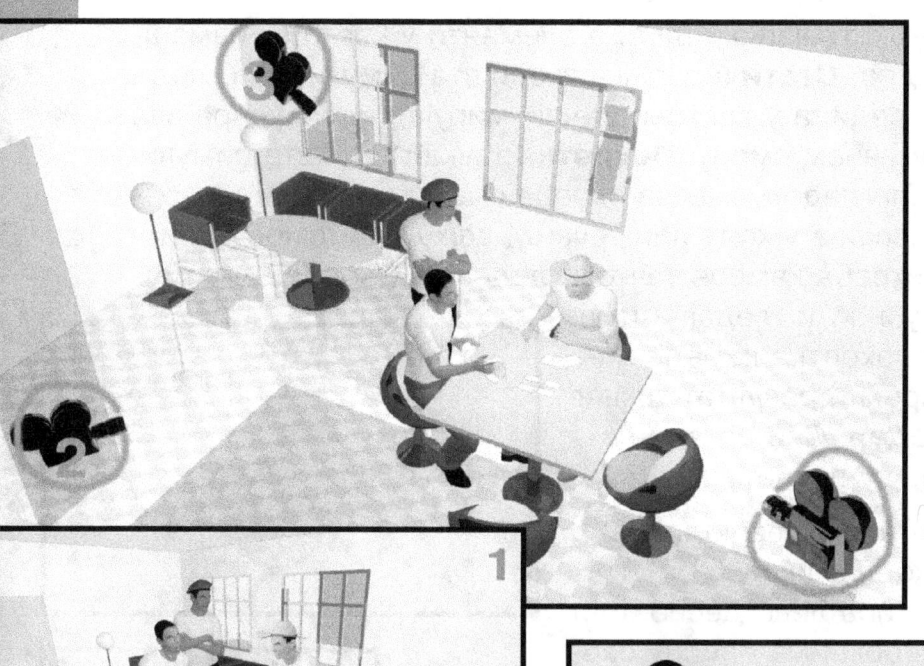

у простору, и углови гледишта у смислу два стварна угла.

Први је **угао под којим гледамо сцену у односу на хоризонталу и актере** (на доњем примеру је то угао **а**), и

други је **захватни угао нашег погледа** кроз објектив камере, означен словом **б**.

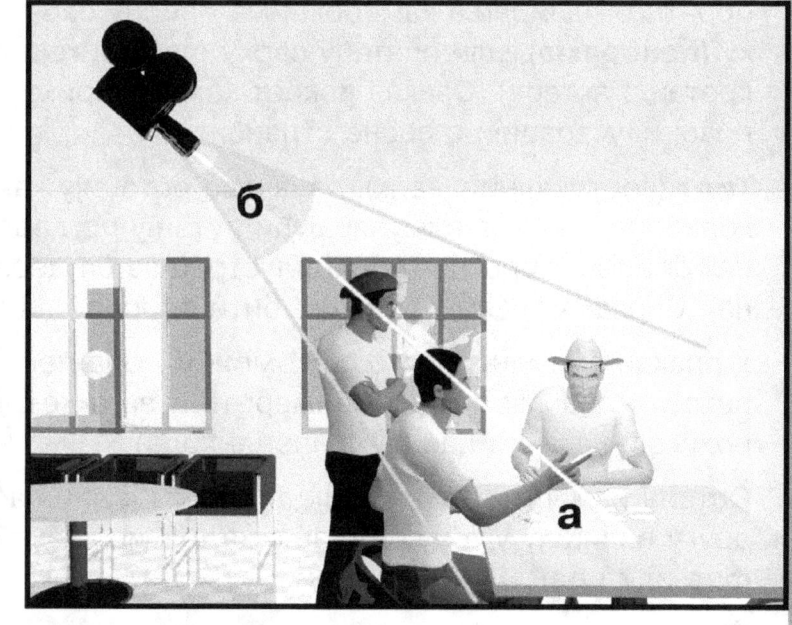

Тачка гледишта може бити статична и покретна. Тачку гледишта одређујемо избором позиције у целокупном простору сцене, на коју ћемо физички поставити камеру и усмерити је према жељеном делу простора и радње. На илустрацији на врху стране приказане су три различите тачке гледишта сцене (позиције камера означене са 1, 2 и 3), са усмеравањем на актере у сцени. На вертикалној илустрацији с леве стране приказани су "резултати", односно три фотограма тих различитих тачака и углова гледишта. Статичном тачком гледишта регистроваћемо статичан кадар: непокретни елементи на сцени

ФИЛМСКА АНИМАЦИЈА

биће на истом месту током трајања кадра, а елементи у кретању измештаће се унутар ивица кадра. **Статична** тачка гледишта симулира поглед гледаоца који стоји (или седи, а у сваком случају мирује), и фокусира своју пажњу у једном, непомичном смеру. **Покретна** тачка гледишта симулира гледаоца који "шета" погледом, као да окреће главу лево-десно, горе-доле, или пак гледа дешавања у ходу или трчању, вожњи аутомобила и сличним кретањима. Употреба камере тачком гледишта у концепту симулације разноврсних могућности гледања има своју терминологију. Непокретна камера назива се статичном камером и резултат таквог снимања је **статичан кадар**. Сви остали називи односе се на камеру у покрету и то су:

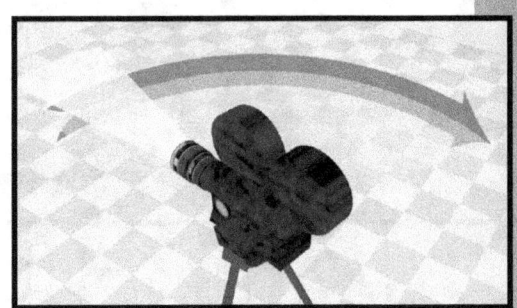

Пан (панирање, хоризонтални швенк), означава ротацију камере око вертикалне осе и симулира поглед који ротира лево-десно, или обратно. Панирање камером има описну сврху (**панорама**), или пратећу сврху (поглед који прати кретање актера). Овакав покрет камере приказан је на првој илустрацији с десне стране.

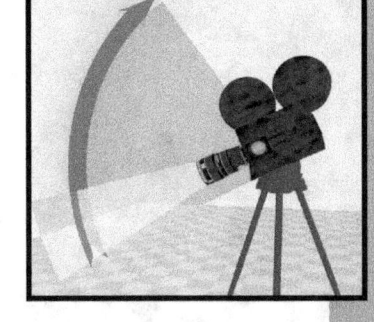

Тилт (вертикални швенк), означава ротацију камере око хоризонталне осе симулирајући путању погледа одоздо на горе или обратно (друга илустрација са десне стране). Сврха тилта такође може бити описна или пратећа.

У пракси снимања често се комбинују оба покрета у једном кадру (на пример: тилт за актером који устаје и пан за праћење хода).

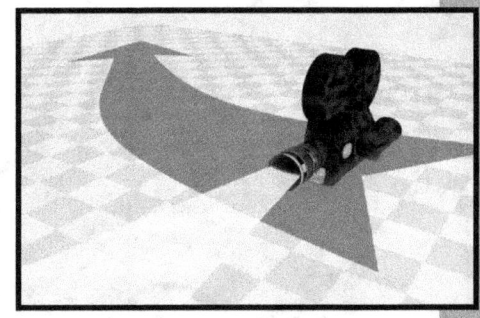

Остала измештања тачке гледишта са једне на другу позицију у току снимања кадра могу бити **фар** или **кран** или **фар-кран**.

Фар означава путовање тачке гледишта, односно камере, по хоризонталној равни. Фар може бити фронтални (у ком случају се камера приближава или удаљава од објекта снимања), или бочни, када камера паралелном путањом прати кретање актера. Бочни фар је приказан на трећој слици десно.

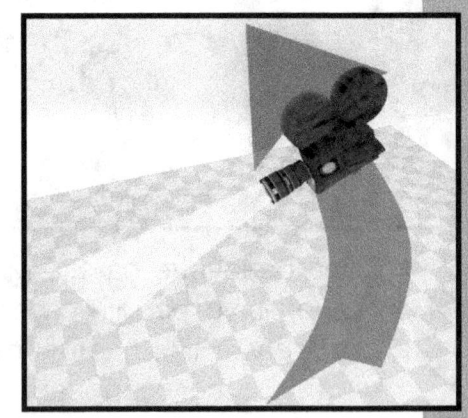

Кран означава измештање тачке гледишта по вертикалној равни (камера путује на горе или на доле, како је приказано на четвртој, последњој илустрацији).

Фар-кран је комбинована употреба оба начина кретања у једном кадру, односно готово "слободно" кретање камере по свим димензијама простора. Пример фар-кран покрета приказан је с десне стране.

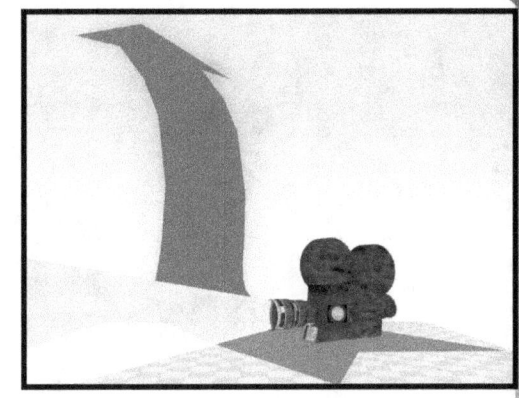

За постављање и кретање камере употребљавали су се **стативи**, **фар-колица** и **масивни кранови**. Из употребе ових масивних уређаја произлазила је и изванредна стабилност слике и "мекоћа" кретања каме-

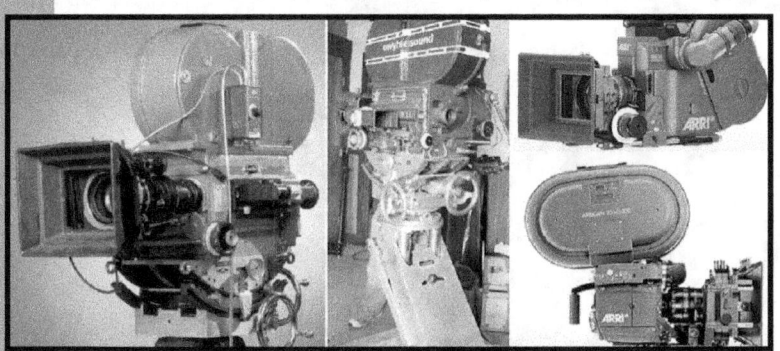

ре. Иначе, целокупна терминологија води порекло из класичне кинематографије, која је била заснована на камерама тежине неколико десетина килограма, као што су на камере Мичел **BNC** и Ари (илустрација лево), чије се кретање могло остварити само масивним носећим уређајима и лежиштима камере (главама статива).

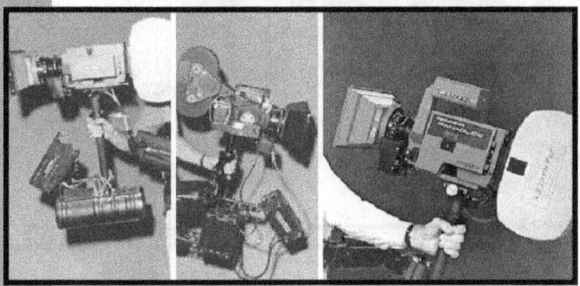

Напредовањем механичке и електронске технологије знатно су смањене димензије и тежина камере, што је резултовало да се измештање тачке гледишта могло остварити и у форми слободног кретања. Слободно кретање камере изводи се или такозваном **"камером из руке"**, или уз

помоћ специјалних носача, уређаја типа Стедикем или Панаглајд, приказаних на трећој илустрацији.

По успостављању тачке гледишта, следи решавање креативне проблематике угла погледа и захватног угла.

Угао погледа је угао између осе гледања (оптичке осе објектива), и хоризонтале. У зависности од тога како и колико нагињемо камеру у односу на хоризонталан положај, угао погледа може бити: нормалан, горњи, доњи, и екстремни горњи или доњи. У филмској терминологији, угао погледа назива се **ракурс**. На примеру на наредној страни приказане су позиције и смерови погледа камере из наведених ракурса, са пратећим изрезима који приказују изглед актера из ракурса.

Захватни угао је највећи угао вида објектива којим се исеца део простора сцене и формира оивичена слика. Различити захватни углови

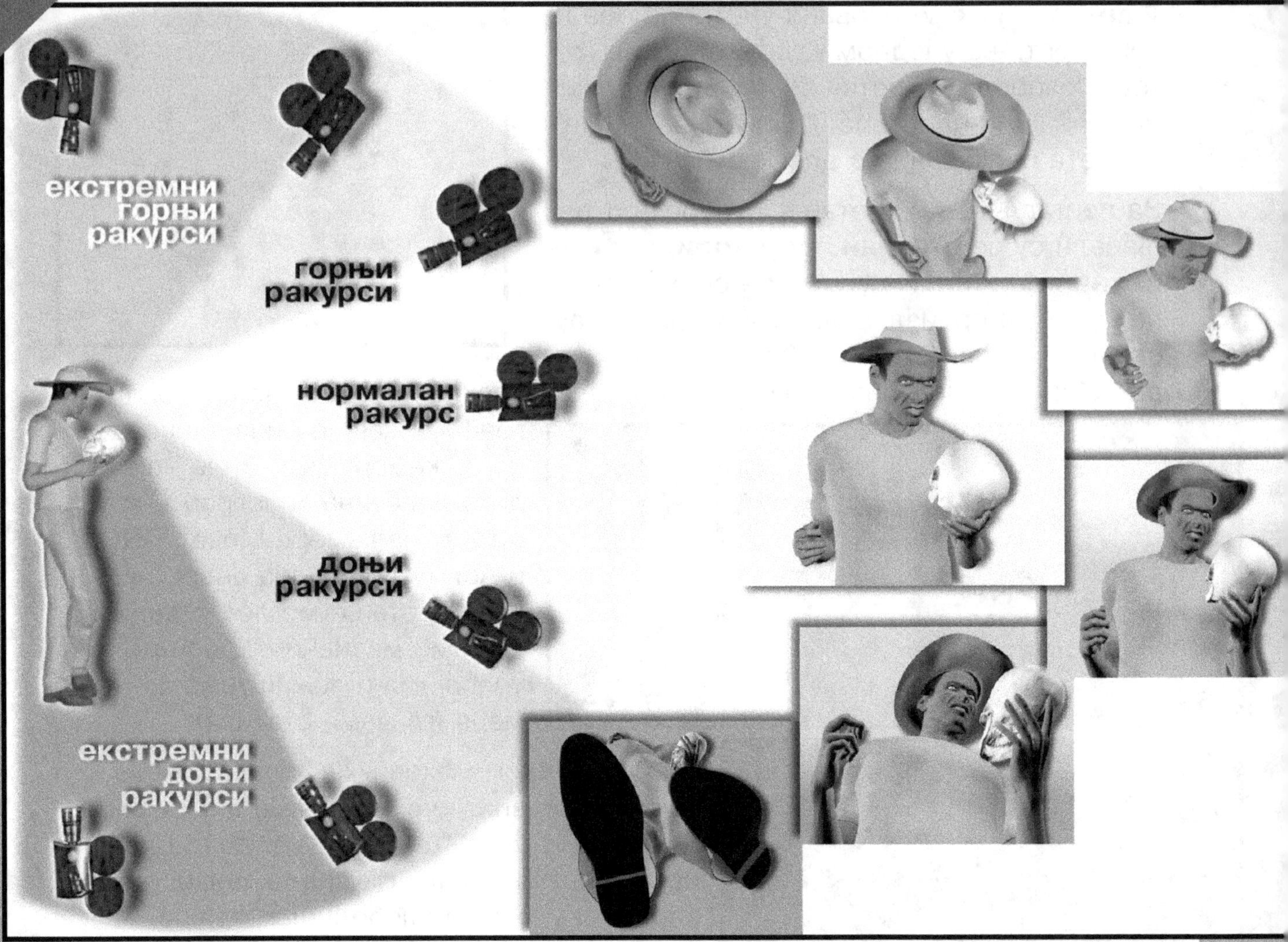

екстремни
горњи
ракурси

горњи
ракурси

нормалан
ракурс

доњи
ракурси

екстремни
доњи
ракурси

објектива последица су конструкције и технологије израде објектива, у зависности од величине филмског формата. Употреба различитих захватних углова објектива ствара различит изглед снимљене слике у односу на нормалну и уобичајену слику, која је последица људског типа гледања. На илустрацији десно приказани су захватни углови објектива, и то објектива са фиксном жижном даљином, као и објектива са измењивом жижном даљином и измењивим захватним углом (**зум објектив**).

Подсетићу на две појаве које утичу на промишљање и употребу различитих захватних углова у снимању.

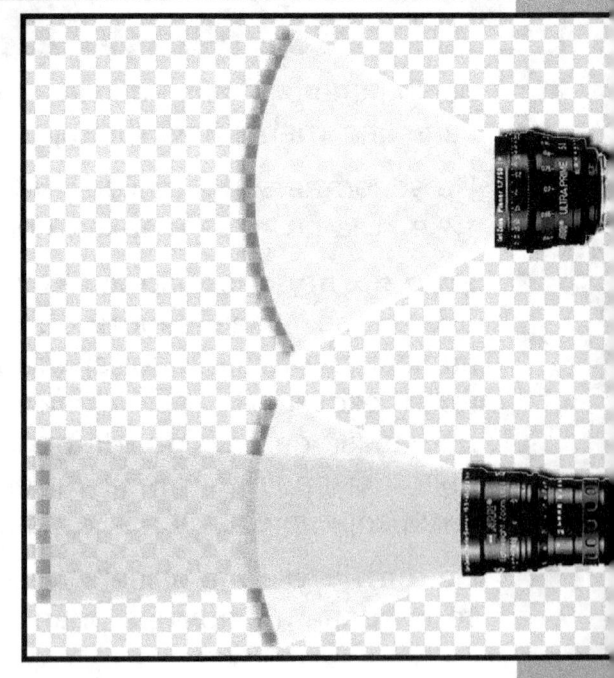

Прва појава је квалитет стандардног људског вида, који се сматра за еталон "нормалне" слике. Људски вид је стереоскопски, с обзиром да се слика формира из две тачке погледа. Слика је иначе перманентно променљив скуп некаквих електромагнетних таласа у људском мозгу. Слика се у мозгу формира на основу електромагнетних импулса, који се преко нервних система шаљу мозгу из органа вида, очију. Очи су органско-оптички систем на чијем се задњем своду налазе рецептори које чине ћелије осетљиве на светлосне промене. Светлост која се рефлектује од окружења пред очима, прелама се проласком кроз око и пада на ћелије које шаљу електромагнетни импулс мозгу. Претходно, ултра сажето описан систем људског стварања слике назива се чуло вида и карактеришу га "мерљиве" оптичке вредности у смислу: угла виђења, оштрине виђења, рецепције светлосног контраста и рецепције боје. Размотрићемо угао и оштрину људског вида.

Укупан захватни угао људског вида износи више од 140 степени по вертикали и више од 160 степени по хоризонтали. Овај максимални угао виђења представља само угао под којим светлост упада у оба ока, а сам вид (у смислу могућности стварања јасне слике о простору), чини само средишњи део укупног захватног угла. Дакле, чуло вида функционише на нивоу две пријемне зоне. **Зона периферног вида** која се простире по ободу великог захватног угла прима светлост, али у мозгу ствара неактивну, замагљену и неоштру слику. На доњој илустрацији поље периферног вида означено је средње-сивим тоновима.

Зона централног вида здравог људског ока заснива се на знатно мањем захватном углу који износи од 45 до 60 степени и само виђење унутар тог ефективног захватног угла, даје прецизну слику, односно слику са свим препознатљивим аспектима: димензијама, бојом, контрастом и оштрином (бели тонови на примеру).

На основу оваквих оптичких аспеката, ствара се свест о "нормалној" слици, односно слици у којој се човек препознаје и остварује; у којој је простор "нормалан" у све три димензије; перспектива је "нормална"; људска

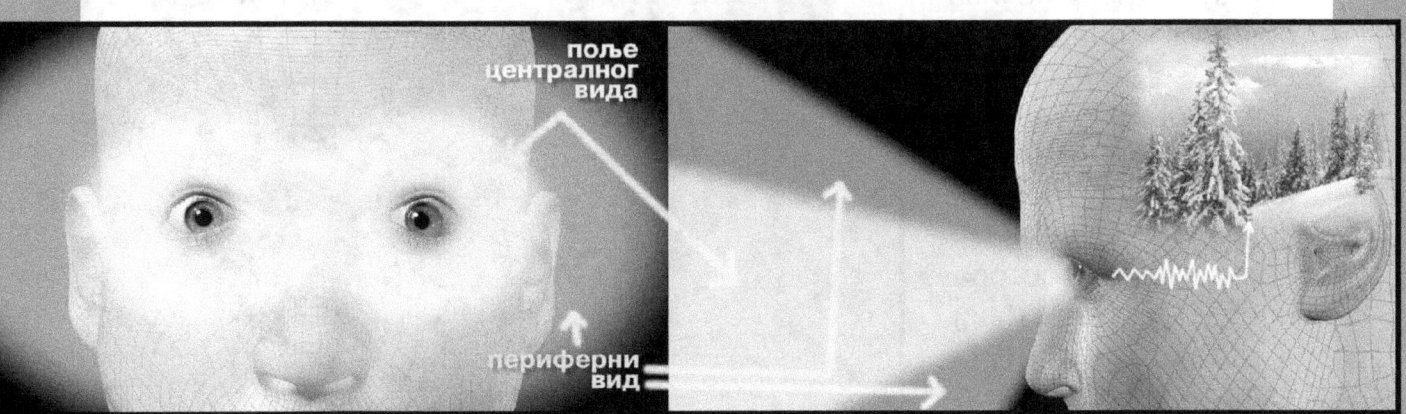

поље
централног
вида

периферни
вид

лица су "нормална"; и све је визуално "нормално"; с тим да овде под нормалношћу сматрамо само изграђену и непромењиву свест о свим постојећим визуалним димензијама.

Људски вид поседује још једну значајну карактеристику, а то је готово тренутна адаптабилност на све врсте просторних и светлосних промена, с обзиром да се људско око за делић секунде, унутар ефективног видног угла, префокусира по свим димензијама простора, или адаптира на било какву промену квалитета или интензитета светлости.

Друга појава је "његово величанство" објектив, оптичко-механички уређај из чијих је енормних недостатака у симулацији квалитета људског вида произашла абецеда сликовног језика (доња илустрација).

Оптички део објектива чини чврста оптичка "средина" (означено бројем 1) сачињена од стакла или специјалне пластике, максималне светлосне пропустљивости, конструисана и израђена по принципу збирно-биконвексног сочива. Механички део објектива чини метални или пластични тубус (број 2) у виду носача са механизмима (прстеном или клизачем) за управљање измештањем сочива по оси; за потребе уоштравања (број 3) или зумира-ња; као и прстеном (број 4) за постављање светлосног отвора (у терми-нологији се користе и називи **светлосни заслон** или **бленда**, број 5).

Подсетимо се начина "рада" објектива, уз помоћ илустрације на наредној страни. Део светлости, рефлекто-ване од окружења пред објективом (озна-чено бројем 1), пада на предњу страну сочива објектива, прелама се проласком кроз објек-тив (број 2), и на једној удаљености, иза зад-њег сочива објектива, формира умањени и обрнути лик простора пред објективом (број 3). Када тачно на ту удаљеност поставимо

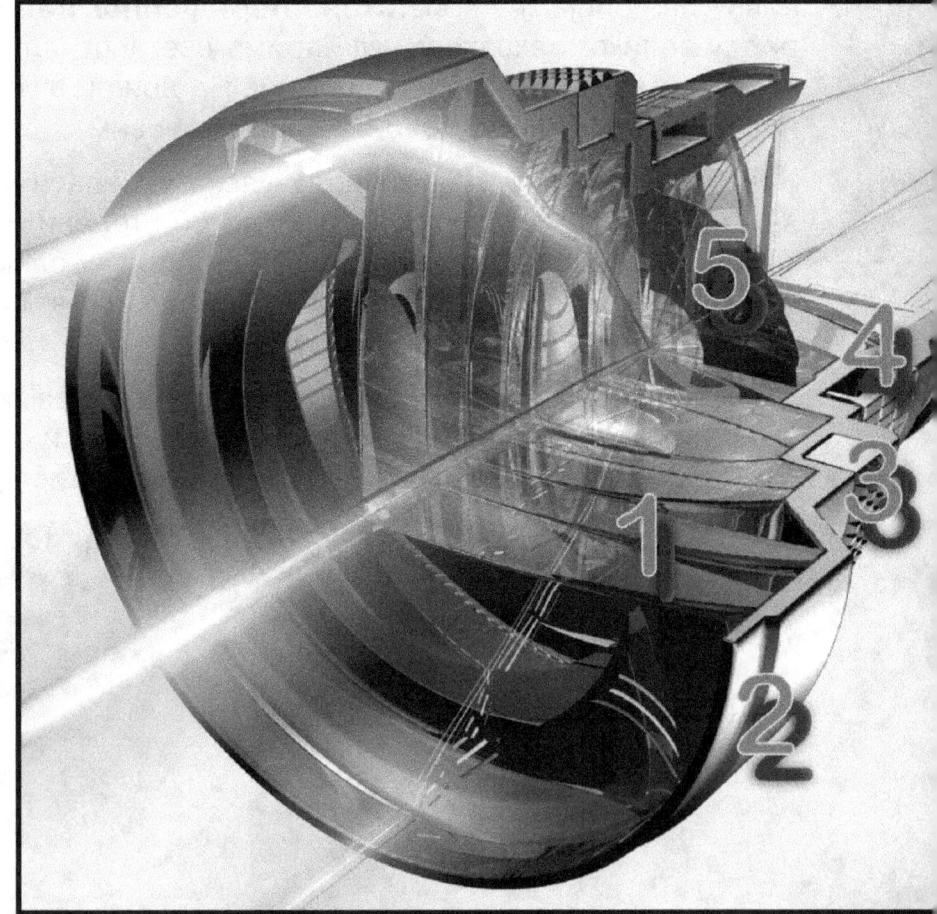

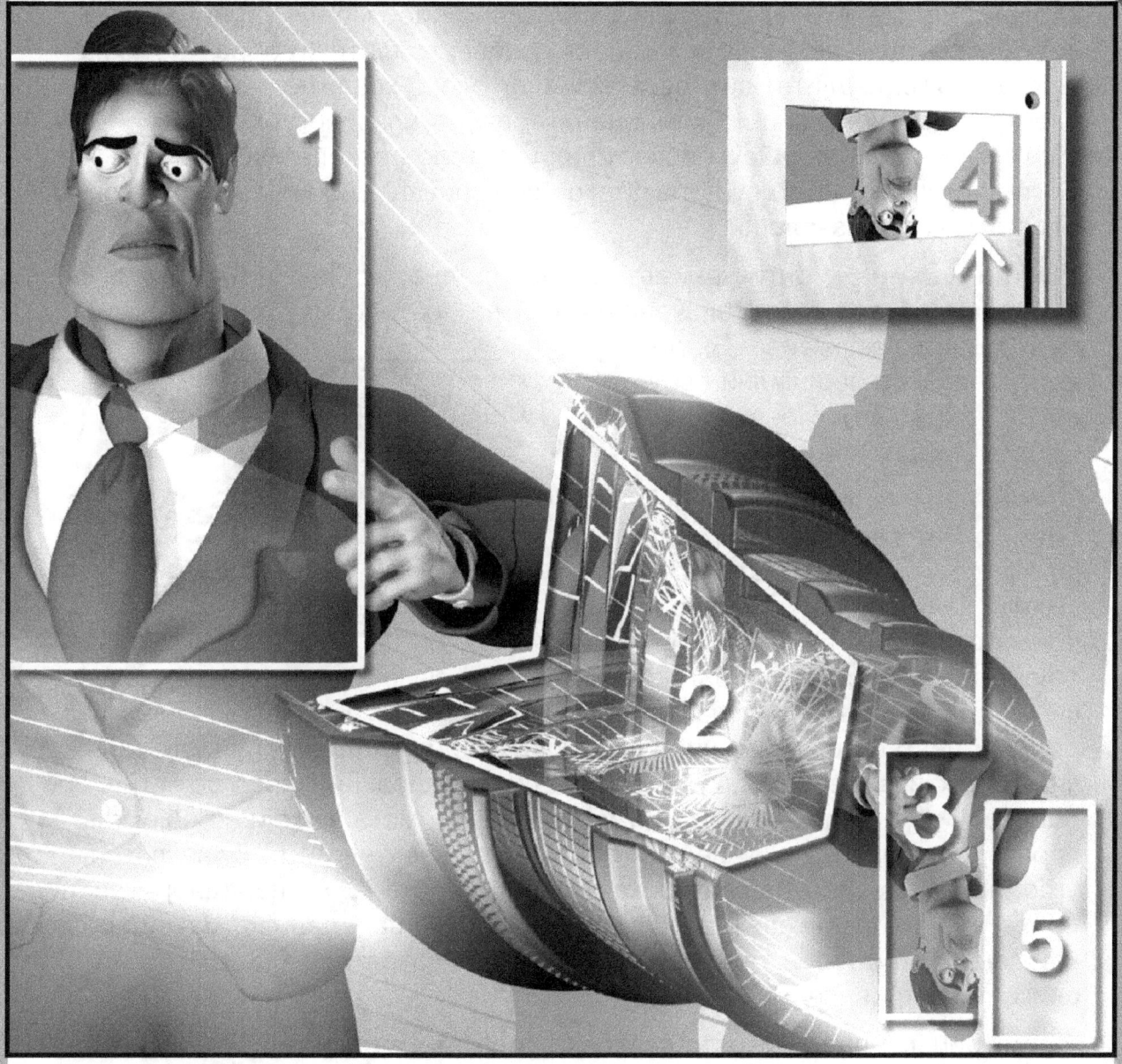

и изложимо светлости медиј (број 4), (филмску траку, електронску цев или **CCD** чип), начинићемо снимак у виду једне фотографије (или једног фотограма филмске слике), са јасно дефинисаним (оштрим), објектом у простору који је захваћен "погледом" објектива. Уколико снимајући медиј удаљавамо испред или иза те једне удаљености, утолико ће објекат и њему близак простор бити на снимку све мање оштар, до потпуног замућења (број 5). Дакле, објектив нема аутоматску и тренутну адаптабилност људског ока према димензијама и удаљености у простору, већ се њиме мора прецизно управљати. Како ће се објективом управљати и какву ће слику репродуковати, зависи од његових примарних и секундарних технолошких карактеристика. Примарне карактеристике објектива чине: жижна даљина, ефективни захватни угао и светлосна моћ. Секундарне карактеристике чини конструкција и следеће производне карактеристике: оптички састав у виду броја и облика сочива; квалитет и обрада стакла или пластике; квалитет антирефлексивног слоја; квалитет механичких и евентуалних електронских компонената; евентуална могућност измењивости жижних даљина (зум објективи); и остале пратеће или помоћне карактеристике, као што су аутоматско изоштравање или аутоматска контрола светлосног заслона.

Жижна даљина је оптичко-математичка вредност објектива која означава егзактну удаљеност (означена са Амм на пратећој илустрацији), од оптичког центра објектива (Б), до тачке у којој се паралелни светлосни зраци из бесконачности (В), секу иза објектива (Г).

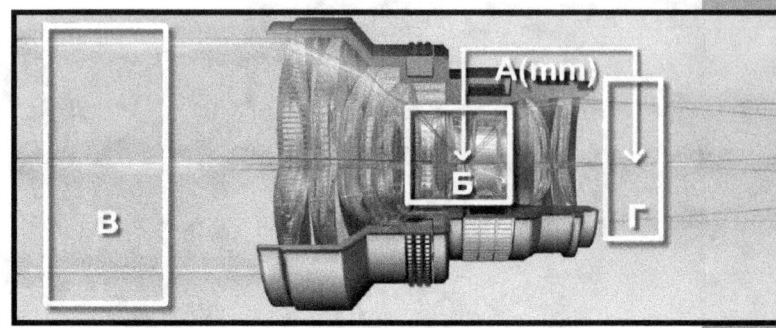

Жижна даљина јесте независна оптичко-математичка категорија, али се у пракси израде објектива калкулише искључиво према формату медија коме је објектив намењен и овај однос је посебно значајан за савремене објективе сачињене од већег броја оптичких компонената. Такође треба знати да оптички центар објектива није физичка средина удаљености крајњих сочива објектива, већ је калкулисана средина рефракције кроз објектив. Из односа жижне даљине према димензијама формата за који се објектив израђује, произлазе кључне карактеристике објектива и то су захватни угао, приказ перспективе и приказ дубине простора. На наредној страни приказана су три различита објектива израђена за један формат (широкоугаони, нормални и теле-објектив), њихови захватни углови, "поглед" и слике регистроване њима.

Размотрићемо различитости сликовних резултата објектива који се често употребљавају: нормалног, широкоугаоног и теле-објектива. Примере употребе, почев од нормалног објектива, концкипираћемо на стандардном фотографском 135 формату ("Лајка" формату са димензијама негативске слике 24x36 мм), односно формату чија је величина блиска данашњим 8-12Мп дигиталним фотоапаратима.

На примеру десно уочавамо да је изглед актера и простора "нормалан", односно близак изгледу уобичајеним људским гледањем: овали лица су препознатљиви, вертикале и хоризонтале су на својим природним местима, простор је задовољавајуће препознатљив по дубини. Могли бисмо овај снимак назвати "нормалним изгледом", а нормалност је последица снимања захватним углом блиским 45 степени, што је захват-

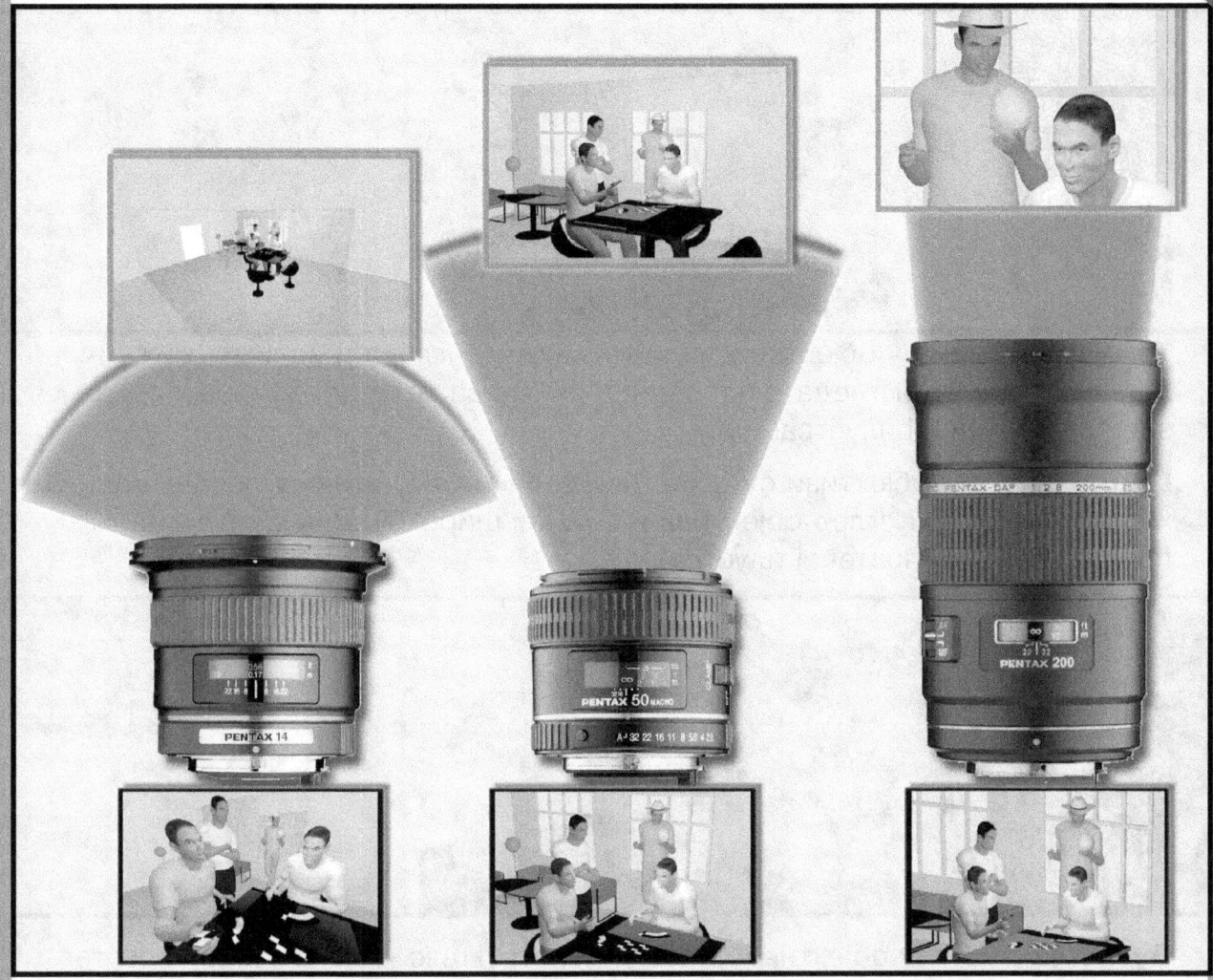

ни угао "нормалних објектива". На доњој илустрацији можемо уочити следеће односе блиске једнакости: да је захватни угао овог објектива покрио дијагоналу целог формата и да је жижна даљина у овом случају блиска или једнака дужини дијагонале (обе вредности се изражавају у милиметрима).

Закључак је једноставан: сви објективи чија је жижна даљина једнака или блиска дијагонали формата коме су намењени, имају захватни угао близак људском виђењу и називају се нормални објективи. Фотографска дефиниција ове појаве гласи: **нормалан објектив** је сваки објектив чија је жижна даљина једнака или блиска дијагонали снимајућег формата.

Изван нормалних објектива чији је захватни угао између 45 и 60 степени, постоје још три групе објектива које дефинишемо називима: Теле-објективи, широкоугаони објективи и зум објективи.

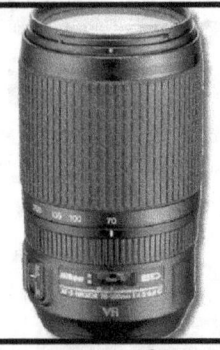 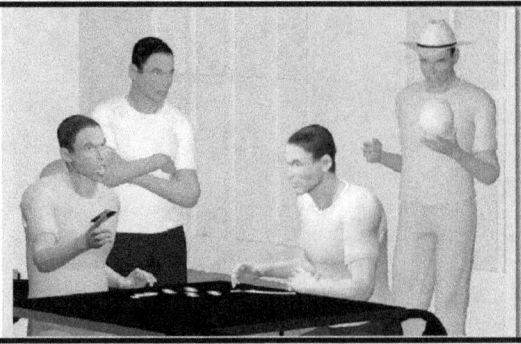 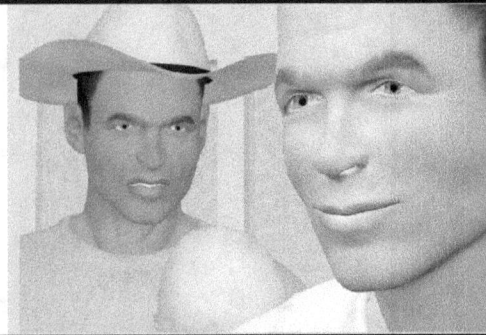

Теле-објективи су објективи малих захватних углова и великих жижних даљина. Пример изгледа и последице снимања теле-објективом приказани су на горњој илустрацији.

Широкоугаони објективи су објективи великих захватних углова и малих жижних даљина. Изглед објектива и снимак широкоугаоним објективом приказани су на пратећој илустрацији.

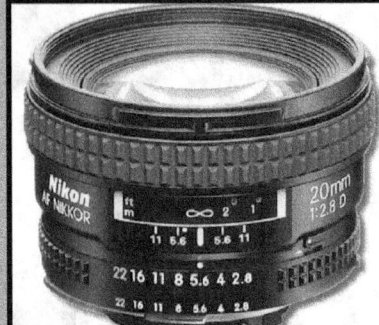 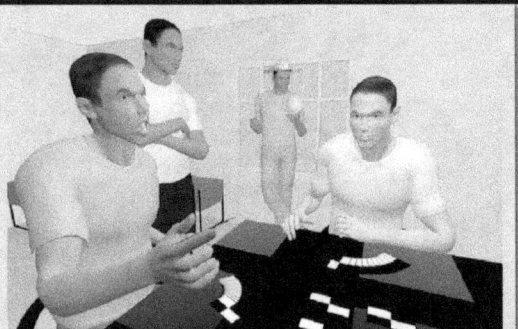 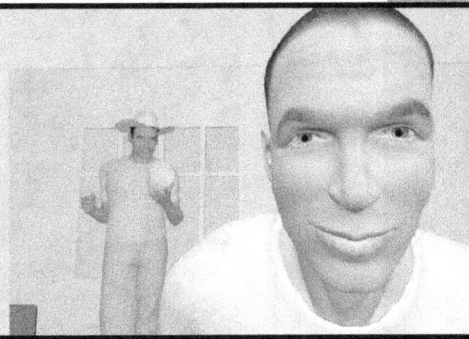

Зум објективи су објективи посебне конструкције и механике и карактерише их измењивост захватног угла кроз промену жижне даљине током снимања кадра, а промена жижне даљине се врши измештањем једне од група сочива по оси објектива. Иако се зум објективи у пракси користе и

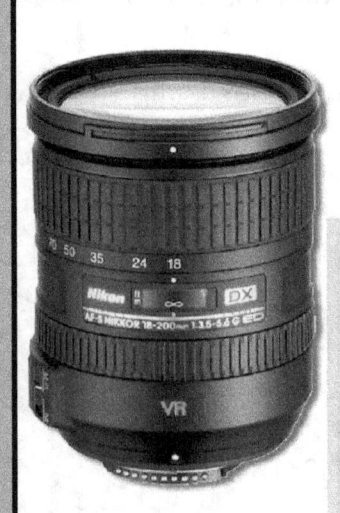 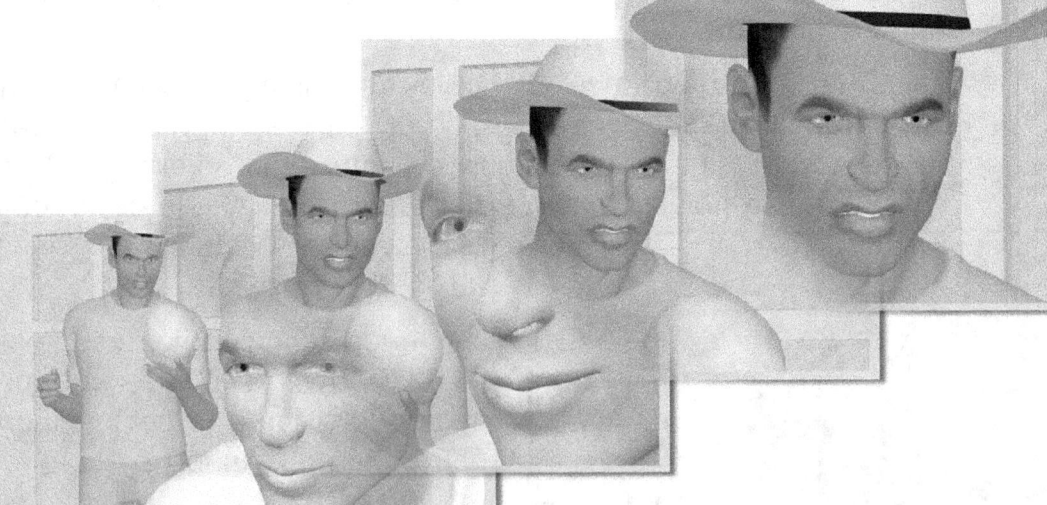

као "брза" замена за фиксне објективе, ипак је њихова примарна намена симулација промене тачке гледишта само изменом видног угла, у форми приближавања или удаљавања, како је и приказано на доњој илустрацији на претходној страни.

Осим наведених стандардних назива за објективе (нормални, теле, широкоугаони или зум), постоје и специјалне конструкције објектива као што су **ултра-теле објектив** (1000-2000мм жижне даљине), или **фиш-ај објектив** (10-14 мм жижне даљине). Овакви објективи служе за посебне намене а слика створена њима драматично искаче из оквира изгледа који би био близак или компаративан могућностима људског вида, што је очигледно на наредној илустрацији која приказује резултат визуре ултраширокоугаоног објектива.

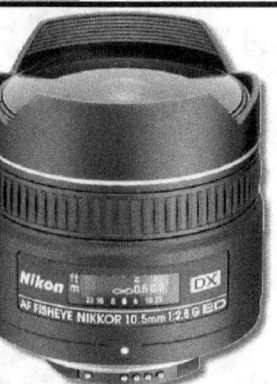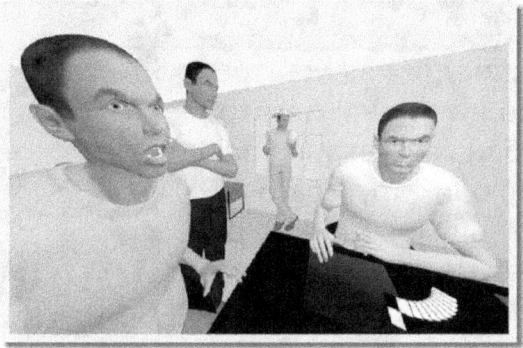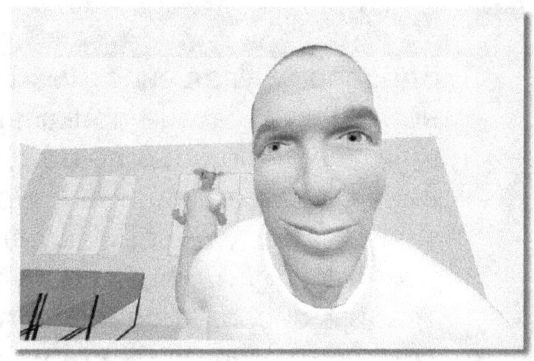

У вези са употребом објектива и промишљањем захватног угла, размотрићемо две значајне појаве које произлазе из технологије, и то су оштрина и дубинска оштрина објектива.

Оштрина објектива у академском смислу јесте технолошки квалитет објектива да на одређеној димензији прикаже максималан број контрастно различитих јединица. Оштрина се назива резолуција објектива и изражава се у линијама по милиметру. Међутим, у пракси употребе објектива, оштрина и уоштравање означавају измештање оптичког центра објектива, односно измештање свих сочива или групе сочива по оси објектива, да би се омогућило да се оптички лик жељеног објекта у дубини простора постави тачно у раван снимајућег медија. Наиме, за разлику од тренутне адаптабилности људског ока по дубини простора и стварања свести о перманентно "оштром виђењу", са објективом се мора радити, што значи ручно или аутоматски уоштравати, да би жељени објекат у дубини простора био употребљиво оштро регистрован.

Дубинска оштрина је у директној зависности од снимајућег медија и светлосне моћи објектива и представља карактеристику објектива да прикаже оштрим не само уоштрени објекат, већ и објекте у простору на

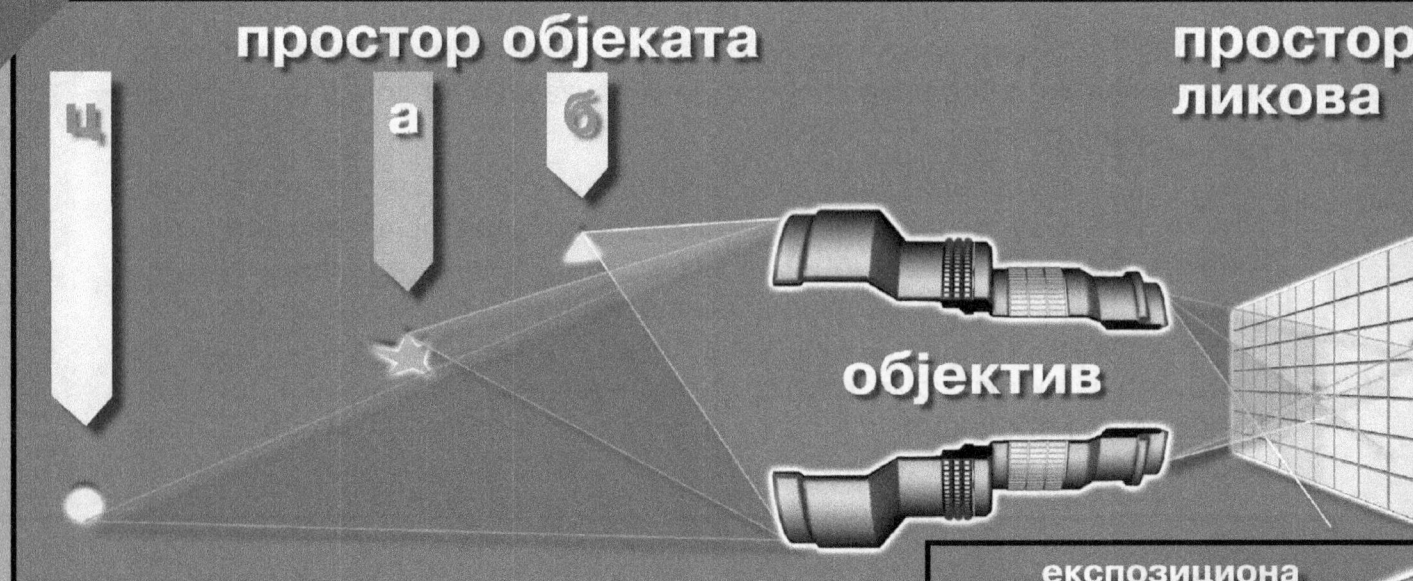

простор објеката

ц а б

простор ликова

објектив

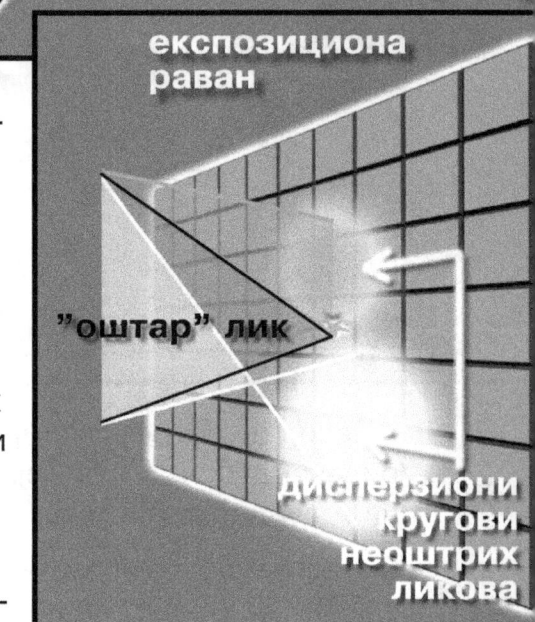

експозициона раван

"оштар" лик

дисперзиони кругови неоштрих ликова

одређеним удаљеностима испред и иза уоштреног објекта, како је приказано на горњој илустрацији. Образложење појма дубинска оштрина заснива се на величини дисперзионих кругова оптичког лика, у односу на величину јединице оштрине (резолуције), снимајућег медија. На илустрацији десно, дисперзиони кругови који чине лик "уоштреног" објекта из равни А, формираће лик у јединици оштрине снимајућег медија, и лик ће бити "оштар". Оштри ликови објеката из равни Б и Ц, формирају се на значајној удаљености испред и иза експозиционе равни, односно равни уоштравања објектива, и величина њихових дисперзионих кругова значајно превазилази јединицу оштрине, те ће

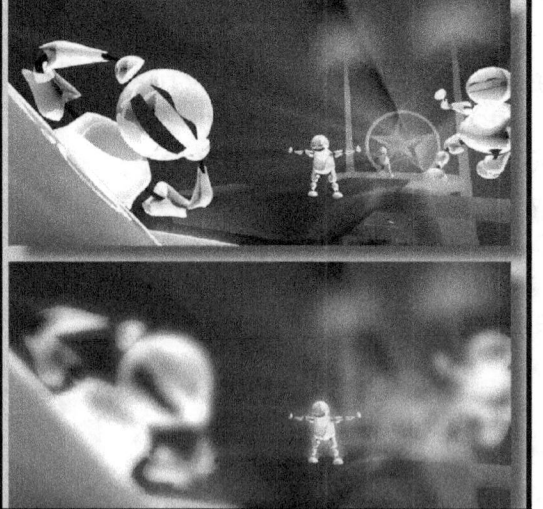

у овом случају ликови бити и одговарајуће "неоштри". На илустрацији лево, визуелно је демонстрирана ова проблематика која, у садејству са светлосном моћи и фотометријским отвором објектива, резултује појавом дубинске оштрине, односно - неоштрине.

Светлосна моћ објектива означава карактеристику објектива да пропусти одређену количину светлости ка снимајућем медију. Светлосна моћ може бити номинална и ефективна. **Номинална** светлосна моћ зависи само од површине, односно од пречника максималног отвора објектива. **Ефективна** светлосна моћ објектива је мања од номиналне за количину светлости коју апсорбују сама сочива у објективу. Светлосна моћ се исказује бројем највећег светлосног отвора и може се кориговати умањивањем светлосног отвора. На стандардним објективима приказује се скала корекције номиналне светлосне моћи (такозвана **Е скала**), и бројеви су означени белом бојом. На професионалним објективима приказује се и ефективна скала (такозвана **Т скала**), и то жутим ознакама. Светлосна моћ објектива коригује се уређајем за смањивање фотометријског отвора који се назива **бленда**. Уређај је кружни заслон сачињен од металних листова који се отварају или затварају спољашњим управљачем који је најчешће у виду прстена (или је управљање електронско), и затварањем светлосног отвора смањује се количина светлости која пролази кроз објектив. Контрола тачне количине светлости која пролази кроз објектив изузетно је значајна у експонометријском смислу, с обзиром да су сви сликовни медији сензибилизирани, односно технолошки оспособљени да исправно региструју и репродукују слику, само у одређеном опсегу светлосног интензитета. За разлику од адаптабилности људског ока које креира исправну слику од осветљености једном свећом, до осветљености снежне пољане сунцем у подне; филмски и електронски медији ограничени су на изузетно мали распон светлосног контраста и само унутар њега репродукују слику исправно, а кориговањем бленде, односно експонометријског отвора заслоном, управо у првом кораку одређујемо количину светлости за исправну експозицију медија. Скала корекције бленде је логаритамска и означена је стандардно следећим бројевима: **0.7-1.0-1.4-2-2.8-4.0-5.6-8-11-16-22-32-45-64-90-затворено**, с тим што су бројеви мањи од 2 и већи од 22 у употреби на посебним фотографским или филмским објективима. Најмањи број на скали (на пример: број отвора 2), представља највећи фотометријски отвор објектива, односно највећу светлосну моћ; а највећи број на скали (на пример: број отвора 22), представља најмањи фотометријски отвор и пропушта најмању количину светлости. Разлика у количини

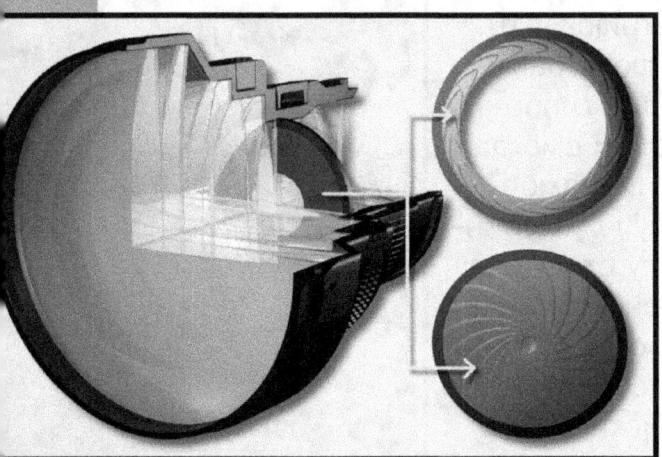

светлости између два суседна броја је тачно 2 (у смислу или двоструке количине или половине количине светлости), што значи да се, на пример, снимањем са фотометријским отвором 22 пропушта тачно 128 пута мања количина светлости, у односу на количину коју бисмо пропустили кроз фотометријски отвор (бленду), са бројем 2. На илустрацији лево приказана је позиција и изглед бленде.

У првом кораку, величина фотометријског отвора битна је у експонометрији, и то у садејству са светлосном осетљивошћу снимајућег материјала и радом светлосног заслона, оптуратора или сектора. Иако смо је у основама дотакли, експонометрија није тема ове књиге, с обзиром да се тродимензионални анимирани филм реализује у стабилним студијским светлосним условима, те је и проблематика експонометрије у таквим околностима мање значајна.

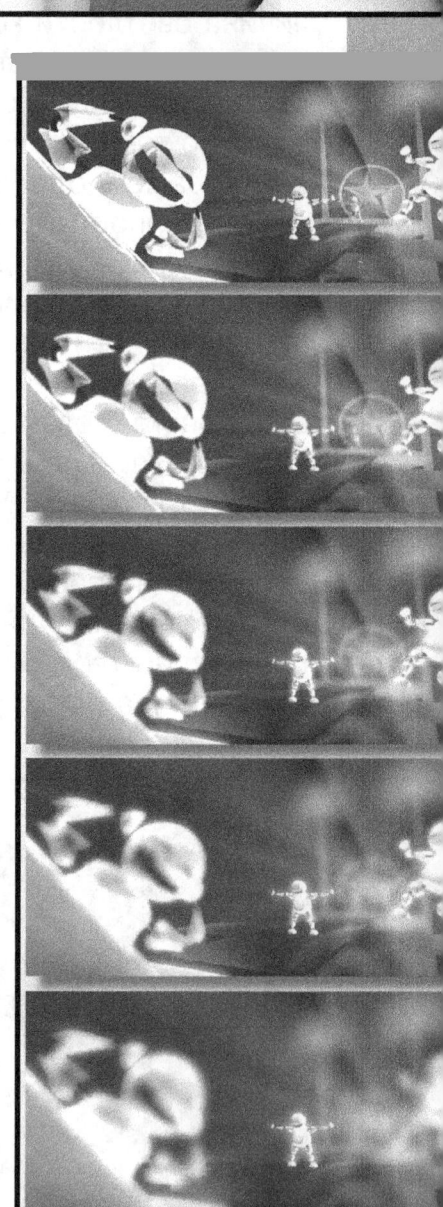

У другом кораку, прича о корекцији фотометријског отвора битна је за тему о дубинској оштрини. Наиме, изменом величине фотометријског отвора, а посебно у зависности од захватног угла и жижне даљине објектива, значајно се мења величина дубинске оштрине, а тиме се значајно мења и фактографија снимљене слике. Објашњење је једноставно: смањивањем отвора бленде, смањује се и величина дисперзионог круга и самим тим ће и ликови објеката по већој дубини простора ући унутар јединице резолуције. Претходни контекст шематски и ликовно представљен је на два пратећа примера. На горњем шематском приказу је уочљива дубина простора између објеката Д и Е, као и према равни оштрине А.

На ликовном примеру је, од првог до петог фотограма, демонстрирана визуална различитост дубинских оштрина, од велике, готово потпуне дубинске оштрине (остварене фотометријским отвором-блендом 11) на првом фотограму, до мале, односно оштрине само једне равни у дубини простора, у овом случају равни лика А (остварене фотометријским отвором 2).

На нашем примеру, смањивањем фотометријског отвора за пет бројева (од броја 2 на петом фотограму, на број 11, на првом фотограму, што је једнако пропуштању 32 пута мање светлости), остварили смо да су на нашој слици оштри и објекти Д и Е. Морамо бити свесни да је за ово значајно достигнуће у дубинској оштрини неопходно да повећамо снагу студијске расвете 32 пута. То значи да, ако смо за снимање планирали расветна тела снаге 3 до 4 киловата, колико може да издржи једна кућна утичница, за ову дубинску оштрину, односно за фотометријски отвор

11, неопходно нам је 96 до 128 киловата електричне енергије, што значи прикључивање на најближу трафо станицу! Такође се поставља питање да ли би наши актери од пластелина или живи глумци издржали температуру коју исијава стотинак хиљада вати светлосних извора?

На претходним страницама посветио сам значајну пажњу технологији и основним сазнањима везаним за камеру у смислу уређаја за снимање анимираног филма. Иако се може стећи утисак да изнета запажања, посебно у вези са оштрином и захватним угловима, немају додирних тачака са основном темом ове књиге, филмском анимацијом, стање ствари је управо обратно: савремена квалитетна филмска анимација не постоји, или се бар не представља у пуном визуалном квалитету, без уметничке, зналачке и писмене употребе управо камере и објектива, у смислу елемената које смо претходно сажето разматрали (тачка гледишта, ракурс, захватни угао и рад са оштринама), и примена управо ових елемената представља најважније чиниоце елементарне писмености визуалног изражавања. Наиме, одавно је прошло време само "цртачких", односно цртаних анимираних филмова, које карактерише импресионираност гледаоца кретањем и "животом" ликова насталих из линије и бојених површина. У то време Волта Дизнија и Текса Аверија (који управо јесу зналачки примењивали камеру и неке од наведених елемената), било је места за већи број аниматора-цртача стрипова, а не аниматора-"филмаџија", из једноставних разлога: укупно - било их је мало; укупно - анимирани филм је био напредна и изолована уметност у односу на класичан играни филм, и нису се стекли услови за квалитативну класификацију, а филмска производња је и иначе била прескупа делатност, са мањим бројем "произвођача" у односу на растуће тржиште које је "гутало" све од анимације, од Снежане и седам патуљака, до Густава и Ципелића.

Технолошки развој средстава за израду филмске анимације драматично је изменио све аспекте ове области, посебно увођењем дигиталне технологије и потпуним преласком на креирање рачунаром. Данашња филмска анимација постаје све више "чист" филм, односно кретање реализовано са 24 сличице у секунди, континуелно. Данашњи цртани филм јесте или **тун шејдером** или **вектор шејдером** визуализован, тродимензионално компјутерски генерисан и покренут актер, или дводимензионалне **"флеш"** или **"гиф-аниматор"** форме.

На срећу, има аутора који и даље цртају на папиру и надајмо се да ће то радити у дужем временском периоду, као и да такав начин визуалног изражавања неће брзо постати само **"plug-in"** у неком од графичких програма. Данашња филмска анимација јесте и агент Смит из Матрикса, и Голум из Господара прстенова, такође потпуно генерисани и анимирани актери, стопљени са живо-снимљеном сликом технологијама дигиталног композитинга. Већ данашњи гледалац, а посебно гледалац будућности, неће бити оптерећен, нити ће размишљати да ли је актер жив или аними-ран. Гледалац ће једноставно да конзумира (и да плати), само "добру", уверљиву причу, а уверљивост приче подразумева квалитетно и писмено представљање садржаја, какав год он био. Све док се не појаве неки стварно нови облици и технологије визуалног причања и комуникације (можда типа холографије или нечег сличног), камера ће бити основно средство филмског визуалног причања, а елементи које смо навели, сва-како у садејству са осталим, вишим областима визуалног изражавања, као што су осветљавање, режијски аспекти, монтажни аспекти и остали, чиниће азбуку и граматику савремене визуалне писмености. У таквом концепту разматрaћу и тему осветљавања за филмску анимацију.

Осветљавање

Осветљавање у цртаном филму и блис-ким дводимензионалним формама може бити технолошког и симулационог типа. Технолошко је осветљавање радне повр-шине трик стола (приказ с десне стра-не), и његова сврха је искључиво експо-

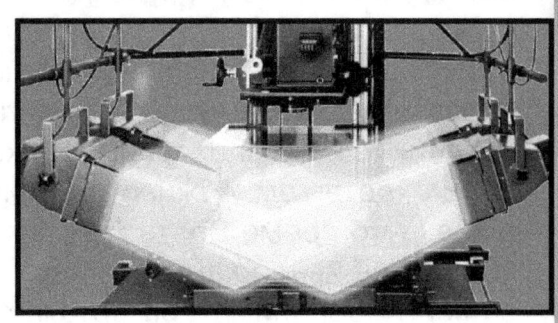

нометријска. Симулациони тип је нацртано "осветљавање", односно црта-ње на начин којим се подражава, и на актеру и на сцени, дејство и из-глед светлости и осветљености (сенке, светлосне атмосфере). У пракси цртаног филма, светлост се симулира колорисањем актера у два тонали-тета, и то светлијим тоновима за симулацију осветљене стране а тамни-јим за симулацију осенчене стране. Светлосна атмосфера (у смислу доба дана, ноћи, ватре и осталих "светлосних" надражаја), црта се жељеним тоналитетом на позадини.

У тродимензионалним анимираним филмовима као што су, на пример, филмови Тима Бартона ("Винсент", "Корпс Брајд"), осветљава се стварно и потпуно, свим елементима који чине осветљавање.

У компјутерској анимацији, виртуелно осветљавање засновано је на прин-ципима потпуног, класичног филмског осветљавања. Аспекти осветљава-ња су, после аспеката камере, други скуп чинилаца филмске писмености. Навешћу елементарне аспекте осветљавања сажето и по појмовима:

Светлост је, у земаљској физици, део електромагнетног зрачења. У це-локупном електромагнетном зрачењу које нам је познато, само један изу-зетно мали део зрачења, таласних дужина од 380 до 760 нанометара, чини целину познату под називом "видљиви део спектра", и само тај део зрачења чини светлост, односно зрачење које побуђује рецепторе у људском чулу вида (наредна илустрација). Том делу зрачења прилагођени су стандардни медији за регистрацију филмске и електронске слике.

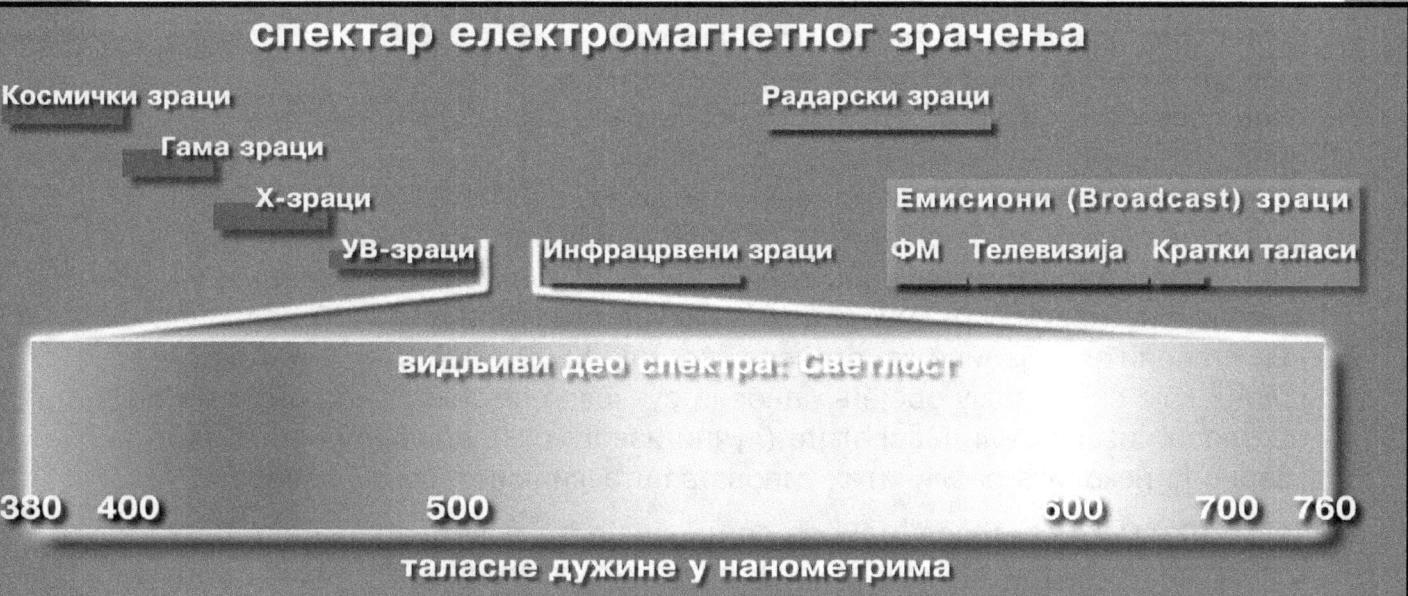

спектар електромагнетног зрачења

Космички зраци

Радарски зраци

Гама зраци

X-зраци

Емисиони (Broadcast) зраци

УВ-зраци   Инфрацрвени зраци   ФМ   Телевизија   Кратки таласи

видљиви део спектра: Светлост

380   400   500   600   700   760

таласне дужине у нанометрима

Постоје и нестандардни медији сензибилизирани на зрачења изван видљивог дела спектра, као што су медији за х зраке; за инфрацрвено; или за ултраљубичасто зрачење (доњи пример). Иако се слика регистрована на оваквим медијима може употребљавати у филму у виду специјалних ефеката, основна сврха таквих медија, слика или филмова превасходно је медицинска или научна.

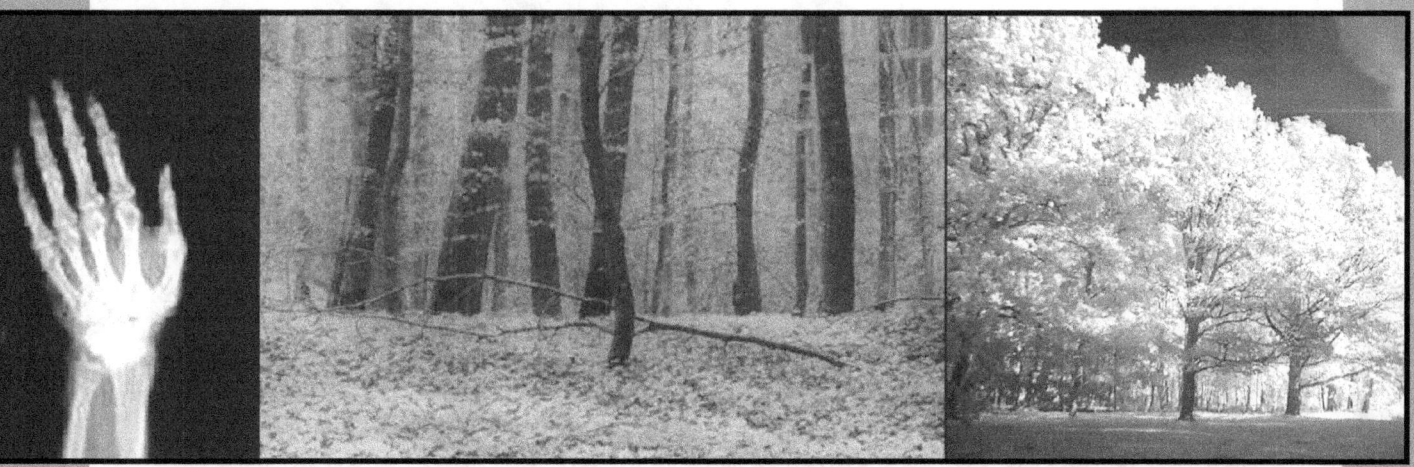

Светлост може бити природна или вештачка. Природну светлост на планети земљи емитује Сунце, и употребљива је на филму, па и на анимираном филму. Природна је и светлост муња, звезда, пожара, експлозија вулкана, поларна светлост и светлост сличних природних појава.

Вештачка светлост је светлост произведена и контролисана од стране људи, и то технологијама улагања енергије у грејање-усијавање специфичних материја на одређену температуру, на којој исијавају светлост. За филмска и електронска снимања користе се различити типови светлосних извора, од халогених извора, преко "хладних" неонских извора до лучних и стробоскопских извора. Светлосни извори за

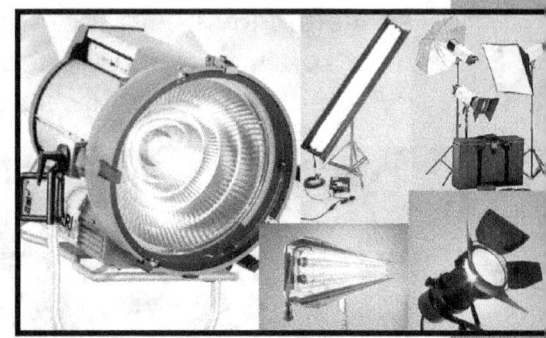

филмска снимања производе се са врло прецизним карактеристикама снаге, стабилности исијавања, трајности и посебно бојеног исијања, у смислу фиксираних вредности температуре боје од 3200-3400 Келвинових степени за сијалице халогеног типа, или 5500-6000 степени К за сијалице које симулирају обојење дневне сунчеве светлости, као што су **HMI** светлосни извори или **Masi brute** (лучни извори). На примеру изнад, приказано је неколико различитих типова вештачких светлосних извора.

Тема "Филмска светлост" односи се на концепте осветљавања актера и сцене за стандарде материјалног и визуалног квалитета филмске слике и ову тематику ћу разматрати сажето и независно од претходно образложене технологије.

Филмску светлост чине и одређују следећи елементи:

а) **експонометријске вредности**

б) **квалитет светлости**

в) **смер (смерови) светлости**

г) **светлосни односи**

Експонометријске вредности се односе на употребу довољног броја и довољног интензитета светлосних извора, за успостављање жељене експозиције, у зависности од медија на коме се снима, као и за успостављање жељеног изгледа слике у складу са дефинисаним отвором бленде.

Експонометријске вредности се калкулишу за сваки појединачни кадар. Размотрићемо прорачун експонометријских вредности на примерима:

Пример 1: Филмски материјал је осетљивости 125 **ASA**; жељени изглед слике укључује атмосферу јутра поред прозора; у кадру су три актера за столом; и одређена је дубинска оштрина фотометријским отвором 11. Изглед простора и снимљени кадар приказани су на прве две илустрације на наредној страни. За ове захтеве требало би да у простору акције успоставимо око 14000 лукса осветљаја главног светлосног извора и око 15000 - 20000 лукса осталих светлосних извора. Коришћењем података из таблица светлосних извора и прорачунавањем за овакав анимирани кадар (на пример: технологија анимације је **пиксилација** а величина ос-

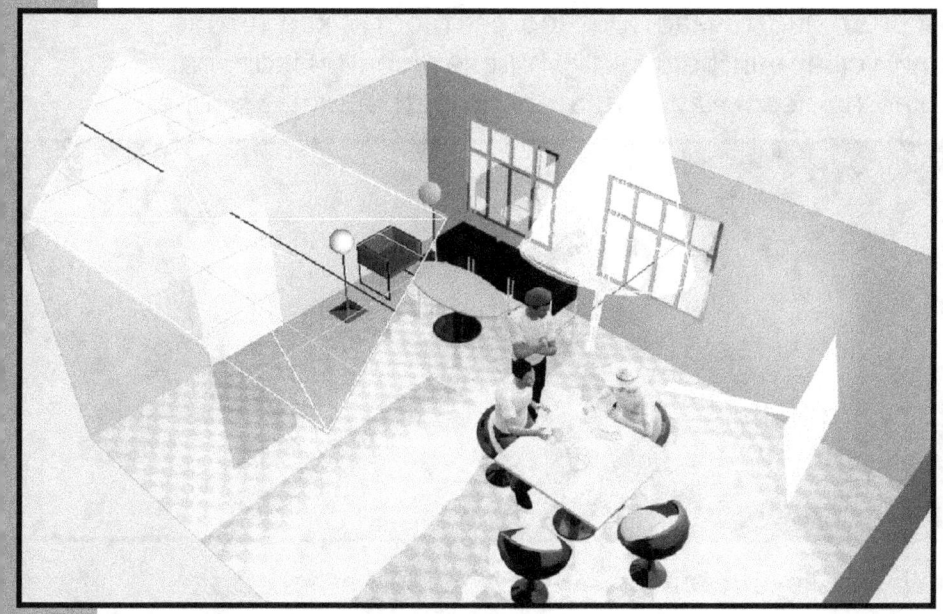

ветљеног простора је 5х4 метра), требало би нам најмање три **HMI** светлосна извора снаге по 2500 Вати, или најмање три класична Тунгстен расветна тела снаге по 10000 Вати, односно укупна снага од 7,5 до 30 киловата електричне енергије. За исти кадар, али са актерима луткама мање величине и простором од 1х0.8 метара, требало би нам пропорционално око 12 пута мање снаге, с обзиром да интензитет светлости опада са квадратом растојања).

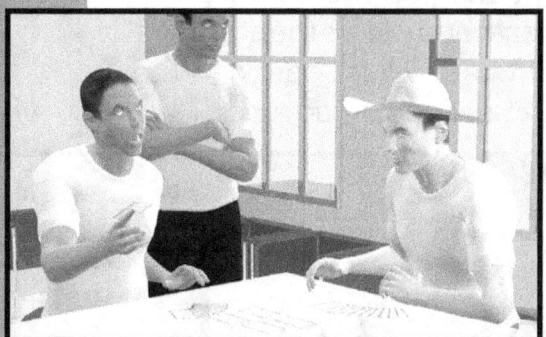

Пример 2: Филмски материјал је дигитална слика од 10Мп, са осетљивошћу постављеном на 800**ASA**. Жељени изглед укључује **атмосферу мрака поред прозора** (са леве стране, две доње илустрације).

У кадру је лице актера осветљено свећом и "уличном светлошћу" кроз прозор. Величина простора за осветљавање је мања од 0.5х0.8 метара, а фотометријски отвор је 5.6.

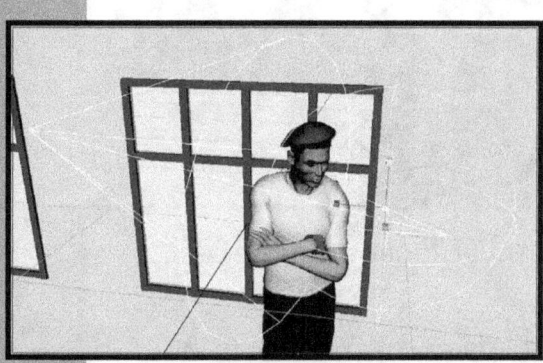

Калкулацијом одређујемо да су, за ове захтеве, довољна два светлосна извора појединачних интензитета од 250 - 300 вати.

Квалитет светлости произлази из површинске величине светлосног извора (не из опште величине и снаге), и директно одређује значајне артефакте изгледа слике.

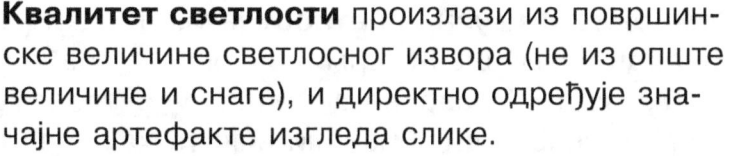

Светлост, у уметничком смислу квалитета, може бити:
усмерена,
распршена (дифузна), или
усмерено-распршена.

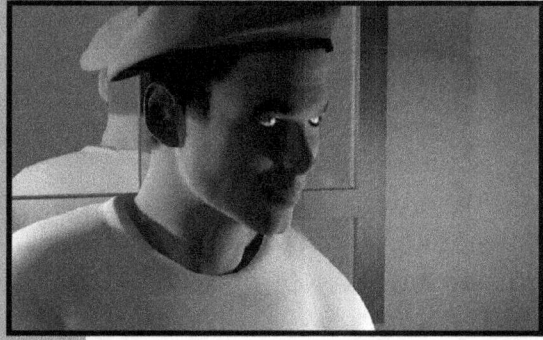

Усмерену светлост даје видљиви тачкасти извор светлости, као што је сијалица, сунце, свећа или усмерени рефлектујући светлосни извор, са, или без френел сочива (као на левом делу пратеће илустрације). Усмере-

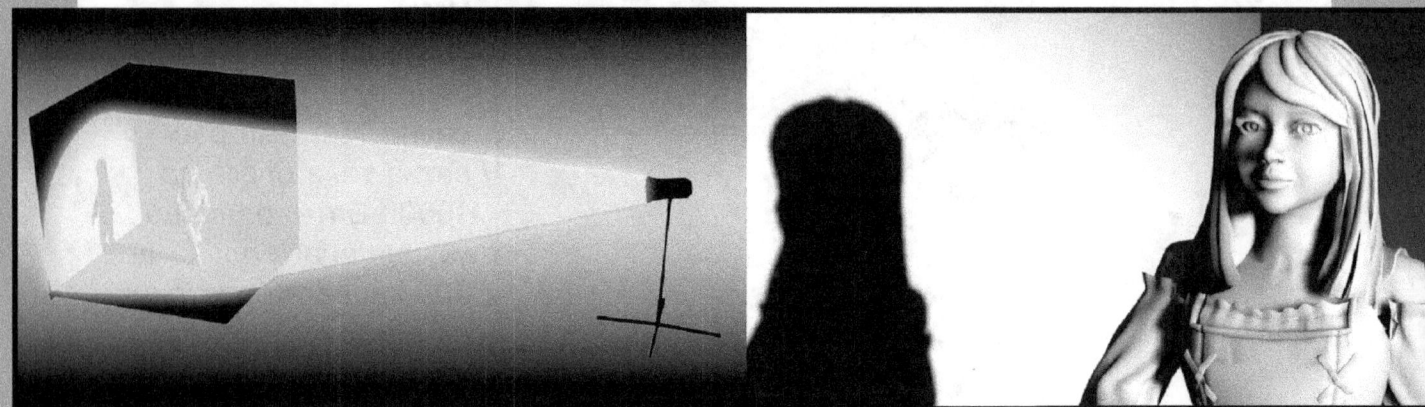

ну светлост карактеришу јасне, јаке и оштре сенке и вршне светлости, као и изражен контраст (десни део горње илустрације јесте снимак усме-реном светлошћу). Описни пример за усмерену светлост је изглед актера на плажи, осветљеног Сунцем у подне, са небом без облака, односно из-глед објекта јасно и "јако" осветљеног "тачкастим" извором светлости.

Распршену или дифузну светлост (илустрација десно), производи један или више извора, који се "не виде", али се њихово светлосно зрачење одбија или пролази кроз светлосне "распршиваче" (светао зид, бели об-лаци, светла завеса). Дифузну свет-лост карактерише равномерна прос-торна осветљеност без сенки и без вршних светлости. Описни пример за дифузну светлост јесте актер на

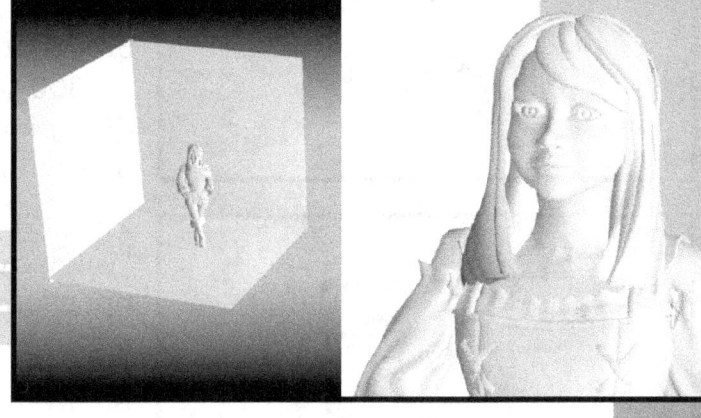

плажи или снежној пољани током дана, јако и потпуно осветљен небом, са белим облацима који покривају Сунце.

Усмерено-дифузна светлост је уметнички (фотографско-филмски), из-ванредно измишљен термин и концепт грађења и коришћења комбинова-не светлости. Усмерено-дифузна је светлост коју емитује извор у јасном смеру. Извор је видљив, али није тачкаст већ га чини већа, јасно дефини-сана површина, као на левој страни илустрације на врху наредне стране. Следеће су карактеристике овог типа светлости: дефинисан смер свет-лости, видљиве и дефинисане сенке мањег интензитета и умекшаних ивица, благе и градиране вршне светлости, као на десној страни илус-трације. Описни пример је филмски актер пред "**баунсером**", или јак ос-

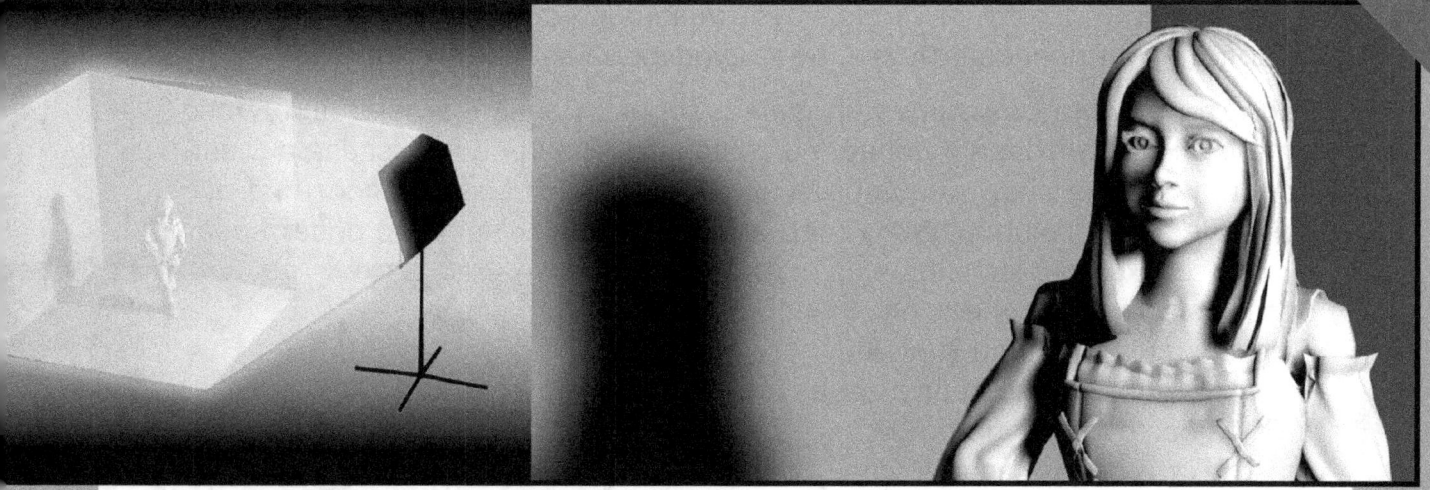

ветљај Сунца кроз већи прозор који је прекривен густом белом завесом.

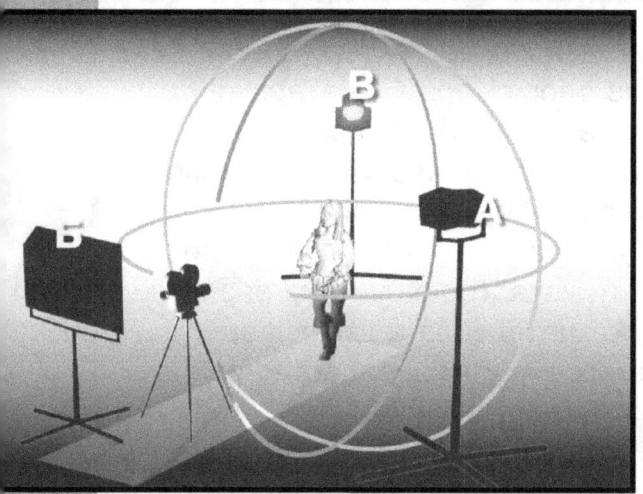

Смер светлости означава из ког угла светлост осветљава актера, у односу према тачки гледишта (камери). Писмено и правилно промишљање и употреба смерова светлости у складу са светлосним односима, директно утиче на жељени изглед свих елемената слике, од облика до атмосфере. Основна подела светлости (пример лево), по смеру, у зависности је од припадности светлосног извора делу простора који окружује актера. Из примера је очигледно да се смерови светлости начелно могу дефинисати комбиновањем назива: **предње, задње, горње, доње и бочно** (лево и десно у смеру погледа камере). На претходном примеру могли бисмо смерове извора **А**, **Б** и **В** назвати: **А**-бочни, предњи, горњи; **Б**-предњи, средњи; **В**-задњи, горњи, леви. Овакав начин називања смера светлости представљен је прецизније на пратећој илустрацији.

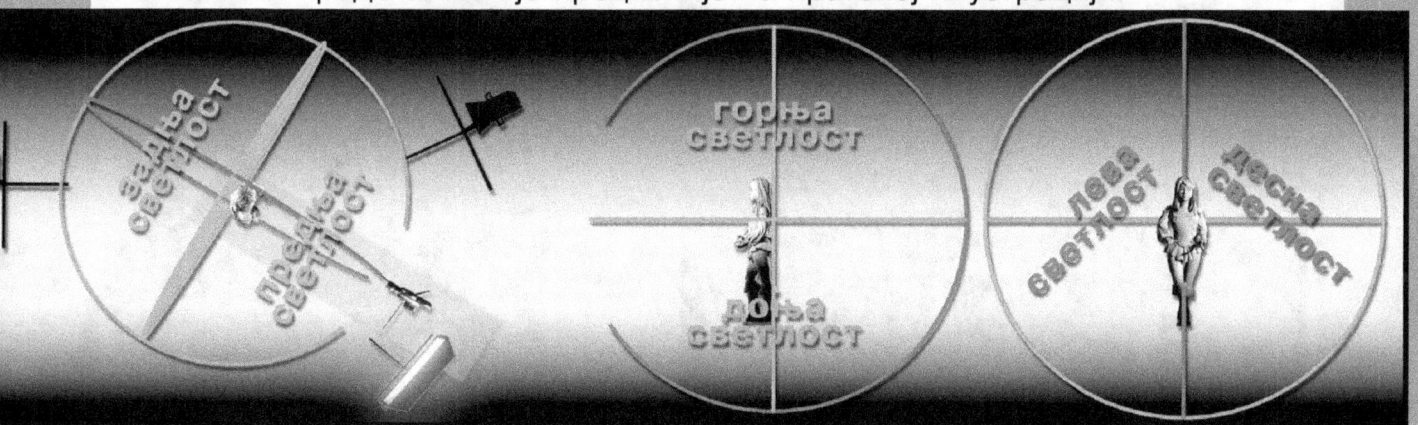

У професији и пракси филмског осветљавања установљена је шира тер-минологија за препознатљиве, често употребљаване смерове светлости.

Трочетвртинска светлост је предња, горња, бочна (са леве или десне стране). На илустрацији десно, приказани су: начин осветљавања (леви део) и визуални резултат (део десно). Карактеристика светлости из овог смера је да је "најприроднија", јер актера и околни простор осветљава у

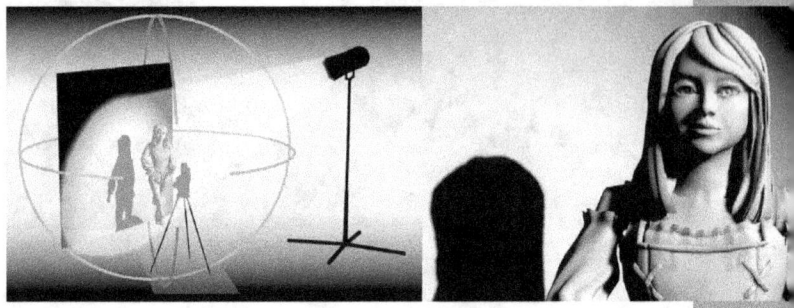

маниру свакодневног виђења осветљаја Сунца, кућних пла-фонских сијалица или уличне расвете.Светлост из овог смера даје најбогатији распон свих артефаката осветљавања, као што су препознавање облика, перспективе и контраста.

Предња светлост долази из смера блиског оси камера-актер (доња илустрација). Честа је употреба светлости из овог смера у аматерској фо-тографско-видеографској пракси, у виду постављања и исијавања блица или малог светлосног извора на самој камери. Једини квалитет у приме-ни овог смера огледа се у побољшању приказа обојености актера и простора. Када се светлост из овог смера употребљава као главна или основна светлост, тада су визуални резултати катастрофални, из разлога уништене просторности, уништене структуре материјала и атмосфере, уз доминацију ружних сенки око актера, "црвених очију" и звездастог исија-вања свих сјајних површина. Овакав начин примене светлости карикату-рално се назива "палачинка осветљавање" (**pancake light**). Међутим, у професионалном осветљавању, значајна је употреба предње светлости у виду допунске светлости, у систему осветљавања светлосним конструк-цијама, а по правилу, никако као доминантне и главне светлости.

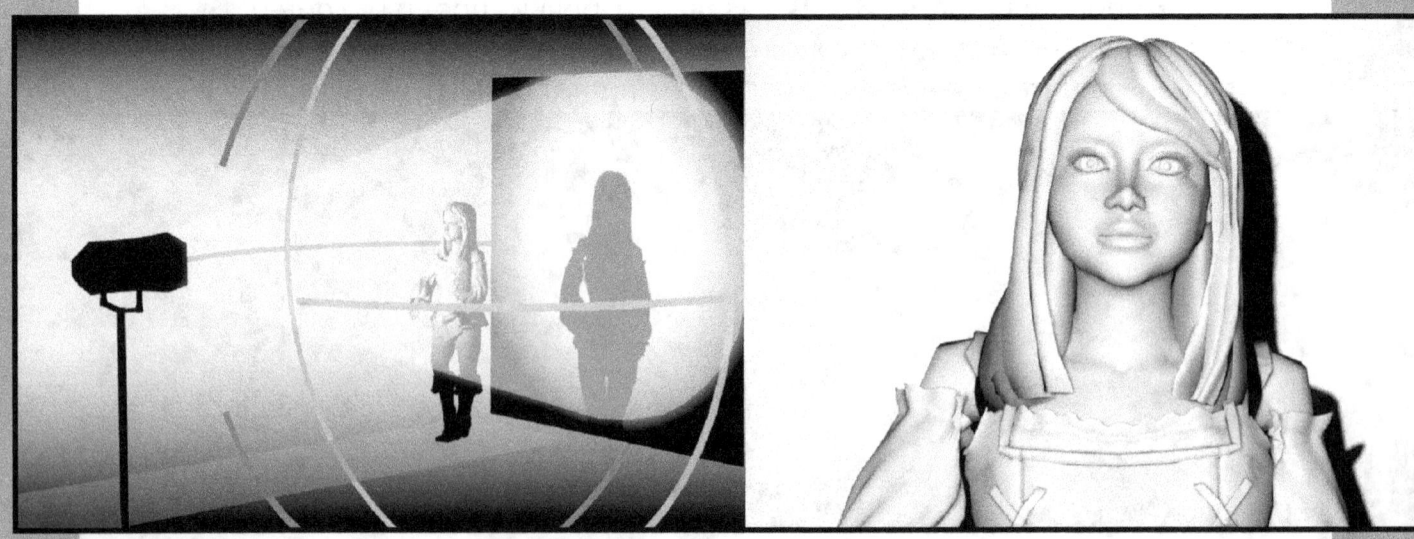

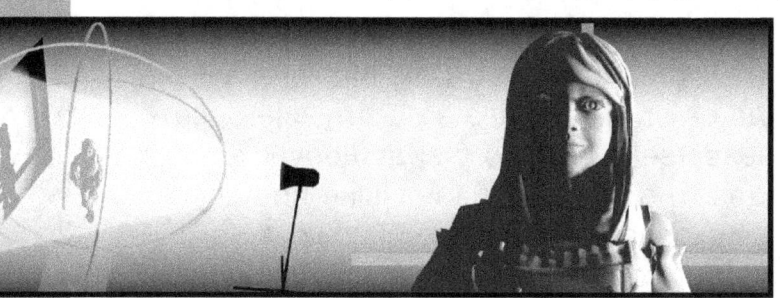

Бочна светлост (доња илустрација), интересантна је у неприродности која се огледа у јасној и прејакој подели на осветљене и не-осветљене површине актера и простора. Ову појаву код бочних светлости готово је немогуће избећи током покрета камером. Употреба израженх бочних смерова светлости није честа појава у филмском осветљавању, изузев у начину осветљавања које можемо сматрати ефектним.

Задња светлост је смер светлости из хемисфере актера насупрот погледу камере и у професији се ови смерови називају ”контрама”. Контра светлости не утичу на изглед предње стране актера и простора, већ утичу само на ивице актера које осветљавају, а које камера ”види”. Употреба

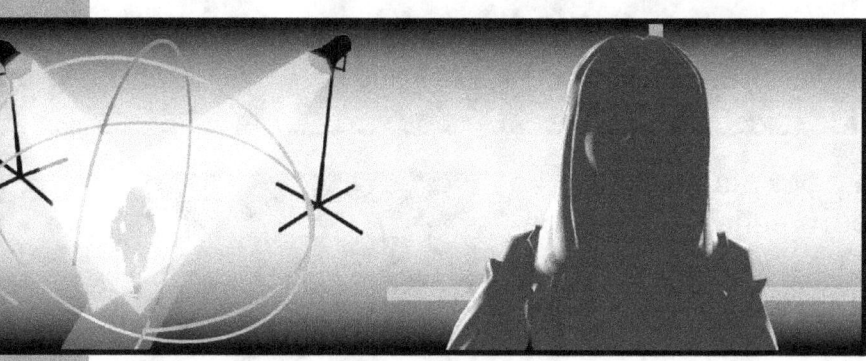

разноврсних контра-светлости је значајна пракса у филмском осветљавању и то у распону од исцртава-ња ивица актера од поза-дине, до стварања атмос-фере такозваног ”филмс-ког мрака”, када се кон-тра-светлост успоставља као главна светлост (као на примеру изнад). Контра светлости се, у професији осветљавања, сма-трају ефектним светлостима.

Контурна светлост је специфична употреба апсолутног контра смера.

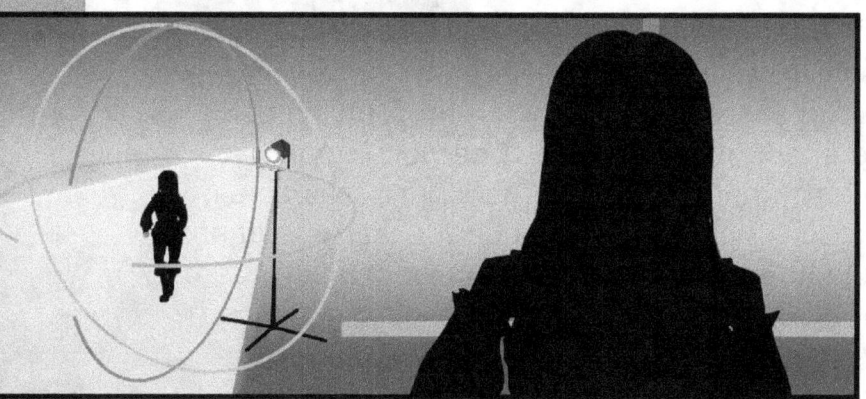

Употребљава се у ретким и карактеристичним слу-чајевима (илустрација ле-во), када је неопходно исцртати контуру актера. У овом случају, актер те-лом заклања светлосни извор, који је усмерен го-тово директно у објектив камере.

Исцртавајућа контра (такозвани **rim light**), је изражена горња контра (пример на врху наредне стране), која јаче осветљава косу и рамена актера. Често је у употреби за ефектно осветљавање актера у смислу

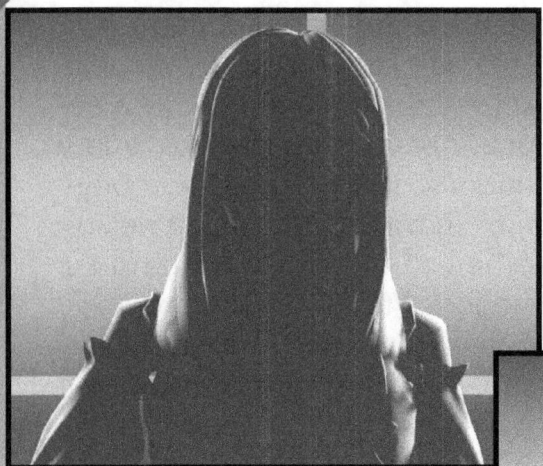

постизања светлосног ореола.

Светлост за косу (hair light), је изражена горња светлост. Сам назив означава да се употребљава за потпуније осветљавање косе и то у виду допунске и додатне светлости, значајне пре свега у такозваним портретним снимањима. На илустрацији испод, може се уочити

само дејство овог начина осветљавања на левој половини, као и експозиционо учешће у светлосној конструкцији портретног осветљавања на десној половини слике.

Доња светлост је изражена ефектна светлост, из разлога потпуне неприродности виђења. Када се користи као основна светлост, улога јој је застрашујућа (такозвана вампирска светлост). Може се балансирано употребљавати и као гламурозна светлост у светлосним конструкцијама у којима је израженија по интензитету, као што је на пример осветљавање актера у базену, светлошћу из воде, или осветљавање актера који седи за столом. Пример оваквог осветљавања је на слици десно.

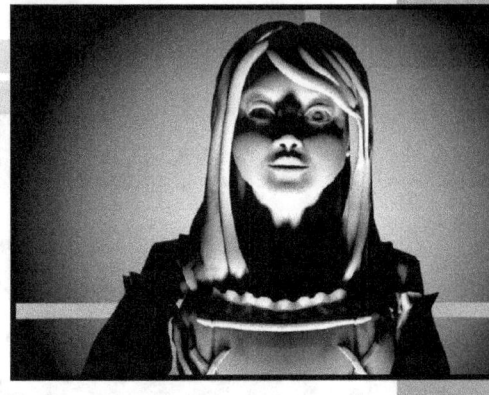

Светлосни односи означавају осмишљена, измерена и постављена различита дејства светлосних интензитета на актеру и простору, из свих светлосних извора којима се врши осветљавање. Светлосни односи произлазе из светлосних конструкција, које чини избор; постављање; усмеравање и корекција светлосних извора којима осветљавамо у једном кадру (светлосна конструкција се назива и **светлосна поставка**). Светлосни односи чине срж филмског осветљавања, од фактографије светлосног снопа до светлосних атмосфера.

Фактографија светлосног снопа укључује елементе илустроване на врху наредне стране, и то: светлосни сноп **1**., вршни осветљај **2**., осветљена површина **3**. и осенчена површина, коју чине сопствена (**4а**) сенка и бачена (**4б**) сенка.

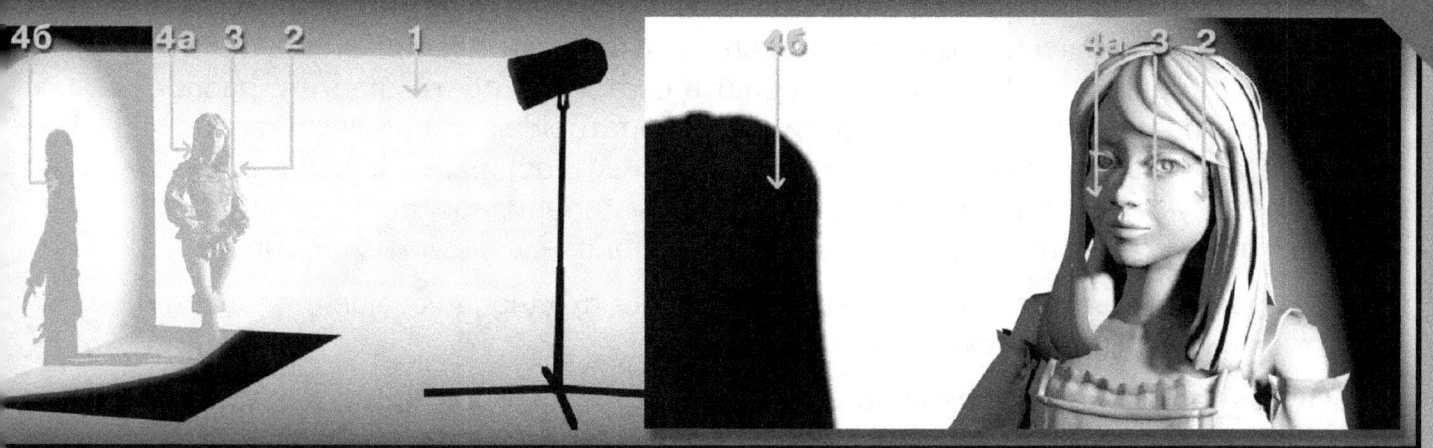

Филмска светлосна атмосфера је појам који означава визуелну симу-
лацију препознатљивих постојећих "животних" појава светлости, као што
су: дан на ливади; дан у соби; јутро на улици; јутро у соби са прозорима;
вече у граду; вече на мору; вече са упаљеном лампом; светлост батериј-
ске лампе, свеће и упаљача; муње и громови на отвореном; ноћ са месе-
чином; филмски мрак; и заиста хиљаде могућих начина детекције и нази-
вања појединачних случајева доживљавања светлости.

Светлосна атмосфера се гради светлосним односима а визуелно произ-
лази из односа осветљених и осенчених површина. Наиме, што је повр-
шински више и интензивније осветљених површина унутар изреза кадра,
то је визуелни утисак ближи атмосфери дана, и обратно, више тамних,
осенчених површина у изрезу слике, јасно упућује на светлосну атмосфе-
ру сумрака, мрака, таме или ноћи. Ове две супротстављене атмосфере
приказане су на илустрацији на дну странице.

Доживљај животних светлосних атмосфера је суштински одређен одно-
сом према сунчевој светлости током целог дневно-ноћног циклуса, као и
изванредном адаптабилношћу чула вида према богатству светлосних
промена, од свеће у тунелу до месечине на снежном планинском врху.

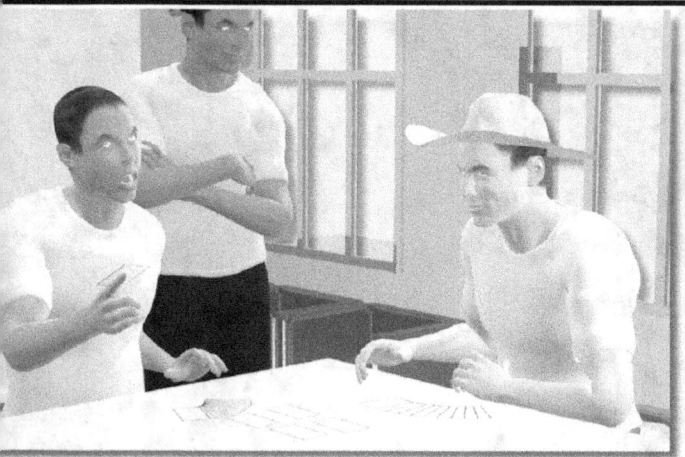

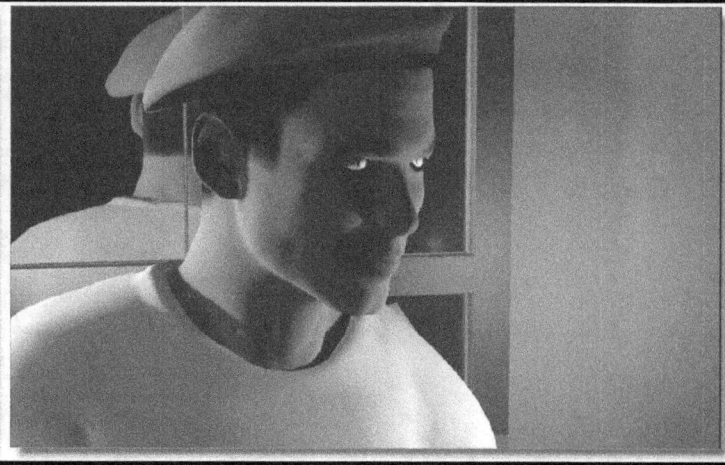

Визуална симулација и дочаравање таквог светлосног богатства, драматично је ограничено технолошким капацитетима постојећих филмских и видео медија и уређаја, почев од опште светлосне осетљивости и распона контраста и бојених вредности, до лабораторијских и пројекционих уређаја. Стварање разноврсних филмских светлосних атмосфера представља уметничку дисциплину, засновану на прецизном постављању светлосних конструкција и прецизном одређивању светлосних односа.

За разумевање светлосних конструкција, неопходно је усвајање следеће терминологије филмског осветљавања:

Кључна светлост (назива се и главна светлост или **key light**), представља светлост која је носилац експозиције (по интензитету), и носилац атмосфере (по смеру). На доњем примеру лево је шематски, белом бојом, означена позиција и смер извора кључне светлости. Кључна светлост прави сенку, како је и приказано на десном делу илустрације.

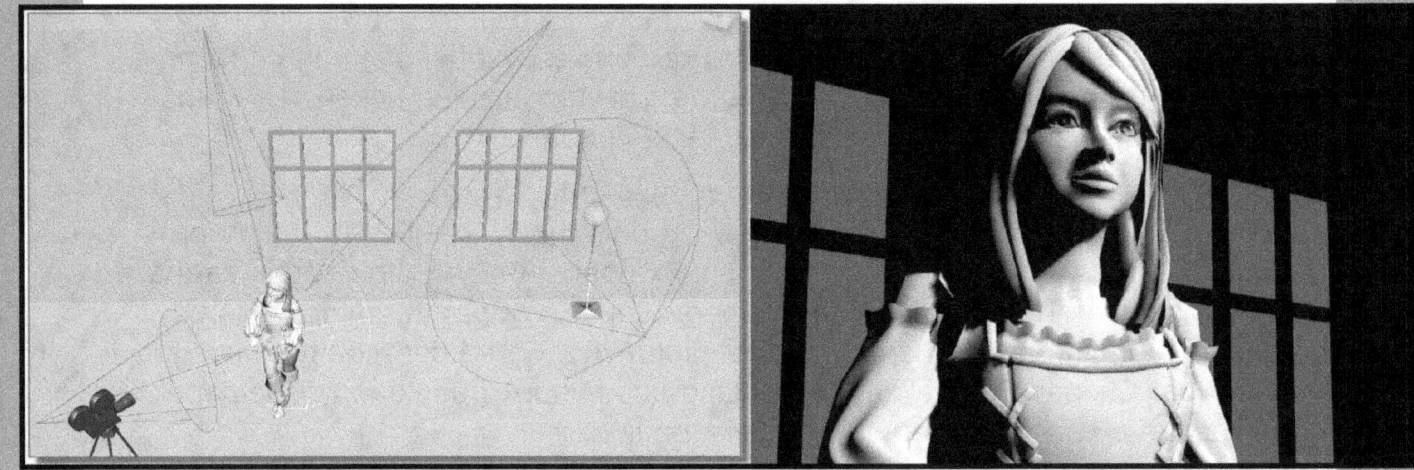

Допунска светлост (**fill light**) је светлост из другог светлосног извора. По правилу је фронтална светлост и блиска је оси камера-актер, а са стране супротне од стране кључне светлости (доња илустрација). По интензитету

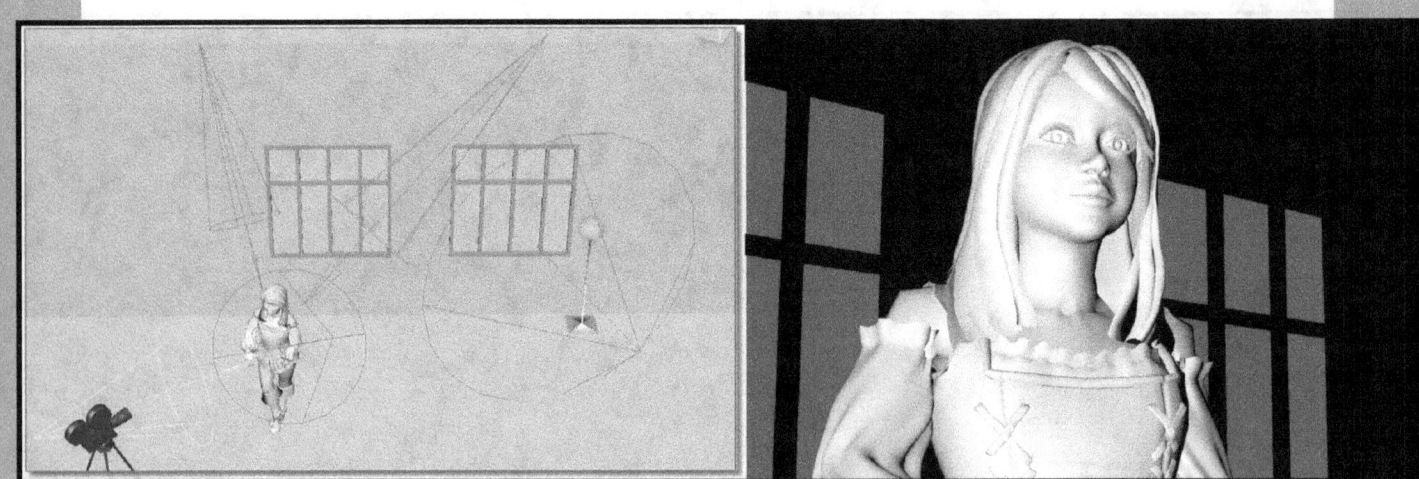

је слабија од кључне светлости. Допунска светлост просветљава, односно допуњује осенчене површине и сенку кључне светлости и коригује општи светлосни контраст. Допунска светлост не треба да формира видљиву сенку. Допунска светлост одређује светлосну атмосферу. Збир осветљаја кључне и допунске светлости одређује тачну експозицију актера.

Контра светлост у светлосној конструкцији има визуалних дејстава само ако је интензитет једнак или незнатно јачи од кључне светлости и такве контре називамо исцртавајућим. Када је интензитет контра-светлости значајно (и до 8 пута), већи од кључне светлости, употребљавамо назив **ефектна контра**. Контра светлост не утиче на експозицију, али може имати и улогу кључне светлости и то за израду атмосфере филмског мрака. На илустрацији у наставку, приказан је начин примене контра светлости из два светлосна извора и светлосни ефекти на актеру.

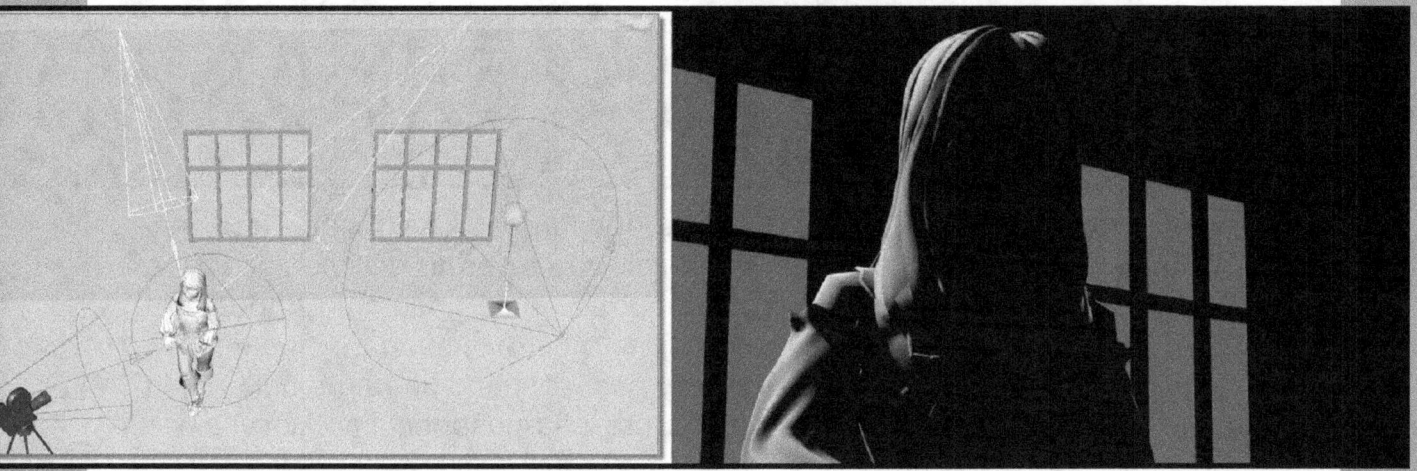

Позадинска светлост, осносно светлост за позадину, састоји се од једног (као на доњем примеру), или више светлосних извора који осветљавају само позадину. Смер осветљавања позадине трева да буде прилагођен смеру кључне светлости а интензитет осветљаја нивелисан према већ утврђеној експозицији. Светлост за позадину не осветљава актера.

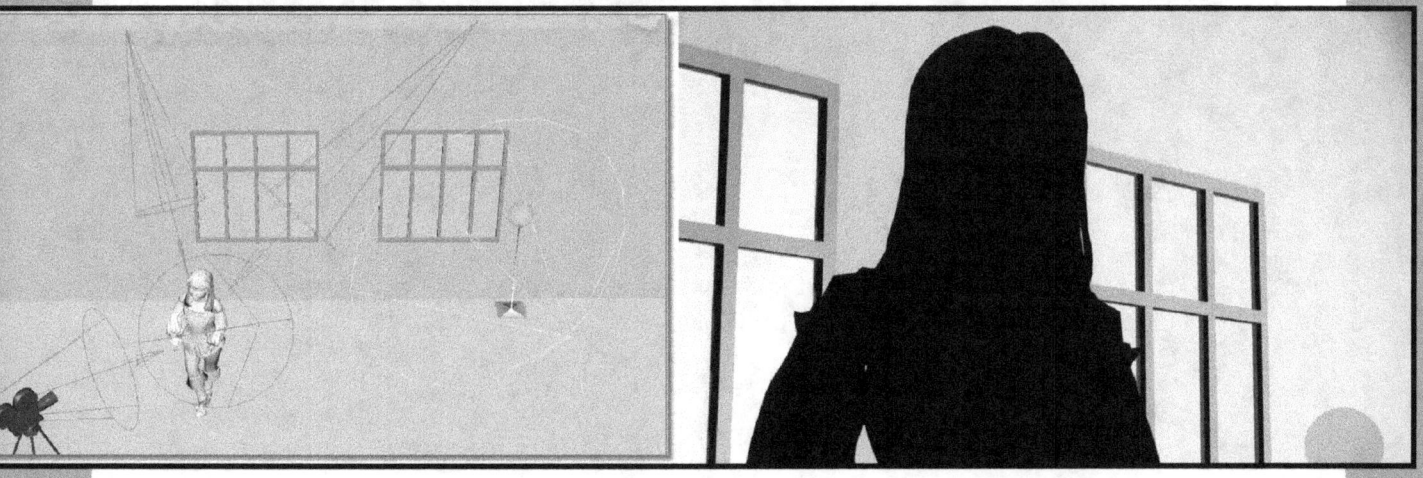

Претходна четири сликовна примера демонстрирају појединачне светлосне изворе који учествују у светлосној конструкцији, и примери су реализовани са пуном експозиционом вредношћу за сваки извор. Подразумева се да у стварању светлосне конструкције и светлосне атмосфере, сваки од појединачних извора светлости има различит (умањен), интензитет и даје различите експозиционе вредности.

Логичко осветљавање је систем осветљавања заснован на симулацији смерова осветљавања и светлосних односа према могућим природним или вештачким светлосним изворима видљивим у кадру. На пример, ако се у кадру виде прозор и лампа у углу, светлосна конструкција се логично гради као да светлост исијава из тих извора. Неколико једноставних светлосних атмосфера приказано је на пратећем примеру.

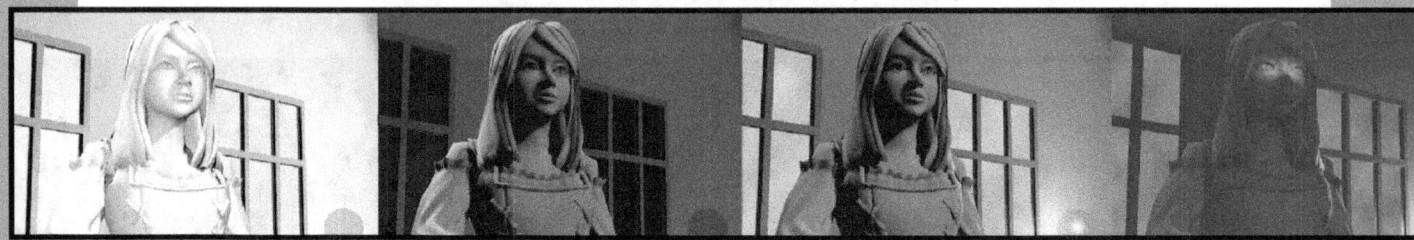

Светлосна конструкција је одређивање броја, положаја, смера и интензитета појединачних светлосних извора којима се гради светлосна атмосфера једног кадра, а **светлосни однос** представља прецизно одређене, различите интензитете осветљаја из тих светлосних извора, мерених у позицији актера и позадине. Размотрићу овај концепт на следећем поједностављеном примеру: актер пред декором, са прозором као могућим извором светлости у кадру.

На доњој илустрацији, светлосни **извор А** је извор **кључне** светлости; **Б је допунска светлост; К1 и К2 су извори контра светлости;** а **П је**

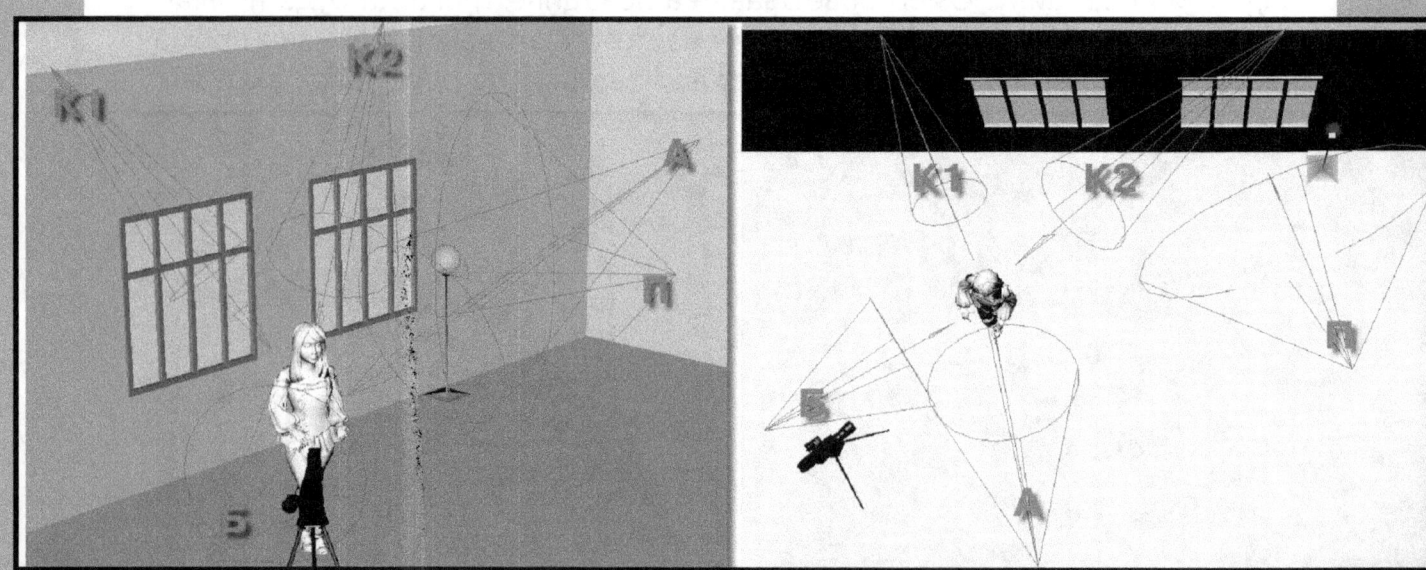

светлосни извор за позадину. Кључна светлост је носилац експозиције и атмосфере и, за потребе примера, исказаћемо њен интезитет бројчаном вредношћу 1, у пољу мерења (у акционом простору актера). Изградићемо три светлосна односа варијацијама интензитета осветљаја осталих светлосних извора према кључној светлости, са резултатима приказаним на доњој илустрацији.

Пример 1 (**јутро**):
A= 1   Б= 0.5   K1= 1.2   K2= 1.2   П= 0.85
Пример 2 (**дан**):
A= 1   Б= 0.7   K1= 1.2   K2= 1.2   П= 1
Пример 3 (**ноћ**):
A= 0.25 Б= 0   K1= 1   K2= 1   П= 0.2

Из примера је очигледно да смо пажљивим промишљањем светлосних односа и светлосне поставке, остварили три препознатљиве филмске светлосне атмосфере (јутро, дан, ноћ ("филмски мрак")), само варијацијама интензитета постојећих светлосних извора.

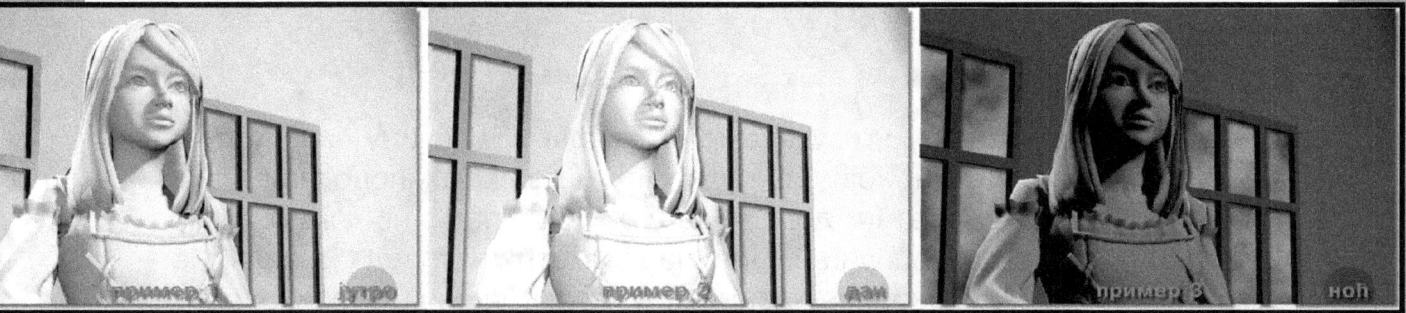

Претходни пример реализован је светлосном конструкцијом која је позната под називом **"ОСП"**, (**основна светлосна поставка)**, а овакав начин осветљавања са изворима из 3 (**кључна**, **допунска** и **контра** светлост), или 4 тачке (плус **позадинска** светлост), (**3 point** или **4 point light**), представља класичан "писмени" начин осветљавања свега и свачега, а пре свега портрета и мртвих природа, односно студијских и стоних (**table top**) аранжмана. У пракси филмског осветљавања, претходни концепт представља најчешће примењиван начин рада, с обзиром да пружа брзу и прецизну нивелацију светлосних односа, лаку изградњу и контролу једноставнијих светлосних атмосфера, а визуална логика је блиска животној перцепцији светлости.

Светлосне атмосфере су врхунац уметности осветљавања и сачињене су од прецизно постављених интензитета, смерова и светлосних односа, за сваки појединачни кадар у жељеној атмосфери. У претходним сликовним примерима светлосне атмосфере формиране су углавном светлосним конструкцијама и односима реализованим истобојном (једнобојном, белом), светлошћу. Светлосне атмосфере се могу значајно унапредити употребом обојене светлости, почев од већ успостављене симболике: жути и наранџасти извори представљају "топлоту" јутра и свеће, плави-

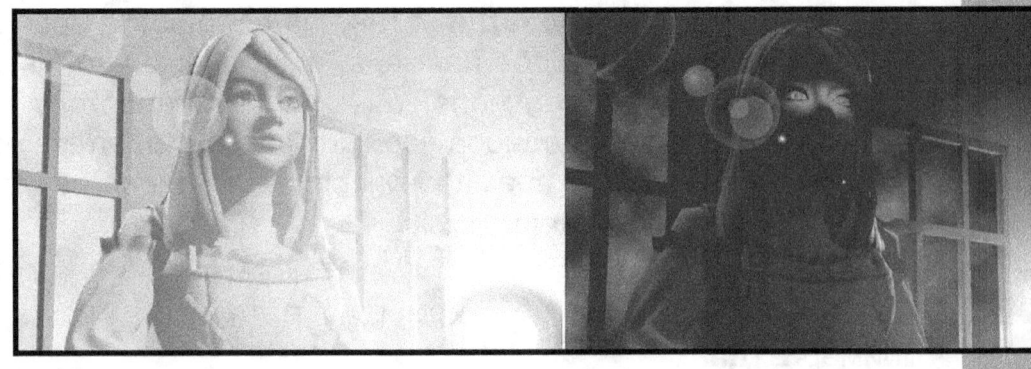

часто обојење светлости припада мраку, неутрална обојеност одређује дан, и слично. Овакав концепт осветљавања је честа појава у играном филму. У анимираним филмовима могуће је осветљавати и у овом концепту, мада је то непотребно оптерећење, с обзиром да се боја анимираног филма формира на лакши и прецизнији начин у односу на играни филм: једноставним колорисањем актера, костима и сценографије.

Композиција

Композицију препознајемо, изучавамо и стварамо у начину на који су организовани сви елементи који чине уметничко дело. Компоновање означава уређивање елемената и довођење у склад. Правилна композиција представља складну целину свих чинилаца уметничког дела, а склад је категорија композиције која се заснива на "правописним" и психолошким аспектима стварања композиције.

Композиција анимираног филма представља сложену и вишеслојну област. Сложена је из разлога мултимедијског концепта филмске анимације коју чине визуални, аудитивни и временски елементи. Вишеслојна је из разлога што представља скуп појединачних композиција и подкомпозиција за сваки од технолошких и креативних чинилаца филма, као што, на пример, композиција аудиа садржи подкомпозиције текста, шума и музике. Тема композиције вероватно представља највише и најобимније изучавану и разматрану тему у уметничком и академском смислу. У идеји ове књиге, бавићу се само основама визуалне композиције и то у смислу елементарне визуалне писмености.

Композиција слике анимираног филма припада категорији ликовних композиција. У фактографском смислу, чине је три технолошка елемента: **пропорције оквира**, **боја** и **градација контраста**. У стваралачком смислу, композиција се расчлањује и прецизније дефинише већим бројем технолошких и перцептивних појмова.

Оквир филмске слике је дефинисан форматом, непроменљив је и увек хоризонталан. Иако постоји велики број формата у професионалној употреби, са односима страница од 4:3 до анаморфотског формата 2.45:1, ову тему ћемо на овом месту разматрати на примерима два изабрана формата (доња илустрација), и то нормалног (такозваног академског или телевизијског), са односима страница 4:3, и савременог, широког телевизијског-видео екрана са односима страница 16:9.

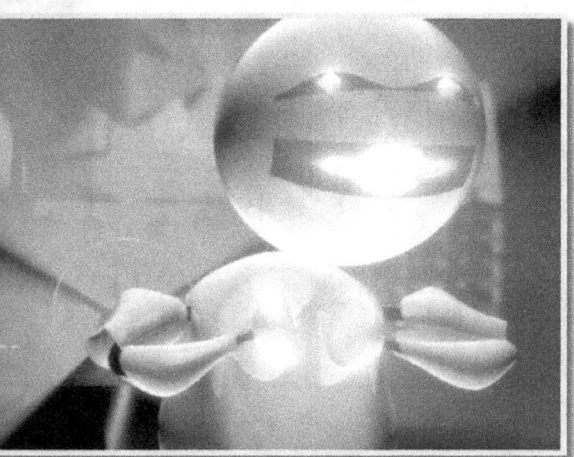 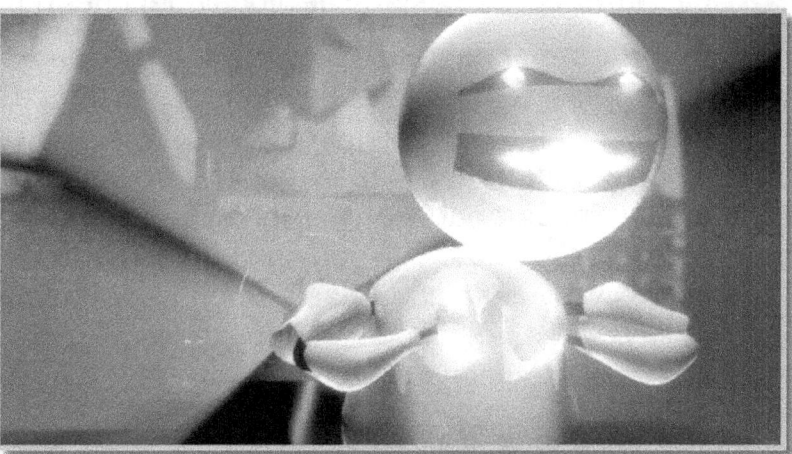

Хоризонталност и пропорције филмске слике представљају кључну одредницу композиције слике анимираног филма, која директно условљава и поједностављује компоновање свих осталих елемената.

Центар пажње је технолошко-перцептивна категорија композиције слике. У технолошком смислу, центар пажње представља јасно дефинисан облик (на пример - актера у акцији), у делу површине слике, који доминира

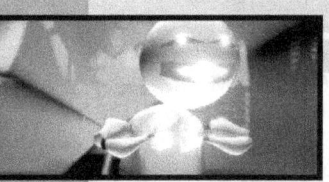

целокупном сликом својим израженим визуалним квалитетима: бојом, контрастом, или обликом. У перцептивном смислу, центар пажње може бити изражено кретање у слици или спој "сила акције", као што је то на примеру лево: експресија говора очима, устима и удар рукама актера.

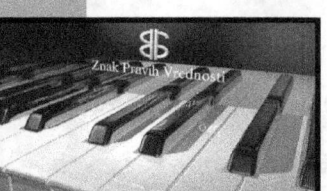

На следећем примеру центар пажње је пропагандна порука и знак који су истакнути бојом, контрастом, ритмом дирки клавира и перспективом која усмерава на њих.

Центар пажње је значајна и неопходна категорија у композицији слике, с обзиром да се једноставним визуалним захватима омогућава гледаоцу да задржи поглед на слици и да се посвети њеном "читању".

Перспектива је такође технолошко перцептивна категорија композиције слике. Технолошке квалитете и значај перспективе разматрали смо у делу израде позадина (на странама 43-46), у смислу израде линијске и површинске перспективе из једне, две или три тачке. Овакав тип перспективе значајан је у смислу вођења погледа гледаоца ка центру пажње, како је и остварено на претходном примеру са клавијатуром.

Перцептивне категорије перспективе произлазе и из психолошких својстава боје и контраста у стварању осећаја просторности филмске слике. У том смислу, у композицији, изузев линијске и површинске, можемо разматрати и бојену и светлосну перспективу.

Бојена перспектива заснива се на уоченом феномену "црвенила" близине и "плаветнила" даљине (пример десно садржи црвене руже и плаво небо). Принцип примене бојене перспективе налаже да ће гледалац ост-

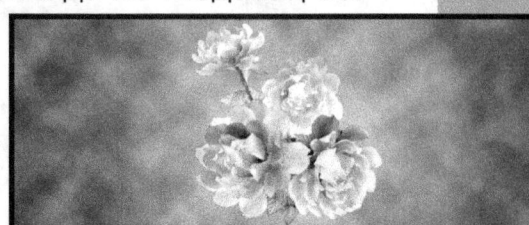

варити додатни утисак тродимензионалности и дубине простора, ако у композицији уредимо елементе у градацији топлијих обојења (из црвено-жутог дела спектра), за облике у предњем плану, а хладнијих обојења (плавичасти део спектра), за планове у позадини.

Светлосна перспектива је заснована на сличном принципу, овог пута са односима тамније према светлијем. Тамнији тонови у предњим плановима и светлији тонови (односно јача осветљеност), у плановима иза, додатно ће дочарати тродимензионалност и дубину простора на дводимензионалној слици (пример десно).

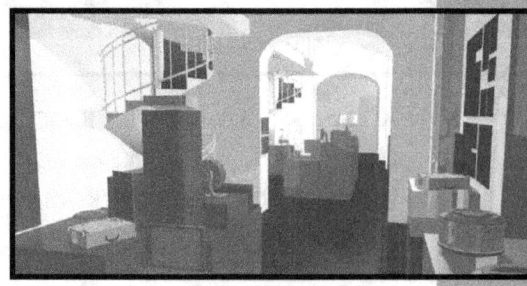

И светлосна и бојена перспектива засноване су на "виђењу" из реалног живота у коме се око адаптира на блиско окружење, а велика удаљеност је бојено хладнија (плавичаста) и светлија, као последица пенетрације, преламања и рефлексије сунчеве светлости кроз дебеле слојеве атмосфере земље. У цртаном филму, оба типа атмосфере стварају се колорисањем. У тродимензионалном анимираном филму се креирају као у класичном играном филму, осветљавањем.

Бојена перспектива се постиже и осветљавањем, и то предњих планова "топлим" светлосним изворима (оранж обојења), а плавичастом, "хладнијом" светлошћу, осветљавају се даљи планови. Светлост се колорише по-

себним стакленим или желатинским филтерима за светлосне изворе.

Значајни су и психолошки аспекти употребе **контра-перспективе**,

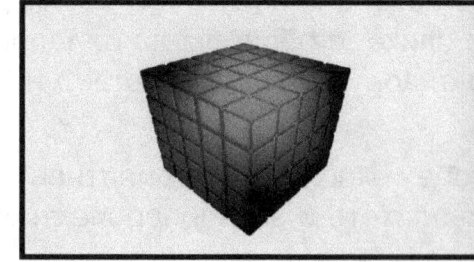
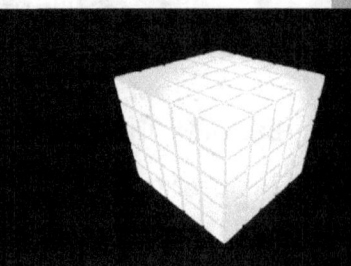

као на пример: плави актер на оранж окружењу, или "светлећи" актер на тамном простору. У оваквим композицијама интензивира се наглашавање актера у односу на позадину (последња илустрација на претходној страни, с "плавом" коцком на "оранж" позадини).

Оштрина је карактеристичан чинилац композиције (доњи пример), мање као елементарна (општа) оштрина или неоштрина, а више као дубинска

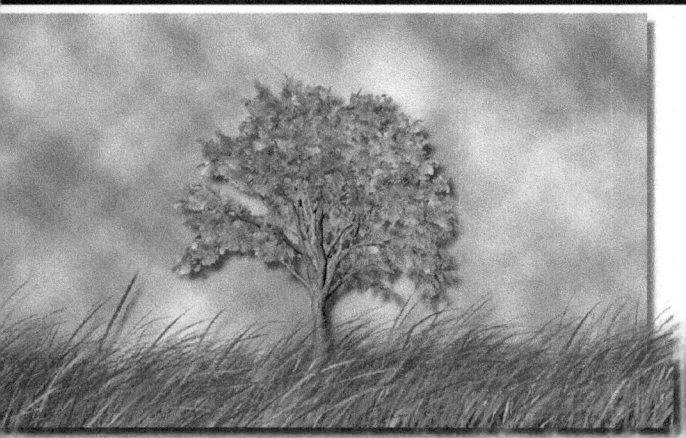
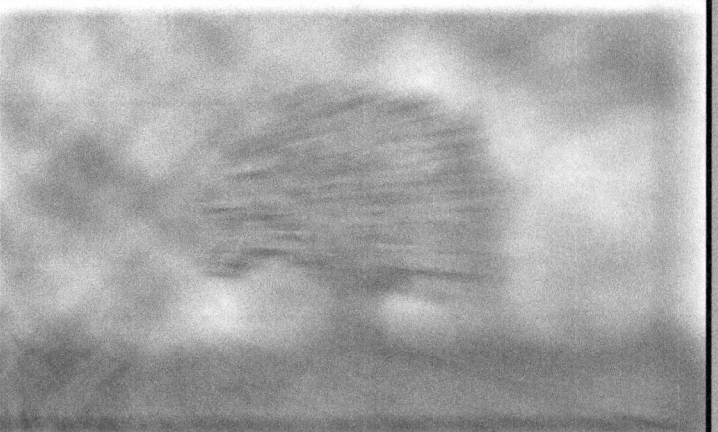

оштрина, која је значајан и аутентичан елемент филмске слике. Елементарна оштрина утиче на композицију само у смислу појачавања или умањивања линијских и површинских односа боје и контраста. Генерално "оштра" слика има јасно дефинисане облике и перспективу. Обратно, генерално "мека" слика подразумева јачи утицај осталих елемената композиције, као што су бојена и светлосна перспектива.

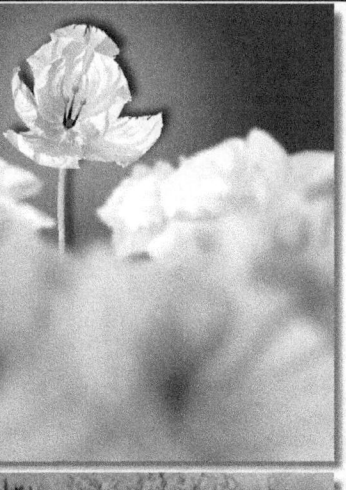
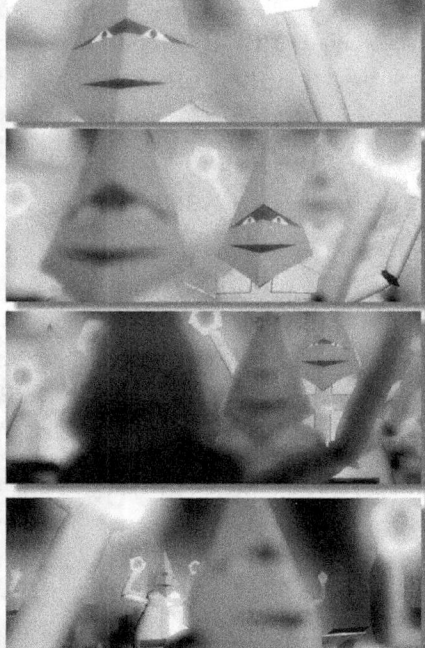

Дубинска оштрина је изванредно средство композиције филмске слике, са доминирајућим својствима у односу на остале чиниоце. Јак ефекат слабе дубинске оштрине, што значи велику дубинску неоштрину и неоштру већину окружења, јасно одређује центар пажње, умањује и потире основне линијске и површинске елементе композиције, а појачава "поетске" аспекте слике: саму боју и контраст. На илустрацији лево су примери употребе дубинске оштрине.

Акциони простор је, у физичком смислу, простор у смеру погледа, оријентације или кретања актера. Акциони простор је у анимираном филму изузетно значајан композициони чинилац, иако није дефинисан визуалним и технолошким елементима, већ искључиво психолошким аспектима очекивања. Композициона својства акционог простора посебно долазе до изражаја у случајевима осе акције, као што је на пример судар погледа актера, или у случајевима компоновања и кадрирања за прелаз из кадра у кадар. На наредном примеру стрелицама је означено промишљање акционог простора.

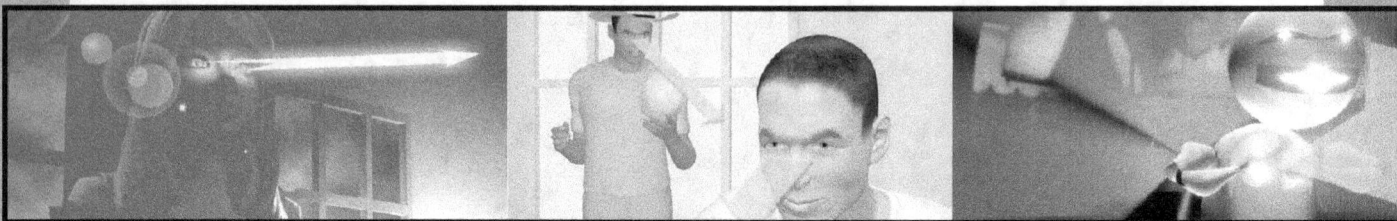

Ритам у композицији слике означава употребу више сличних или истих облика или бојених површина, по правилу уредно распоређених у низ, у међусобном додиру или у додиру са контрастним површинама, као на примеру с десне стране. За разлику од фотографије као јединичног уметничког дела, у којој ритам може бити и водећи композициони елемент, на филму је композициона улога ритма допунска и пратећа, по правилу за истицање центра пажње, билу у пози или у кретању актера.

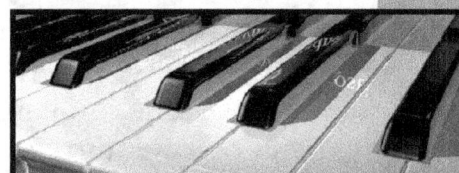

Ефекти се, по класичном промишљању, не сматрају чиниоцима композиције, што није неисправна претпоставка, с обзиром да се сви визуални аспекти ефеката утапају у неке од претходно наведених елемената, а и сами ефекти се своде на визуалне облике, површине или обојења. На овом месту ефекте разматрам као самосталан композициони аспект, с обзиром да се у дигиталном стварању слике анимираног филма, ефекти и промишљају и креирају као јединствени визуални елемент, те се и компонују као засебни чиниоци. На примерима с десне стране представљени су једноставни "оптички" и светлосни ефекти муње, халације и ленс флера, реализовани дигиталним алатима.

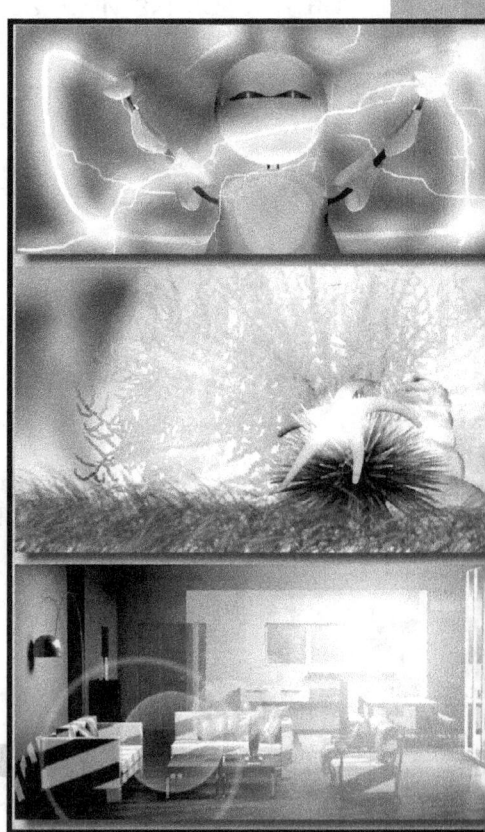

Да поновимо, визуално компоновање је уметнички поступак довођења елемената у склад, а композиција је "готова" слика, уређена и сачињена од појединачних, или већине претходно наведених елемената.

Композиција слике и кадра анимираног филма представља једну од најзначајнијих вредносних категорија уметности анимације. Визуално компоновање је изразито ауторска и уметничка категорија која се учи почев од основних правила "писмености" визуалног компоновања.

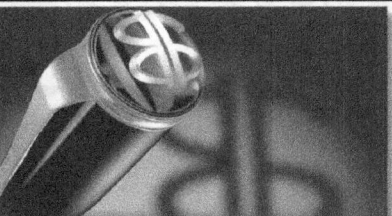 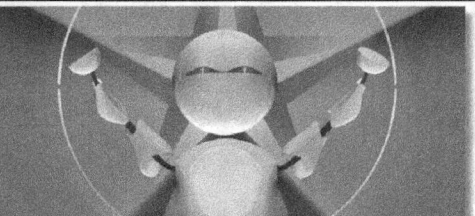 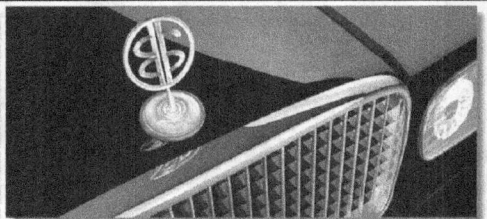

Размотрићемо укратко неке од основних принципа компоновања слике анимираног филма.

Шта се визуално компонује? На првом месту, по значају, јесте облик и филмски план актера; затим облици окружења и простора; и на крају сви преостали чиниоци композиције: оштрина, перспектива и ефекти.

Како се визуално компонује? Визуално компоновање се увек одвија у два корака. Први је аранжирање актера (А), простора и свих осталих елемената сцене. Други корак је постављање камере (Б), одређивање захватног угла и угла погледа, и на крају, успостављање прецизног изреза слике (В). Оба корака изводе се паралелно и приказани су на две наредне илустрације, доле и на врху следеће стране.

Зашто се уопште компонује слика? Основна сврха сваке визуалне композиције јесте: увести чуло вида у слику и задржати га најдуже могуће. Визуална композиција анимираног, а и сваког другог филма, захтевнија је и

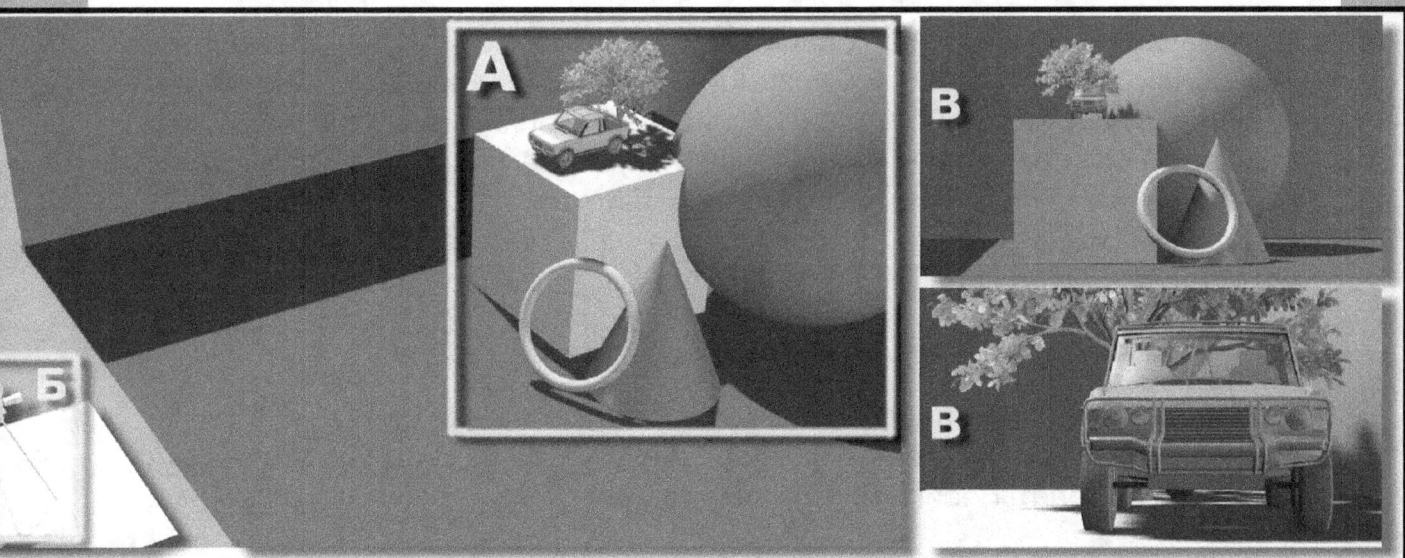

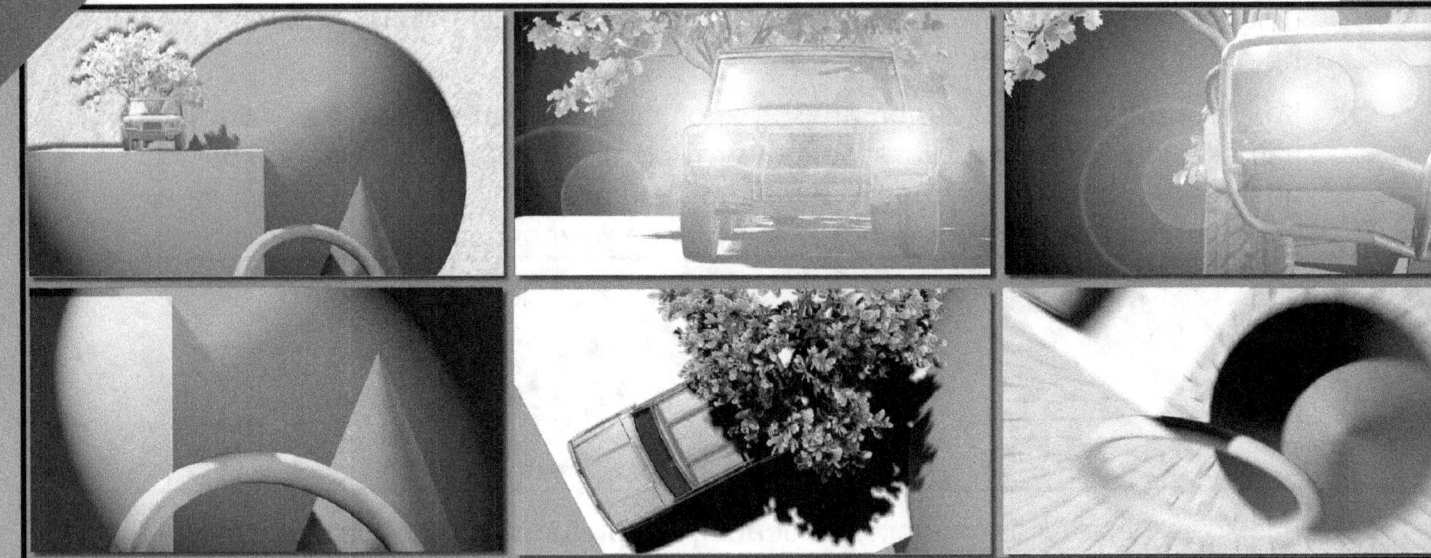

из додатног разлога: погледу гледаоца треба омогућити да правовремено и "изађе" из постојеће композиције и уђе у наредну, и тако од неколико десетина до неколико стотина пута, за сваки појединачни кадар, за један дугометражни анимирани филм.

Визуално компоновање је креативна и уметничка категорија која се лако учи и још лакше изводи.

Први корак у компоновању филмске слике психолошке је природе: бекство од воајерског значаја центра пажње и слике и присилно сагледавање ивица изреза, односно целокупне површине слике као композиционог простора.

Други корак је техничке природе: аранжирање чинилаца композиције по одавно успостављеним шемама, и то тако да сваки чинилац буде постављен на жељено, тачно одређено место на површини целокупне слике.

Испуњавање само ова два корака у визуалном компоновању резултује "писменом" и "читљивом" композицијом, а тако изведених визуалних композиција има најмање 90% у целокупној светској кинематографији. Остатак могућности визуалног компоновања чине уметнички поступци превазилажења устаљених правила компоновања такозваним **декомпозицијама** или **хаосом**. Не треба сметнути с ума да је превазилажење правила могуће само ако се правила потпуно познају, као и да вредност иновативних и оригиналних композиција произлази из односа са композицијама претходних, као и наредних филмских кадрова.

Правила (принципи или шеме), "доброг" компоновања једноставна су: композиција може бити **симетрична** (**централна**) или **несиметрична** (**децентрализована**). Несиметричне композиције имају своје подкатегорије.

Симетрична је композиција чији су чиниоци равномерно распоређени од центра изреза горе и доле или лево и десно или и једно и друго, као на илустрацијама са леве стране.

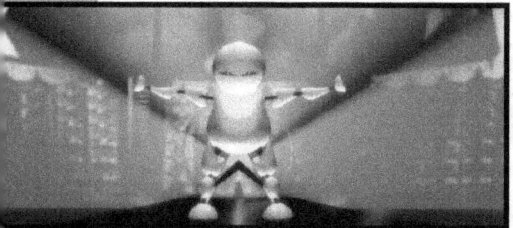

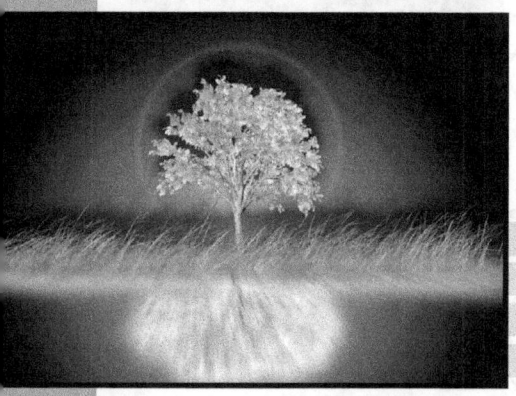

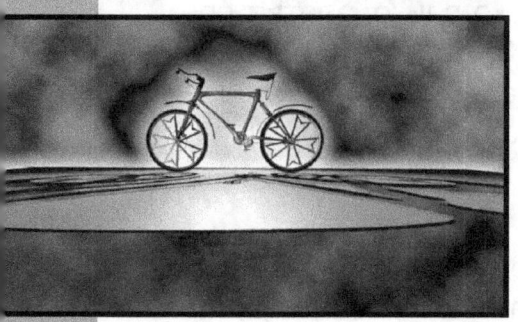

Симетрична композиција је изразито провоцирајућа: или је последица аматерског воајеризма и импресионираности садржајем и смештањем у центар простора, што је последица непознавања визуалних уметности и могућности компоновања слике, па је самим тим слаба, лоша и незналачка композиција, или је намерно сачињена управо таква, у психолошком концепту који произлази из сазнања која сматрамо недостацима централне композиције. Наиме симетричне композиције дефинишу се незналачким, са уопштеним образложењем да су неинтересантне и досадне. Овакав контекст заснован је на једноставности перцепције садржаја симетричних композиција: поглед уђе у слику, све га упућује ка центру у коме је најзначајнији, али и једини садржај. Чуло вида га перцепира али се и "заглави" на њему, јер других садржаја нема, као ни других психолошких провокација. Слика се изванредно брзо прочита, а потом наступа "досада".

Код компоновања јединичних слика или фотографија, симетрична композиција заиста, по правилу, јесте показатељ недовољног ликовног знања и умећа. Међутим, у анимираном филму, трајање перцепције "једне" композиције директно је одређено трајањем једног кадра. Самим тим, стварни недостаци овог типа компоновања постају значајно средство управо за изражену "блокаду" погледа, када гледаоцу не треба дозволити ни секунд слободе у истраживању слике, већ се условљава да само и искључиво перцепира садржај у центру екрана, што и јесте циљ демонстриран на илустрацијама.

Иначе, незналачка примена централизоване-симетричне композиције произлази из природе људског виђења које се тренутно адаптира на значајне визуалне садржаје директним усмеравањем погледа на њих, односно "премештањем" у центар погледа, без потребе за "креативним" промишљањем "околине" погледа, до "ивица" вида.

Богатство визуалног компоновања налази се у децентрализованим, несиметричним композицијама, односно у композицијама у којима су елементи доведени у склад по целокупној површини филмске слике.

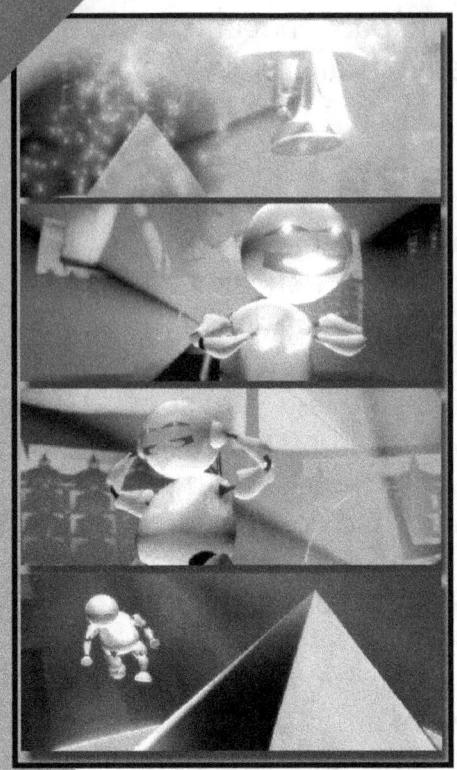

Уметност визуалног компоновања филмске слике своди се на два принципа у овом домену:

принцип златног пресека и
принцип геометријских фигура.

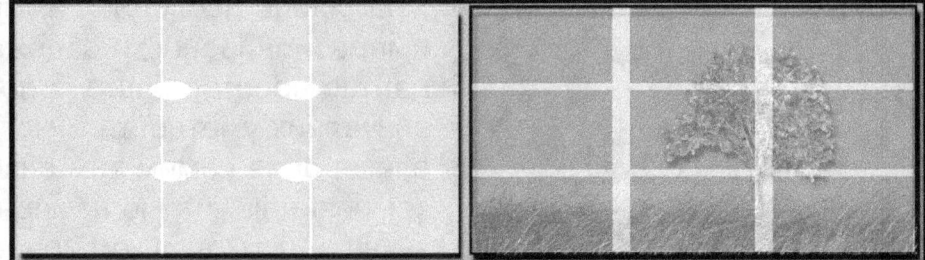

Принцип композиције златним пресеком заснива се на математичком односу 1.618:1, било којих геометријских односа: пресека линија; страница површина; страница волумена. Овај, и блиски односи, сматрају се највишим визуалним складом, почев од, на пример, радова Леонарда да Винчија, до савременог видео формата 16:9. На илустрацији с леве стране су примери оваквог концепта.

У пракси визуалног компоновања површине филмске слике, златни пресек се комотније третира као однос трећина, и то 2/3 према 1/3, и означава 4 тачке позиција унутар филмског изреза, које се сматрају идеалним местима за смештај центара пажње или тежишта слике, или 4 линије за смештај оса тежишта ликовних елемената, како је приказано на горњој илустрацији са десне стране.

На првој илустрацији на наредној страни, на упоредним примерима централизоване, и децентрализоване композиције златним пресеком, уочавају се различитости оваквих композиционих приступа.

Принцип геометријских фигура у визуалним композицијама означава такво уређивање визуалних елемената по површини слике да њихова "тежишта" формирају препознатљиву геометријску фигуру типа примитиве, као што је троугао, квадрат, синусоиде. На дну наредне стране илустровано је овакво промишљање и овај концепт, компоновањем простора (степеништа и фотеља), и људске фигуре.

За било који од наведених начина компоновања, неопходно је знати и одредити чинилац који смо назвали **тежиште ликовног елемента**. Тежиште је замишљена тачка или линија, коју сматрамо сублимацијом, осом или носиоцем свих "сила" које произлазе из вредности које чине ликовни елемент, а које могу бити засноване на облику, положају, покрету или боји самог елемента. На примерима људског лица, ова композициона

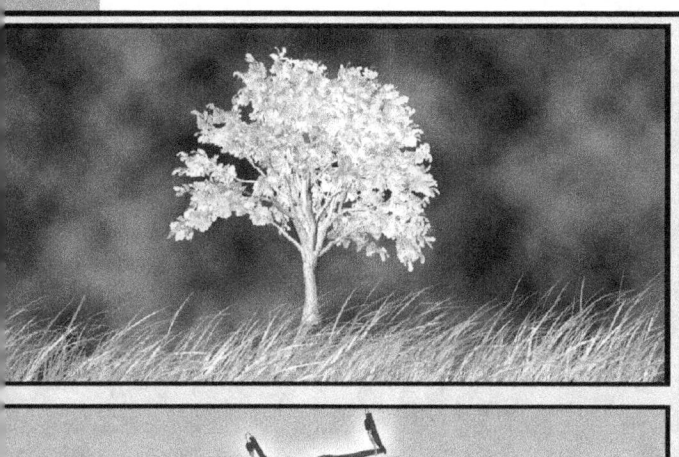
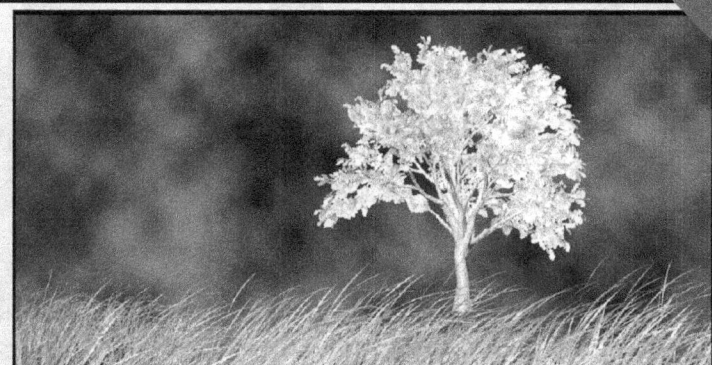
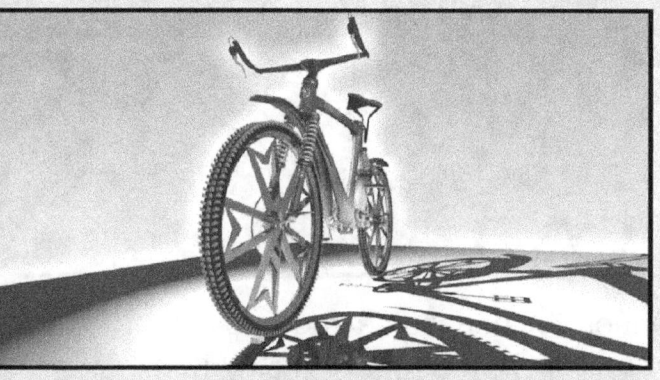
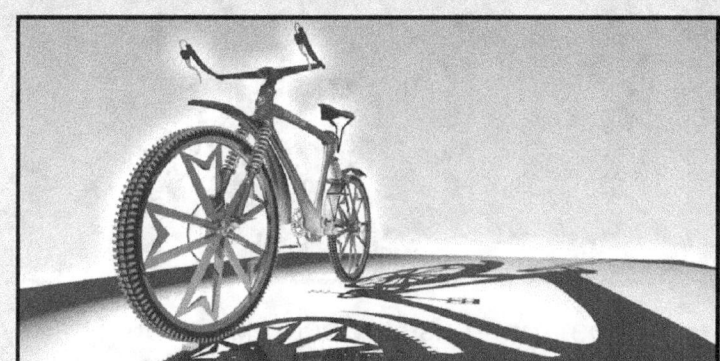
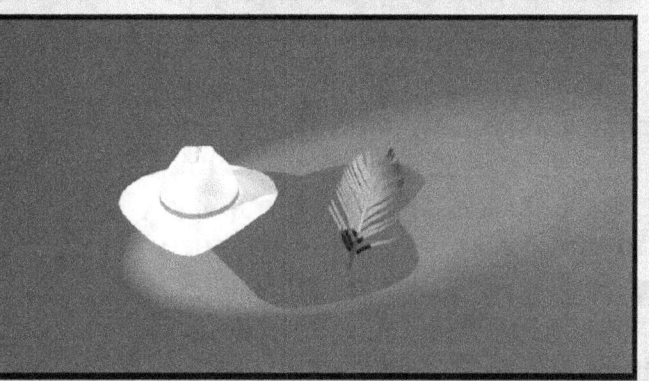
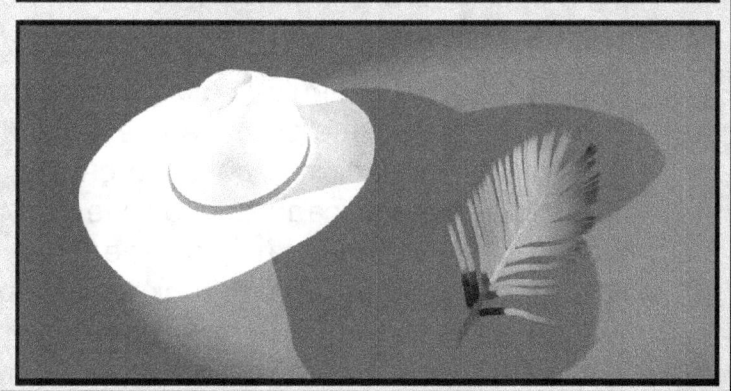
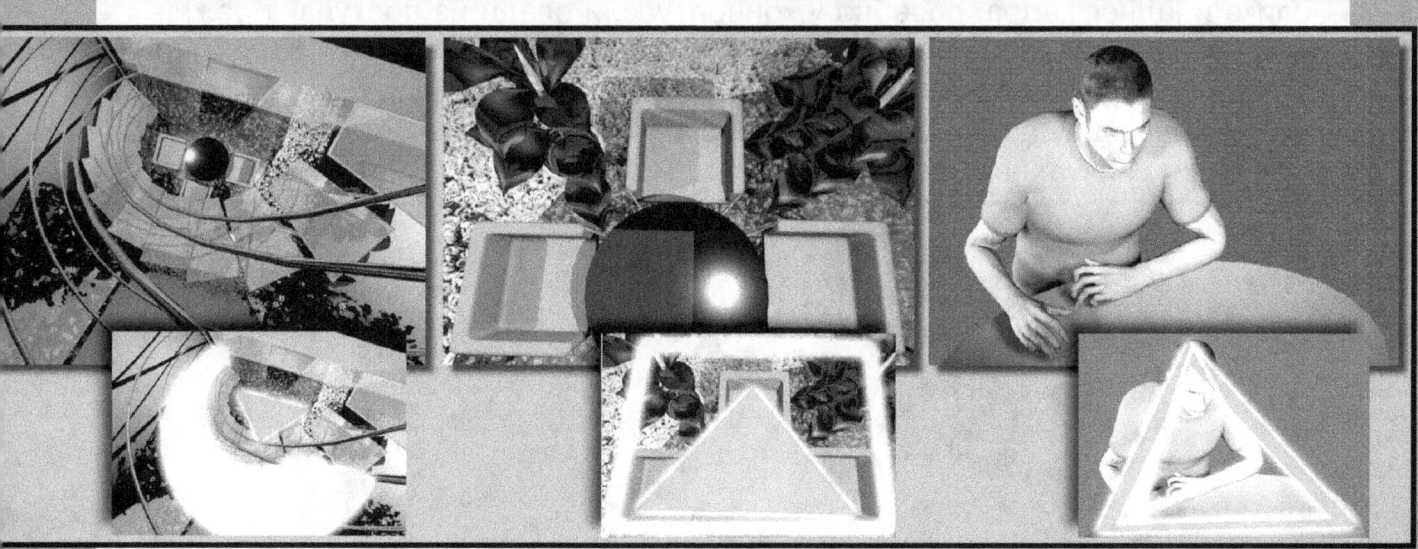

проблематика приказана је на пратећој илустрацији.

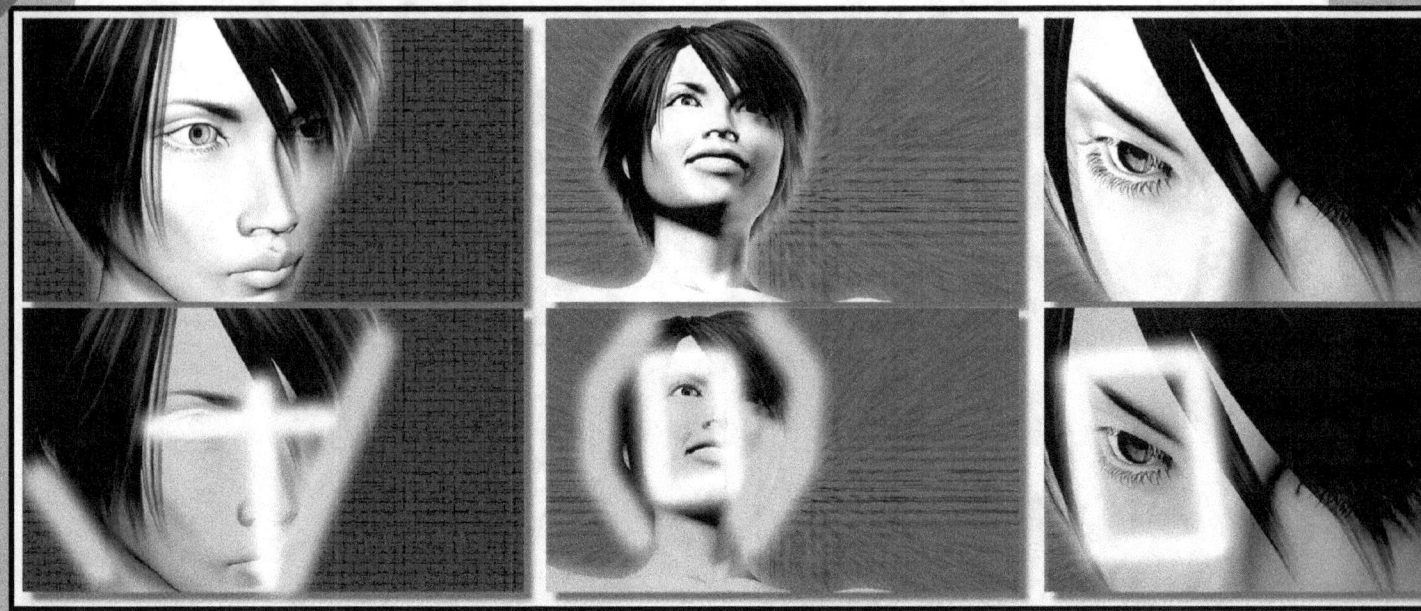

Претходно изнету систематизацију визуалног компоновања треба сматрати елементарном писменошћу као, на пример, основну светлосну поставку у осветљавању.

Уметничка композиција филмске слике садржи далеко већи број могућности за уређивање визуалних елемената, а сам анимирани филм, иако је сачињен од низа појединачно снимљених, или на други начин реализованих фотограма, садржи значајне визуалне елементе који се не могу једноставно компоновати по наведеним принципима. Наиме, елементи као што су: поглед актера, покрет актера, кретања више актера, акција актера и интеракција са окружењем, визуални акценти светлошћу и бојом и слично; драматично усложњавају промишљање и композицију једне слике и једног кадра, посебно у концепту који следи из поступака режије и монтаже низа кадрова. Појмови као што су: динамичка композиција, декомпозиција или хаос у композицији (доња илустрација), само су основа за надградњу сазнања и примене оригиналних и функционалних могућности у визуалном компоновању филмске слике.

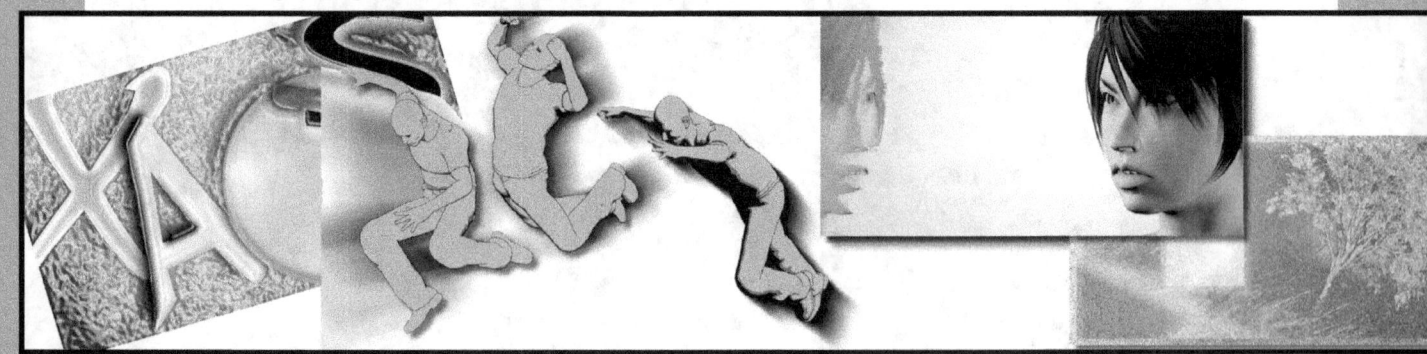

Фотографски параметри су у класичном филму технолошке неминовности које произлазе из несавршености објектива и филмског материјала. Региструју се, у мањој или већој мери, као оптичке појаве и то у следећим варијантама: разни облици вињетирања, распршивања светлости, монохроматичности, дубинске неоштрине, зрнатости и механичких оштећења слике. Савремена дигитална филмска слика у многим аспектима не приказује овако изражене оптичке појаве захваљујући развоју снимајуће технологије, као и изворној различитости настајања слике у односу на традиционалне оптичко-хемијске технологије. Међутим, у протеклој, класичној ери филма, управо су се фотографски параметри успоставили као један од најизразитијих елемената који филмску слику чине оригиналном и различитом у односу на све остале облике визуалног изражавања. Данас, у фази готово "кристално" чисте дигиталне слике, симулирају се "појаве" фотографских параметара и то управо из естетских разлога и у циљу стварања изгледа "аутентичне" структуре филмске слике. Самим генерисањем појединачних или вишеструких фотографских параметара као независних визуалних елемената, можемо их промишљати и третирати као самосталне чиниоце композиције филмске слике, који су уметнички равноправни свим осталим чиниоцима. Размотрићемо неколико симулација:

Вињетирања су последица неравномерног распростирања светлости током проласка кроз објектив, и јављају се у виду **експозиционе вињете, сферне или хроматске аберације**. Експозициона **вињета** се перцепира као кружно затамњивање према угловима формата и може бити снимајућа, пројекциона или кумулативна. Визуално је била изражена код првобитних, старих конструкција објектива за великоформатне фотоапарате; код неквалитетних објектива при малим фотометријским отворима; и посебно код већине пројекционих објектива. Вињета се симулира у про-

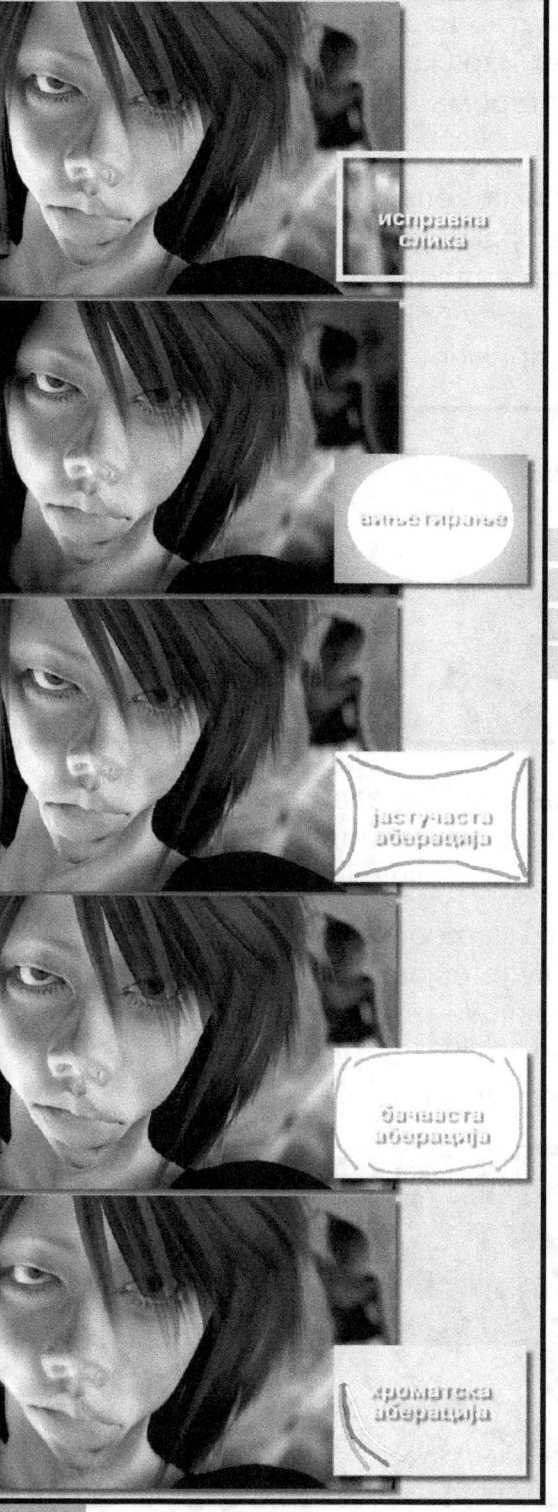

исправна слика

вињетирање

јастучаста аберација

бачваста аберација

хроматска аберација

грамима за дигиталну обраду слике, по правилу додатним филтерима или полутранспарентним маскирањем. **Сферна аберација** може бити јастучаста или бачваста и представља оптичку дисторзију ивичних делова слике. **Хроматска аберација** представља расипање и одвајање светлости на поједине делове спектра. Оба типа аберација последица су оптичких недостатака лоше конструисаних и неквалитетно израђених објектива. У уметничкој пракси не сматрају се значајним изражајним елементима али се такође могу симулирати дигиталним филтерима, како је и демонстрирано на илустрацији на претходној страни.

Распршивања светлости позната су под називима **Lens Flare** i **Halo efect**. **Ленс флер** је последица рефлексије и рефракције светлости унутар објектива, у виду "распламсавања" светлости видљивог светлосног извора у кадру, и стварања "пламтећих" мрља - вишебојних вишеугаоника са изгледом обода бленде, као на пратећем примеру с леве стране.

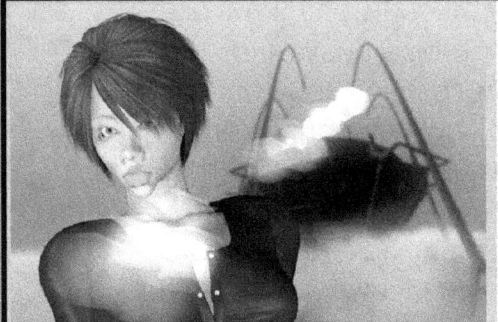 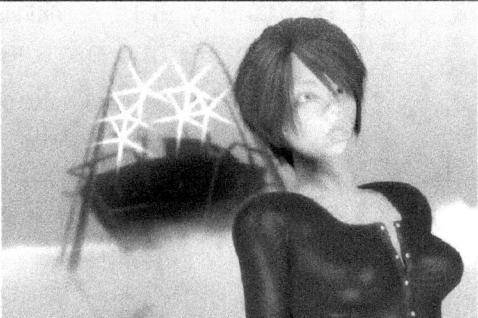 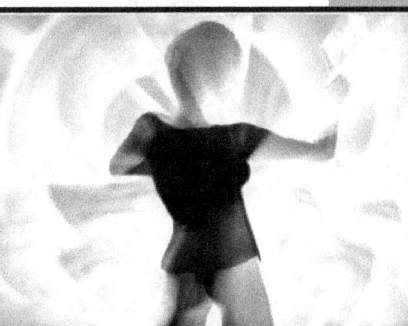

Хало ефекат је последица рефлексије и рефракције јаке светлости иза тамнијег објекта (два примера десно на претходној илустрацији). Оба ефекта симулирају се (односно "производе се"), дигиталним филтерима.

Размазивање покрета је феномен који се јавља као последица експозиције покрета оптуратором камере и у том смислу је објашњен на почетку књиге. У тродимензионалном анимираном филму није могуће реализовати ову појаву. У компјутерској анимацији се симулира у поступку финалног рендеринга. Размазивање покрета је значајан филмски феномен и

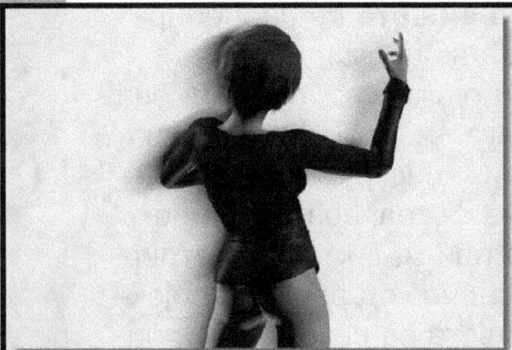 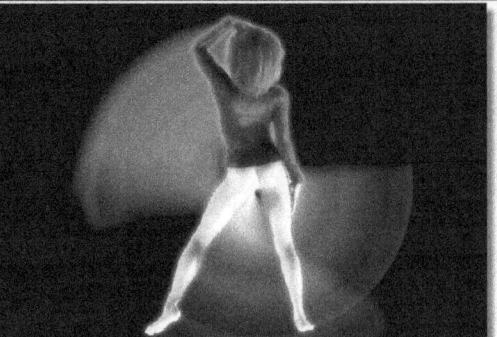 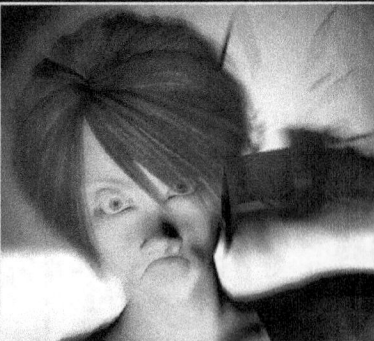

симулира се ефектима и дигиталним филтерима у постпродукцији. Систем симулације је једноставан: програм узима у калкулацију три или више фотограма у следу, детектује пикселе који припадају покрету, односно пикселе који нису статични из фрејма у фрејм, затим калкулише растојања између њих и интерполира нова обојења која чине изглед размазаног покрета. Дигиталним технологијама се могу размазати и покрети актера, а може се створити и размазаност која настаје жустрим покретима објектива, као што су зум или пан, као на претходној илустрацији.

Дубинска оштрина, односно дубинска неоштрина, такође је технолошки више пута разматрана раније. На слици са десне стране дат је још један пример дубинске неоштрине. Очигледно је да промишљена употреба дубинске неоштрине може бити међу најзначајнијим чиниоцима композиције и психолошких аспеката слике анимираног филма.

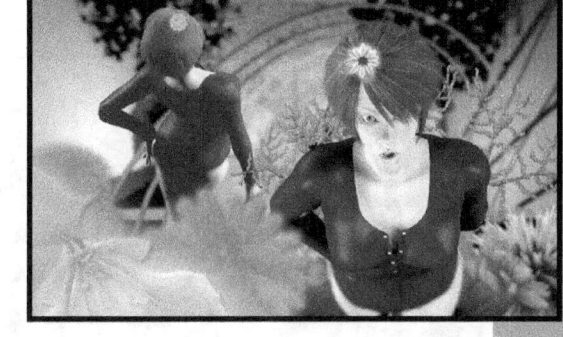

Монохроматичност или десатурација боје представљају појмове из историје развоја филмског материјала и филма, од црно-белог филма, преко колор технологија, до електронске и дигиталне слике. Монохроматичност анимираног филма се постиже и прецизним колорисањем актера и сцене, као и дигиталним ефектима корекције боје, и то у пуном распону, од монохроматских обојења типа сепије, до потпуне деколорације и црно-белог изгледа, како је приказано на примеру лево.

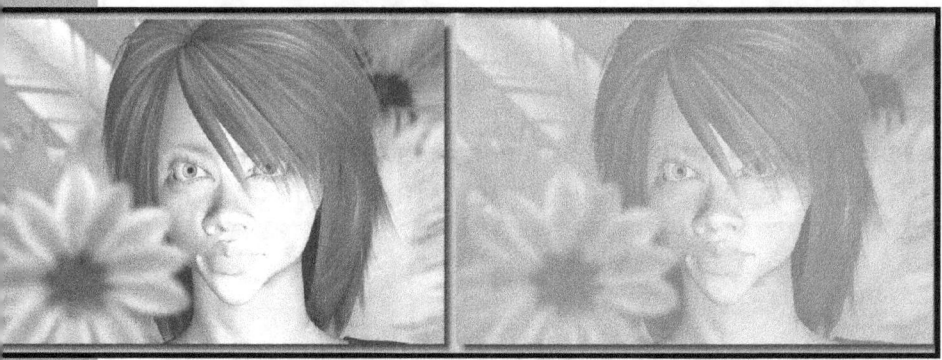

Оштећења слике су карактеристична за оптичко-хемијске и пројекционе поступке класичних филмских технологија. Јављају се у виду прашине, длака и огреботина (крацера), који могу бити бели (као огреботине на

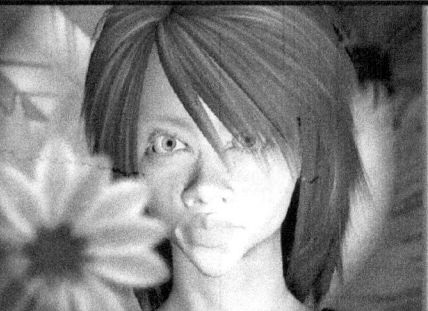
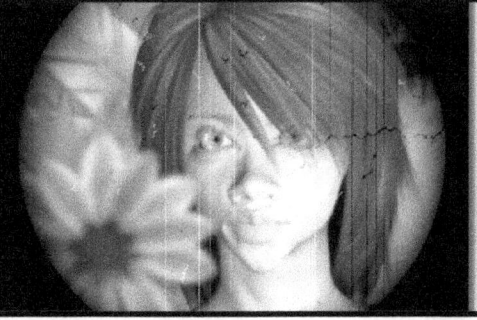
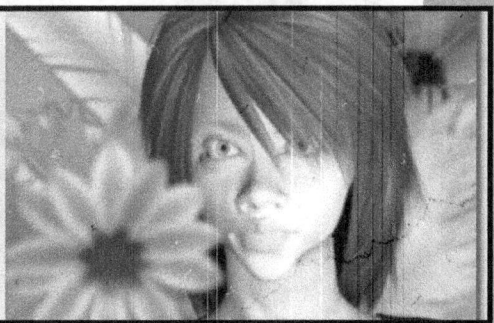

филмском позитиву); црни (огреботине на филмском негативу); и бојени (као оштећења појединих слојева на трослојном филмском колор негативу). Симулација свих ових оштећења врши се дигиталним филтерима и визуални   резултат је приказан на дну претходне стране.

Зрнатост слике је најлепши аутентични фотографски аспект који се заснива на технолошким својствима емулзије класичног филмског медија (филмске траке), коју чине стварна зрнца среброхалогенида потопљена у желатинској подлози емулзије, која се при експонирању и развијању, заиста и региструју као неконтролисана зрната структура целокупне филмске слике. Зрнатост се такође генерише дигиталним филтерима, као на пратећој илустрацији.

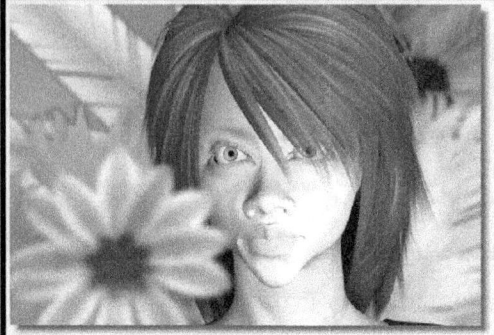
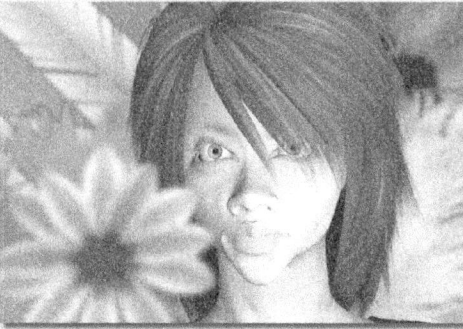
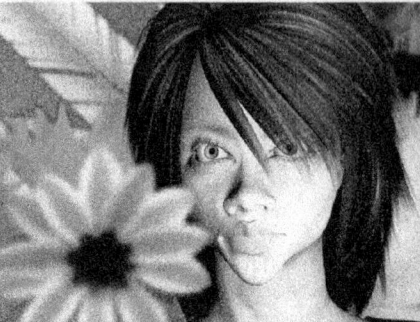

Цео комплекс фотографских параметара симулира се у већини програма за компјутерску графику, анимацију или композитинг, а употребљава се у циљу формирања слике са филмским изгледом (такозвани **Cine Look**).

На наредној илустрацији приказана је "омиљена" употреба дигиталних средстава за симулацију изгледа разноврсних филмских материјала. Наиме, целокупно генерисана, технолошки бриљантна дигитална слика, лако

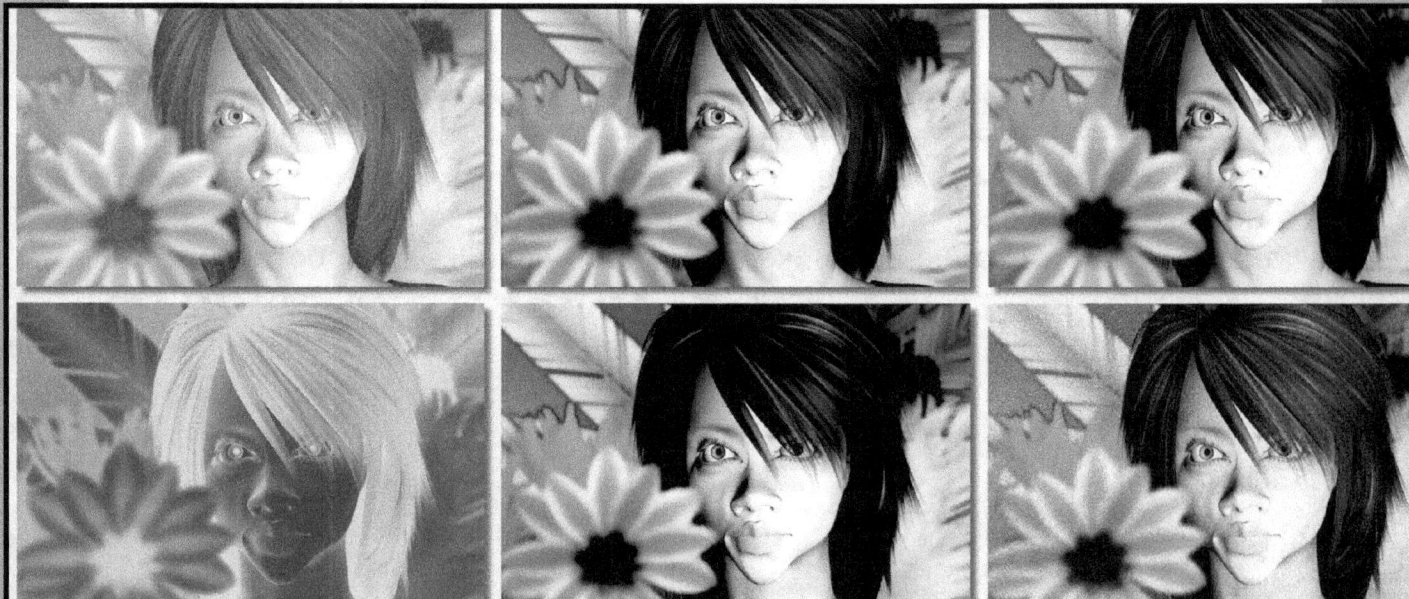

и ефикасно се коригује додатним филтерима (у овом случају су 5Д фил-
тери и програм Диџитал Фјужн), и поприма изглед као да је "живо-слика-
на", одговарајућим филмским материјалом (у овом случају демонстриран
је изглед неколико материјала светског произвођача Кодак-а, укључујући
и изглед негативске слике). На наредној илустрацији приказан је избор и
начин употребе ових филтера у програму Диџитал Фјужн.

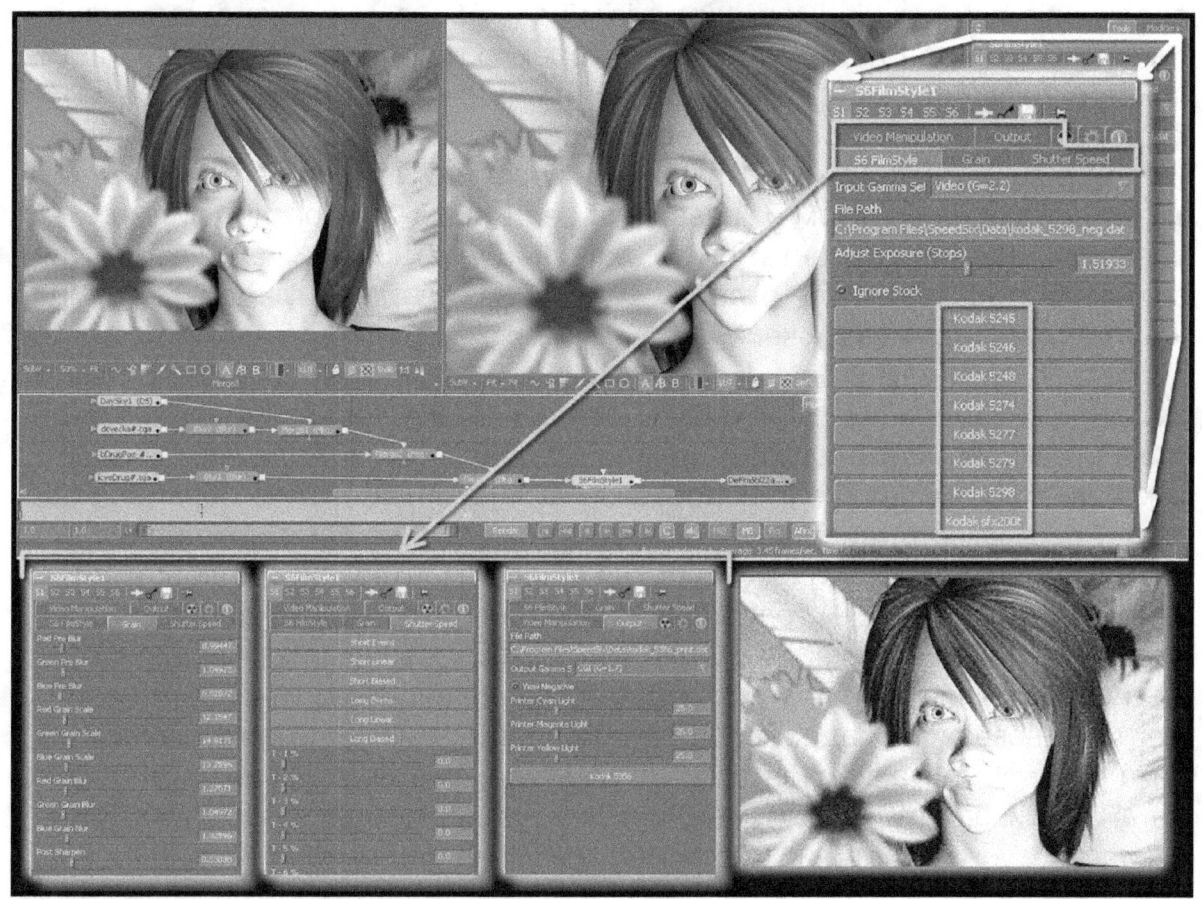

Монтажа и режија

Монтажа је последња уметничко-техничка дисциплина у низу стварања
анимираног филма. Монтажа отпочиње по окончању свих снимања: и
слике и звука. Монтажа се може сматрати финалном градњом визуално-
аудитивне приче, и изводи се спајањем или стапањем кадрова слике и
звука, у циљу формирања секвенце. Затим се, спајањем секвенци, фор-
мира целокупна прича, односно цео филм. У поређењу са писаним при-
чама из књижевности или поезије, појам **филм** компаративан је са појмо-
вима приповетка, роман, поема; **секвенца** би била проширена реченица
или строфа; а значење појма **кадар** имало би значење речи. Као што се
"писање приче" може изводити у формама од нарације до хаику поезије,
тако се и монтажом могу формирати разноврсни облици визуално-ауди-

тивне приче: наративни, експериментални, научни, наставни, емоционал-ни, провоцирајући и слично. У српској филмској терминологији, монтажа потиче од француског израза **montage**, који означава спајање или сас-тављање и то у смислу изнетом у претходном пасусу. За разлику од свих осталих уметничких и техничких дисциплина неопходних за филм, као што су снимање слике и звука, писање сценарија, израда сценографије, продукција или режија, монтажа је једина изворна филмска дисциплина. Наиме, све остале дисциплине воде порекло из облика уметности наста-лих пре појаве филма. Писање сценарија и драматургија воде порекло из књижевности и позоришта, камера из фотографије, режија из позоришта и опере, сценографија из архитектуре, позоришта и опере, а само монта-жа је настала са филмом и развијала се са њим, и обратно, филм се развијао и растао са монтажом. Монтажа је уметничка и техничка дисци-плина. Уметност монтаже огледа се у начину стварања гледаочевог виђе-ња простора, времена, очекивања и емоција, и све то само избором, ре-доследом, сечењем и спајањем визуалних и звуковних кадрова. У таквом смислу монтажа може бити типски разнолика: линеарна, паралелна, мон-тажа атракција, психолошка и провоцирајућа. У овим и сличним концеп-тима, уметност монтаже је вероватно теоријски најбогатије обрађена об-ласт у филмској литератури, у односу на све остале филмске дисципли-не. Почев од идеја и радова Лава Куљешова (монтажа је градња; цигла-кадар по цигла-кадар и грађевина-филм се издиже); Дејвида Грифита и успостављања филмске граматике унакрсним резовима за паралелне радње на различитим просторима; Сергеја Ејзенштајна и асоцијативне монтаже невезаних кадрова у циљу креирања значења; преко разних об-лика експерименталне монтаже; од Буњуела; Клера; Дишана; Ман Реја; до **MTV** стила; затим наративне, интелектуалне монтаже, и осталих ори-гиналних, па и аутистичних облика и третмана филмског материјала и причања, филмска монтажа је довољно прецизно и широко појашњена и претходне елементарне наводе дајем само као иницијативу за заинтере-соване за даље изучавање. Савремена пракса уметности монтаже ани-мираног филма значајно је поједностављена и изводи се у смеру конти-нуитета простора, времена и емоција. Размотрићемо је у два корака и то кроз **технологију монтаже**, и кроз **правила и технике монтаже**.

Савремена технологија монтаже је **дигитална нелинеарна монтажа**. Дигитална значи да се изводи на рачунару, а нелинеарна значи да је мо-гуће ређати и спајати кадрове без обавезе поштовања низа у раду. За-држаћу се на стварно напредном креативном значењу претходне форму-лације нелинеарности монтаже и размотрићу је у поређењу са технологи-јом класичне филмске и електронске монтаже.

Филмска (линеарна), монтажа заснива се на три средства: галги, преси и монтажном столу. **Галга** је обична платнена врећа на раму, изнад које је носач са неколико десетина металних кукица. У врећу се одмотају и убацују кадрови позитивске слике једне сцене или секвенце, и по планираном редоследу за монтажу, окаче се перфорацијом филма за кукице. Галга је радно спремиште материјала за монтажу.

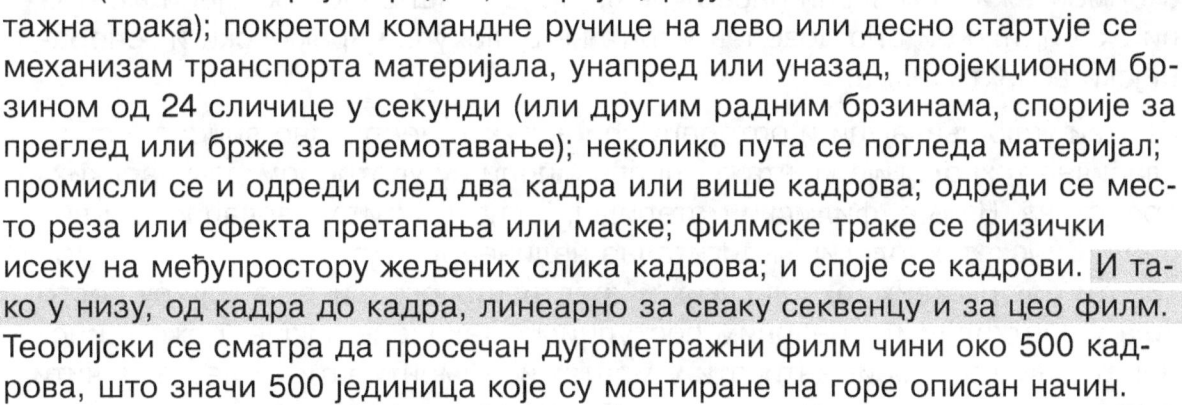

Монтажни сто је уређај за синхрони третман и преглед, пројекцију и преслушавање сликовних и звуковних материјала у току монтаже. На првој слици с десне стране приказана је Мувиола, један од првих уређаја за преглед и монтажу филмског материјала. На другој слици приказан је монтажни сто последње генерације, произвођача **Stenbek**. Као и трик сто, монтажни сто је масиван и прецизан, оптичко-механичко-електронски уређај, са неколико ротационих плоча за сликовну филмску и магнетну аудио траку. Металне ротационе плоче су предајне и пријемне и налазе се лево и десно по ободу стола, кога још чине преносни механизми са зупцима и фрикцијама за синхроно кретање свих материјала у раду, као и квалитетна сликовна и аудио пројекција. Рад на монтажном столу је једноставан: материјали слике и звука се поставе на ротационе плоче и синхроно спроведу кроз преносни механизам; привремено се повежу селотејпом за такозване "бланкове" (почетна и крајња радна, непројицирајућа монтажна трака); покретом командне ручице на лево или десно стартује се механизам транспорта материјала, унапред или уназад, пројекционом брзином од 24 сличице у секунди (или другим радним брзинама, спорије за преглед или брже за премотавање); неколико пута се погледа материјал; промисли се и одреди след два кадра или више кадрова; одреди се место реза или ефекта претапања или маске; филмске траке се физички исеку на међупростору жељених слика кадрова; и споје се кадрови. И тако у низу, од кадра до кадра, линеарно за сваку секвенцу и за цео филм. Теоријски се сматра да просечан дугометражни филм чини око 500 кадрова, што значи 500 јединица које су монтиране на горе описан начин.

Монтажна преса је једноставан ручни уређај за сечење и спајање монтажних материјала (на слици с десне стране приказана је преса за стандардни 35 мм филмски материјал). Преса има двојаку улогу. Прва је сечење сликовне и магнетне траке ножићем који се налази на ободу пресе, а друга је истовремено сечење, перфорирање и притискање провидне лепљиве траке током спајања материјала са кадровима.

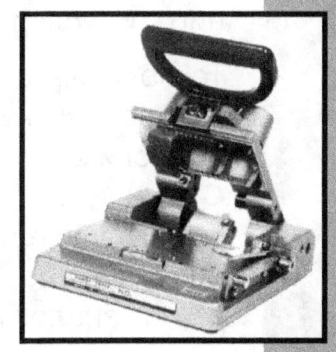

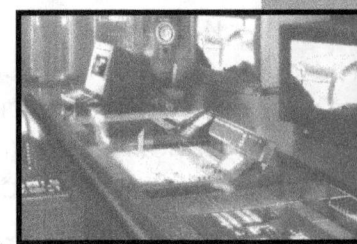

Електронска монтажа је заснована на истим принципима а изводи се са мање физичког напора и "чистих руку", јер се уређајима управља тастерима и прекидачима. На слици са десне стране приказана је професионална електронска монтажа. Електронску монтажу чине следећи уређаји: "плејери", односно репродуктори видеа и аудиа, "рикордер", односно снимач видеа и аудиа, и "видео миксета", као управљачка монтажна јединица.

Технологија монтаже је слична филмској: касете са снимљеним материјалом се убаце у плејере, материјал се одгледа потребан број пута, одреде се тачни фрејмови реза и изврши се рез, што значи да се тастером на миксети упути сигнал са подацима, на основу којих се изврши такозвани прирол (синхронизујуће премотавање уназад у трајању до 5 секунди), током чега се синхронизују плејери и снимач, и потом се, у ходу трака унапред, изврши уписивање новог кадра на снимајућу касету. И тако у низу, линеарно, кадар по кадар, за целу секвенцу и цео филм.

Очигледно је да су поступци класичне линеарне монтаже у многоме условљавали креативан рад монтажера, посебно у смислу планирања и неопходног искуства у третману материјала. Само једноставан поступак убацивања додатог, новог кадра, у већ умонтирану секвенцу, драматично је успоравао и реметио рад јер се подразумевало потпуно "развезивање" свих синхроних материјала, а посебно је био готово немогућ у електронској монтажи (такозвани инсерт рез), јер је уништавао постојећи монтажни склоп, или би био доведен у питање целокупан временски и генерацијски аспект филма.

Овакви условљавајући и оптерећујући аспекти неопходне линеарности класичне технологије монтаже, превазиђени су употребом рачунарских средстава. Наиме, филмски материјал, једном дигитализован и архивиран на диск, технологијом дигиталне нелинеарне монтаже, може се монтирати без икаквих технолошких и креативних ограничења која су постојала у претходним линеарним поступцима. Такође је лакше, брже и инспиративније експериментисати у монтажи: измонтирати више различитих секвенци од истог материјала и изабрати одговарајућу, а не унапред планирати, услед недостатка времена за вишеструко монтирање.

Технологија дигиталне нелинеарне монтаже започиње архивирањем сликовног и звуковног материјала за монтажу. У анимираном филму материјали слике могу бити фотограми или видео материјали из програма типа **CTP**, или из осталих графичких програма. Такође могу бити и појединачне фотографије или фотографије у низу, из дигиталног фото апарата, или изворно генерисани материјали из програма за компјутерску анимацију, као и "аналогни" фото, филмски или видео материјали, који су претходно дигитализовани одговарајућим технологијама скенирања. Звуковни материјали се такође уредно архивирају и могу бити у неком општем нумеричком, дигиталном формату типа **WAV**, **AVI**, **AIFF**. Звуковни материјали се организују, по правилу, по групама које су: материјали **текста** (дијалози, монолози, нараторски), материјали **шумова** (који могу бити снимљени или створени, симулирани), и материјали **музике** (која може бити оригинално компонована или архивска). Као и у случају слике, аналогни звуковни материјали се претходно дигитализују.

Дигитална нелинеарна монтажа се заснива на стандардном рачунару под стандардним оперативним системом, и посебно на специјализованим програмима за саму монтажу, као што су за **Windows** рачунарске платформе: Адобе Премијер, Рејзор Про, Едит и слични, или програм **Final Cut** за **MAC OS**. Сви програми за монтажу, колико год били визуално различити, по правилу функционишу на начин претходно описане класичне монтаже, и то у следећа 4 корака: материјали се унесу у програмску архиву и радно окружење (галга); постављају се по жељи на временску линију и прегледају (монтажни сто); секу се и спајају или стапају (преса или обележавање маркером); и на крају извозе у финални формат за телевизијску слику или за даљу лабораторијску обраду и израду (штампање) копија. Иначе, у класичној филмској монтажи, измонтирана позитивска копија се предавала лабораторији на даљу, врло сложену обраду, почев од пасовања оригиналног негатива и израде дубл-позитива копирањем, па поновним копирањем на довољан број дубл-негатива, са којих се вршило даље оптичко-хемијско умножавање и израда више десетина или стотина дистрибуционих копија за биоскопске пројекције.

Демонстрираћу ове поступке дигиталне нелинеарне монтаже употребом програма Адобе Премијер Про, са разноврсним материјалима слике и звука. На илустрацији је основно радно окружење Премијера.

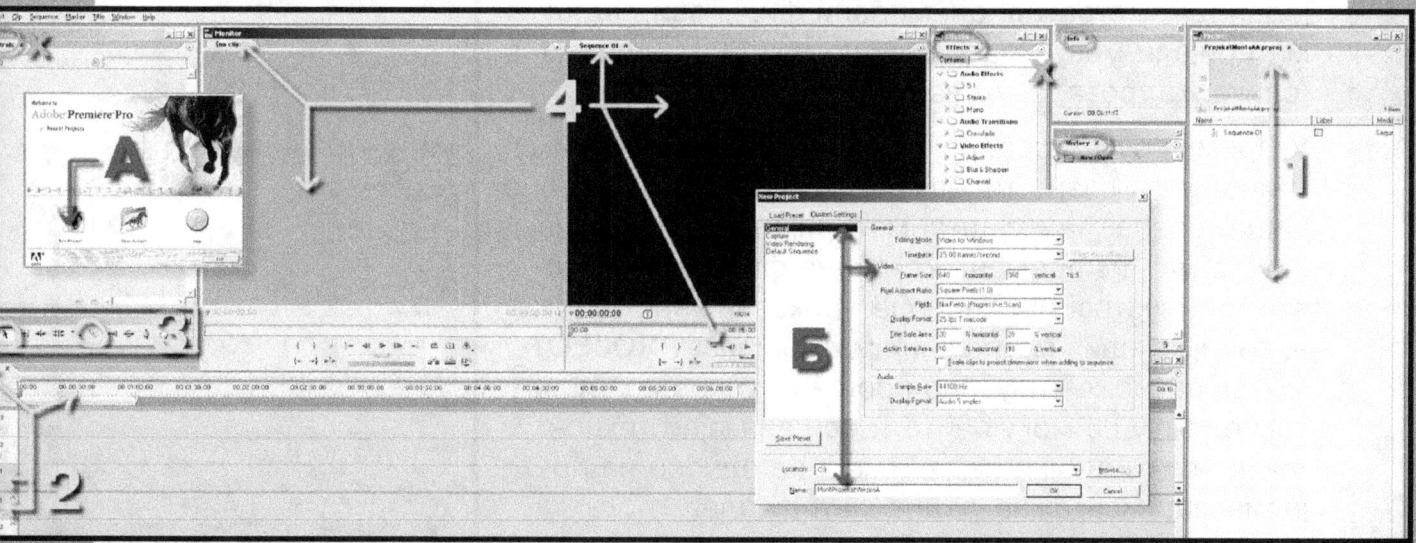

При подизању програма и пре саме монтаже, уз помоћ уводног приказа (означено словом **А** на претходном примеру), неопходно је упутити програм на назив и место архивирања података. У случају да започињемо нови пројекат, обавезно је у следећем кораку поставити технолошке вредности дигиталног записа видеа и аудиа путем пратећег екрана, означеног словом **Б** на примеру. После ових припремних операција, програм је побуђен у приказаном радном окружењу, чији се визуални изглед (у смислу приказа и распореда доступних команди и монтажних модула програма), може накнадно изменити и уредити по жељи и радним навикама монтажера. На претходном примеру приказано је окружење које садржи следеће модуле Премијера:

Ознака **1**: **PROJECT**, модул за унос и организовање материјала.
Ознака **2**: **TIMELINE**, модул временске линије за унос и монтажу видео и аудио материјала.
Ознака **3**: Модул алатки за саму монтажу видео и аудио материјала.
Ознака **4**: Монитори за управљање и преглед видео и аудио материјала.
Ознаке **X**: Додатни модули за ефекте, контролу, историју...

Монтажа почиње организацијом материјала. У нашем случају материјал слике чине појединачне фотографије и компјутерски анимиране секвенце, низови фотограма цртежа из **СТР**-а, живо-снимљени видео материјал, као и текстуални инфо за шпице које ћемо израдити у самом програму за монтажу. Материјал звука чини неколико шумова и неколико архивских музичких тема. У Премијеру се унос материјала у програм врши десним кликом на поље **PROJECT** и командом **Import**. Пожељно је уносити материјал систематично, и правилно га организовати одмах по уносу, из разлога лакшег сналажења и бржег рада, с обзиром да за један дугометражни анимирани филм сви радни материјали могу имати и више од 1500 јединица (слика, кадрова, звукова и свега осталог).

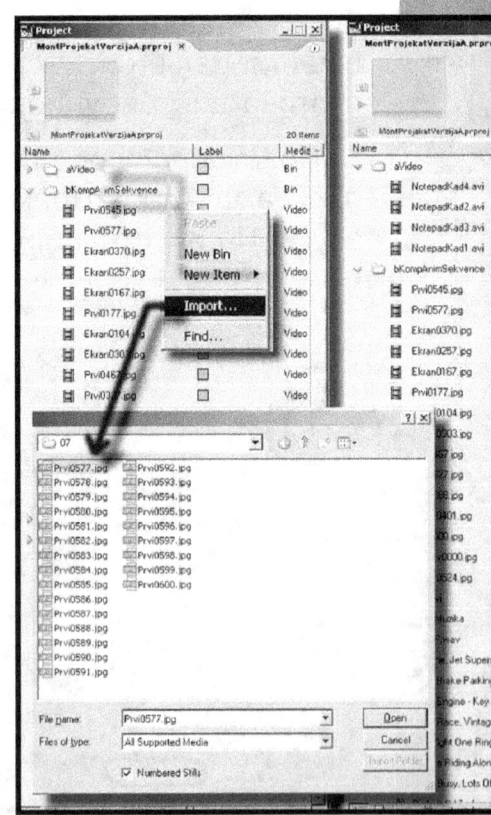

У Премијеру је препоручљиво направити неколико "бинова" за разне типове материјала. "**Bin**" (бин) је наша "врећа" за смештај материјала, односно наша "галга", из времена класичне филмске монтаже. На илустрацији десно је приказан унос и организација наших монтажних материјала. **PROJECT** модул се може визуално проширити по екрану, и у том случају се могу очитати сви значајни технолошко-статистички подаци који се односе на појединачне монтажне-радне материјале.

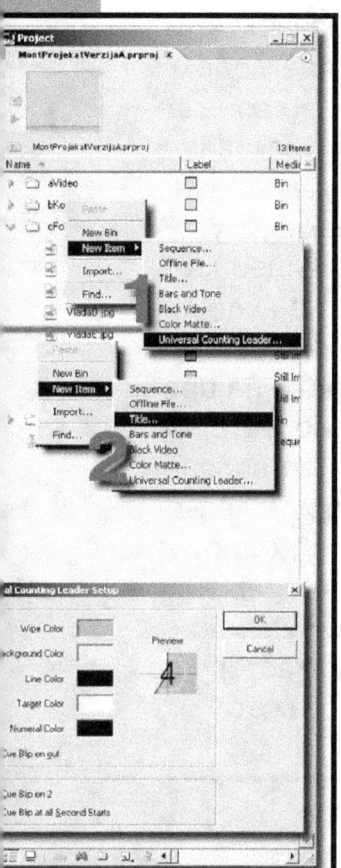

Током уношења материјала за монтажу, припремићемо такозвани старт-бланк (**Universal Counting Leader**), као и неколико статичних наслова за најавну шпицу. Старт-бланк је у Премијеру пре-генерисан документ, позива се десним кликом у простору Пројекта и избором команди **New Item**/ **Universal Counting Leader** са падајућег менија, како је приказано под бројем **1**. на примеру с леве стране. На сличан начин (**New Item**/**Title**...), позива се у радно окружење Премијера потпрограм (**Adobe Title Designer**), за израду "текстуалних слика", односно шпица, телопа, титлова... Њиме можемо исписати и у целости уредити све облике шпица и наслова, у статичном или у "путујућем" облику, у вертикалном или хоризонталном правцу, како је уобичајено за одјавне филмске шпице. Дизајнер шпица је приказан на доњој илустрацији и означене су најважније командне целине:

1. Избор статичног или рол наслова.
2. Алати за манипулацију елементима.
3. Радни простор и позадина (десним кликом миша активирају се падајући менији са најзначајнијим командама за исписивање и уређивање наслова).
4. Избор стила, односно већ припремљеног изгледа натписа у виду постављеног фонта, обојења, сенке...

5. Мени за потпуну израду и контролу карактеристика натписа.
6. Мени за контролу позиције и кретања шпице.

По завршеној изради једног натписа, архивирање се извршава напуштањем дизајнера, и том приликом активира се мени за избор наслова документа и чување. Документ се архивира са екстензијом **prtl** (скраћеница за **ПР**емијер **Т**ит**Л**), и аутоматски се уноси у означени бин.

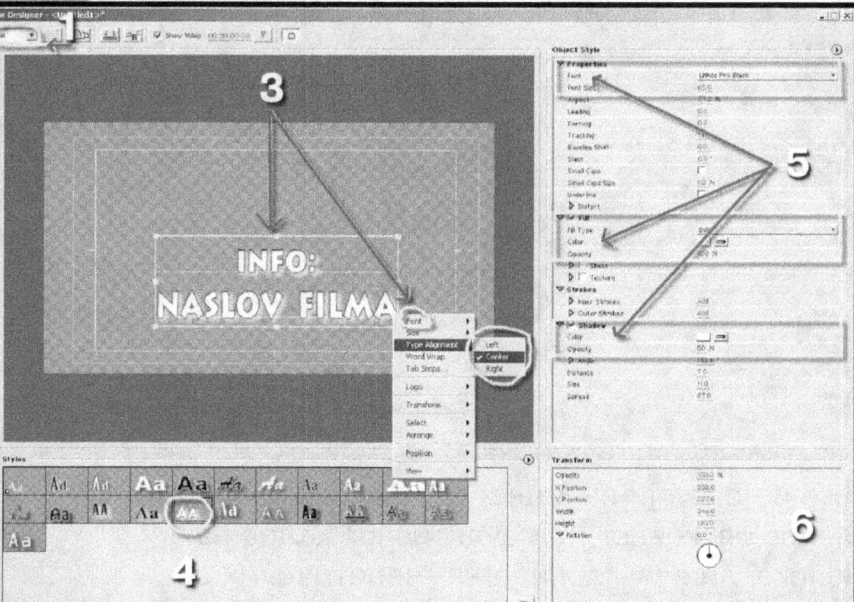

Исписани и уређени наслови могу се третирати на неутралној бојеној позадини, или се могу дизајнирати преко постојећих сликовних материјала (по терминологији класичног филма: укопиравање или дупла експозиција).

Монтажа започиње одабиром и визуалним прегледом појединачних кадрова слике, као и преслушавањем и евентуалним графичким прегледом аудио материјала, из припадајућих бинова. Преглед се извршава означавањем кадра у бину (означено **бројем 1** на наредној слици), и његовим превлачењем на леви контролни монитор (**број 2**). По одабиру, кадрови слике се, притиснутим левим тастером миша, превлаче на временску линију и постављају на жељено место у времену и на жељени видео канал (означено **бројем 3**). Аудио материјали се преносе на поље аудија временске линије, мишом, на исти начин, и постављају се на жељени аудио канал (означено **бројем 4**). Практично је и ефикасно пренети на временску линију и поређати у жељени низ неколико видео и аудио материјала, како је и приказано на примеру. Преглед материјала који се налазе на временској линији изводи се на другом контролном монитору (означено **бројем 5** на примеру), и врши се такозваним "скроловањем", односно превлачењем, левим тастером миша, премијеровог показивача временске позиције (временског курсора, на примеру је заокружен сивим), по временској линији, или стартовањем репродукције ударцем по тастеру за размак (тастер "**space**"). По извршавању свих ових претходно сажето описаних припремних поступака, може се започети монтажа.

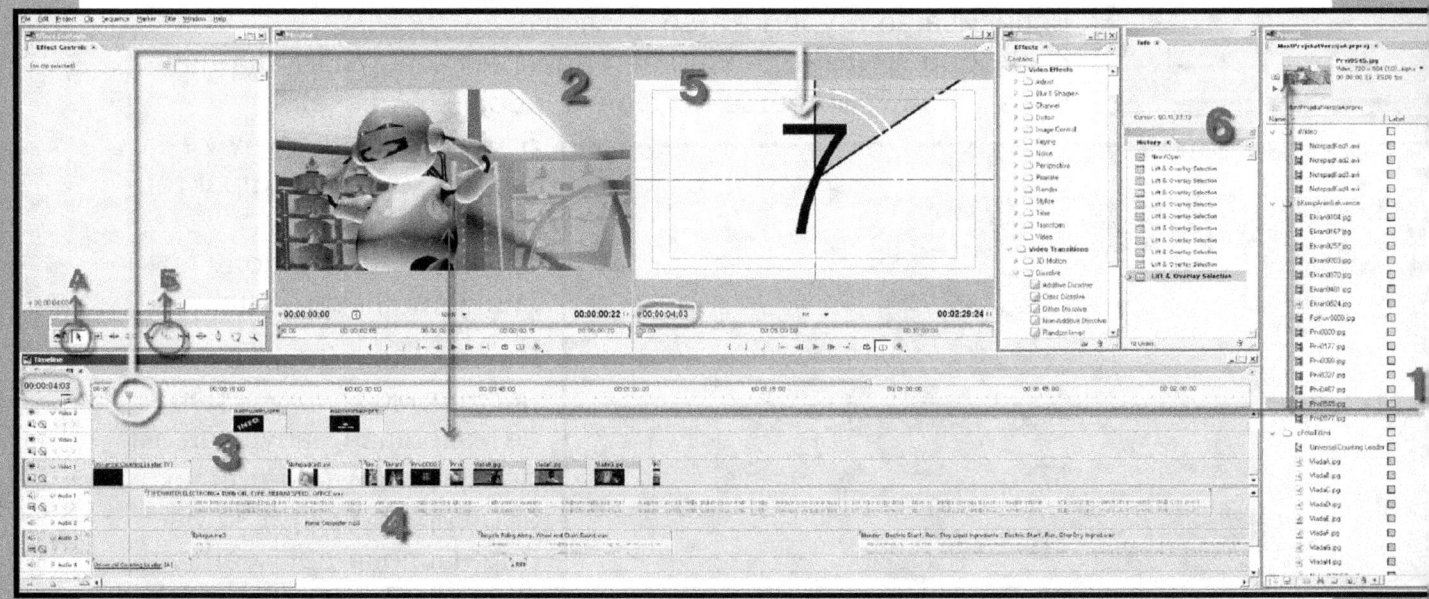

Дигитална нелинеарна монтажа се састоји из једноставних технолошких поступака постављања одређеног сликовног или аудитивног кадра на тачно жељено место на временској линији; "одсецања" непотребних делова кадра са почетка и краја; са прецизношћу до тачно одређеног фотограма; и спајања (једноставним постављањем у додир на временској линији), са претходним кадром, "изрезаним" на исти начин. За извођење овог основног поступка монтаже, неопходна је употреба алата за означавање кадрова (икона стрелице у алатима, означено словом **A** на претходном примеру), и алата за исецање кадра (икона жилета, означена словом **Б**). Стрелицом се означавају кадрови за потребе измештања по временској линији, брисања, или примене ефеката, а "жилетом" се кадрови "пресеку" на позицији између два фотограма. У случају погрешних поступака, дигитална нелинеарна монтажа омогућава поништавање грешака, или општом рачунарском командом **undo** (**ctrl+z**), или уклањањем грешке из историје учињених поступака (означено бројем **6** на примеру).

На наредној илустрацији приказана је монтажна целина реализована на претходно описан начин. На илустрацији су "жилетом" извршени монтажни резови (означено бројем **1** и линијом до заокружених резова), и алатом за означавање, кадрови су "спојени", односно постављени у додир. Бројем **2** је означен алат за промену величине екранског приказа кадрова на временској линији, као и клизач за промену погледа на жељени део пројекта. Бројевима **3** и **4** је означена претходно споменута "дупла експозиција" натписа на "живој слици", која се у оваквим програмима аутомат-

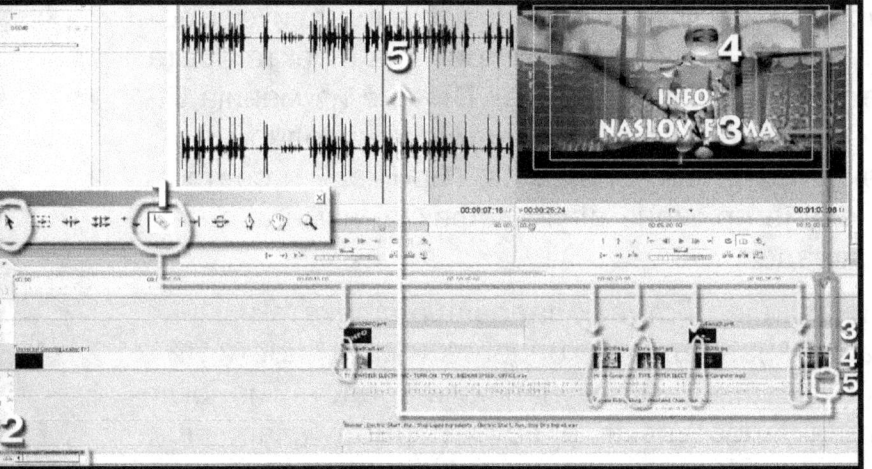

ски остварује једноставним постављањем документа натписа у слој слике (у овом случају Премијеров видео канал, 3), изнад слоја позадине 4 (у овом случају видео слика на основном видео каналу). Бројем **5** је означен графички приказ аудија у позицији показивача-курсора.

Технолошка и креативна напредност дигиталне нелинеарне монтаже огледа се и у поступцима стварања управо вишеслојних слика и вишеслојног звука, једноставним постављањем жељеног броја слојева на временску линију, подразумевајући да се интензитети слика и нивои звука у појединачним слојевима процентуално умањују до остваривања збира свих сигнала од 100%. Такође су поједностављени и монтажни поступци спајања кадрова претапањима, као и поступци специјалних ефеката на слици и звуку. На пратећим примерима представљене су неке од ових могућности. На илустрацији на следећој страни приказано је спајање кадрова **ефектима,** и то **претапањем** и **маском** у облику петокраке звезде. Оваакав поступак спајања кадрова изводи се једноставним превлачењем, левим тастером миша, жељеног ефекта из менија **Effects** (који је на слици приказан поред десне ивице). Ефекат се поставља на мали троугао на горњој ивици кадра у другом видео каналу, на коме се изводи ефекат. По

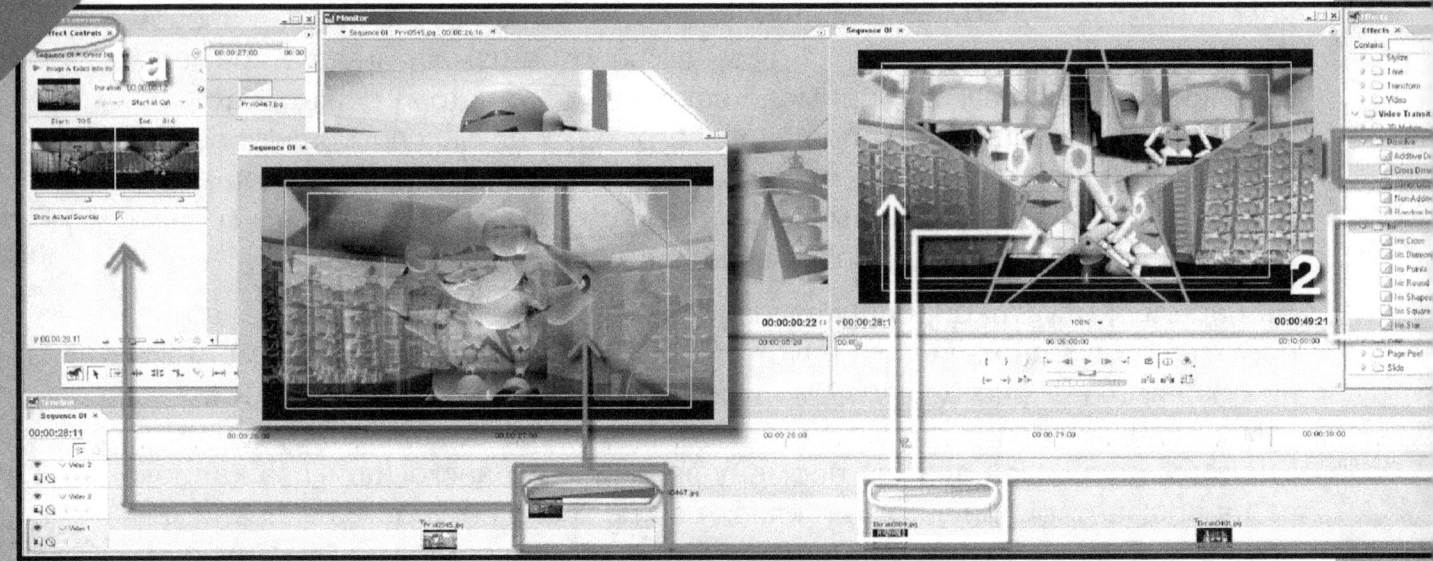

постављању ефекта, приступа се његовом подешавању и то преко менија **Effects Control**, који се на примеру налази поред леве ивице слике. Бројем 1 и тамном линијом и стрелицама означена је примена ефекта претапања слике и то по редоследу: избор ефекта **Cross Disolve** из менија **Effects**; постављање на кадар; изглед ефекта на додатом контролном монитору; као и контрола ефекта (означено бројем 1а). Бројем 2 и светлом линијом и стрелицама означена је примена другог ефекта, измене слике маском у облику петокраке звезде.

На наредној илустрацији приказан је поступак задавања ефеката измене визуалног изгледа слике. Наиме, напредност концепта и могућности дигиталне нелинеарне монтаже савременим рачунарским средствима, огледа се и у преузимању креативних поступака који су у периоду класичног анимираног филма ”припадали” другим креативним делатностима као што су снимање слике, лабораторијски и специјални визуални и аудитив

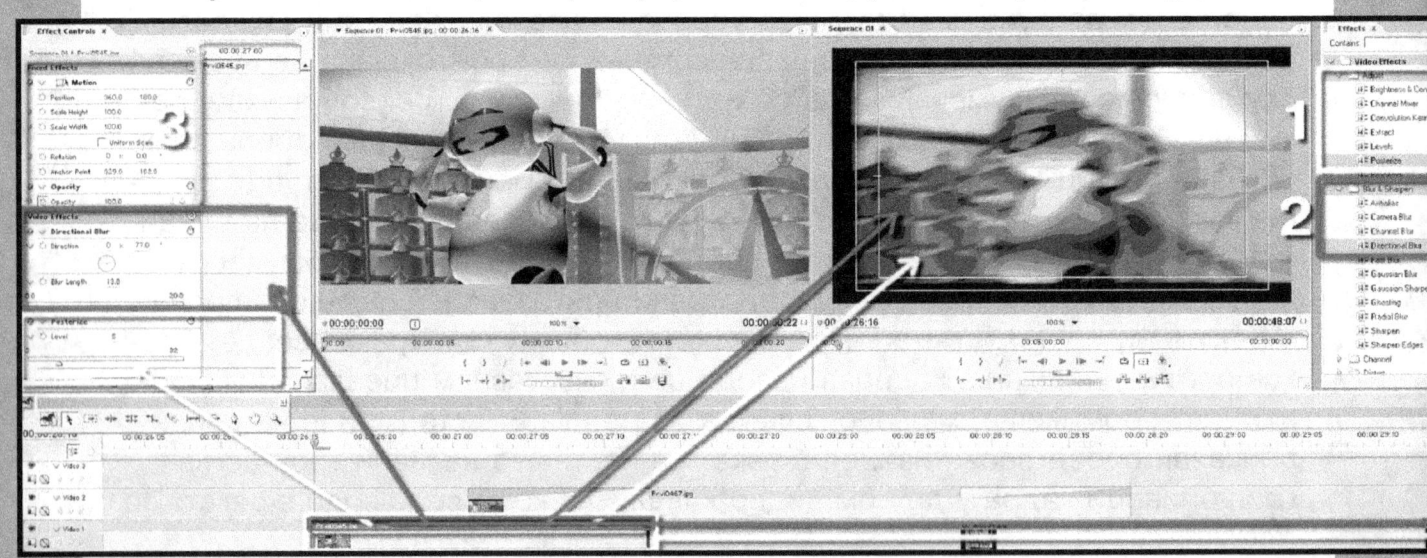

ни ефекти, обрада слике и звука, и слично. На примеру је приказана измена визуалних квалитета слике задавањем два ефекта на једном кадру. Бројем **1** је означен избор ефекта **Posterize**, а бројем **2** избор ефекта **Directional Blur**. Припадајуће линије и стрелице означавају начин постављања ефекта на кадар, као и могућности потпуне контроле примене ефекта командама у менију. На десном контролном монитору приказан је завршни изглед кадра. Бројем **3** је означен део менија **Effect Control**, који се односи на стандардне просторне манипулације, које се могу применити на означен кадар на временској линији, и то манипулације типа пропорционалног или непропорционалног увећавања и умањивања целокупне слике, ротације, или анимације кретања слике.

Сличан је концепт спајања кадрова и примене ефеката на аудио материјалу. Осим резом, аудио материјали се могу спајати претапањима, и то на два начина. Први је смањење нивоа сигнала од означеног фрејма до краја једног аудио кадра, а повећавање нивоа од почетка другог кадра, до означеног фрејма, што је представљено на слици испод, под бројем 1 и тамно-уоквиреним пољима. Заокружени су управо фрејмови аудија на којима су постављене вредности промене нивоа. Други начин се изводи постављањем ефекта претапања (**Crossfade**), из групе аудио ефеката. Овај начин је означен бројем 2 и светло-уоквиреним пољима.

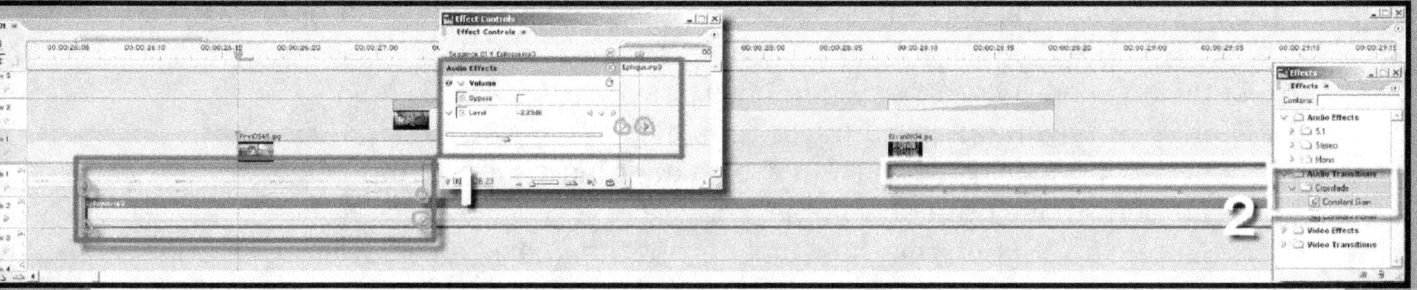

Завршетак дигиталне нелинеарне монтаже укључује и поступак финалне израде монтиране слике и звука. Финална израда означава да програм

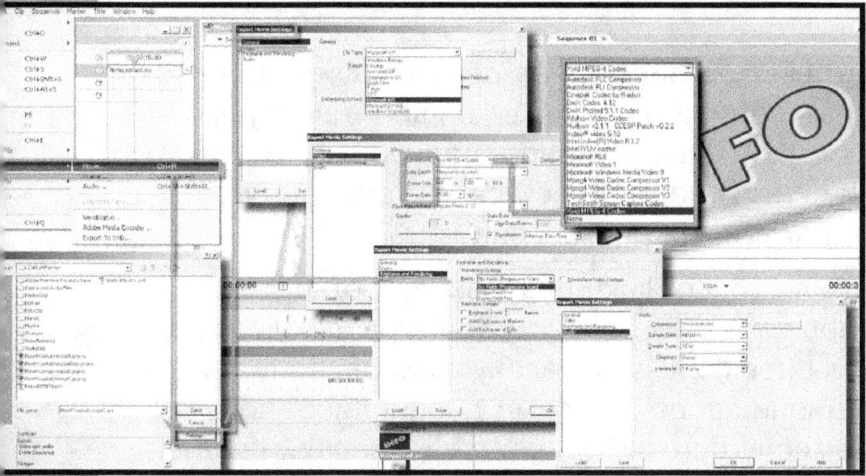

треба да прекалкулише (да "рендерује"), све задате вредности за сваку интервенцију на слици и звуку, и да формира и архивира целокупан филм у жељеном излазном формату. Овај поступак се изводи командом **Export** из падајућег менија **File**. Затим се у низу, преко појединачних менија, поставе вредности свих жељених елемената завршног квалитета филма и програм извршава калкулације и архивира финални документ на одговарајући медиј. Сви значајни кораци у припреми и извођењу експорта измонтираног анимираног филма уоквирени су и означени линијама на последњој илустрацији на претходној страни.

Иако монтажу квалификује управо повезивање слика и кадрова са смислом, и то у разноврсном значењу: смислом нарације; континуитета; акције; емоције и смислом симболике; управо је технологија дигиталне нелинеарне монтаже у многоме унапредила уметност монтаже и то у смеру истраживања и експериментисања. Такође је у многоме олакшала, обједила и учинила ефикаснијим сам третман материјала, највише у споју и зависности монтаже и режије, и обратно.

Уметност монтаже се може разматрати у ужем, техничком контексту, као и у ширем, драматуршком контексту. У ужем, уметност монтаже се своди на "мек" рез, што значи психолошки неприметан спој два кадра и максимално одржавање континуитета гледаочевог "виђења" јединствености простора, времена и кретања. Иако разматрање неприметног реза јесте широка и дефинисана област, задржаћу се на елементарној писмености монтажом и навешћу нека од основних радних "правила" неприметног, меког "резања":

1. Сеци за садржај, када га резом унапређујеш, или сеци за форму и атракцију, када садржају нема спаса;

2. Сеци по акценту: покрету или јаком звуку;

3. Сеци поштујући оријентацију и "рампу";

4. Сеци, не прекидајући континуитет акције на почетку или крају кадра;

5. Сеци по ритму кретања или звука;

6. Не сеци кад не иде или покушај са претапањем. Или остави и пређи на наредне резове. Можда се кадрови са немогућим или неоправданим спојевима неће ни употребити у филму;

7. Не сеци кад не иде: доанимирај, досними, прекомпонуј кадар за исправан рез.

Шири контекст уметности монтаже коегзистира са режијом филма, не толико у смислу персоналне сарадње (или уметничке конфронтације), монтажера и режисера, колико у смислу елементарног градива и граматике (и режије и монтаже), која је јединствена и односи се на третман простора филмске слике плановима, ракурсима и композицијом.

Режија анимираног филма у било ком облику реализације, од цртаног филма до компјутерски анимираног, не би требало да се разликује од режије било ког типа живо-снимљеног филма, у целокупном распону технолошких, техничких и организационих аспеката саме дисциплине, посебно почев од граматике режије у смислу прихваћених и дефинисаних правила писмености. У великим и значајним продукцијама филмске анимације, претходна претпоставка исказује се тачном, вероватно из једноставног разлога: режијом анимације се баве "школовани" режисери, и то се јасно види у радовима продукције Пиксара, Дизнија, Тима Бартона, Џорџа Лукаса, Питера Џексона. Међутим, велики је број филмова и продукција анимације, као што су Корто Малтезе, Финална Фантазија, Бил Плимптон и остали, у којима се осећају, или су јасно видљиви, управо недостаци основне филмске супстанце, "**филмичности**", иако су при изради задовољени сви до сада наведени елементи професионалне реализације анимираног филма. У протеклим деценијама, овакви недостаци могли су се сматрати мање значајним, са образложењима која су произлазила из квалитета "система по правилу", и то:

а) по правилу, већина анимираних филмова је из категорије ауторских филмова, односно филмова у којима су се режијом бавили главни аниматори, који су

б) по правилу били и идејни творци, и сценаристи, а и продуценти својих анимираних филмова, а

в) по правилу, свако анимирано дело имало је свој део значајне, оригиналне и аутономне визуелне лепоте, било у ликовним, било у стилским, било у квалитетима кретања, јер анимирани филм је дуго био изолована уметничко-филмска категорија, а

г) по правилу, било је довољно нефилмичних (слабо режираних), ауторских живоснимљених филмова,

...те се значај режије анимираног филма није сматрао пресудним за квалитет самог филма.

Затим су се појавили компјутери, па Лукас, Спилберг, Каценберг, Џексон, Пиксар, Вета, Енглези са Хари Потером, и остали који су успоставили и унапредили "бизнис" анимације и повели до данашње хипер-продукције визуалних садржаја и надражаја, и више пута споменуте експанзије анимације у свим могућим технолошким и креативним категоријама.

Режија филмске анимације јасно долази на место кључног чиниоца квалитета анимираног дела и режија је данас све, с обзиром да се у дигиталној ери филмске анимације квалитет свих осталих чинилаца подразумева из једноставног разлога: између 6 ипо милијарди становника на Земљи, постоји довољан броја врхунски школованих појединаца, Американаца, Кинеза, Индуса, и осталих из најнапреднијих нација, за појединачне уметничке дисциплине које чине филмску анимацију, од цртача сториборда, до главног аниматора, који су доступни за рад и унајмљивање.

Режија је уметничка и ауторска дисциплина визуалног и аудитивног причања приче. Режијом се бави режисер, односно, по англосаксонској терминологији, директор. У ауторском смислу, режију је лако дефинисати: режисер прича филмску причу, и он је одговоран за све. Међутим, у концепту уметничке праксе, режија је изузетно сложено занимање, сачињено од организационих и технолошких, а затим и креативних елемената. У организационом смислу, режисер изабира чланове креативне екипе, и то: глумце (ликове и актере за гласове анимираних јунака), монтажера, сниматеља, "сценографа и костимографа", односно цртаче и главне аниматоре. Најједноставније је упоредити режисера са селектором спортске екипе, који изабере и покупује играче, састави тим, постави стратегију и тактику, изведе тим на утакмицу и командује, коригује и усмерава све акције. У реализацији анимираног филма, овакав концепт организационих обавеза, задатака и одговорности режисера, готово је дослован, па и увећан за послове обезбеђивања средстава за реализацију, односно послове продукције, с обзиром да је и даље (у великом броју и малих и већих филмова), режисер у главном и стварни и једини аутор, што значи и сценариста, и главни аниматор, и лејаут артист, и креатор ликова, и готово све остало. У великим продукцијама као што су Пиксар, Дизни или Дримвркс, могућа је и другачија организација, с обзиром да је и режисер уметник који је подложан позивању, унајмљивању и хонорисању за рад.

Технолошки елементи режије односе се највише према слици филма, јер режисер је тај који одређује формат, технологију, визуални концепт и стил филма, тачку гледишта, изрез и објектив камере, изглед ликова и сцене и концепт анимације. А то значи да режисер све ове области треба да познаје у крајњим границама, јер само тако може подстакнути и остварити максималан уметнички учинак и домет свих сарадника, од цртача позадина и колористе, до сниматеља и монтажера.

Креативни елементи произлазе из организационих и технолошких: нема доброг филма са слабим "глумцима" и монтажером. Креативни елементи заокружују умеће режије и омогућавају да се од било каквог садржаја створи писмен, квалитетан и "гледљив" филм. Набројаћу основне креативне елементе режије анимираног филма:

А. Управљање глумцима (и то у дословном значењу израза). Режисер управља живим глумцима током процеса снимања говора, и у складу са његовим инструкцијама, глумац ће "на слепо" остварити експресију која припада анимираном лику у текућој акцији. Режисер "управља", односно одређује изглед и начин кретања сваког лика.

Б. Управљање кретањем у простору. Режисер одређује где ће се ликови налазити у простору; којим путањама ће се и како кретати; да ли има, и какве, интеракције међу ликовима или са елементима сценографије; односно режисер одређује све оне поступке познате из терминологије класичног играног филма под називом "мизансцен".

В. Креација слике. Режисер одређује визуални стил: тачку гледишта; из-
рез и објектив; сценографију и костимографију; односно структуру и фак-
тографију филмске слике.

Г. Креација приче драматургијом и монтажом. Режисер одређује пошто-
вање лејаута, избор, редослед и трајање кадрова у секвенци и статус
секвенци у целом филму.

Режија анимираног филма је свакако комплекснија и флексибилнија умет-
ност у односу на претходно опште и редуковано разматрање. Ова умет-
ност је врло добро покривена разноврсном литературом, од стручних
чланака до ауторских монографија. У духу ове књиге, режију анимираног
филма разматраћу у најужем делу елементарне филмске писмености, а
елементарна филмска и режијска писменост заснивају се на начину упо-
ребе филмских планова и ракурса, у првом кораку, у смислу стварања и
одржавања визуалне просторне и временске оријентације.

Филмски планови су основни чинилац јединствености филмске грама-
тике. Филмски план је начин "исецања" величине актера изрезом слике.
Називи филмских планова осмишљени су према људској или човеколикој
фигури у филмском изрезу. Листа филмских планова је следећа:

Тотал план је филмски план са представљањем целокупне фигуре акте-
ра. Тотал план може бити пуни тотал, када је изнад главе и испод ногу
актера остављено мало простора до ивице слике (означено бројем 1 на
доњем примеру). Тотал план може имати и варијанте "даљег" (број 2) и
"далеког" тотала (број 3), када је фигура актера значајно умањена у изре-
зу слике, којом доминира околни простор.

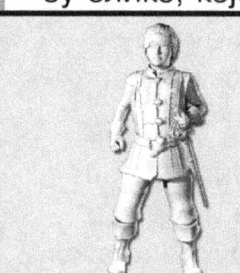 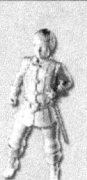 

Од пуног тотала, листу филмских планова дефинише начин "сечења" фи-
гуре актера према лицу и детаљима, а та "идеја" приближавања лица ак-
тера гледаоцу јесте и суштина филмских планова. Основна визуална пис-
меност у примени филмских планова налаже да се при преласку са тота-
ла на следеће "ближе" планове, значајно елиминише простор изнад главе
актера, што значи да се у свим осталим плановима глава актера компо-
нује блиско горњој ивици слике, али је не сме додиривати. Уосталом, ос-
новно правило ликовних композиција налаже да мотив не сме додирива-
ти ивице слике или се "наслањати" на њих, већ се мора оставити одгова-

рајућа величина простора, а ако је то немогуће или несврсисходно, онда се делови мотива кадрирањем "секу" и остављају изван ивица слике.

Амерички план (америкен план), представља први корак у приближавању и укрупњавању фигуре актера. Амерички план налаже да се актер пресече доњом ивицом изреза слике близко сре-дини потколенице, уз остављање већ дефиниса-ног малог простора изнад главе (косе, шешира), актера (пример десно). Амерички план је порек-лом из раних америчких филмова и оправдава се "визуалним" захтевом да се актер и његово глав-но оружје, сабља или мач, прикажу што већим на екрану.

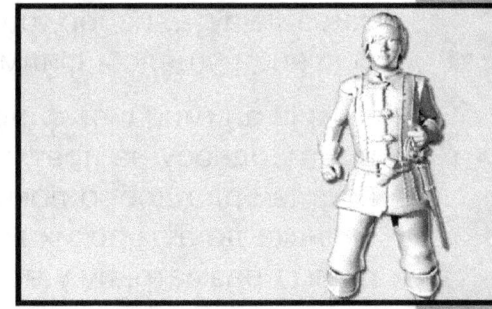

Средњи план је следећи корак у приближавању актеру-глумцу и употре-ба тог плана налаже да доња ивица изреза пресече актера изнад колена и ближе куковима, односно у висини бутина. У идеји историјско-теоријс-ког значења, ово је оптималан "револверашки" план. Евентуалне спуште-не руке актера не смеју доди-ривати доњу ивицу изреза, и у том случају дозвољено је "резати" ближе коленима, као

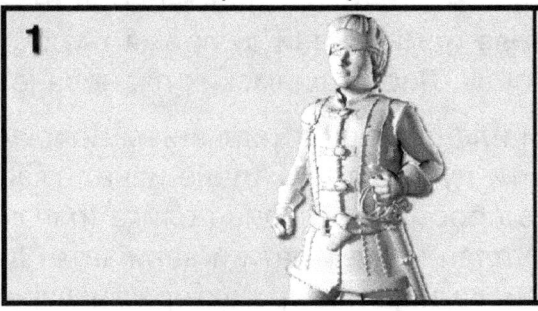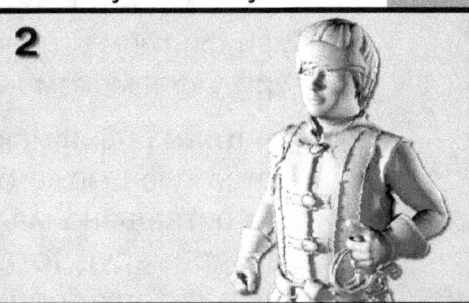

што је на горњем примеру под бројем 1. Ако су руке на револверу или мачу, реже се ближе куковима (број 2). Из разлога непознатих аутору, средњи план је у протеклих пар деценија у српском језику промовисан под називом "руски" план.

Полукрупни план је план груди и прекрштених руку (доњи пример), од-носно план у коме доња ивица изреза сече актера у простору између стомака и груди, а у зависности од положаја руку. Спуштене руке налажу резање ближе грудима, а пре-крштене или по-дигнуте руке, резање ближе стомаку. С об-зиром да су и сабља и пиштољ остали испод

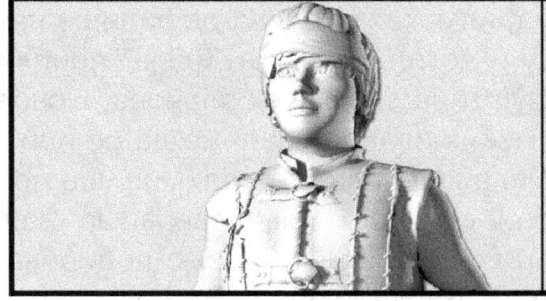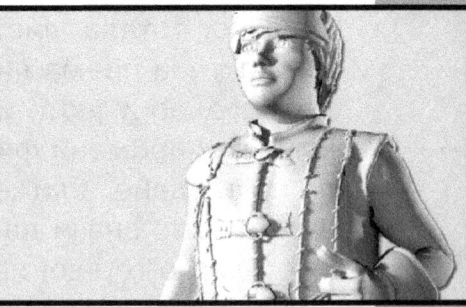

ивице кадра, овај план можемо сматати боксерским планом.

Крупан план омогућава доминацију лица актера. Произашао је из сликарског и вајарског концепта портрета. Крупан план има неколико композиционих варијанти, у зависности од формата филмске слике и односа страница. Основу крупног плана чини резање актера доњом ивицом изреза, по могућности испод рамена, а свакако значајно изнад груди, с тим да је горња ивица изреза сасвим близу главе или косе (горњи пример с леве стране).

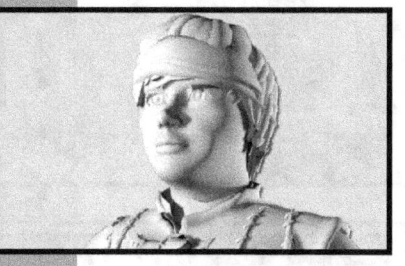

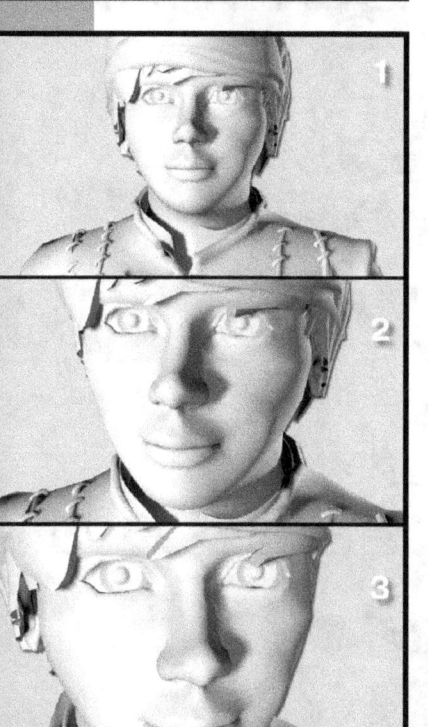

Споменуте композиционе варијанте крупног плана подразумевају прецизна "резања" и то у следећим корацима "приближавања":

1. Горња ивица засеца косу или чело до средине, а доња ивица остаје испод рамена; (означено бројем 1 на примеру лево);

2. Горња ивица засеца изнад обрва, доња ивица прилази бради (број 2). Овакав начин резања доњом ивицом је критичан јер током приближавања бради није допуштено "резати" огољени врат. Овакав начин резања могућ је или из неког горњег или доњег ракурса, или једноставним прекривањем врата крагном костима или шалом.

3. Горња ивица остаје изнад обрва, а доња ивица пресеца између браде и доње усне (број 3). Овакав начин коришћења крупног плана карактеристичан је за екстремно широке филмске формате, типа Синемаскоп или Ултра Панавижн, и назива се и ултра-крупни план. Применом овог плана остварује се максимална изражајност лица актера и то очима, уснама и образима, с обзиром да лице готово у потпуности прекрива биоскопско платно током пројекције. Такође се остварује и максимална "присност" гледаоца са актером. Употреба оваквог плана је критична из разлога изузетно ограничене могућности кретања главе актера у кадру, с обзиром да и најмања непрецизност у глуми-анимацији очима, уснама и образима, чини да део главе изађе изван изреза, што се сматра пропустом у кадрирању.

Детаљ план је начин "резања" независан од односа са фигуром актера. Детаљ план је разноликих величина и подређен је правилима композиције. Сликани детаљ је, по правилу, и центар пажње у кадру.

На илустрацији на врху наредне стране приказани су примери детаљ планова, а наредна вертикална илустрација садржи називе и шематски приказ основа правилног кадрирања филмским плановима.

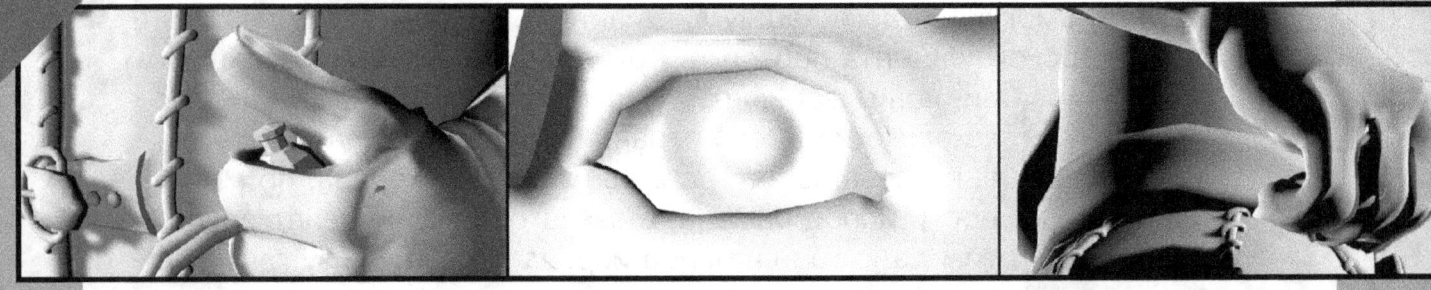

Филмским плановима се визуално прича на два начина:

Први начин је прецизно извођење планова. На пример, актер порезан по коленима и са вишком неба или вишком празног, неактивног простора изнад главе, није у америкен плану, већ је "неписмено" кадриран и снимљен.

Други начин је разноврсна употреба планова. На пример, пет кадрова било како значајног садржаја, у низу, у једном плану, на пример полукрупном, гарантују само досаду и исказују незнање и позоришни приступ.

На илустрацији на дну ове стране приказан је неправилно реализован монтажно-режијски низ од пет једноличних филмских планова.

На следећој илустрацији, на врху наредне стране, приказано је правилно кадрирање и снимање, које је разноврсно по филмским плановима.

Филмске ракурсе смо дефинисали у претходном делу књиге, као поглед камере у односу на хоризонталу, који може бити нормални, горњи, доњи и екстремни горњи и доњи. У концепту режије, промишљање и правилна употреба филмског ракурса, у заједништву са филмским планом, композицијом и захватним углом објектива, чини дру-

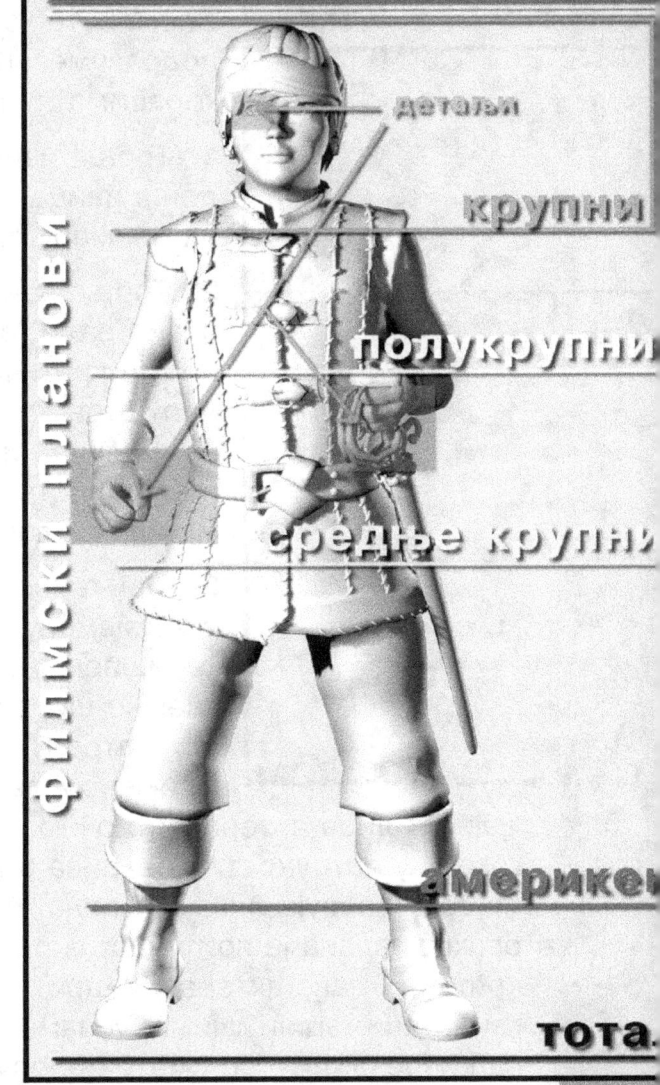

филмски планови

детаљи

крупни

полукрупни

средње крупни

америке

тота.

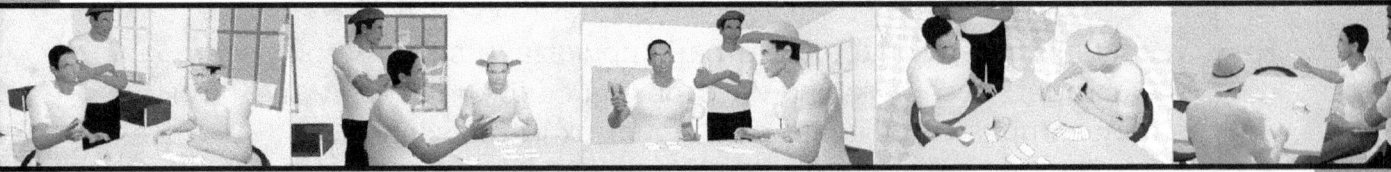

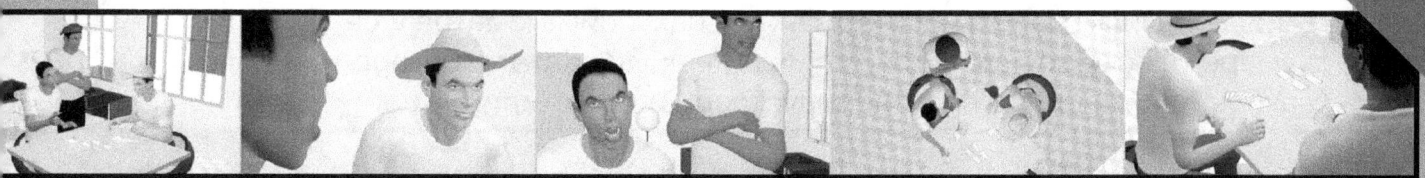

ги корак елементарне филмске "писмености". Филмским ракурсом гледалац се приморава да фокусира и перцепира актера, сцену и акцију искључиво из тачке и смера гледишта коју је режисер условио, а управо овакво присиљавање гледишта чини значајан удео у емоционалној структури филмског дела, односно удео у оној психолошкој целини која гледаоцу држи поглед "закуцан" за филмски или тв екран, јер га на то приморавају осећаји: од очекивања и стрепње, до страха или потпуне релаксације. У делу умећа изазивања гледаочевих емоција, правилни филмски ракурси имају удела и значаја исто, или и више од исправне глуме, акције и свих осталих елемената.

Нормалан ракурс произлази, једноставно, из "нормалности", односно из начина виђења које чини највећи део људских животних визуалних појава, а то су виђења у којима су погледи блиски хоризонтали. Кад седимо и причамо за столом, у колима, или аутобусу, гледамо се по хоризонтали. Кад шетамо улицом, излози, киосци, или шалтери, прилагођени су погледу у хоризонтали. У већини контаката и односа, од руковања на плажи до довикивања на ливади, наша спознаја се заснива на виђењу по хоризонтали, а такво "виђење" формирало је и нашу свест о "нормалности". Управо у хоризонталном виђењу, овали људског лица, пропорције људског тела и удова, и све остале пропорције и величине у околини коју захватамо погледом, формирају у нашој свести слику "нормалности". Тако и употреба нормалног филмског ракурса имплицира гледаоцу "природан" однос са дешавањима у филмској слици, а то је углавном лагодан, неоптерећујући однос у коме гледалац, без значајних емоционалних напора, перцепира целокупан садржај слике, од актера до сцене и акције.

Употреба нормалног ракурса даје гледаоцу "препознатљиво" и релаксирано "читање" приче, као да се налази на улици, или у кафани, и као да се у његовој близини одвија акција, даље или ближе само у зависности од изабраног објектива и филмског плана. Доња илустрација садржи неколико "филмских слика" са погледом из нормалног ракурса.

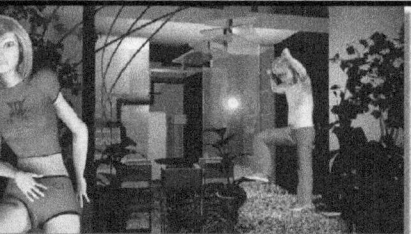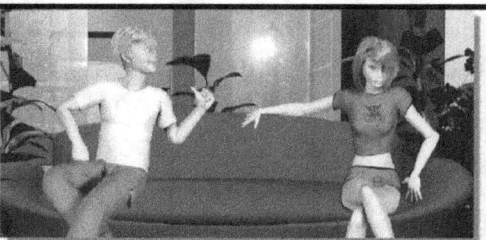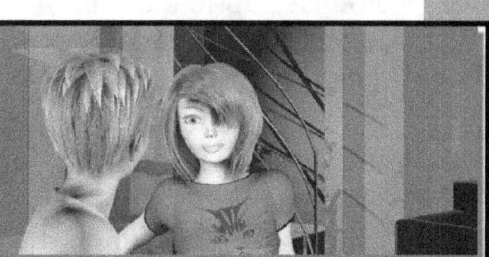

У пракси филмске режије, нормалним ракурсима сматрају се погледи камере блиски хоризонтали, односно неколико степени горе или доле, како је приказано на пратећој илустрацији са четири слике.

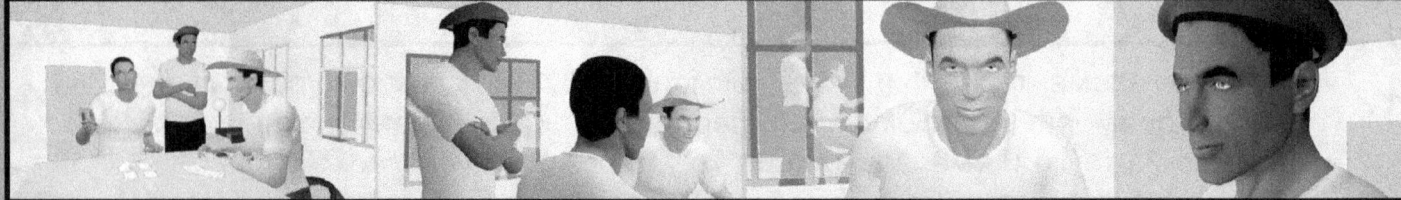

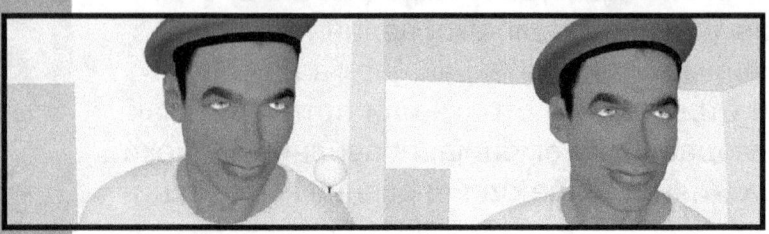

Граничну употребу нормалних ракурса чине такозвани **благи горњи** или **благи доњи** ракурс, како је приказано на илустрацији лево.

Употреба нормалних ракурса по правилу има дескриптивну функцију: гледаоцу се омогућава да лагодно сагледа и препозна акцију. Употреба ракурса изван нормалних може имати и описну функцију али, по правилу, као и сваки поглед на "горе-доле", тренутно "укључује психологију", односно иницира гледаоцу нелагоду и обавезу да "тражи" по садржају слике.

Горњи и **доњи ракурс** изводе се са погледом у израженијим угловима према хоризонтали. Могућа је употреба оваквих ракурса у дескриптивном смислу, када је међусобни положај актера условљен сценографијом, као што је, на пример, различит положај актера на степеништу, или у некој акционој пози, а када овали лица актера и пропорције тела не излазе из опсега такозване нормалности, као што је приказано на илустрацији са десне стране.

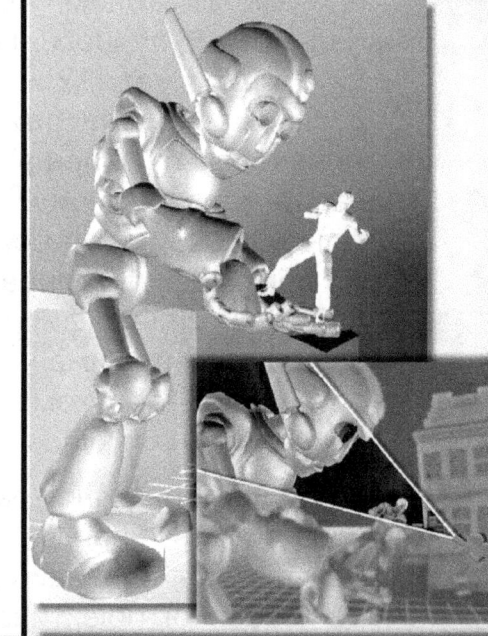

Међутим, по правилу и горњи и доњи ракурси се употребљавају у циљу превазилажења нормалности и формирања психолошке зависности гледаоца према актеру, сценографији или акцији. Та психолошка зависност представља познат, једноставан и готово баналан однос који произлази из погледа "на горе", према већем, вишем, узвишеном; или погледа "на доле", према мањем, нижем, подређеном. И тај, крајње једноставан "систем", изванредно функционише у филмској слици. Промишљена и непретенциозна употреба мање или више изра-

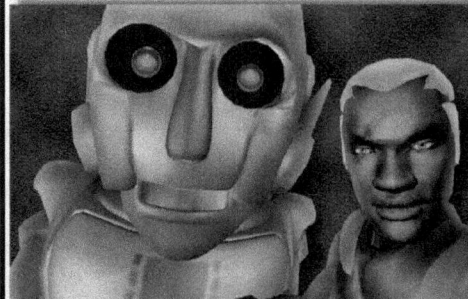

жених горњих или доњих ракурса, у садејству са позом актера и захватним углом објектива (широкоугаоним или нормалним, како је приказано на пратећој илустрацији), представља једно од основних средстава за-

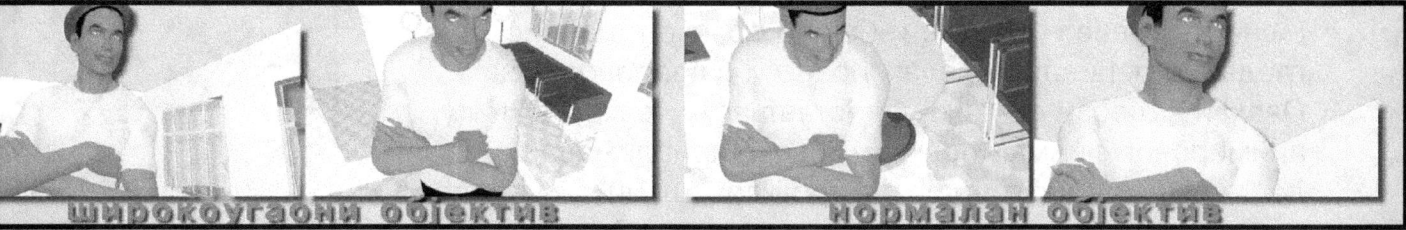

 нимљивог и инспиративног визуалног причања, које произлази из неуобичајености тачке гледишта и угла погледа којима режисер надграђује садржај и акцију једноставним помаком из ''нормале'' гледања. Употреба горњих и доњих ракурса изражена је и честа и у анимираним и у играним филмовима. С друге стране, ређа је у цртаном, као и у дводимензио-

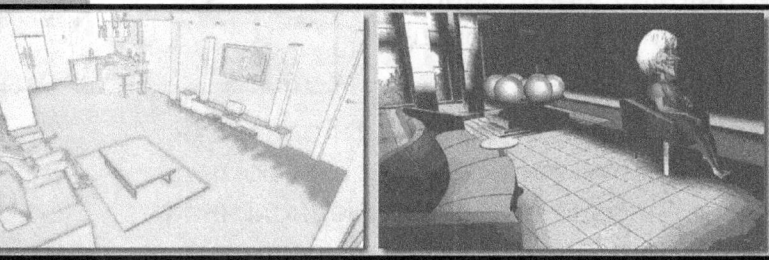

налним анимираним филмовима, с обзиром да подразумева значајно већи рад на цртању и усаглашавању перспективе, не само актера и акције, већ и перспективе позадине и актера према позадини (слика лево).

Екстремни ракурси су погледи по вертикали, или блиско вертикали, и

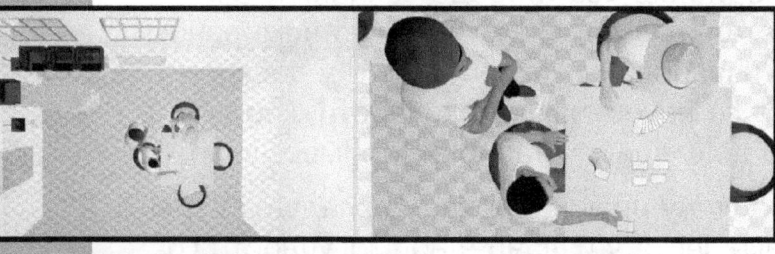

имају и адекватне описне називе: птичија перспектива је **екстремни горњи ракурс** (пример лево), а жабља перспектива је **екстремни доњи** (следећи пример). Сами називи говоре све: да су овакви погледи екстремно изван нормале и по правилу су ретки у анимираном филму (иначе, ретки су и у играном филму), и њиховом употребом се постиже екстреман визуални надражај, у описном или у емоционалном смислу.

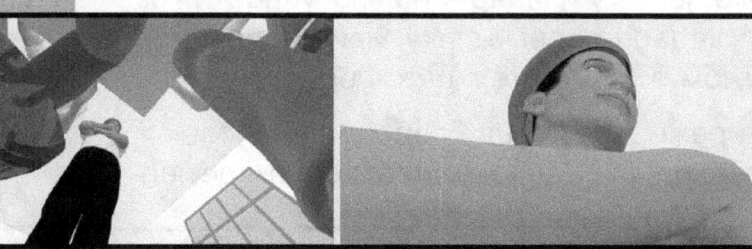

Лепота погледа из птичије перспективе најлакше долази до изражаја у даљим тоталима, као симулација људског погле-

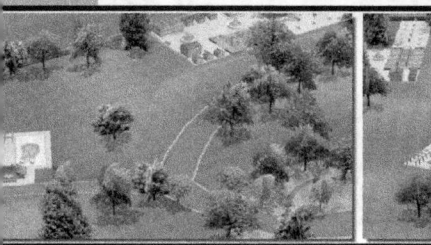

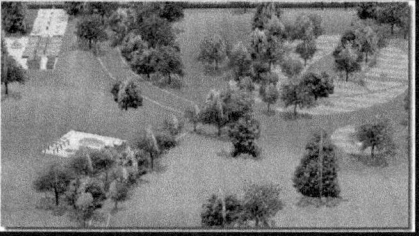

да из хеликоптера, балона или авиона, с обзиром да земаљске површине и конструкције (зграде, улице, мостови, реке, поља и шуме, по правилу увек добро уређене и компоноване, као на последњој илустрацији на претходној страни), стварају поједностављене графичке и бојене облике и целине, које гледалац перцепира релаксирано и са задовољством. Овакви кадрови се лако успостављају у сваком облику анимираног филма. Међутим, свако приближавање погледа из екстремног горњег ракурса површини земље, преображава се из лепоте у нелагоду и страх. Специјалност је екстремни горњи ракурс у ентеријеру: ако камера пропрати актера по ходнику из овог ракурса, у следећој соби ће гарантовано бити неколико лешева или нешто језиво. Штета што је хорор жанр теже остварив у анимираном филму.

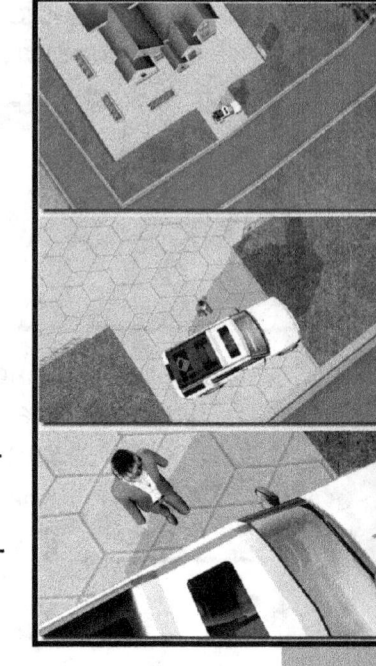

Употреба у екстеријеру, као на илустрацији десно, вероватно не даје застрашујуће очекивање, али и даље наговештава интензивну промену или неочекивану акцију.

Екстремни доњи ракурс је тешко промислити и употребити оправдано, из једноставног разлога: у нормалном животу човек ретко држи поглед вертикално на горе, а и кад га подигне, небо је по правилу једнолично а авиони и метеори ретко пролете баш изнад главе. Такође, људско тело и посебно лице, незахвални су за снимање и цртање из доњег ракурса, јер су ноге предимензиониране, а отвори ноздрва и брада заклањају очи и нису визуално репрезентативни детаљи. С друге стране, и у анимираном филму, екстремни доњи ракурс је изванредно употребљив и у дескриптивне, и у емоционалне сврхе, и то за неуобичајене околности, као што је подводни свет, подземни свет или дешавања у васиони (пример доле).

Поента промишљене употребе ракурса у низу кадрова, у складу са свим осталим елементима филмске слике, јесте у изванредној могућности грађења "фине психологије" у односу гледаоца према лику, или градације и идентификације гледаоца са погледом и гледиштем режисера.

Филмским плановима и ракурсима режисер "исеца" одређене делове простора и актера, реализујући појединачне кадрове: просторно-времен-

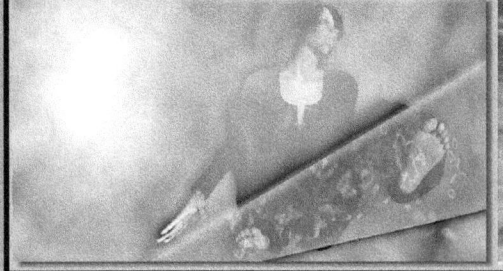
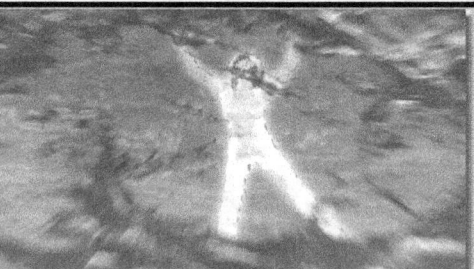
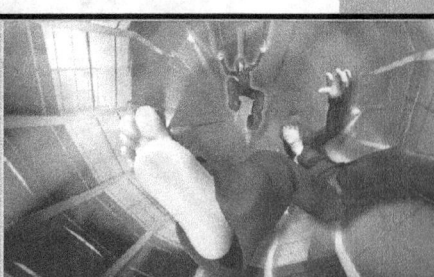

ске јединице филмске приче, који трају од укључивања до искључивања камере, или од реза до реза, односно од споја до споја у поступку монтаже. Међутим, филмску причу чине сложеније конструкције које се називају **секвенце** и представљају низове кадрова заокружених просторним, временским, акционим или емоционалним континуитетом. Последњи чинилац елементарне писмености филмске режије јесте управо грађене просторно-временске оријентације, која се заснива на начинима кадрирања који ће гледаоцу омогућити претходне континуитете у секвенци. Размотрићу укратко само неколико основних, једноставних, дефинисаних режијских правила на примеру једноставне сцене са три актера.

1. Правило мастер кадра препоручује да секвенцу започнемо општим кадром, у коме ће гледалац сагледати све актере и већину значајног простора, као и потенцијалне интеракције међу актерима, или интеракције актера и простора. Општи кадар не мора увек бити реализован у тота-

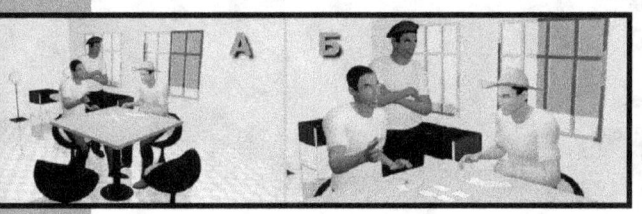

лу или широком плану, као што је кадар означен словом **А** на примеру с леве стране. Ако су сви актери за столом и, као на примеру, разгледају мапу или играју карте, довољан је и полукрупни план (**Б**), да гледалац перцепира целост садржаја: актере, простор и потенцијалну акцију. Свакако, ако су актери на ливади и спремају се за међусобни окршај (доњи пример), логична је употреба ширих планова, америкена или тотала. Мастер кадар се може разнолико и интересантно поставити не само статичном камером, већ и променом плана и ракурса, фаром или краном.

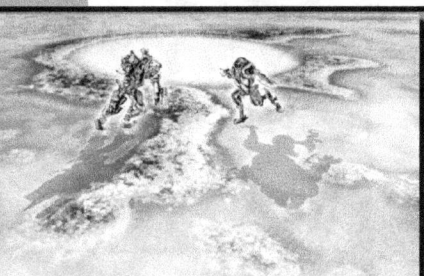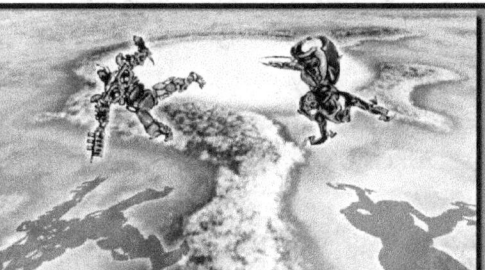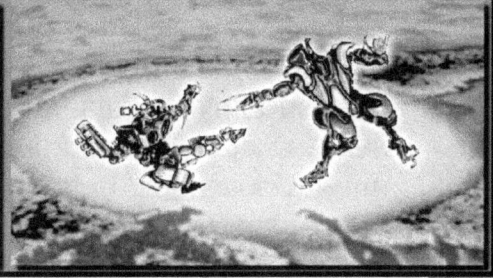

2. Правило 180 степени (у српској терминологији назива се и **правило ”рампе”** или **правило осе акције**), условљава кадрирање актера и акције само из простора основног смера погледа успостављеног мастер кадром, односно угловима погледа до границе са осом акције као на илустрацији са десне стране.

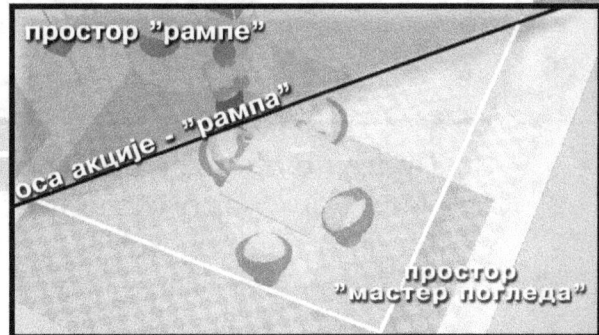

простор ”рампе”

оса акције – ”рампа”

простор ”мастер погледа”

Правило 180 степени основно је правило оријентације у филмској слици и њиме се условљава кадрирање које ће гледаоцу недвосмислено омогућити перцепцију простора у коме је лево - увек са леве, а десно - увек са десне стране. На илустрацији с десне стране представљено је кадрирање са поштовањем правила. Бројевима од 1 до 8 означене су позиције камера, а "белим" угловима

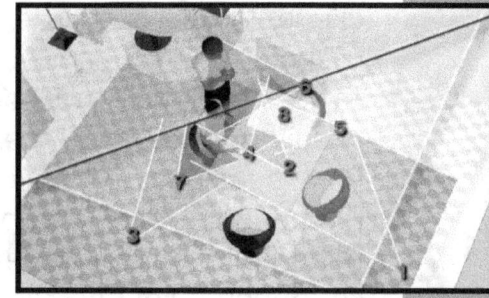

је означен смер и захват погледа. Резултат је у виду кадрова са одржаном осом акције, односно одржаном просторном оријентацијом, и приказан је на наредном примеру у виду осам слика снимљених са сваке нумерисане позиције камере.

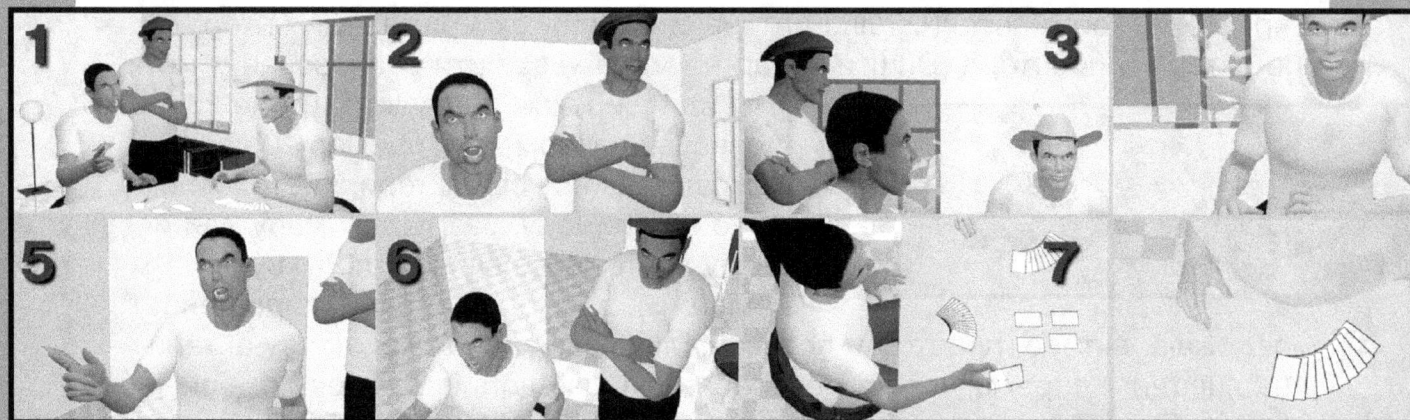

На наредној шеми с десне стране и пратећим сликама, приказана је недопустива грешка која се огледа у неправилним "скоковима" преко осе акције. Очигледно је да се погрешним кадрирањем не може очекивати од гледаоца да прати и да се "уживи" у филм, ако му глава, односно крупан план актера, из кадра у кадар, скаче са леве на десну половину биоскопског платна и обратно, или са погледом актера час у лево, час у десно, како је приказано на пет слика доњег примера.

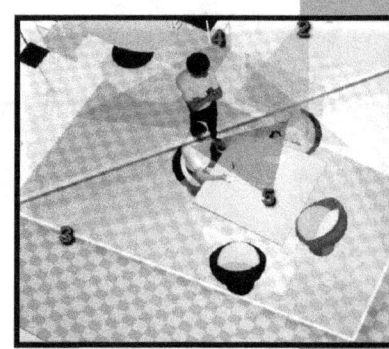

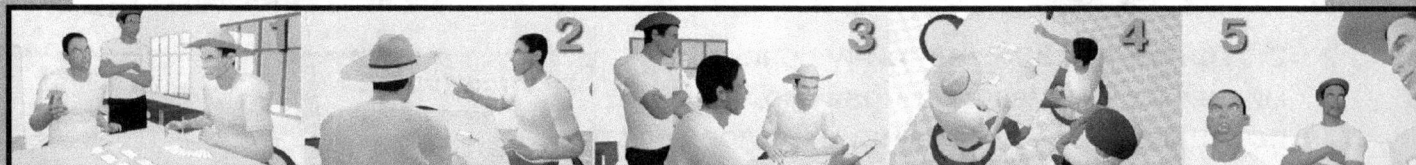

3. **Правило прескока рампе** означава три једноставна поступка чијом се применом онемогућава дезоријентација гледаоца, иако се камером снима из углова "преко" осе акције. **Први начин** је кружни фар или фаркран, којим се снимање започиње са исправне стране (позиција камере

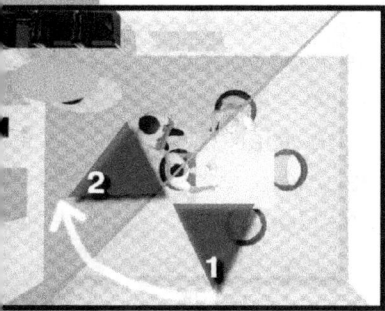

означена бројем 1 на илустрацији лево), а окончава иза актера, односно са оне стране осе акције која је насупрот мастер погледу и комплементарним угловима (позиција 2). Свакако, кадрови после фара настављају са сопственим комплементарним угловима новоуспостављене рампе. **Други начин** је релаксација гледаоца међукадром, односно једноставним кадром неког детаља, као што су карте на другом примеру лево. Затим следе кадрови са супротне стране осе акције и првобитне рампе. Само један краткотрајни неутрални међукадар даје гледаоцу предах и омогућава му поновну исправну оријентацију у следећем низу кадрова. И **трећи начин**, најчешће примењиван, чини снажан, брз и по површини слике велики покрет на резу два кадра у којима се прескаче оса акције. У овом случају, уместо предаха међукадром, гледаоцу се јаким визуалним надражајем, као што је покрет, омогућава реоријентација у наредним кадровима. Целокупна компликација и разрешавање проблематичне осе акције има за циљ да, по потреби, омогући гледаоцу поглед на целокупан простор акције, а не само на половину дефинисану мастер кадром, али све то без нарушавања основне просторне оријентације и интензитета акције између актера.

4. Правило комплементарних углова (такозвано кадрирање у ракорду), представља наизменично кадрирање појединих актера, крупнијим плановима из углова ближих оси акције и удаљених од угла осе камере, успостављеног мастер кадром (шема са леве стране и изглед кадрова на дну стране). Кадрирање у ракорду је класичан начин визуалног причања дијалошких, контактних и акционих сцена и њиме се омогућава оптимална разноврсност дескрипције актера и дешавања.

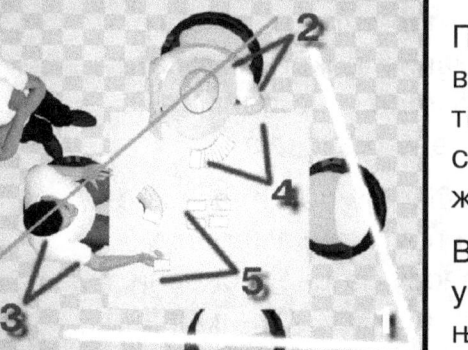

Претходна основна и једноставна режијска правила подразумевају кадрирање и снимање статичном камером, односно стабилним изрезом слике, што се сматра стандардом филмског изражавања.

Визуално причање се може унапредити и свакако учинити забавнијим или интригантнијим, кадрирањем покретном тачком гледишта, односно покретном камером.

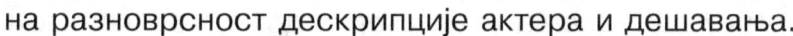

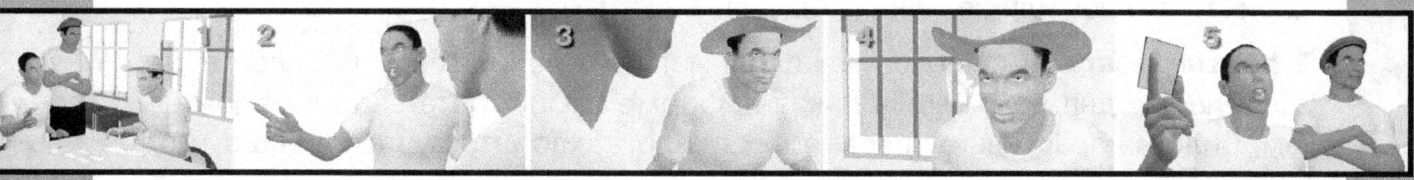

Кадрирање покретном камером може бити ”уредно” и ”неуредно”. Неуредно је кадрирање камером ”из руке” и то дословно из руке или са рамена. Овакав начин снимања је одговарајући само за жива снимања, а у анимираном филму је непрактичан и готово неостварив. У анимираном филму камера из руке се може само симулирати, и то по извршеном снимању слике, дигиталним поступцима дестабилизације изреза. Поступак дигитализације симулира ”камеру из руке” једноставним репродуковањем изворне слике синусоидалним измештањем по **X** и **Y** оси, као и ротацијом по **З** оси. Основни циљ визуализације камером из руке јесте формирање гледаочеве пажње и стварање перманентне нелагоде сликом која се, унутар стабилних ивица филмске пројекције, љуља, мало и без шеме, таман толико да се око посматрача не може умирити ни за део секунде. Уредно кадрирање покретном камером подразумева извођење покрета уређајима које смо упознали у одељку камере, и то покретима од панирања до фар крана, и на такав начин покрети су мирни, континуелни и предвидиви. Изузев употребе стедикема и сличних стабилизационих уређаја, у живом снимању кадрирање се изводи камером на посебним, масивним, механичким уређајима као што су фар колица или кранови, па је кадрирање покретном камером могуће и у анимираном филму, и то у сваком облику. У цртаним и осталим дводимензионалним формама покрети се изводе на трик столу. У класичној тродимензионалној анимацији, покрети се изводе прецизно контролисаним фар-кран уређајима, односно уређајима за контролу кретања. У компјутерској анимацији кретање камере је ”природно” анимативно, као и сваки модел. Уредни или неуредни, сви покрети камером могу се употребљавати за дескриптивне, субјективне или ефектне намене.

Дескриптивни покрети су, по правилу, изнуђени покрети, који се изводе у циљу одржавања тематског садржаја слике, као што је на пример пан или фар пратња дијалога актера у шетњи, или кран по спратовима зграде са унутар-прозорским садржајима. У дескриптивним покретима садржај доминира, а само кадрирање је одговарајуће ако се и не примећује, односно ако га гледалац третира као жељену промену садржаја.

Субјективни покрети камером представљају симулацију погледа и кретања једног од директних актера у слици. Третман покрета камером у идеји ”субјективне” визуре, данас је застарео у односу на свој основни, раније екстремно надражујући смисао у хорор филмовима. У анимираном филму је ретка употреба овог типа кретања, и ако је има, по правилу је карикатуралног или комичног значаја.

Ефектни покрети су покрети у свим могућим облицима, а изводе се када је неопходна доминација ликовне форме самог кретања над садржајем, било из практичних и естетских разлога, као што су оптички швунгови за прелаз резова, било из разлога акцентовања дела садржаја, као што је брзи зум на око, или из разлога естетике самог неуобичајеног кретања. У својој бити ефектни покрети су углавном "уметност ради уметности", у циљу демонстрације могућности новоизмишљених филмских уређаја. У класично анимираном филму могуће су једноставније симулације основних покрета камером, као што је **слит скен** ефекат из Одисеје 2001. (оптички ефекат експозицијом од више десетина секунди током фара камером, који се изводи на трик столу).

У компјутерској анимацији могуће је све што се у оквиру кретања и перцепције кретања може замислити.

Дакле, после управљања актерима и њиховим кретањима у простору, правопис и умеће филмске режије заснива се на управљању камером и то филмским плановима (у смислу симулације удаљености погледа и приближавања или удаљавања камере од актера), и ракурсима (у смислу висине тачке гледишта и угла гледања сцене). У даљем следу поступака режије, значајан је и монтажни приступ кадрирању и то у виду реализације кадрова једне секвенце на начин којим ће се омогућити њихово правилно повезивање. Монтажни приступ значи да, током снимања кадрова једне акције (у хронолошком смислу), смену кадрова и њихово спајање (место реза), треба планирати у односу на два захтева:

1. **Положај актера у кадру,**
2. **Смер акције, у смислу смера покрета или смера погледа актера.**

У пракси, то значи да приликом планирања реза, на пример приближавањем, правилно је да визуална маса актера заузме део простора изреза слике блиског простору из претходног кадра, као и да смер покрета или погледа остане исти. На доњој илустрацији је пример правилног кадрирања, а на наредној, на врху следеће стране, крстићима је обележено погрешно кадрирање.

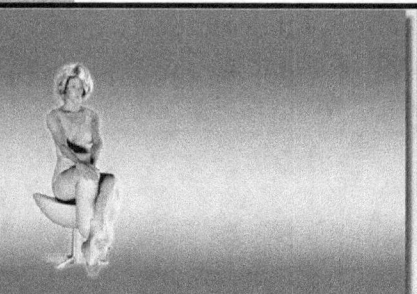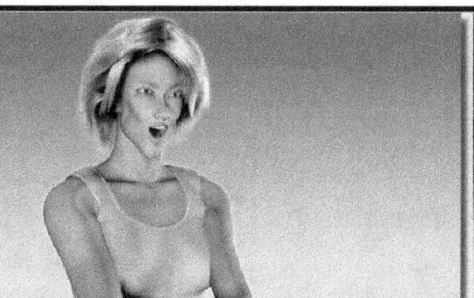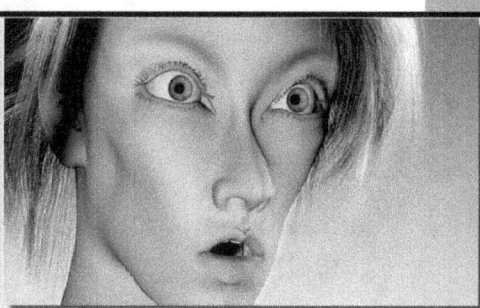

Правилно кадрирање секвенце, сцене или акције (терминолошки: раскадрирање), заснива се на промишљеном измештању погледа камере за сваки појединачни кадар, у циљу стварања жељеног временског и емоционалног континуитета приче, и то избором дела актера или дела акције

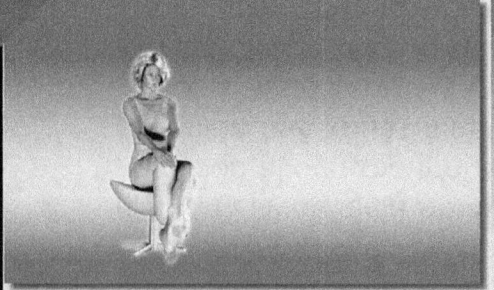
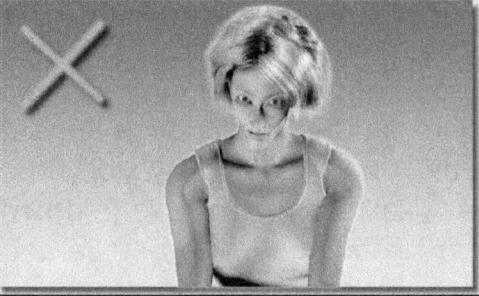
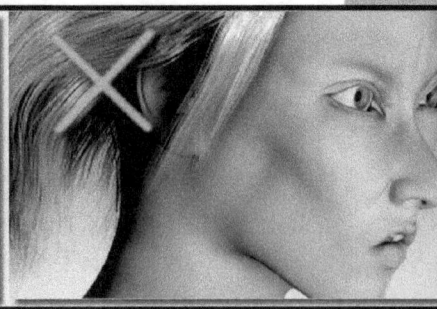

у смислу наглашавања, убрзавања, релаксације, успоравања или само акцентовања. Раскадрирање, са свим аспектима, чини срж режијске и монтажне креације и директан је чинилац квалитетног визуалног прича- ња, од снимајуће реализације појединачних кадрова, до монтажне хроно-

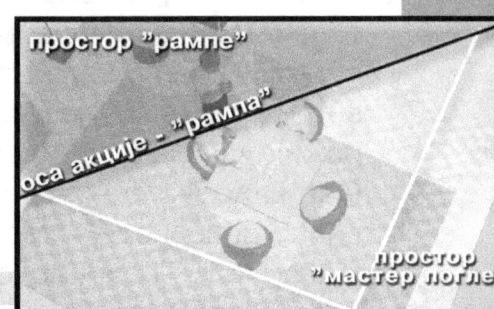

логије приче. Постоје многа правила раскадрира- ња, почев од жанровске оријентације филма, и сва правила су применљива на анимирани филм (од документаристичког приступа, преко симула- ције преноса спортских догађаја, до класичног кадрирања у маниру разноврсних филмских жан- рова, од комедије и мелодраме, до хорора, три- лера или басне). Сва правила се заснивају на раз- новрсним просторним и временским аспектима, али у основи свега је положај камере у односу на акцију.

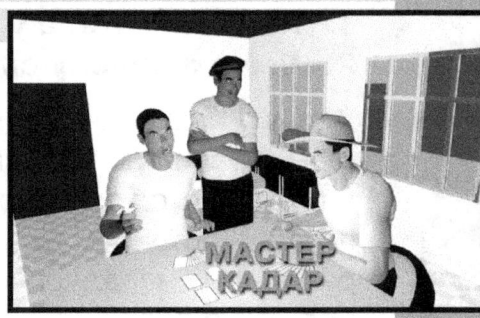

У демонстрационој сцени (две илустрације са дес- не стране), збирна оса акције је готово управна на осу мастер кадра (актер с десне стране гледа ле- во, централни и актер с леве стране гледају десно и овај смер супротстављених погледа треба одр- жати током раскадрирања.

Основна правила раскадрирања представићу само илустрацијама изгле- да сцене, тлоцртима и финалним кадровима појединачних тачака гледиш- та, односно позиција и погледа камере, за свако од постојећих правила.

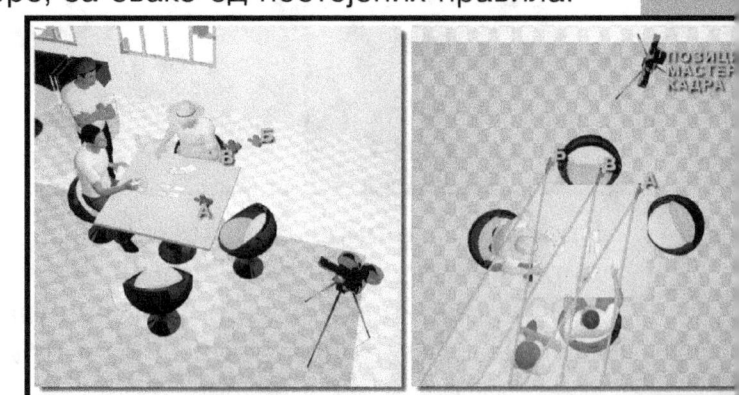

Раскадрирање се може изводити на следеће начине:

1. Кадрирање паралелним угло- вима (илустрација изгледа сцене и тлоцрт са десне стране, и кадрови **А,Б,В** на врху следеће стране).

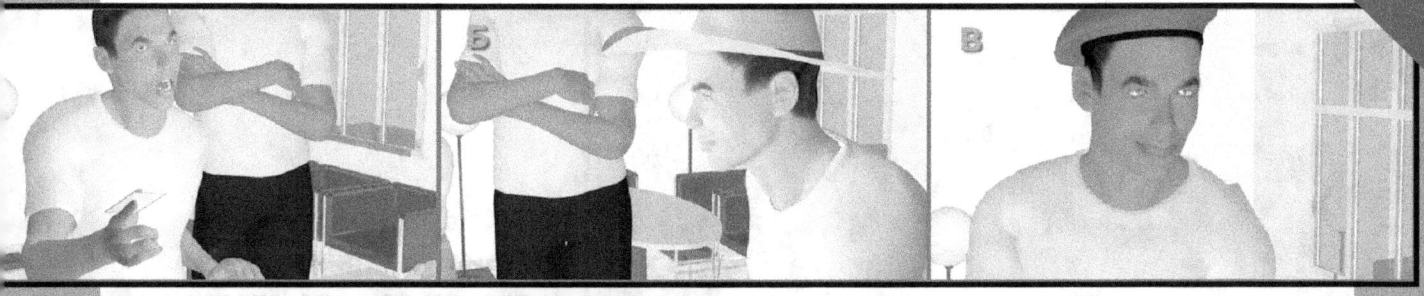

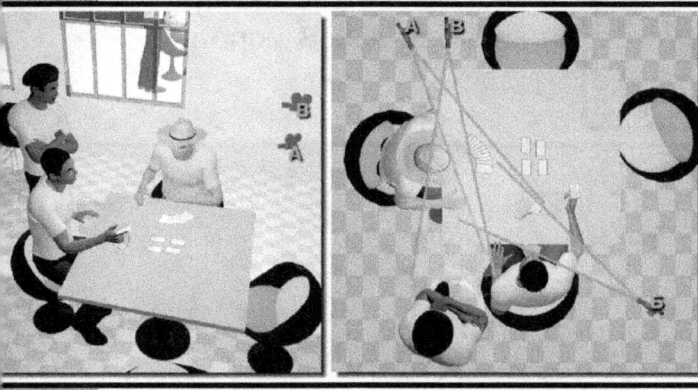

2. Кадрирање супротстављеним спољашњим угловима (сцена и тлоцрт са леве стране, и кадрови **А,Б,В** испод).

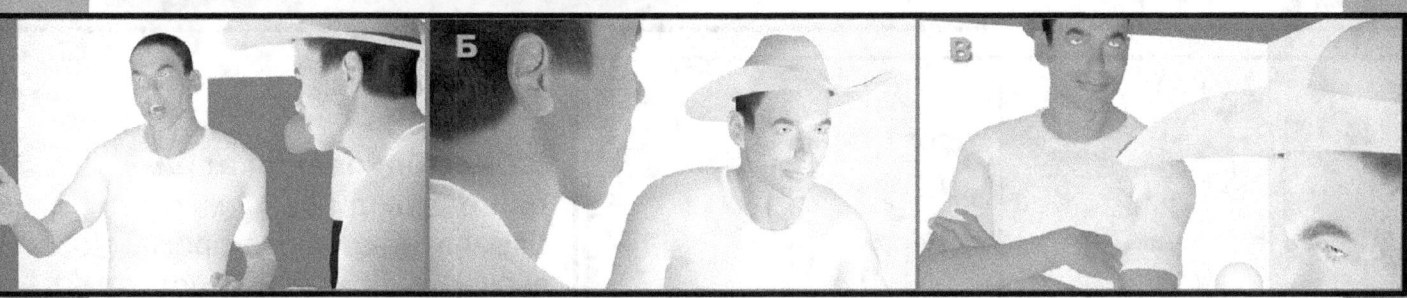

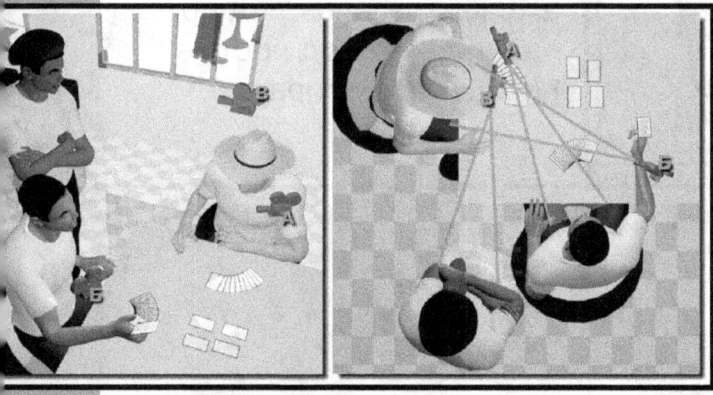

3. Кадрирање супротстављеним унутрашњим угловима (сцена и тлоцрт са леве стране, и кадрови **А,Б,В** испод).

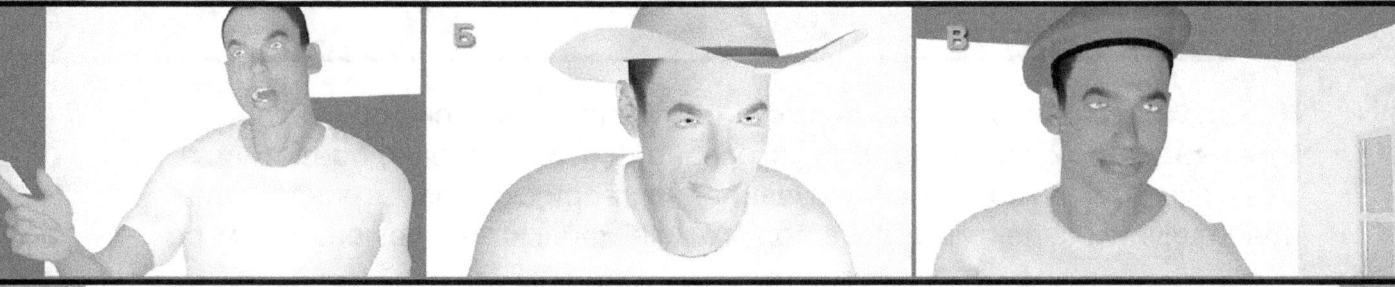

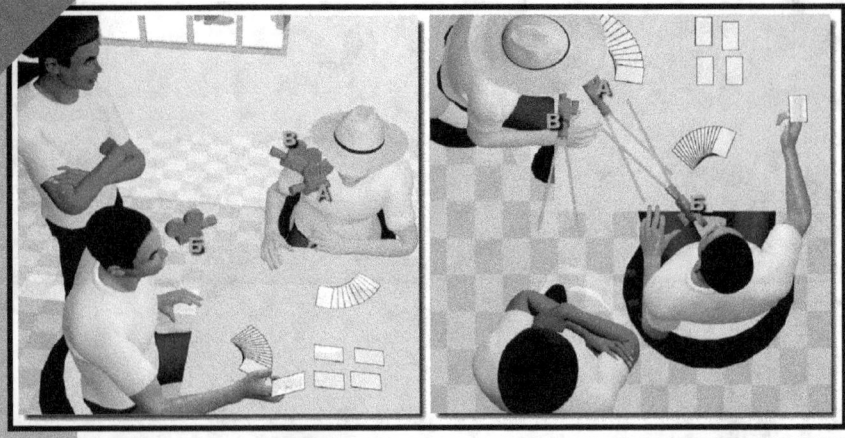

**4. Кадрирање субјек-
тивним угловима** (сцена
и тлоцрт са леве стране,
и кадрови **А,Б,В** испод)

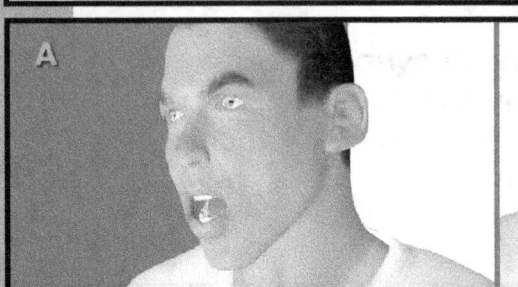
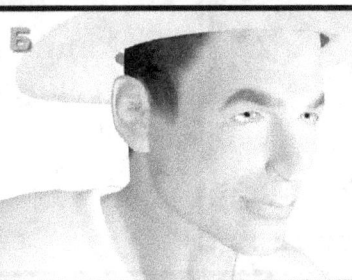
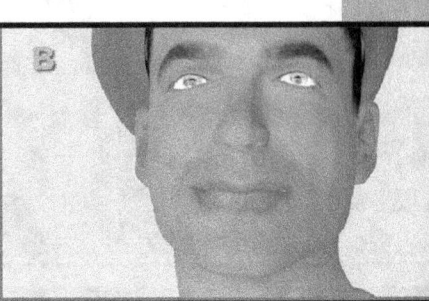

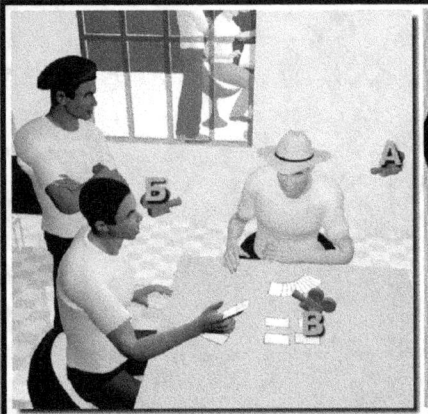
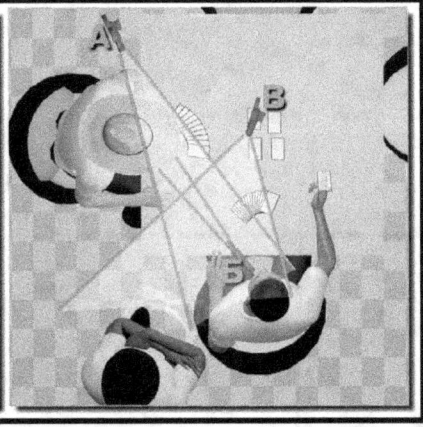

**5. Комбиновано кадри-
рање**; изводи се у смислу
одређивања углова према
значају садржаја или дела
акције, независно од при-
падања некој од постоје-
ћих шема кадрирања.

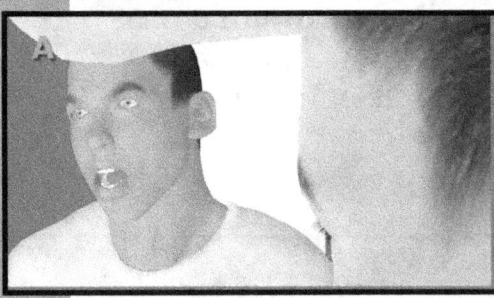
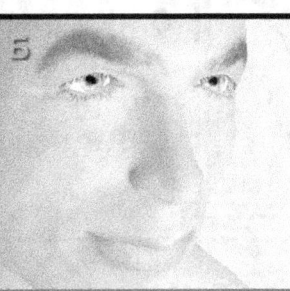
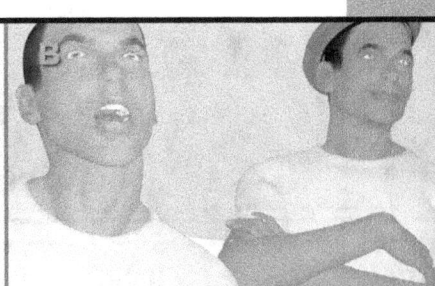

На крају основа правописа филмске режије је временска оријентација.
Временска оријентација, или такозвано филмско време, представља
тему која је у протеклом веку изванредно теоријски разматрана у свим
припадајућим аспектима, почев од "магије" филмског времена којом се у

"сат и по" једног филма може представити неколико генерација људског живота или, обратно, догађања која физички трају неколико пута краће. Иначе, таква је магија и сваког "временског" уметничког дела: романа, опере или позоришне представе. Размотрићемо неколико елементарних аспеката режијског стварања филмског времена кроз сниматељске и монтажне поступке типа: **фреквенца**, **слоу моушн**, **сабијање времена**, **преклапајућа радња**, **флеш бек**.

У филмској пракси, стварање и третирање филмског времена може се разматрати у технолошком и уметничком смислу (естетском, теоријском и емоционалном). У оба случаја, разматрање се односи на поступке визуализације времена **сабијањем** (згушњавањем) или **истезањем** (разређивањем), у односу на нормално филмско време које је једнако поимању времена на планети Земљи, и у пракси је 24 сличице (25 за видео), за репрезентовање једне секунде времена, у стандардној пројекцији.

Технолошко стварање филмског времена припада домену једноставних снимајућих ефеката различитом фреквенцом камере, а гледалац перцепира овако створено време јасним убрзавањем или успоравањем самог кретања у слици.

У живом снимању фреквенцама мањим од 24 **fps** (сличице у секунди), у пројекцији ћемо остварити процентуално убрзан покрет. На пример, снимањем на 12 **fps**, покрет ће бити дупло бржи, односно, ако је у природи трајао један секунд, у пројекцији ће трајати пола секунде, и појава ће бити неприродна. Или ако снимамо са 20 до 22 **fps**, покрет ће трајати 16% до 8% брже, што је управо изванредно за "најбржег револвераша" у потезању револвера, или за мачеваоце.

Супротан је поступак повећавања фреквенце на више од 24 **fps** (на пример од 30 до 300 **fps**), што ће гледалац перцепирати пропорционалним успоравањем покрета и кретања, а оваква снимања су позната под називом слоу моушн (**slow motion**), или "брза" и "ултра-брза" снимања.

Оба начина повећавају пажњу гледаоца према самом кретању и његовом значењу у драматургији приче и оба начина су остварива и често примењивана у анимираном филму. Нормално, с обзиром да камера снима анимирани филм слику по слику, слоу моушн од 300 **fps** остварује се физичким измештањем елемената актера у разложених (нацртаних, померених или компјутерски анимираних), 300 (или 150хА2), фаза.

У уметничком смислу, време се на филму ствара монтажним поступцима сабијања, истезања и временским скоковима, у циљу формирања хронологије приче, уз одржавање осећаја временског континуитета. У класичној филмској нарацији препознатљиви су и чести следећи поступци третмана времена:

1. **Мало, логичко сабијање времена** је монтажни поступак спајања кадрова уз изостављање мањег или већег дела средишњег кретања. На пример, секвенца са актером који убире и једе отровну печурку може се реализовати у два кадра: први је детаљ руке која чупа и подиже печурку изван кадра, а други је америкен непомичног актера који лежи мртав на ливади. Иако је груб и карикатуралан, овај пример је реализован са уштедом од најмање три кадра радног процеса убирања и грицкања печурке, и уштедом адекватног времена, којима би се стандардно режирала хронологија овакве радње.

2. **Мало, логичко истезање времена** заснива се на понављању и преклапању радње снимљене у разним плановима и из разних углова. У живом снимању се истезање времена често реализује снимањем са више камера. На пример: експлозије или старт и полетање ракете у реалном времену трају кратко, уз интензивна визуална дешавања. Поступком понављања и преклапања радње синхроним вишеструким снимањем у циљу истезања времена, гледаоцу се условљава перцепција ”монументалности” и значаја догађаја.

3. **Симболичко, велико сабијање времена** остварује се визуалним ефектима, по правилу претапањима, маскама или разним оптичким ефектима. Великим сабијањем времена гледаоцу се не нарушава емоционална и временска оријентација која постоји између два суседна кадра између којих је драматичан временски распон.

4. **Временски скок** означава прекид и настављање хронологије текуће секвенце, визуално различитом мини секвенцом, или кадровима значајним за актуелног актера, али са дешавањем у удаљеном времену, у прошлости (такозвани флеш-бекови), или будућности. Временски скокови се могу реализовати разним поступцима, а у њиховој бити је значајна визуална различитост временски различитих догађаја. Стандардни поступак флеш бека у класичном филму заснивао се на деколорисању, десатурацији или употреби црно-беле слике за догађаје у прошлости.

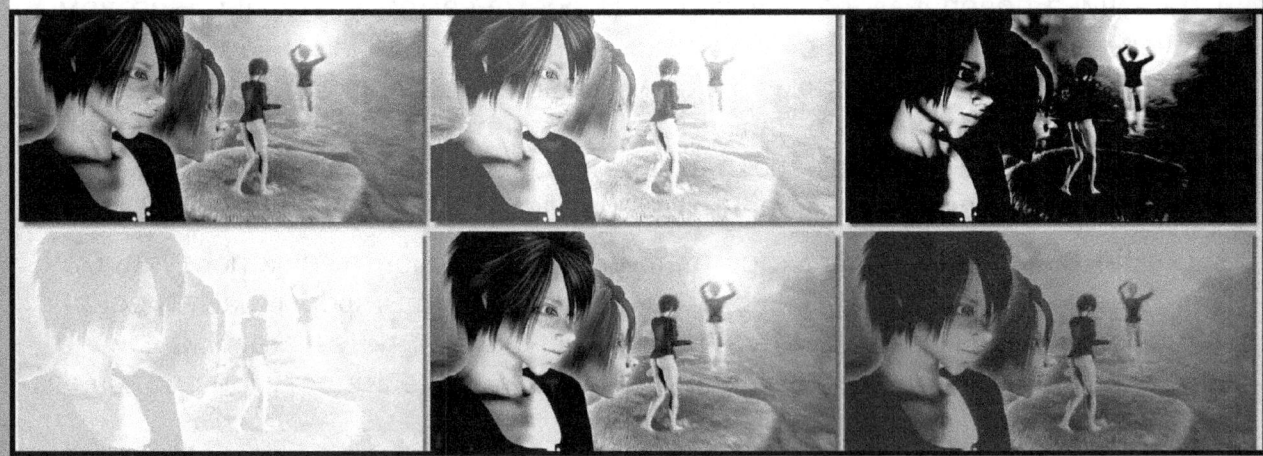

Композит

Савремена филмска анимација је у многоме еволуирала у односу на примарне анимационе визуалне форме као што су цртани филм или стоп-фрејм анимација. Посебно је значајна интеграција компјутерске анимације у ″играни филм″, и то техно-жанр који је до пре неколико година био дефинисан називом ″филм са специјалним ефектима″. Савремена анимација се у филмску слику интегрише поступцима дигиталног композита, и то програмским алатима који су омогућили креативан скок у изради филмске слике, исто као што је дигитална нелинеарна монтажа изменила изворно промишљање и реализацију филмске приче.

Изложићу укратко неколико ″историјских″ елемената и технологија на којима је заснован развој и практична примена дигиталног композита.

Композит (**сложена слика**), данас је, у пракси, устаљени процес стварања слике из више појединачно снимљених или генерисаних ″слојева″, односно стварање јединствене слике из разноврсно и разнолико припремљених визуалних сегмената. Композит је и љубавна сцена из Шрека, и принудно буђење Страшка у Монструмима и готово целокупан Зека Роџер, као и Титаник, Терминатор 2, Кинг Конг или Господар прстенова.

Сложена слика је данас пракса. Пре свега једне деценије, овај поступак, познат под професионалним називом **лутајућа маска**, представљао је врхунску индустријску тајну у процесу реализације специјалних филмских ефеката класичним, недигиталним методама. Вероватно је да је област специјалних филмских ефеката, из разлога технолошке сложености, као и пословне изолованости и тајновитости, бивала готово у потпуности изостављана из теорије и естетике филма. Подсетићу сажето на технологију класичног филмског композитинга.

Филмски композит је филмска слика на негативском или позитивском материјалу; израђена лабораторијским копирним поступцима; сачињена од оптичких ликова актера, објеката сценографије и позадине; снимљених различитим филмским материјалима; различитим камерама; у различитим просторима; и у различито време. Суштина филмског композита је просторно артикулисање слике у покрету, стапањем засебно реализованих садржаја, и у професији се огледа у спајању слике

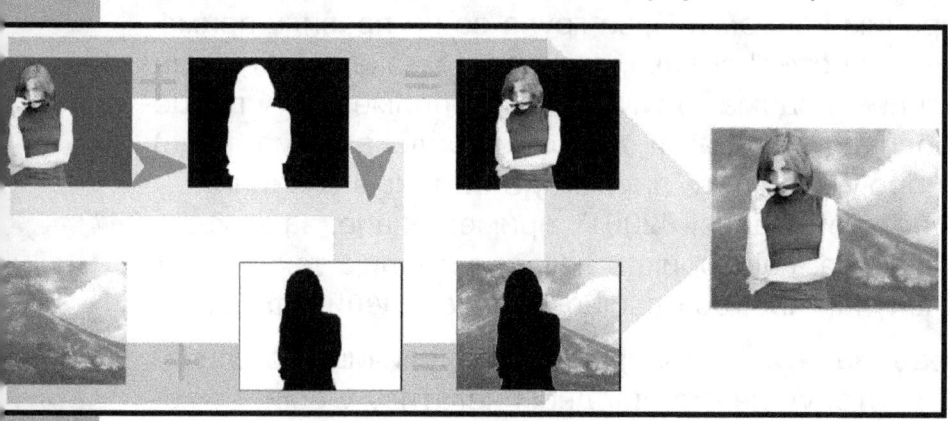

студијски снимљеног актера (глумца), пред бојеним екраном, са засебно снимљеном сликом позадине (као на илустрацији на дну претходне стране). Спајање се одвија технологијом лутајуће маске, са циљем стварања потпуне визуалне реалности припадања актера окружењу и позадини.

У класичној филмској уметности, у креативном и техничко-технолошком смислу, филмски композит припада области специјалних филмских ефеката највише категорије. Идејне основе класичног филмског композита налазе се у делима Жоржа Мелијеса и првобитним покушајима спајања нејединственог простора вишеструким експозицијама на црним позадинама (пример десно). Врхунац класичног композита представљају радови Лукаса и Спилберга из осме деценије двадесетог века (Ратови звезда, Империја узвраћа ударац, или Е.Т. ((Ванземаљац)).

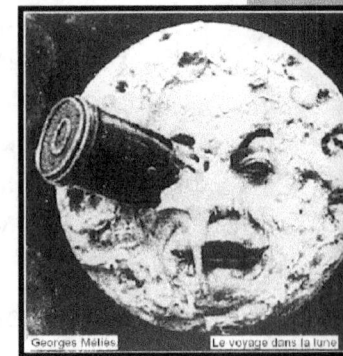
Georges Méliès — Le voyage dans la lune

Лутајућа маска је "мама" данашњих дигиталних композита. Дефиниција гласи да је лутајућа маска фото-хемијски процес израде сложене филмске слике маскирањем покретног актера (облика), на свакој сличици филмске траке. Пракса каже следеће: лутајућа маска је дводелни снимательско-лабораторијски процес. Други и лакши део процеса је снимање позадине у контролисаном поступку (по питању ракурса, оптике, отвора, величине плана, оштрине и дубинске оштрине и светлосно/бојене атмосфере). Први и кључни део јесте комплексан (читати: компликован и несигуран), поступак снимања актера на специјалној позадини, у светлосно-бојеним условима комплементарним снимљеној позадини (или обратно). Затим долази процес оптичко-хемијске или ручне израде маске актера у покрету, на свакој сличици снимљеног кадра, као и израда контра маске за сваку сличицу. Тек у трећој фази на ред долази "склапање" финалне слике, односно израда филмског композита.

Без обзира на технологију израде, маске и контрамаске можемо разврстати у две основне групе: **маске** (и **контрамаске**) са оштрим, идеално преклопљеним ивицама, и маске (и контрамаске) са неоштрим, односно комплементарно градуираним ивицама. Прва група се по правилу примењује у маскирању технички "чистих" облика, као што су макете или натписи са дефинисаним, оштрим ивицама. Друга група се примењује у процесу маскирања "живих" облика (глумаца), и аморфних облика (дима, воде), и по правилу, у великом броју варијанти примењује се током копирних или компјутерских поступака. У "Одисеји 2001", примењена је, за макете најсавршенија, али и најскупља, најспорија и најједноставнија техника цртане лутајуће маске. Целокупан процес одвијао се по следећим фазама:

1. Анимација и **снимање макета** на црној позадини, сличицу по сличицу (на трик столу или у простору), на стандардном негативу у боји, са кога се копира позитивска слика на колор **интермедијат** материјал.

2. **Ротоскопија** позитивске слике: исцртавање и копирање контура макета рапидографима и црним тушем на целулоидне фолије, ваздушном задњом пројекцијом на трик столу.

3. **Попуњавање** површина маске и контрамаске на целулоидним фолијама црном бојом за сваку појединачну макету или планету. У случају вишеструког композита (сложене слике са више појединачних макета и једном позадином), исцртавана је збирна маска и појединачне контра маске. Иначе, "играни филм" **Одисеја 2001**, ремек дело филмске уметности из 1968. године, иако је било засновано на специјалним филмским ефектима, у значајној мери јесте и чист, класичан анимирани филм, уосталом, као и већина Лукасових, Спилбергових или Камеронових филмова као што су Ратови звезда, ЕТ, Парк из доба Јуре или Терминатор 1).

4. **Израда композита** вишеструким копирањем, ваздушном пројекцијом на трик столу, позитивске слике макета са интермедијата, кроз појединачне целове контра маске, и позадине кроз збирну маску, на колор интермедијат или колор негатив.

Технологија "лутајуће маске", у свим својим разноврсним развојним модалитетима, представља значајан филмски искорак из простора регистративности слике. У технолошком смислу, лутајућа маска је низ снимајућих копирних поступака и оптичко-хемијских процеса на различитим, разновремено снимљеним материјалима, са циљем идеалног уклапања актера у позадину, која је претходно маскирана (заштићена од експозиције), у позицији актера, на свакој сличици кадра.

Реализација лутајуће маске укључује следеће поступке и у класичном и у дигиталном композитингу:

1. **снимање актера** у студију, на специјалној позадини,
2. аутономно **снимање позадине**,
3. процесе припреме и **израде маске и контрамаске** актера за сваку сличицу кадра, на специјалним материјалима,
4. сам **композитинг** копирним поступцима "спајања" актера са позадином, експозицијом кроз "маску" и "контрамаску".

Изузимајући снимање позадине као потпуно аутономан поступак, који у финалном композиту утиче само на перцепцију створене реалности у домену слагања просторности, перспективе, експозиције, боје и истоветне логике осветљавања у односу на актера; лутајућа маска је у свим класичним филмским поступцима заснивана само на процесима израде маске из материјала снимљеног актера. У технологији извођења класичне филмске лутајуће маске, дефинисана су два технолошка смера: оптичко-хемијске технике бојених екрана намењене маскирању покретних и живих актера; и механичко-оптичке технике намењене маскирању статичних објеката као што су актери анимираног филма.

Плави екран (**blue screen**): назив је студијске или екстеријерне конструкције коју чине велика површина плаве боје и одговарајућа расвета, а истовремено је и назив првобитне технологије лутајуће маске. Демонстрациони поступак израде лутајуће маске технологијом плавог екрана

заснован је на развијеној позитивској слици снимљеног актера пред плавим екраном, као на илустрацији са десне стране.

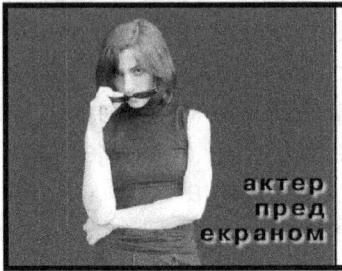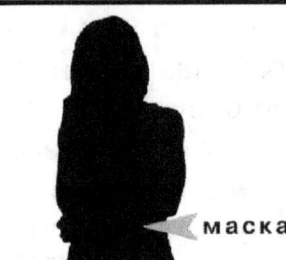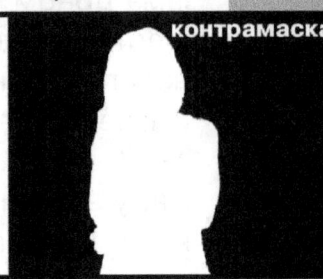

Израда контрамаске представља први копирни поступак, и изводио се на оптичкој копирци за специјалне ефекте, бај пек (**Bi-Pack**), технологијом, на позитив суперконтраст материјалу, експозицијом плаве светлости сеparисане филтером **Kodak Wratten 47b**. Бојена позитивска слика актера у контакту је са позитив суперконтрастом емулзијом на емулзију. Подразумевала се употреба класичног суперконтраста (непанхроматског), сензибилизираног на плави део спектра. Током копирања, остварује се позитиван троструки експозициони учинак: плава светлост, кроз плаву површину екрана на позитивској слици, експонира материјал сензибилизиран на плави део спектра. Истовремено, површина актера, на слици сачињена од боја ван плавог дела спектра (зелени и црвени), игра улогу комплементарног филтера, спречавајући пенетрацију плаве светлости. У случају да постоје површине актера које су изван вршне светлости, рефлекси или боје блиске белој, пропушта се плава светлост, која на суперконтрасту ствара непожељне екпониране површине у простору актера. Овакви недостаци се касније отклањају механичким путем.

Почетни и класичан корак у технологији лутајуће маске представља снимање актера пред бојеним екраном. Теоретски, бојени екран може бити било каквог униформног обојења (плаво, црно, зелено, жуто), под условом да иста и блиска боја није садржана на актеру. У пракси, највећи део филмске продукције био је заснован на технологији плавог екрана, до појаве електронских и компјутерских средстава и повећаног учешћа технологије зеленог екрана. Комбинаторике са осталим обојењима и зрачењима развијане су углавном за потребе посебних околности, или у експерименталне сврхе (на пример: Дизнијев **жути екран**, заснован на сијалицама са натријумовим испарењима, или **реверзни екран** за филм "Ватрена лисица", или **инфра црвени**, или **ултраљубичасти** техниколор мултифилм процеси).

Технологија плавог екрана садржи следеће карактеристике које је чине доминирајућом у филмској продукцији, као и у продукцији тродимензионалне анимације:

а) изворна плава боја не постоји у људском телу, изузев боје очију. У гардероби се подразумева искључивање плаве и блиских боја.

б) Велики део композита планирано се поставља према пејзажима са небом и "плавичастим" позадинама, чиме се умањује ризик препознатљиве ивице актера према позадини.

в) Опто-хемијски квалитет колор материјала који су конструисани и сензибилизирани тако да је осетљивост на плави део спектра управо у првом слоју емулзије, што представља критичан предуслов за регистрацију јасне границе плаве боје у додиру са бојама актера, и посебно у копирним поступцима израде маске на црно белим материјалима, са којима је први слој у непосредном контакту, чиме се смањује дисперзија светлости кроз материјал, која може утицати на правилну дефиницију ивице маске или контрамаске.

У конструкционом смислу, плави екран је површина различитих величина, униформно обојена специјалном плавом бојом (по правилу: **Ultra marin blue tip #8850**), и униформно осветљена. Најчешће је то обојени зид студија или равномерно растегнута плава тканина, осветљена са предње стране, стране актера. Врхунска изведба плавог екрана је транспарентни екран, као што је Стјуарт Т-мејт (**Stewart T-Mate**), униформно осветљен са задње стране великим бројем равномерно, паралелно постављених флуоресцентних светиљки, са могућношћу експозиције до отвора Т=20.

У основи, поступци снимања актера пред плавим екраном подразумевају подређивање уметничких и креативних аспеката следећим техничким предусловима и законитостима:

Униформно и **довољно осветљавање** екрана подразумева правилан и симетричан распоред светлосних тела усмерених на екран, и потпуну контролу светлосних снопова и њихових преклапања, са циљем обезбеђивања осветљености целог екрана унутар толеранције од 1/3 отвора бленде. Већа толеранција стварала је на супер контрасту оптичке густине са разликама од 0,15-0,25**D** у позицијама екрана, које су онемогућавале коректно копирање маске.

Довољно осветљавање екрана подразумева интезитет и количину светлости која омогућава употребу мањег фотометријског отвора, са циљем регистрације и екрана, а не само актера, у подручју дубинске оштрине објектива. Класична филмска лутајућа маска подразумева снимање на фотометријским отворима оптички мањим од 8 (ознака отвора већа од 8, нпр. 16 или 22), са процењеним балансирањем разлике у губитку основне оштрине објектива због смањења резолуционе моћи, према ризику од нарушавања ивице актера у случају њеног формирања дисперзионим круговима екрана изван дубинске оштрине.

Осветљавање екрана врши се **"белом" светлошћу**, по правилу халогеним сијалицама. Корекција обојења снопа неопходна је само у случају температуре боје испод 3200K, врши се слабијим корекционим филтерима за расвету из плавог дела спектра, и није уобичајена због значајног смањења интезитета светлости.

Припрема и контрола **актера** започиње избором костима без примеса боја из плавог дела спектра, сачињених од нетранспарентних материјала, глатке структуре и што мањег коефицијента рефлексије. Оптималан је костим који формира потпуно равномерну ивицу према екрану, компактног ткања које не пропушта одсјај екрана, и рефлексионих особина које ће онемогућити рефлексију екрана по ивицама актера. Транспарентни материјали (стакло, дим), представљали су нерешив проблем за технологије класичне филмске маске, изузев јединственог, изузетно компликованог технолошког процеса, познатог под називом Систем бојене разлике (**Colour Diference System**).

Шминка представља значајан проблем у случају да актер није "уоквирен" костимом, што је често једино практично решење проблема ивица. Људски тен не садржи примесе примарне плаве боје. Материјали за шминку који су у употреби садрже и састојке из плавичастог дела спектра и утичу двоструко на проблематику лутајуће маске, и по самом обојењу у смеру појачане рефлексије људског лица, и самим тим већег ризика деформације ивице лутајуће маске лица, због увећане дисперзије плаве (или зелене), светлости рефлектоване са екрана по ободу лица. Шминка подразумева употребу препарата у тоналитету комплементарног дела спектра, без уљних састојака који могу створити хало ефекат екрана.

Покрет у слици, у сваком облику, представља проблем за реализацију и класичне и дигиталне лутајуће маске, из разлога размазаности ивица актера, што је посебно изражено хоризонталним покретима актера пред екраном, или покретом камере. Као што сам већ навео, суштина проблематике покрета и размазаности проистиче из експозиције филмске слике у камери током рада сектора, између отварања слике и затварања по вертикали. Позиционирање актера пред екраном захтевало је испуњење два супротстављена техничка предуслова: не превелику удаљеност актера од екрана, у циљу већ дефинисаног захтева за дубинском оштрином која обухвата и актера и екран; али и довољно велику удаљеност актера од екрана, у циљу изолације од осветљаја расвете за екран и смањивања дисперзије плаве светлости екрана по ивицама актера.

Технологија класичне лутајуће маске заснована је на беспрекорно дефинисаним, оштрим и идеално уклопљеним ивицама маске и контрамаске на црно-белим суперконтраст материјалима, за чији је правилан изглед предуслов идеално разграничавање ивице актера од плавог екрана. Током стандардних снимања ширих планова пред великим екранима, рефлектована плава светлост са ивичних делова екрана, у простору видљивом кроз објектив камере, рефлектовала се од актера и стварала је на актеру ивични, плавичасти ореол, који се током каснијих копирних процеса претварао у лажну, додатну ивицу, што је представљало нерешив проблем, колико и покрет у кадру. Поступцима "отпадне маске" (ружан изворни назив је **garbage matte**), односно прекривањем неактивних површина екрана црним заслонима, како је приказано на илустрацији са десне стране, спречавана је неадекватна рефлексија и обезбеђивано је да ивицу актера дефинише најмања могућа површина екрана иза самог актера. Овакав поступак усложњавао је касније копирне поступке због додатних процеса уклањања саме отпадне маске.

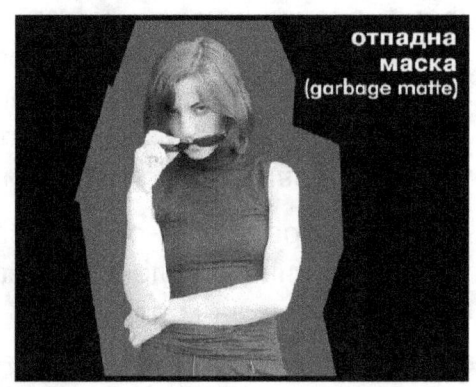
отпадна маска
(garbage matte)

Уметничко осветљавање актера пред екраном је ограничена и технички условљена категорија снимања. Ограничена је физичким простором и експозицијом, а технички је условљена захтеваним успостављањем идентичних параметара оптике, перспективе, контраста и боје према условима снимања, или према већ снимљеној позадини.

Проблематика простора значајна је из разлога неопходности позиционирања актера на што мањој удаљености од екрана због дубинске оштрине, са истовременим проблемом изоловања актера од осветљаја расветних тела за екран.

Осветљавање актера врши се расветним телима која емитују белу светлост (као и за екран), с тим да је дозвољено, и често је, коришћење филтриране светлости слабим корекционим оранж филтерима, у виду фолија, у циљу побољшавања обојености актера према позадини. Актер се осветљава високим интензитетом светлости, из неопходности уједначавања експозиције са експозицијом екрана, која је заснована на малом фотометријском отвору. Експозиција се оквирно изједначава на вредностима мерења сиве карте у позицији актера и позицији екрана. Фина корекција осветљаја актера у односу на плави екран изводи се визуалном методом, посматрањем сцене кроз изразито плави филтер (нпр. дупли **Kodak 8оA**), и појачавањем или снижавањем осветљаја сиве карте у позицији актера, до визуалног изједначавања тоналитета сиве карте са плавим екраном.

Осветљавање актера врши се из предње полусфере, по правилу бочним светлосним изворима, како би се онемогућило осветљавање екрана светлошћу која је намењена актеру.

Истовремено са разрешавањем проблематике простора и експозиције, неопходно је успоставити једнакост осталих фотографских параметара под којима ће бити, или је већ снимљена позадина, у циљу постизања визуалног континуитета споја предњег плана (актера), и позадине. Неопходно је снимање оптиком исте жижне даљине, идентичним или блиским ракурсима, блиском оштрином и под светлосним околностима блиским позадинским. С обзиром да се актер снима светлошћу из предње полусфере, визуални континуитет се остварује прецизним успостављањем светлосних односа блиских светлосним односима слике за позадину. Контраст и бојени тоналитет самог актера треба да буду слични позадинским, али није неопходна нити могућа идентичност, јер се фине корекције и усаглашавања могу извршити током финалног оптичког копирања.

Актер се пред екраном не осветљава светлошћу из контре, због проблематике сличне рефлексији плавог екрана, односно због могућег удвајања ивице актера на материјалу.

Осветљавање актера пред екраном за атмосферу (светлосни "штимунг"), дискутабилна је и готово неостварива категорија, из разлога изузетно ограничене слободе у коришћењу свих фотографских и сниматељских техника. Извесна симулација атмосфере могућа је деградацијом слике у смислу смањења оштрине или деколорацијом, при изради финалног композита или каснијим копирним поступцима.

Претходне странице овог поглавља садрже изразито сажет избор и опис основних и најраспрострањенијих технологија класичног филмског композита, односно технологија класичне лутајуће маске. Иако сам текст исписао на нивоу елементарне фактографије, очигледно је да је израда класичног филмског композита представљала изразито компликован, замршен и дуготрајан инжењерско-уметнички поступак. Развојем и применом дигиталних технологија, за свега неколико година, на крају другог миленијума, описане класичне технологије су у производном смислу изумрле.

Међутим, иако су дигиталне технологије драматично измениле саму израду савремене финалне композитне слике, целокупан концепт (односно промишљање, идеја, виседелна реализација слике пред бојеним екранима и у слободном простору, и све остало што чини стварну уметност стварања бајковитих и непостојећих светова сликом), остао је, у суштини, идентичан класичном систему лутајуће маске и оптичко-хемијског филмског композита.

Савремени дигитални композит представља филмску слику оптимално сложених, стопљених, независно реализованих (снимљених камером, генерисаних рачунаром), сликовних елемената (актера, објеката сцене, атмосферских и других појава), и позадине. Оптималност дигиталног композита у односу на претходне, класичне филмске и електронске технологије, огледа се у квалитету ивица компонованих елемената и позадине, посебно у случају покретних објеката, као и у решавању проблема стробоскопираности или размазаности ивичних делова покретних објеката.

Колико су оптичка маска и контрамаска на суперконтрастном филмском материјалу чинили срж класичног филмског композита лутајућом маском, толико је срж дигиталног композита **алфа-канал**, односно четврти канал електронске и дигиталне слике. Наиме, дигитални филмски или видео композитинг заснива се на дигитализованој аналогној слици, или генерисаној, изворно дигиталној слици. Дигитална слика је нумеричка и текстуална листа која садржи податке о свим егзактним вредностима саме слике. Дигитална слика је на нивоу боје дефинисана вредностима за три

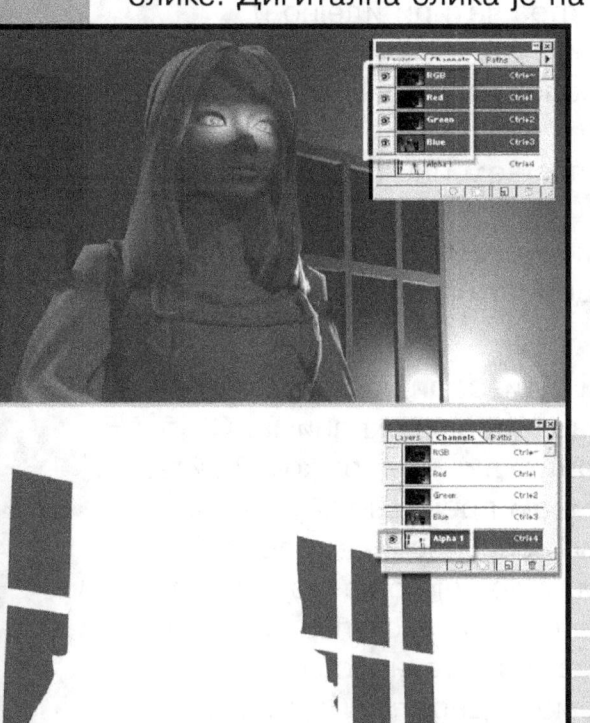

основне адитивне боје: црвену, зелену и плаву, и те вредности се декларишу као **три канала боје**. На примеру с леве стране приказан је распоред канала дигиталне слике. Дигитална слика може садржати и друге нумеричке податке, а од њих најзначајнији су подаци о евентуалној транспарентности или нетранспарентности појединих делова слике. Ови подаци се третирају као четврти канал дигиталне слике - алфа-канал.

Дакле: **алфа канал** је канал дигиталне или електронске слике који садржи податке о нетранспарентности сваког пиксела слике. Алфа канал се назива и каналом маске и представља четврти канал слике. Дигитална слика може имати, у специјалним случајевима, и пети нумерички канал, који се назива **З-канал** и који садржи нумеричке податке о дубини простора у слици.

У процесу спајања сликовних елемената снимљених камером, дигитални композит је само наследна технологија класичне лутајуће маске бојеним екранима, са разрешеном проблематиком ивичних елемената и простора утапања слике, са побољшаном могућношћу корекције позиционирања и обојености елемената и додатним олакшаним јединственим сликовним ефектима (фотографским, атмосферским и просторним). Стварна напредност дигиталног композита огледа се у могућности стварања потпуно и "животно" уверљиве филмске слике сачињене од живо-снимљених и компјутерски генерисаних делова или целина.

Оркестрирана интеракција живих и генерисаних елемената, у виду споја регистроване и генерисане креације, представља нови, стварни искорак филмске уметности ка уметничкој апстракцији и дефинитивном утапању живог снимања и анимације у један појам - филм; на почетку по препознатљивим елементима ликовне апстракције, затим и потпуне апстракције у форми нових простора, нових светова, нове перцепције и новог језика. Доказ за ову нову уметничку апстракцију јесу филмови Невидљиви човек, X људи, Кинг Конг, Ратови звезда, Господар прстенова, Подземни свет, Аватар, и многи, многи други и то управо из категорије такозваних "разбијача благајни", односно категорије филмова реализованих са огромним новчаним средствима, и по правилу, филмова са зарађеним огромним новчаним средствима.

Савремени дигитални композит реализује се кроз четири идејно и технолошки различита поступка:

1. Поступак потпуног генерисања маске технологијом селекционих екрана (боје или осветљаја);

2. Поступак генерисања маске ручним исцртавањем или програмском детекцијом контуре;

3. Поступци са прегенерисаном - постојећом маском;

4. Самомаскирни поступци интегралног рендеринга генерисаних објеката на готовој позадини.

1. Процеси селекционих екрана намењени су изради композита од снимљених слика актера (или модела) на сепарационим екранима. С обзиром на нумерацију и алгоритамску оријентацију дигиталног композита, савремени поступци нису оптерећени екстремном прецизношћу у изради, обојености и осветљају бојених екрана и дозвољавају велику толеранцију унутар постојећих боја, плаве или зелене, или било које боје, коју не садржи актер кога треба маскирати. Технолошка основа поступка садржана је у калкулацији вредности алфа канала. Оперативно технолошки кораци у изради алфа канала започињу декларисањем вредности обојености екрана, означавањем једног пиксела позадине као репрезента површине екрана. Преостала је машинска процедура детекције екрана, односно пиксела исте или сличне обојености, у зависности од опсега који задаје оператер. У зависности од алгоритма, на овој позицији могућа су два приступа дефинисању екрана. Први је на нивоу **освајања простора** боје, којим се екран дефинише као јединствена површина оивичена рамом слике и ивицама актера или објекта, као што је и приказано на наредној страни, на илустрацији под бројем 1. Слика позадине је означена бројем 2. На илустрацији је приказан први корак селекције обојења екрана и то једноставном процедуром **Chroma Keyer** (сам **plug-in** је уоквирен, а "начин употребе" је означен бројем 4 и стрелицом), у програму **Digital Fusion**. Очигледна је неадекватна основна селекција, с обзиром на неупотребљиве ивице око косе и тела актера (означено бројем 3 и стрелицом). Овај проблем са деловима екрана који су у додиру са актером (као и са деловима екрана окруженим самим актером, на пример: простор између ногу или између руку и тела), решава се додавањем селекције, односно означавањем додатних пиксела блиских обојења, што је приказано на

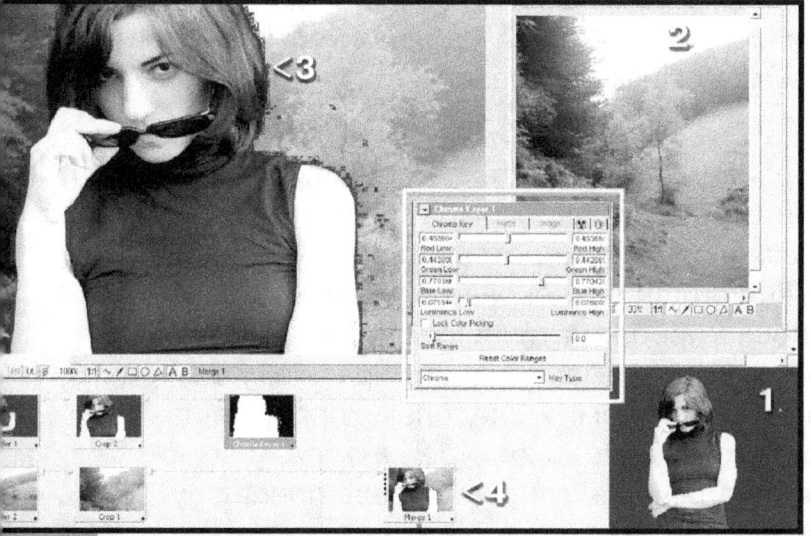

другој илустрацији. Додавањем селекције значајно се побољшава квалитет ивице између актера и екрана, што је уочљиво на истој илустрацији и означено стрелицама за ивице руке и косе (иста слика). У следећем кораку неопходно је учинити додатно побољшање утапања ивица актера у позадину, посебном корекцијом умекшавања (размазивања), саме детектоване ивице интерполацијом пиксела, у оквиру задатих вредности, што је приказано на следећем, доњем примеру. Хрома ки (**Chroma Key**), методе представљају једноставне и брже технологије генерисања маске и резултују задовољавајућим квалитетом композитне слике у случајевима актера са дефинисаним и

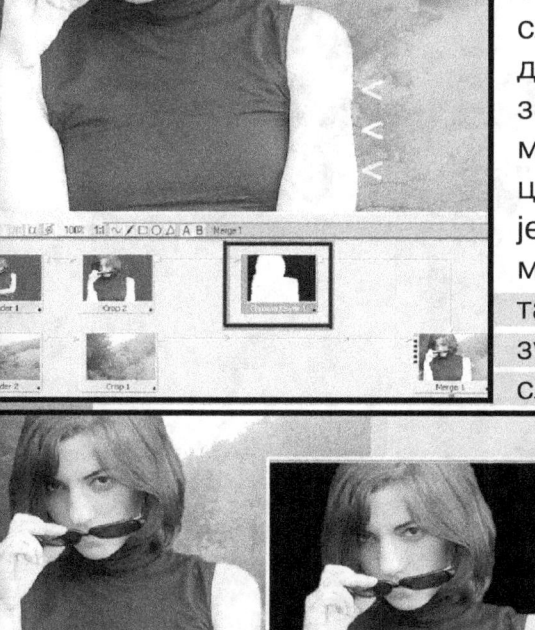

оштрим ивицама. У компликованијим околностима, када је актер оивичен крзном, обавијен димом цигарете или га од бојеног екрана одвајају лепршави, транспарентни облици, хрома ки технологија није адекватно решење за композитну слику, с обзиром да није у могућности да разреши композитинг полутранспарентних, транспарентних, или облика у брзим кретањима, са "**motion-blur**" ивицама.

Напреднија метода садржи алгоритам, не само површинске, већ опште бојене припадности обојењу екрана и њоме се екраном дефинишу обојења блиска означеном, на целокупној површини слике. Проблеми у раду видљиви су само у случају обојења на актеру које улази у распон обојења екрана (на пример: плаве или зелене очи, или високо рефлектујући делови костима), и решавају се ручним придруживањем физички изграђене маске (ткзв. отпадне маске или ефект маске).

На овом степену дефинисања екрана, напредније технологије омогућавају додатне контроле компактности екрана, уз чију помоћ се решава проблематика овешених актера уклањањем жица и претварањем и утапањем њихових бојених вредности у бојене вредности екрана. Омогућено је и уклањање визуалног "шума", односно проблематичних артефаката који могу бити последица лошег осветљавања екрана или компресије, у случају рада са неадекватним видео материјалом. У следећем кораку решава се проблематика изгледа и квалитета ивице (контуре), актера, у смислу разделе пиксела на пикселе припадајуће актеру и пикселе припадајуће екрану; затим се одређује начин и степен градације простора покрета актера (простор размазаности слике, који дефинише степен пропуштања позадинске слике), уз могућност додатних операторских захвата на нивоу умекшаности ивица маске и увећања или умањења општег лика маске.

На горњем и доњем примеру десно, приказан је концепт напредније технологије композитинга, алатом **Ultimatte v2.04**., у овом случају у **plug-in** форми за Диџитал Фјужн композитор.

Детекцијом екрана компарирањем референце и актера, преко процедура за корекцију екрана и чишћење и филтрирање последица шума, програм дефинише алфа канал финалним оператором (оквир и стрелица са леве стране, на првој и другој слици). Додатни оператор за стапање слојева врши корекције и контролу квалитета и површине стапања на самој ивици актера према позадини (мали оквир и стрелица са десне стране на другој слици).

Савремене најнапредније тех-

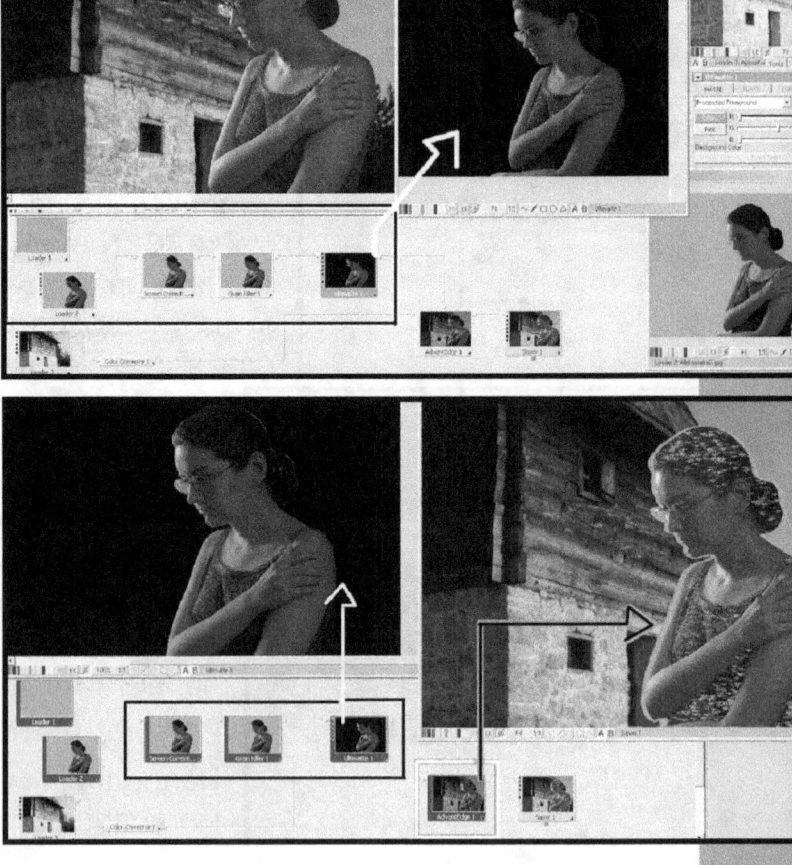

нологије омогућавају и контролу интерполације ивице према пикселима ван и унутар простора актера, уз претходни избор улазног материјала (филм, видео или дигитални видео).

Целокупна претходно описана процедура, на савременим персоналним рачунарима, у било ком програму, одвија се брзо, често за мање од једне секунде по једној сличици било ког улазног формата, подразумевајући оптималан квалитет изграђене маске. Оваква маска представља листу нумеричких вредности нетранспаренције, придружену листи осталих вредности обојења. Подразумева се анимативни квалитет израде маске, односно могућност калкулисања корекција промена унутар трајања кадра, као и могућност свих интервенција на маскираном актеру, без утицаја на квалитет маске.

Технолошке предности савременог дигиталног композита потпуно су елиминисале класичне филмске технологије у периоду од десетак година, отварајући креативан простор уверљивости новостворених визуалних светова, истовремено нарушавајући основну вредност регистрованог филмског снимка: ”неспорну” аутентичност.

2. За разлику од претходне процедуре условљене постојањем позадинског екрана, **поступци цртане маске** или детекције контуре готово да немају позадинских условљености. Поступак цртане маске је једноставна оперативна и технолошка надградња деценијама познатих техника маскирања задње пројекције на целулоидној фолији, овог пута реализацијом на рачунару. Поступак се заснива на директном, ручном исцртавању криве по ивицама жељеног објекта. По затварању криве, једна од оивичених површина проглашава се маском, а супротна - контрамаском.

У складу са проширивањем могућности ручног маскирања на рачунару, значајно је унапређено прерастање и искоришћавање цртаних маски у

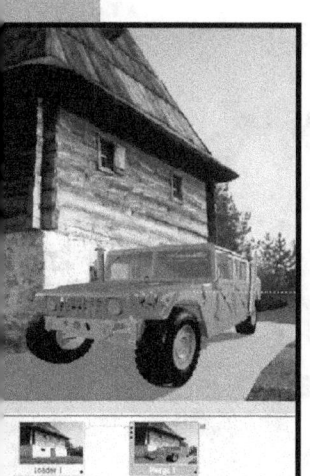

технологијама трансформације ликова, познате под стручним називима ”**морф**” или ”морфинг”, у којима исцртана контура једног лика мења свој облик у исцртану контуру другог облика, деформишући унутрашње површине претапањем.

3. Поступци са прегенерисаном маском, у којима је алфа канал садржан и дефинисан у основној слици, искључиво су повезани са интеграцијом компјутерски генерисаних објеката у било које окружење, или снимљену, или генерисану позадину (пример лево). Поступци се заснивају на алгоритму програма за рендеринг тродимензионалне графике и анимације, којим се током самог рендеринга калкулише простор изван облика и простор ивица са свим припадајућим карактеристикама, чинећи идеалан алфа канал, као на наредном примеру са десне стране. Сам композитинг, по правилу, не захтева никакве интервенције на квалитету маске и уклапање је оптимално. Искорак у односу на класичне филмске копирне процесе омогућен је нумеричким својством слике и алфа канала, па је у поступцима генерисања алфе лако генерисати

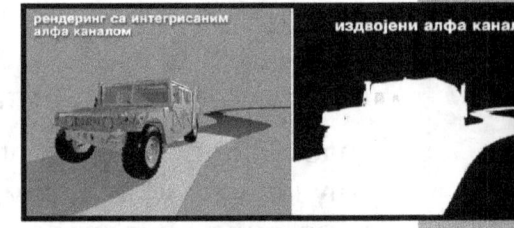

и податке за додатне карактеристике слике, као што су дубинска оштрина и мапа дубине, којима се омогућава потпуна фотографска креација и контрола изгледа елемената по дубини кадра или по покрету.

4. Поступци интегришућег рендеринга такође су последица природне примене компјутера и 3Д графике и анимације, и заснивају се на директном генерисању моделованих облика на претходно припремљени позадински сликовни документ. Пример је дат на наредној илустрацији, коју чине радни екран програма са позадинском фотографијом (слика са леве стране), и показни рендеринг (слика с десне стране). Током рендеринга,

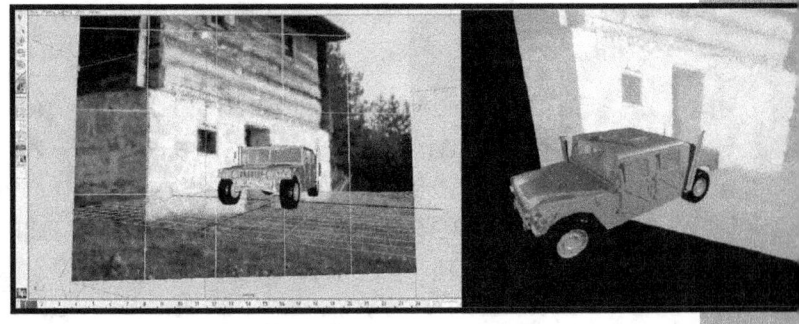

не постоји алфа канал и компјутерски облик се идеално утапа по ивицама, јер алгоритам калкулише утапање и интерполацију у директном додиру објекта и позадине, без ивичних артефаката плаве или зелене боје и без потребе за накнадним интервенцијама на ивице маске. Основни и једини недостатак поступка је у неопходности поновног целокупног рендеринга, у случају потребе за парцијалним корекцијама, за разлику од свих осталих поступака чије су предности потпуна слобода третмана појединачних слојева слике, од просторних, светлосних и бојених, до ефектних.

У општем оперативном смислу, филмски композит се изводи у оквиру специјализованих програма, или општих програма за обраду слике, са додатним програмским процедурама. На пратећој илустрацији је радни екран програма **Maya Fusion 3**.

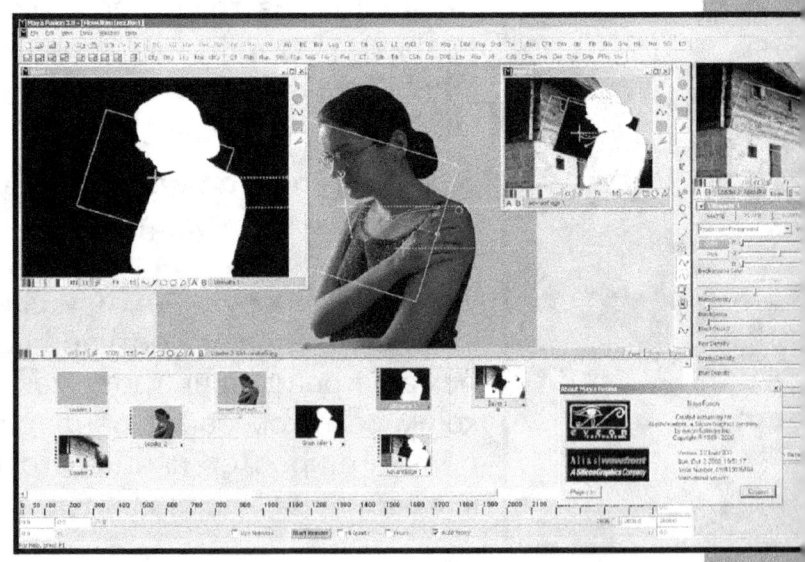

Сам протокол композитинга је готово униформан и изводи се у следећим корацима:

1. Учитавање слика за слој;

2. Учитавање слика за позадину или генерисање позадине;

3. Учитавање процедуре (потпрограма), за израду маске, и у зависности од функција процедуре, учитавање додатних алгоритамских оператера.

4. Технолошко-логичко повезивање свих чинилаца у оперативан низ и активирање процедуре за израду маске и евентуалне корекције;

5. Финални рендеринг.

Просечна уметничко-техничка обученост у извршавању претходних операција подразумева оптималан филмски композит креиран за део времена потребног да се прочита претходних пет тачака и та временска оперативна ефикасност представља прву значајну карактеристику дигиталног филмског композита у односу на претходне, класичне филмске, опто-хемијске копирне поступке. Оперативна ефикасност носи посебан значај, не само у техничком смислу, већ и у организационо креативном смислу, омогућавајући висок степен слободе унутар тимског рада на припреми слојева слике, уз потпуну стваралачку слободу и прецизност свих корекција током финализације композита.

За крај овог поглавља неопходно је споменути још једну благодет дигиталне технологије, која је од посебног значаја за савремени анимирани филм који се реализује на рачунару и то посебно за компјутерски анимирани и композитни филм. Ради се о технологијама које су елиминисале велики део класичне лабораторијске обраде композитних материјала. Прва је технологија скенирања "аналогних" филмских материјала, а друга, коју ћу овде укратко изложити, јесте технологија "штампања" дигиталне слике (оригинални називи су "**film recording** или **film printing**").

Штампање филмске слике представља процес повратног трансфера дигиталне слике са дигиталних формата и медија, на филмску траку. У технолошком смислу, филмско штампање представља скуп дигитално, електронско, оптичких процеса експозиције филмске траке, оптичким ликом декодиране дигиталне слике. Филм рикординг се одвија уређајем који представља дигитални оптички принтер, који се састоји од:

1. графичке радне станице са архивираним дигиталним сликама и специјализованим програмима;

2. дигитално електронског модула који врши декодирање нумеричких података у интензитет и позиционирање ласерског зрака који исцртава експозиционе вредности сваког појединачног пиксела на екрану принтера;

3. оптичког блока који је сачињен од ротационог носача са филтерима у плавој, зеленој и црвеној боји и репро-објектива;

4. трик камере у чијој се експозиционој капији експонира филмски материјал "бесконачном" експозицијом (на савременим филм рикордерима, експозиција по сличици траје неколико секунди за сва три филтера).

Процесом дигиталног филмског штампања затвара се технолошки круг учешћа дигиталних технологија у поимању и промишљању класичног филмског стваралаштва.

Развој примене дигиталних технологија у протеклих двадесет година (унутар етаблираних уметничких и системских позиција филмске перцепције и филмског језика), адекватан је систему сукцесивних декадних смена новим филмским технологијама (црно-бели-неми филм; звучни филм; филм у боји; филм са специјалним ефектима). Истовремено, развојем и применом дигиталних средстава, алата и технологија, у многим областима је започело редефинисање филма као уметничке делатности засноване на **регистрацији реалности**, **светлости**, **камери**, па и пројекцији.

Компјутерска анимација

Компјутерска анимација је савремени облик обједињене уметности стварања покрета изградњом објеката и сцене, материјализацијом, осветљавањем, атмосфером и тајмингом. Компјутерска анимација је аутономна уметничка делатност заснована на интеграцији успостављених правила стварања анимираног филма, према осталим визуалним и аудио областима: вајарству; сликарству; дизајну; звуку и музици; развојем и применом дигиталних алата.

Компјутерска анимација је нови облик визуалног стваралаштва, развијан у протеклих 40 година, паралелно са развојем рачунарства. Технички посматрано, креативан простор савремене компјутерске анимације представља интеграцију јединственог генеративног стваралаштва са постојећим, уметнички изграђеним и развијеним елементима класичног играног филма и класичног анимираног филма.

Концептуалну основу акције класичног филма чине: стварна, просторна, физичка сцена (амбијентална, или студијски простор, укључујући и актере и њихове покрете), регистрована камером (уређајем који омогућава интермитентно-континуелну регистрацију акције у простору и времену, протоком сличица у секунди), у јединици са називом кадар (дводимензионална слика исечка простора и акције у дефинисаном временском трајању, од тренутка укључивања камере до искључивања; односно од монтажног прелаза са једног кадра на трећи).

Класичан анимирани филм заснован је на анализи технологије класичне филмске акције која представља 24 јединичне, статичне сличице, регистроване у низу, током једне секунде рада филмске камере. Класичан анимирани филм чине: нацртана или обликована **сцена**, по правилу блиска дводимензионалној, регистрована специјалном филмском камером сли-

чицу по сличицу, на фото-оптички медиј; и **стварање акције**, извршава-
њем промена на сцени између регистрације појединих сличица, до ре-
гистрације последње сличице која чини дефинисан кадар. Основу класич-
ног филма можемо описати речима "**кадар по кадар**", за разлику од
анимираног филма чија је технолошка дефиниција "**сличица по сличицу**"
(**frame by frame**). Апсолутни предуслови за оба филмска поступка јесу
постојање **сцене**, **камере** и **регистрације**.

У 40-годишњем развоју, компјутерски анимирани филм налазио је себи
простор освајањем појединих технолошких целина и класичног и аними-
раног филма. Радови Џона Витнија и браће Џејмса и Мајкла, у периоду
од 1960. до 1967. године, представљају класичне ауторске анимиране
филмове, на креативном нивоу блиском експерименталним филмовима
Нормана Мекларена, а реализоване делимичним учешћем компјутера,
као алата за стварање слике на монитору, који је "фотографисан" сличицу
по сличицу, 16-милиметарском филмском камером.

Трон Чарлса Лисбергера из 1982. године и Последњи звездани борац из
1984. године представљају покушај интеграције компјутерских алата у ци-
љу замене постојећих компликованих оптичко-лабораторијских поступака
израде филмског композита. Терминатор 2 и Амбис уводе компјутерски
генерисане ликове у реалистично окружење. Бејб, Џуманџи, Годзила,
Парк из доба Јуре, Гладијатор, Невидљиви човек, Диносаур, Матрикс и
слични савремени филмови, генерисаним ликовима и амбијентом, чине
нестварно стварним, остварујући искорак у стварању новог ауторског
света и нове ауторске "реалности".

После 40-годишњег развоја, компјутерска анимација, као део филмске
уметности и део целокупног компјутерског стваралаштва, улази у наред-
ни миленијум са позиција дефинисаних:

а) граница **постојеће** компјутерске технологије;
б) опште и филмске **терминологије**;
в) технолошких **очекивања** и развоја;
г) стратешких праваца **уметничког развоја**.

Компјутерска анимација, најшире посматрано, представља потенцијалну
дисциплину којом ће се у будућности, заједно са филмом, уметност од-
војити од неуметности, односно од досадашњих уметничких дисциплина
које, закључно са постмодерном, исказују значајну тенденцију утапања у
општу културу. За разлику од дигиталног филмског композита који је ево-
луирао деградацијом, од врхунског специјалног филмског ефекта до
стандардне процедуре уметничког изражавања, компјутерска анимација
се развијала поступним технолошко-техничким корацима. Технолошким у
смислу првобитне имплементације класичне анимационе технике "фрејм

бу фрејм", електронско-програмским регистрационим средствима, преко генеративно-регистративних процеса интеграције облика, простора и покрета (1983, Трон, Чарлса Лисбергера), до савремених техника симулације, креације и апстракције (Невидљиви човек, Савршена олуја, X људи...), и интерактивних игара.

Технички, компјутерска анимација је еволуирала од једноставне секвенцијалне регистрације, до сложене, готово апсолутне креације простора, времена и покрета, са свим уметнички дефинисаним аспектима.

Савремена компјутерска анимација је сложен низ поступака генерисања уметничког дела интегрисаног простора, времена и покрета. Садашње машинско програмске технологије омогућавају следећи низ уметничких поступака:

1. Дводимензионално и тродимензионално **моделовање**;
2. Дводимензионалну и 3Д **материјализацију**;
3. Генерисање **сцене** и атмосфере, светлости и атмосферских појава;
4. **Анимацију** и симулацију;
5. Финални или композитни **рендеринг**.

1. Технике моделовања служе изградњи тродимензионалних актера и делова сцене (или дводимензионалних, у посебним случајевима употребе компјутерске анимације за симулацију дводимензионалности цртаног филма). Савремени програмски алати омогућавају четири различите технике моделовања, укључујући и могућност комбиновања.

Елементарно моделовање подразумева аналитички приступ аутора стваралачком процесу. Жељени облик сагледава се уназад, од потпуног волумена, преко површина које га чине, до елемената који граде повр-

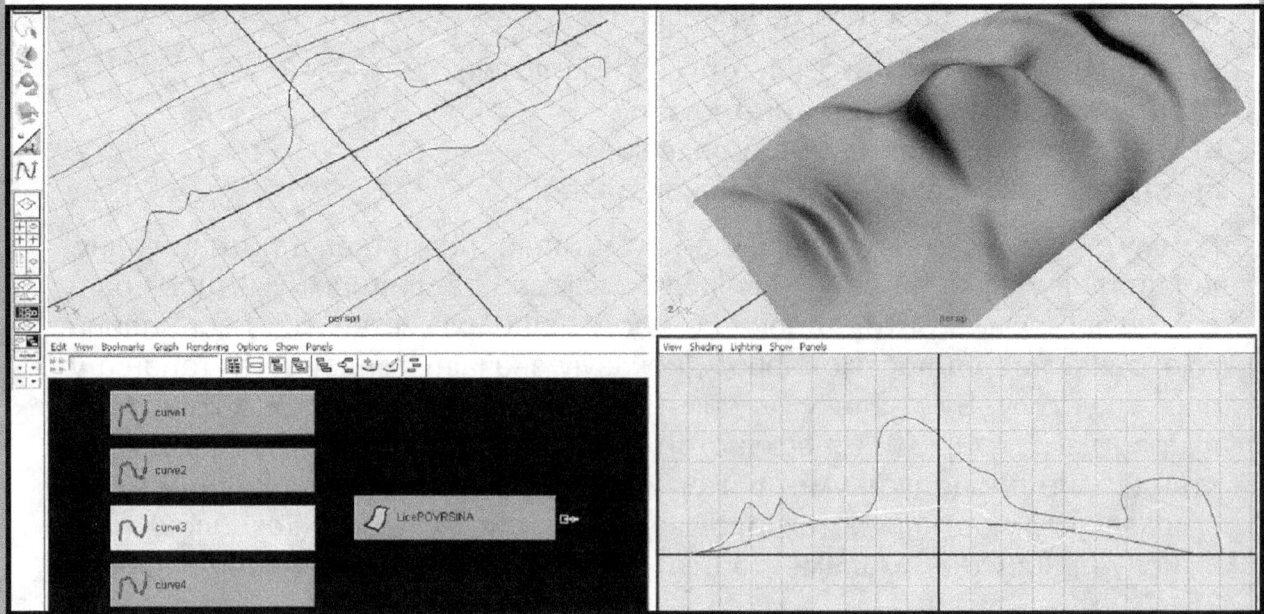

шине. У процесу стварања модела, почетни корак је исцртавање линије из тачке, потом осталих линија које дефинишу спој или пресек површине, потом се граде површине чијим се спајањем формира завршни облик. Постојеће технологије елементарног моделовања засноване су на **NURBS** алгоритмима (**Non Uniform Rational Bi-Spline**, алгоритми исцртавања неуниформних просторних кривих). На илустрацији на дну претходне стране приказано је моделовање лица (маске), исцртавањем основних уздужних линија и извлачењем површине.

Деформативно моделовање чине интуитивни процеси грађења сложених облика, деформацијом основних задатих једноставних облика, примитива. Наредна илустрација представља пример моделовања извлачењем и деформацијама из основног облика квадра, преко грубог облика замишљене летилице-играчке, до финалног, умекшаног облика.

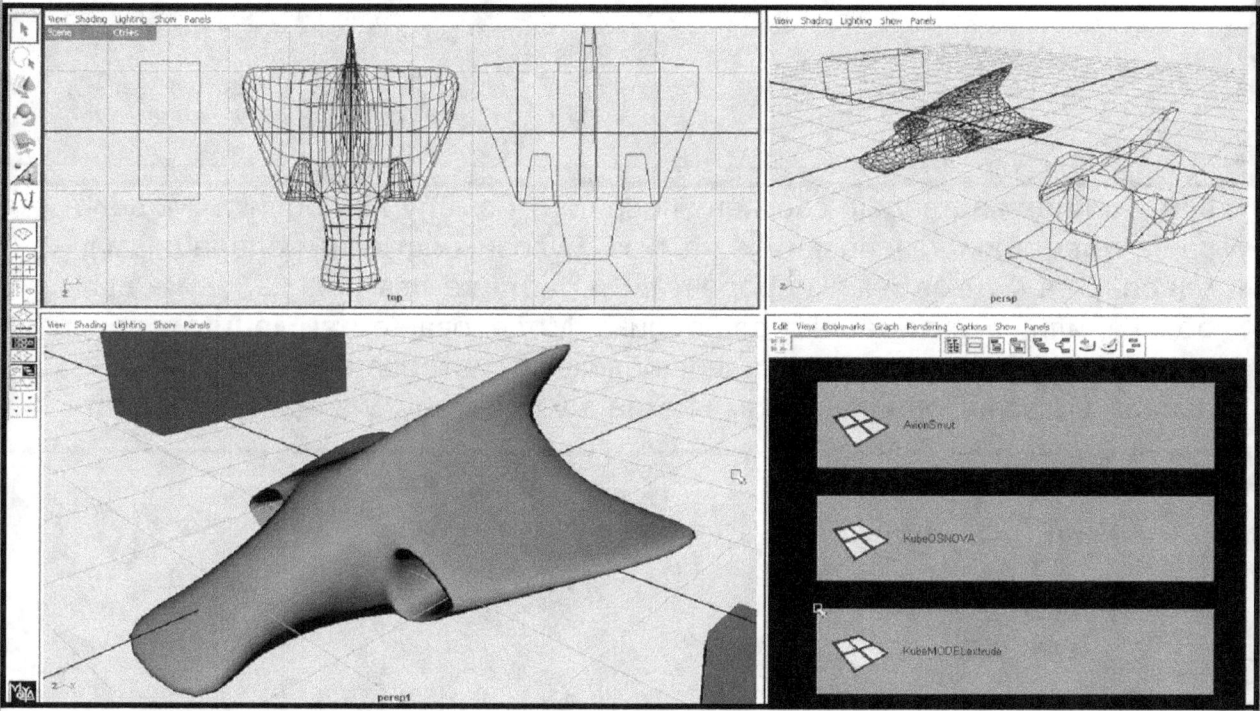

Метафора деформативног моделовања је дигитално вајарство, с обзиром на сличност уметничких поступака. На илустрацији на врху наредне стране је површина лица, изграђена претходном методом, затим измењена и коригована деформационим скулпторским техникама. На панелу са леве стране представљене су алатне могућности утискивања, извлачења, ублажавања грубости површина, и остале могућности. На самом лицу, црвено означена површина представља поступак извлачења облика носа.

Сегментарно моделовање (слојевима, пресецима и анимацијом), последица је алгоритамске основе алата и подразумева калкулацију финалног модела реализованог из потпуно изграђених облика, сегмената. Модело-

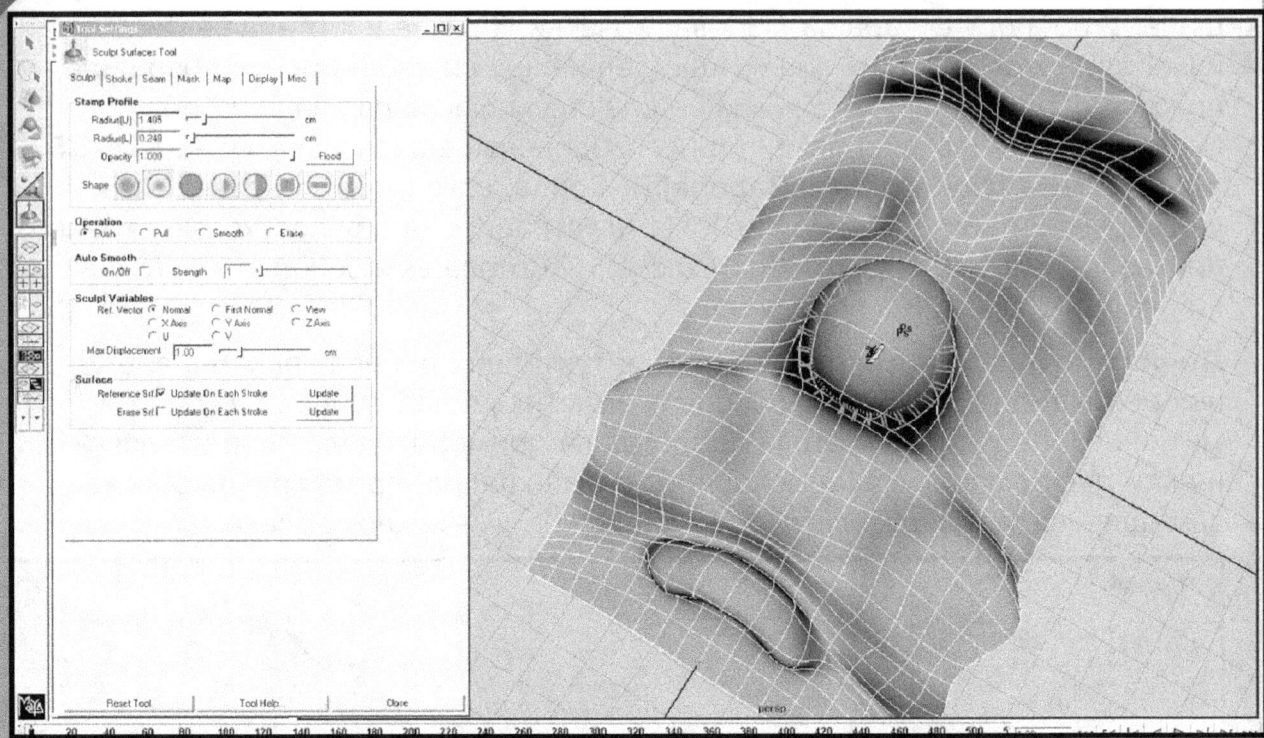

вање **слојевима** додаје саставну површину између два облика. Моделовање **пресецима** засновано је на ткзв. Буловим логичким операцијама, односно на математичким прорачунима **разлике** два облика, **уније** два облика, или самог **пресека** два облика. Моделовање **анимацијом** представља процес изградње финалног облика регистровањем промене основног, полазног облика, током кретања у простору, у задатој вредности

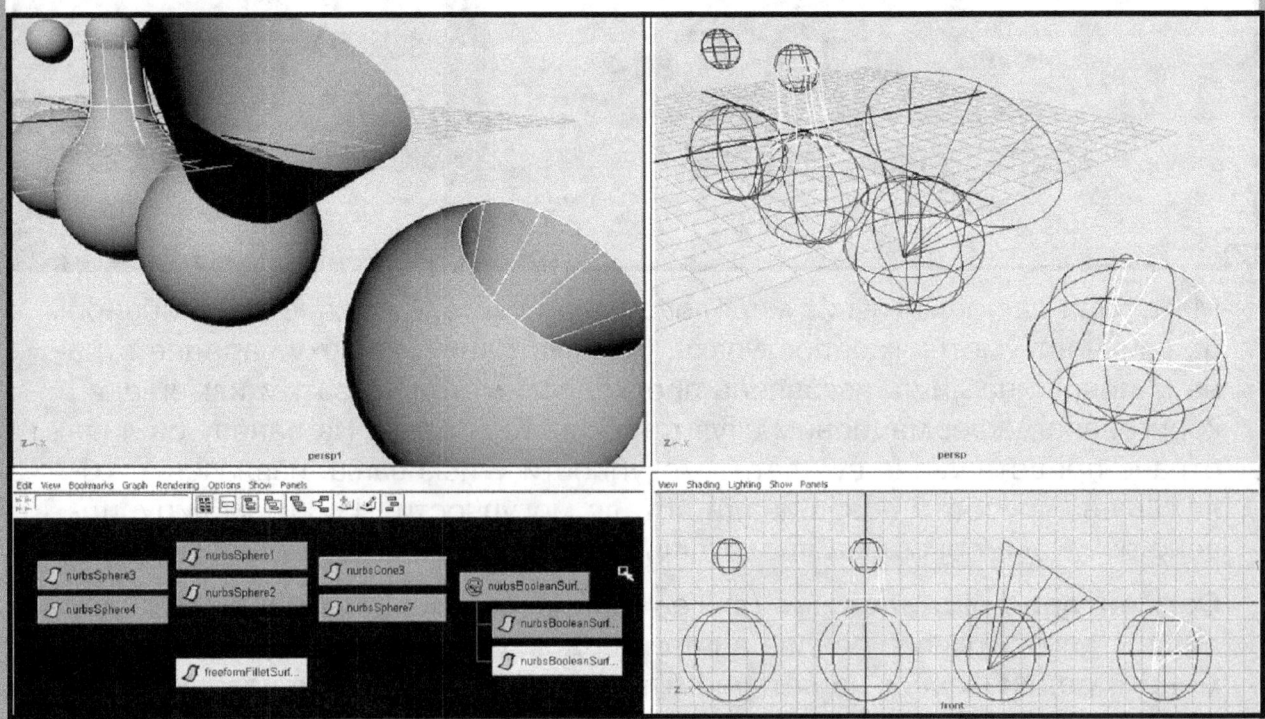

времена. На доњој илустрацији на претходној страни, приказани су примери моделовања попуњавањем површина (ткзв. филет), и Буловим пресецима, методом одузимања површине.

Процедурално моделовање је најсавременији облик архивско-алгоритамског виртуалног моделовања пре-припремљених облика: траве, крзна, мора, атмосферских, светлосних и сличних појава. У основи процедуралног моделовања је архивски збир предефинисаних непромењивих вредности и алгоритамских варијабли, којима се дефинишу поједини параметри финалног модела. Сам процес моделовања заснива се на означавању и исцртавању дела простора намењеног моделу, и успостављању нумеричких вредности задатих промењивих. На примеру траве, цвећа и океана (две илустрације: на дну ове и на врху наредне стране), приказане су садашње компликоване процедуре оваквог начина моделовања.

У савременој уметничкој пракси, изградња модела не одвија се, по правилу, унутар јединствених техника, већ комбинованим приступом и реализацијом. Моделовање је и временски и машински захтеван скуп процеса. У складу са постојећим развојем дигиталних средстава чији се капацитети, по евиденцији развоја у протеклих 20 година, удвостручују на сваких 18 месеци, може се очекивати опште усмеравање моделовања према тренутно најзахтевнијим процедурама деформативног и процедуралног моделовања, с обзиром на њихову изворно уметничку интуитивност и интерактивност, почев од Мајиног Артисана, до 3-браша.

Садашњи продукт моделовања представља нумерички опис позиција та-

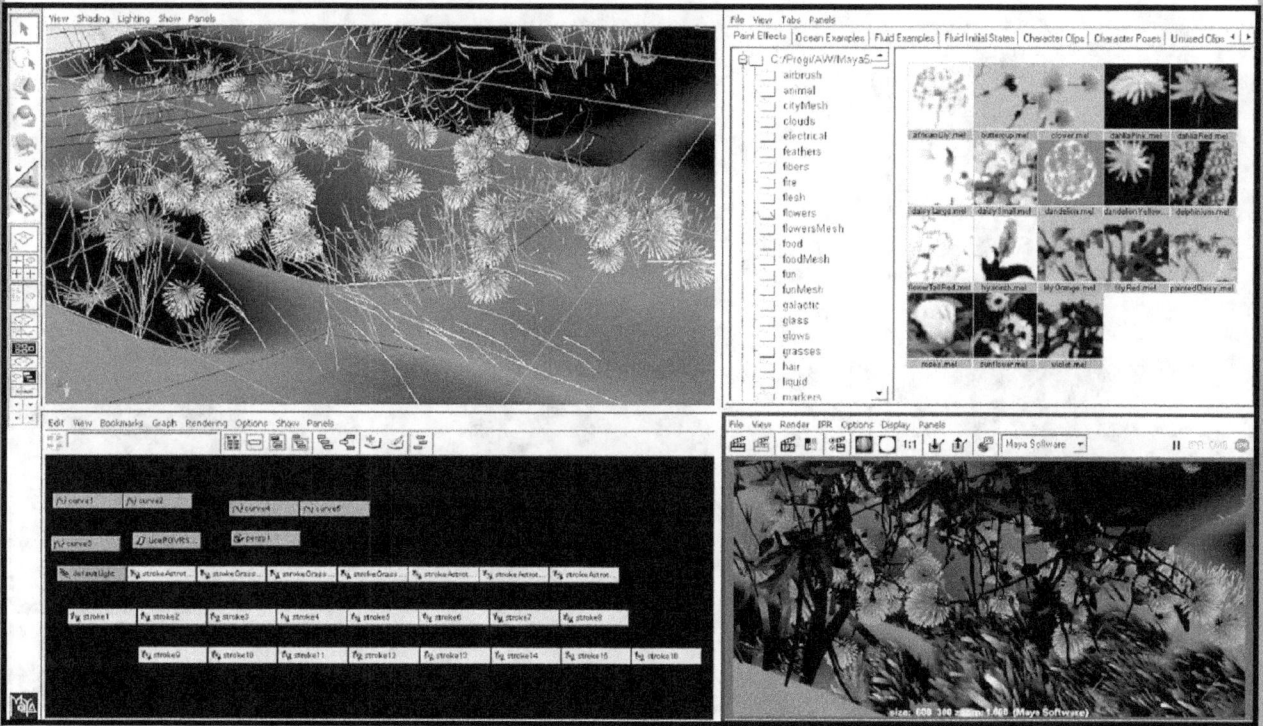

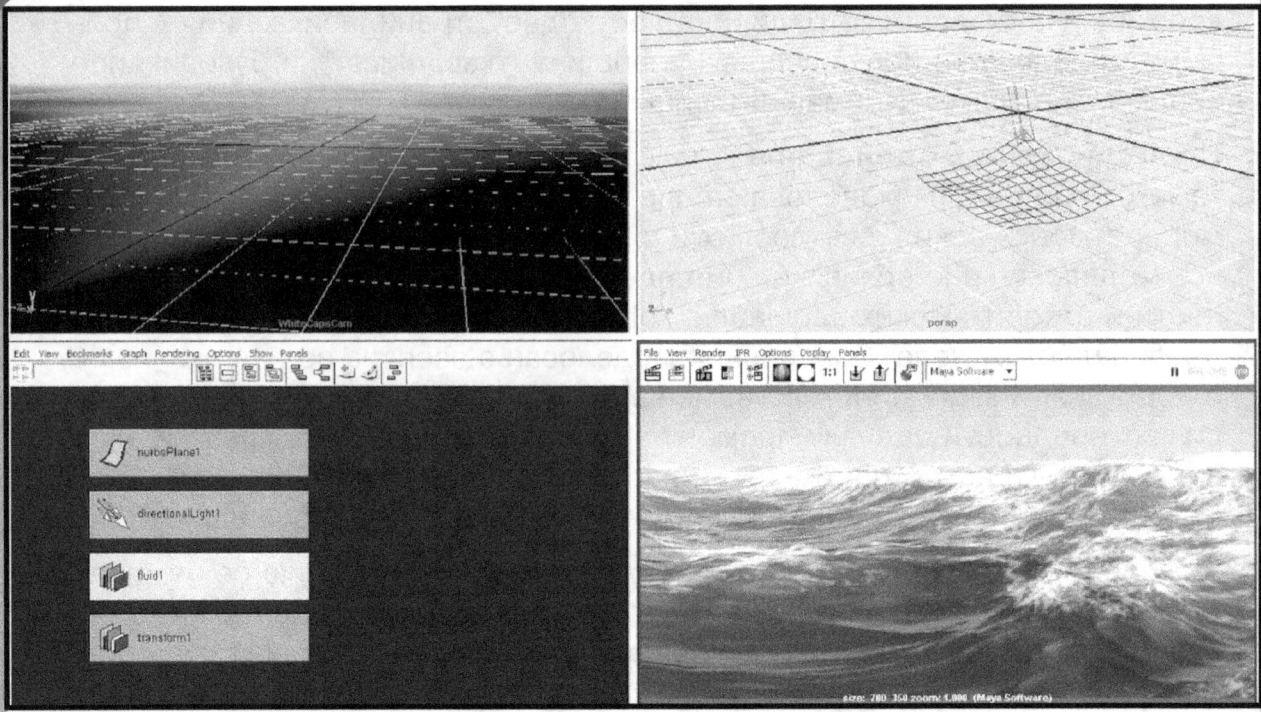

чака, линија и површи у математички (геометријски), вреднованом троди-
мензионалном простору. Модел се може визуализовати у оквирима рад-
ног, екранског приказа, као на илустрацији доле, или у оквиру актуелних
финалних екранских приказа (завршни рендеринг за филм, видео или

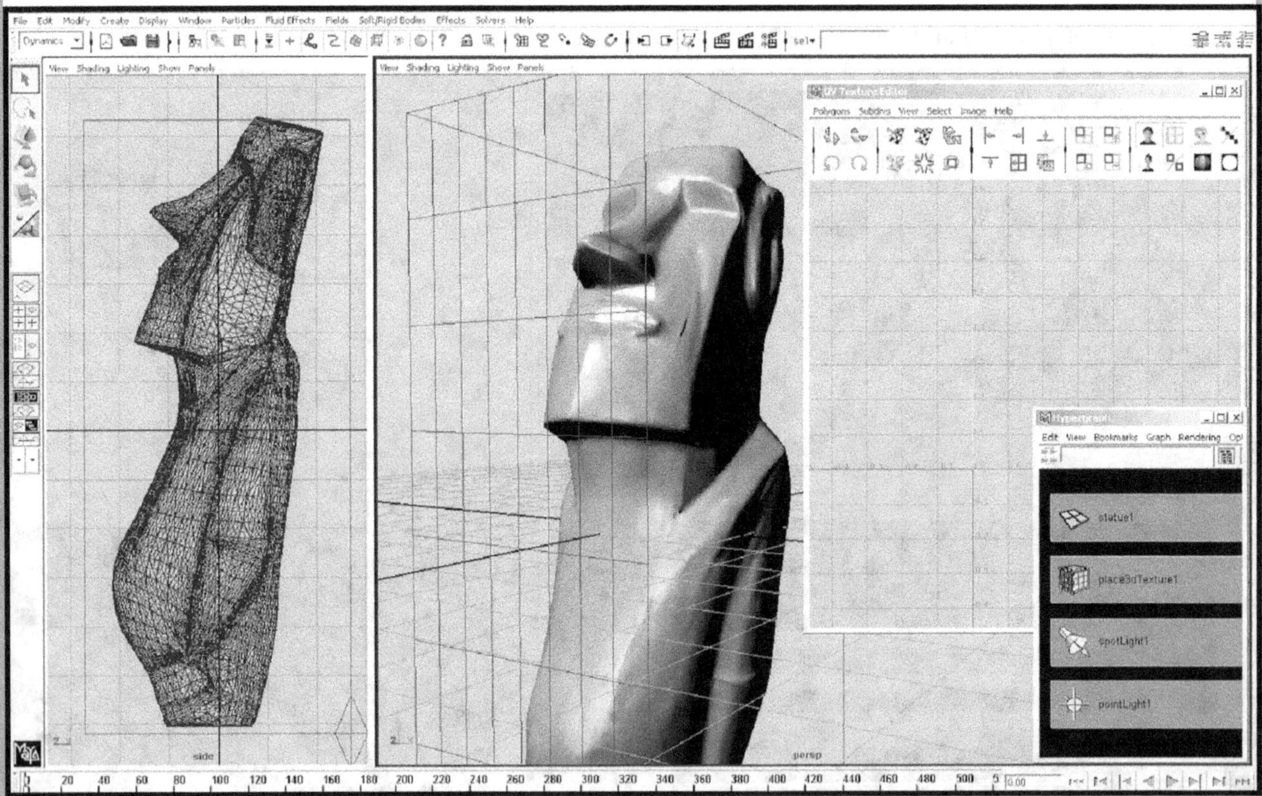

штампу). Модел се може и материјализовати трансфером података на одговарајуће уређаје, који могу вршити тродимензионалну обраду материје, као што су компјутеризовани стругови, глодалице, **CNC** машине, роботизоване пресе или обрађивачи пластике.

У уметности, продукт моделовања је фотографски тродимензионални оптички лик, са визуалним својствима интеракције са простором и временским компонентама. Оперативно, процеси моделовања одвијају се у оквиру два концептуално супротстављена приступа материји, и то као: егзактно моделовање и слободно моделовање.

Егзактно моделовање је условљено апсолутним просторним одредницама и мерама. Спроводи се у оквиру индустријског дизајна, архитектуре и сличних уметничких дисциплина, у којима употребна вредност условљава облик и конструкцију модела (на пример, дизајн седишта аутомобила одређен је и вредностима метричког система, и вредностима целокупног окружења, и ергономским вредностима, и физичко-хемијским вредностима материјала, и осталим корисничким и производним вредностима, до вредности самог изгледа).

Слободно моделовање је уметничка дисциплина која није оптерећена "законима" компаративности са сопственим, такође ауторски створеним визуалним окружењем. Функционалност слободно креираног модела условљена је интеракцијом модела са такође слободно креираним елементима сцене и огледа се само у оквирима функционалности и успеха визуалног дејства на рецептора дела.

2. Дводимензионална и тродимензионална **материјализација** представља скуп уметничких поступака додељивања визуалних својстава објекту. У уметничком смислу, **визуална својства модела** чине **ликовни**, **просторни**, **атмосферски** и **кинестетички** квалитети. Ова класификација изведена је усред изричите оријентације компјутерске анимације према уметности екрана (филма, видеа и мултимедије), и у зависности визуалних својстава од: оперативних, алгоритамских и технолошких процеса реализације. У поређењу са стварним светом, ликовна својства чине: **хрома** (боја и сјајност), **контраст** и **текстура**. Просторни квалитет чини визуална дубина (**структура**), материјала. Атмосферски квалитет је пандан фотографско-оптичким квалитетима интеракције са светлошћу (рефлексија, рефракција, опацитет, транспаренција, дифузија, дубинска оштрина, перспектива). Кинестетички квалитет садржан је у психолошким својствима перцепције покрета у стварности, према искуству филмског и видео покрета. У оперативном смислу, поступци материјализације модела јесу корачне активности додељивања појединачних, претходно наведених квалитета, унутар јединственог алатног модула. У алгоритамском смислу, материјализација је скуп нумеричких вредности дефиниција сваког појединач-

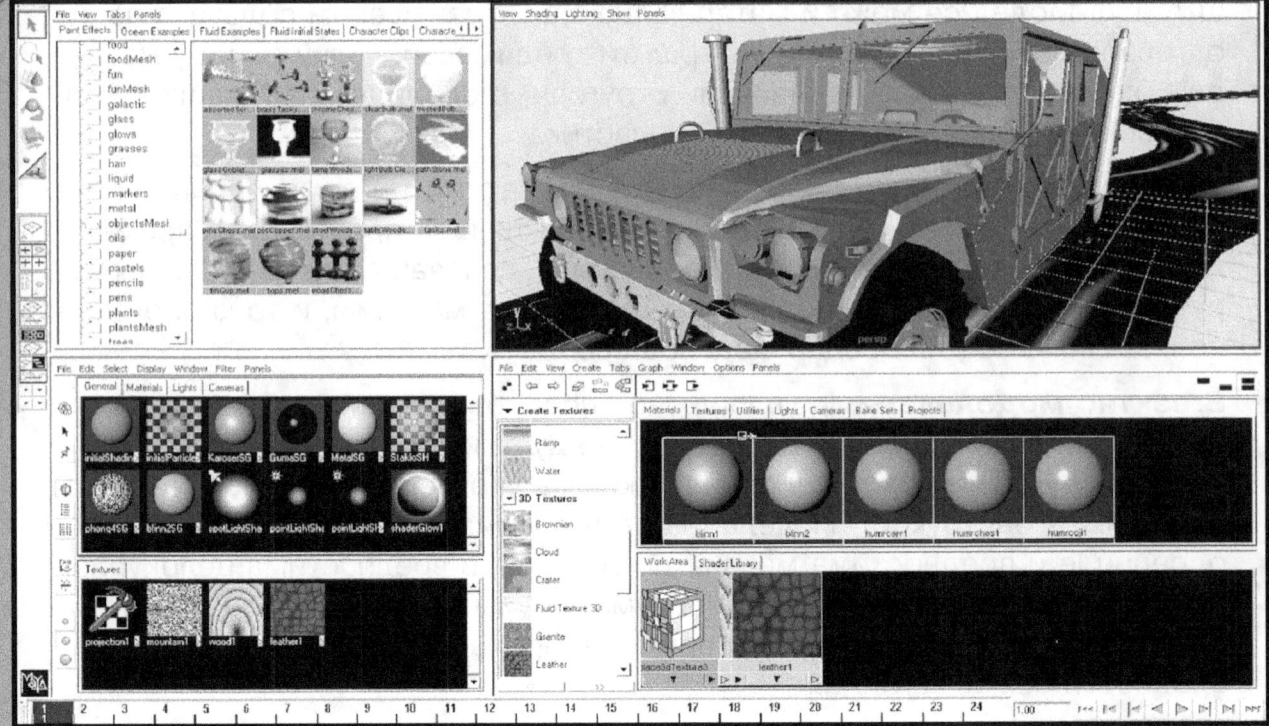

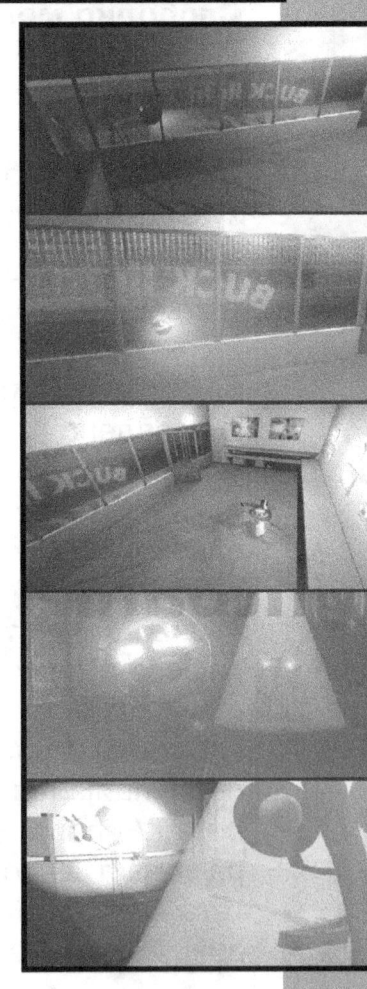

ног квалитета; веза међу квалитетима; и зависности према окружењу; чијом калкулацијом, током процеса финалног рендеринга, модел добија жељени визуални изглед. Горњи пример илуструје радни екран програма **Alias Maya** за 3Д моделовање и анимацију, са активним варијантама операција материјализације.

3. Генерисање **сцене** и атмосфере је, у оперативном смислу, једноставан поступак распоређивања материјализованих модела, виртуалних светлосних извора и камере, у дефинисаном виртуалном простору, као на примеру десно. У уметничко историјском смислу, генерисање сцене је блиско скупу уметничких поступака решавања мизансцена/мизанкадра, познатих из позоришне, сценске, филмске и блиских уметности.

4. Поступци и технике **анимације** на рачунару организовани су унутар оперативно-алгоритамских поступака минималистичких интервенција уметника, према аутоматизованим дигитално-рачунским процесима анимационог рачунарског система. Постојеће технике компјутерске анимације омогућавају различите приступе стварању покрета:

Техника екстрема (кључне фазе) представља поступак преузет директно из стваралаштва цртаног филма. Посту-

пак се своди на задавање почетне и крајње временске позе, са мини-
малним бројем екстремних међупоза. Аниматор директно поставља само
наведене позе, а рачунарски систем генерише међуфазе за сваку једи-
ницу времена.

Технике принуде и интеракције представљају корак ка повећаном уделу
анимационог система у процесима компјутерске анимације. Аниматор

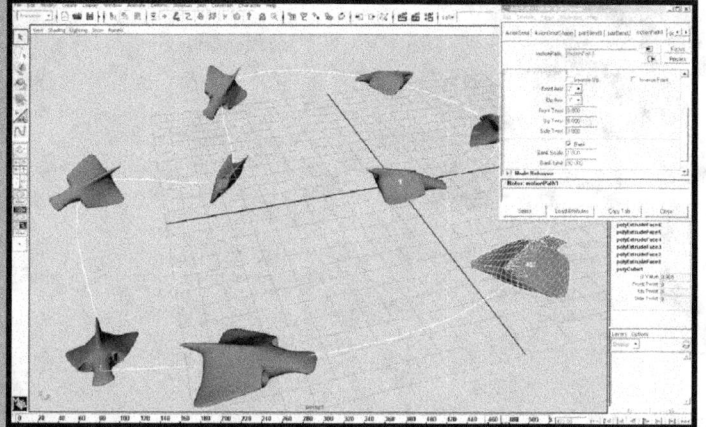

поставља само почетне позе актив-
них објеката као и помоћне елемен-
те принуде (линија путање објекта,
силе, препреке), и по отпочињању
алгоритамске процедуре анимације,
рачунар калкулише све неопходне
фазе у зависности од задатих при-
нуда. На примеру лево, приказана
је анимација путовања модела по
линији пута, принудом, у програму
Alias Maya.

Технике симулације су, у савременим околностима, највиши ниво комп-
јутерске анимације са минималистичким, мање ауторским а више корек-
тивним учешћем уметника у стварању дела, у односу на досадашње
технике класичног анимираног филма. Симулације могу бити делимичне
или потпуне.

Делимичне симулације су применљиве на већ створеним и материјали-
зованим моделима са предефинисаним својствима покрета, детекције

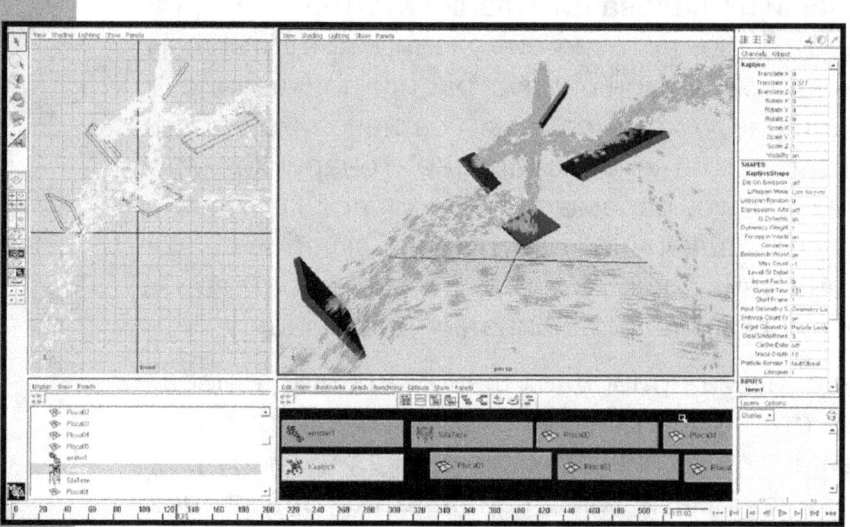

додира и одбијања, као и
детекције припадности за-
датој сили (на пример:
гравитацији). По успостав-
љању почетних поза свих
учествујућих модела и ну-
меричких вредности зада-
тих сила, анимациони сис-
тем калкулише и симулира
поступну интеракцију свих
задатих елемената, ства-
рајући покрет и позиције
свих елемената за сваку
задату јединицу времена.

На горњој илустрацији дат је пример динамичког тока и распршивања во-
дених капљица, одбијањем од површина постављених у простору.

Потпуне симулације представљају највиши технолошки ниво у анимаци-

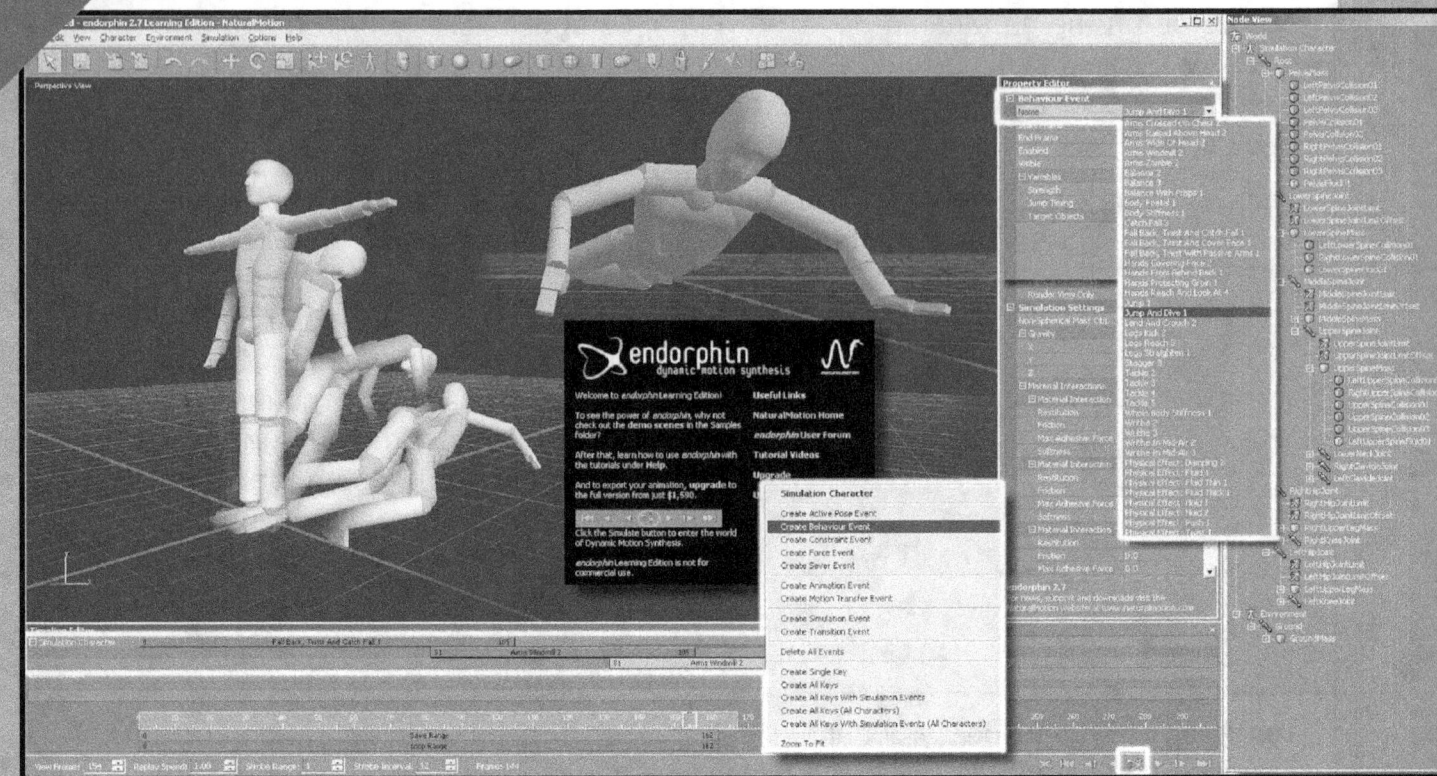

ји. Потпуне симулације су процеси архивско-алгоритамског типа и засно-
ване су на **пре**дефинисаним моделима, покретима и визуалном изгледу
(термин предефинисан употребљен је у општем и нумеричком значењу а
не у смислу апсолутне одређености). По покретању симулације, анимато-
ру је остављена могућност утицаја на велики део параметара којима се
одређује извршавање најзначајнијих делова симулације: интензитета, са-
мог покрета и изгледа. Концептуално, потпуне симулације представљају
будућност компјутерске анимације. На горњој илустрацији приказан је
концепт рада у програму Ендорфин, у коме се, само са неколико избор-
них команди, ствара комплексно кретање и "понашање" генеричког моде-
ла. По експорту завршене симулације, параметри целокупног кретања се
могу пренети на било који модел идентичне конструкције зглобова и кос-
тију, и целокупна, врло сложена анимација, у пракси готово неостварива
поступцима кључних фрејмова, спремна је за финалну реализацију.

Садашња условљеност симулацијама природних феномена (воде, неба,
облака), последица је текућег стања технологије. Архивско-алгоритамска
условљеност симулација је вишеструко значајан потенцијал у смеру раз-
воја и дигиталне уметности и информатичког стваралаштва. За уметника
је развој симулација значајан због ослобађања баласта постојећег инже-
њерског (односно математичко-машинско-програмерско-рударског),
приступа и техника компјутерског стваралаштва које условљавају сложен,
корачан и физички мукотрпан пут до самог уметничког дела. Развој симу-

лација је значајан и за информатичко стваралаштво у смислу великог простора за креирање алгоритама симулација свих постојећих феномена реалности, затим архива и база података, као и алгоритама симулација феномена ван постојећих земаљских просторно-временских феномена. Компјутерски уметник будућности биће све мање оптерећен изворно информатичким знањем, а компјутерска креација у будућности биће креација комбинација и корекција слободно изабраних симулационих елемената. Са друге стране, аниматор будућности биће више оптерећен претрагом, избором и селекцијом жељених елемената, уз евидентан развој проблематике ауторских права и материјалне компензације.

Претходно укратко разматране технике компјутерске анимације систематизују опште појаве уметничко-информатичке повезаности и условљености, и применљиве су на било који модел и сцену. Такође су компаративне са стогодишњим искуством анимираног филма. Истовремено, компјутерска анимација је донела и неколико самосталних, високо технолошких и високо информатичких техника анимације, изолованих на хуманоидне моделе и виртуалне органске форме. Технике инверзне кинематике и технике бележења покрета представљају најзначајнију спону у трансформацији класичног филма ка компјутерски анимираном, и обратно.

Инверзна кинематика представља сложен систем стварања, контроле и корекције покрета хуманоидних модела. Систем је заснован на чврстој ланчаној хијерархијској структури помоћних облика; интерних алгоритамских веза; и екстерних управљачких веза. Основу система чини скелет који

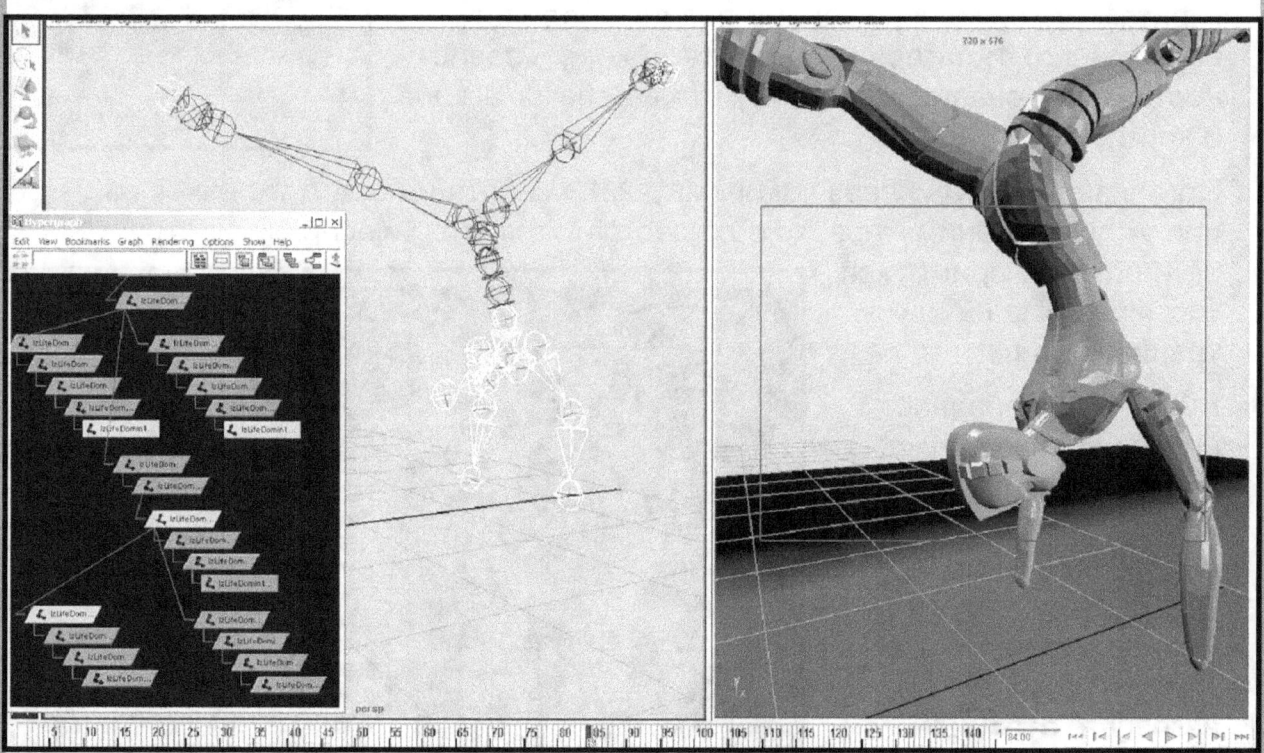

се састоји од костију и зглобова, чија је хијерархијска функција зависности дефинисана интерним алгоритамским везама за сваки зглоб и сваку кост посебно, у форми сличности или симулације функција хуманоидног скелета. Скелет је у стварности нумеричка листа зависности, просторних и временских димензија и визуално је представљен графичким примитивама: сфером за зглоб и пирамидом за кост. Пример на претходној страни илуструје графички и табеларни приказ хијерархијске структуре са леве стране слике. Десна страна представља финални модел са придруженим својствима **ИК** анимације.

Анимација нормалном (терминолошки: **forward**), кинематиком, подразумева дејство на сваки зглоб, почев од највишег нивоа, према најнижем, да би се постигла поза. Из тог разлога **нормална кинематика** је техника анимације изворног и командног типа, у којој врх хијерархијског ланца одређује понашање сваког од нижих хијерархијских елемената.

Насупрот нормалној, инверзна кинематика је анимација циљног, последичног типа, којом се најнижи део хијерархијског ланца доводи у циљну просторно-временску позицију, а позиционирање сваког од виших хијерархијских елемената врши програмска машинерија, односно додељени алгоритам за сваки од виших зглобова. У оперативном смислу, инверзна кинематика се заснива на позиционирању екстерних помагала (руковаоца или **хендлера**, чији алгоритам одређује понашање и позицију јединственог ланца); и интерних алгоритама који, у зависности од руковаоца, дефинишу стање сваког зглоба и кости.

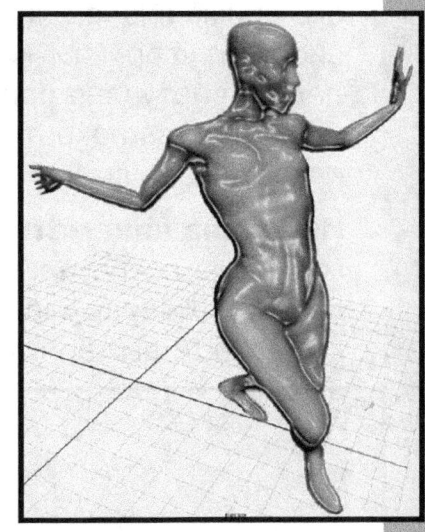

Организација **ИК** (инверзна кинематика), скелета и изглед типичног радног окружења аниматора, које се састоји из листе хијерархијске структуре и приказа примитива костију, дат је на илустрацији десно.

Пуна функционалност инверзне кинематике постиже се окожавањем скелета, односно додељивањем облика или модела скелету. Окожавање је алгоритамски поступак којим изграђен, **статичан**

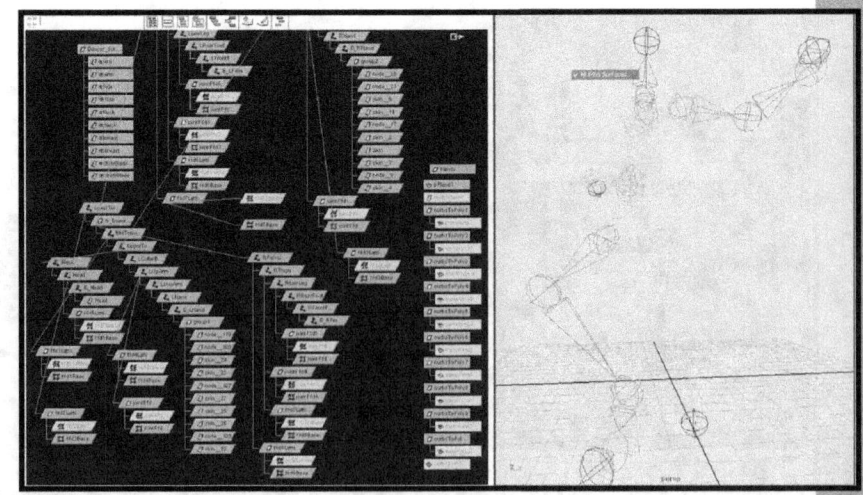

модел, поприма **динамичка** својства **анимираног скелета**, како је приказано на пратећој илустрацији.

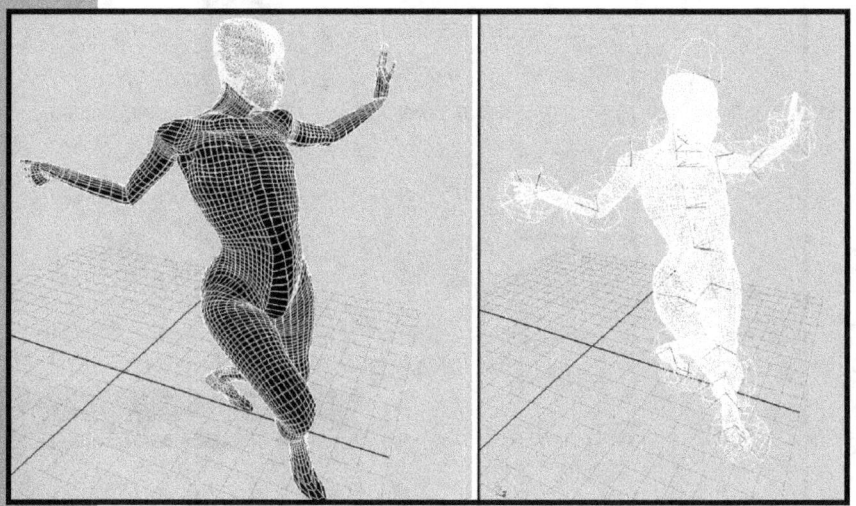

У уметничком смислу, значај инверзне кинематике огледа се у олакшаном стварању и извођењу покрета, уз потпуну ауторску слободу у креацији, контроли и корекцији.

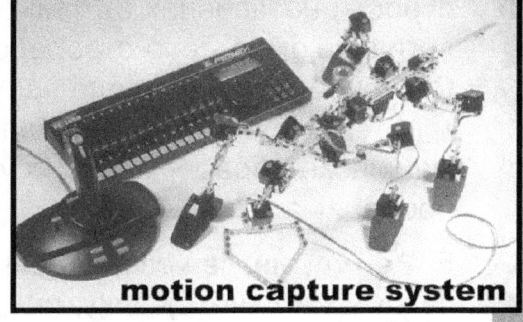

motion capture system

Насупрот аниматорској слободи, анимациони систем бележења покрета (**Motion capture**, пример уређаја приказан је са десне стране), представља врхунски индустријски систем компјутерске анимације хуманоидних модела. Систем бележења покрета је високо-сложен и организован електронско + дигитално + алгоритамско + аквизиционо + архивски систем. Основу једног од система чине електронски магнетни сензори, распоређени по зглобовима живог актера и повезани са рачунаром. По активирању система, сензори региструју промену сопствене позиције у јединици времена, током стварног покрета живог актера. Рачунар прикупља податке са сваког сензора, интерпретира их у нумеричке ознаке простора по X, Y и Z оси и доставља анимационом програму. Анимациони програм придружује податке са сваког сензора припадајућем зглобу припремљеног и предефинисаног скелета, утискујући промене у временску листу. Резултат процеса бележења покрета је потпуно анимиран скелет (са могућношћу каснијих корекција покрета), и по окожавању, потпуно анимиран модел. Илустрација на следећој страни представља радни екран програма **Alias Motion Builder**, који је специјализован програмски алат за унос, корекцију и излаз анимационих података са уређаја за "хватање и бележење покрета".

Без обзира на примењену анимациону технику или комбинацију техника, крај уметничког рада не значи и крај стварања уметничког дела. У стварности, не значи ни почетак стварања. Наиме, резултат уметности компјутерске анимације је по завршетку креативног рада двојак. У оперативном смислу, резултат је радни дводимензионални екрански приказ визуалне апроксимације простора, времена и покрета, у потпуности зависан од квалитета технологије којом је дело реализовано. У апсолутном смислу, резултат је информатички (нумерички), документ смештен у меморију рачунара, који садржи нумеричке вредности свих задатих својстава: модела, простора, времена, акције, материјала, атмосфере и покрета, у потпуности независних од технологије којом је дело створено. Стварно уметничко дело настаје тек у процесима финалне машинске обраде, односно у процесима рендеринга.

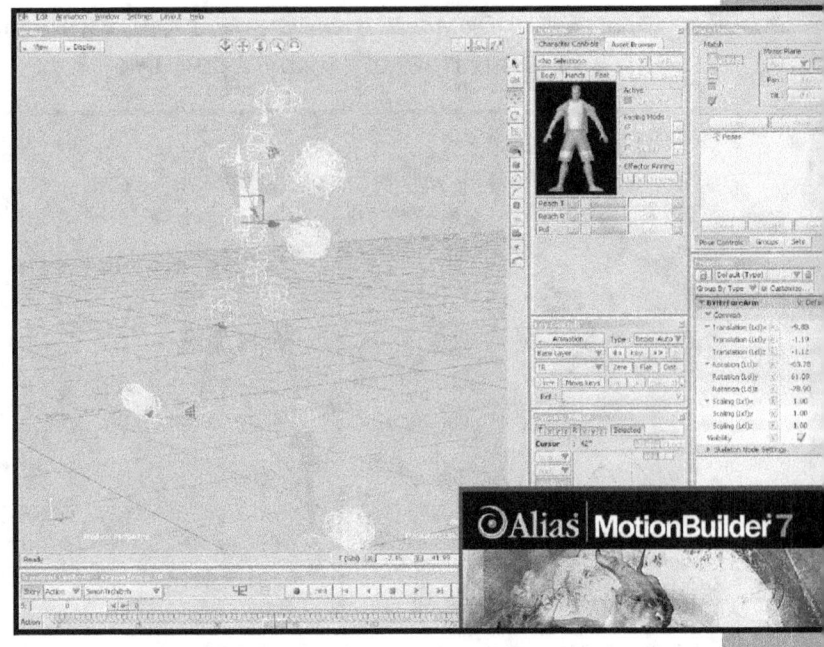

5. **Рендеринг** је усвојени енглески термин и без обзира на општост значења у матичном језику, представља скуп програмских процеса калкулације финалног уметничког дела, према параметрима, вредностима и везама задатим током процеса анимације.

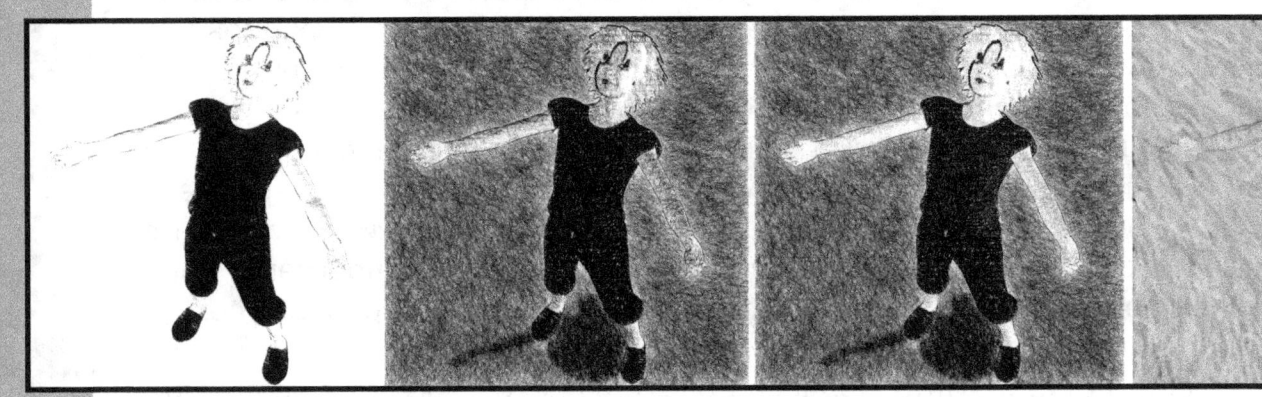

Хипотетички, рендеринг је двофазни процес. У првој фази одређује се излазни медиј. Теоријски, дигитално реализовано уметничко дело садржи све параметре којима би се могло рендеровати у стварно тродимензионално дело, путем холографије или постојећим ласерским поступцима. На садашњем технолошком степену, одређивање излазног медија односи се на дводимензионалну апроксимацију дела у неки од **екранских медија** као што су филм, видео, мултимедија или "мрежа", и то у неком од актуелних визуалних формата.

У другој фази, рендеринг представља једноставну калкулацију свих задатих елемената, и њихову интерпретацију у оквир дигиталне слике, односно у документ који садржи вредности сваког пиксела слике по елементи-

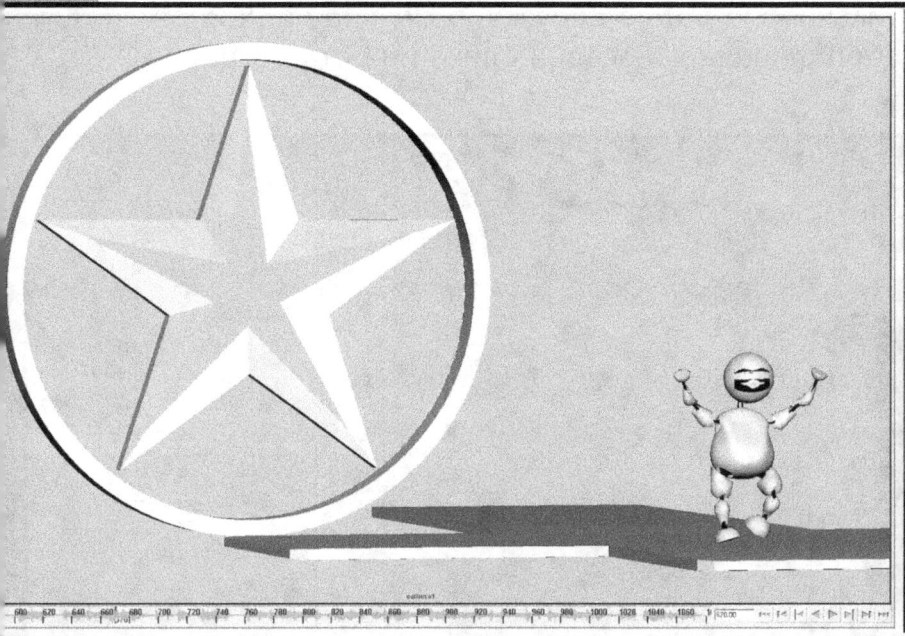

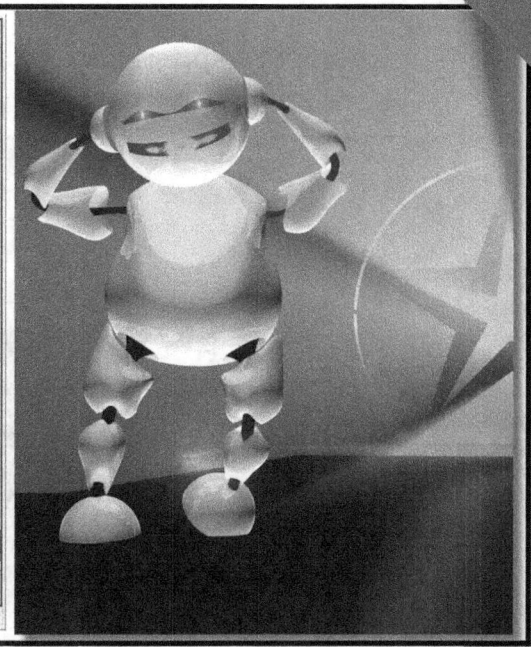

ма позиције и боје, као и све промене које су настале на низу слика.

Оперативно, рендеринг може бити **потпуни** (сви елементи су калкулиса-ни и садржани у финалној слици), и **композитни** (рендеринг појединач-них слојева слике и позадине, у циљу каснијег композита са могућношћу корекције појединих слојева).

Потпуни рендеринг може бити у било којој форми од пластичко-идеалис-тичког до хипер-реалистичног (како је приказано на илустрацији горе, на којој је са леве стране приказ сцене у радном екрану програма **Alias Maya**, а са десне стране је финална, потпуно рендерована слика); или у форми симулације изгледа цртаног филма (као на илустрацији на левој страни, са четири симулације изгледа цртаног филма потпуним ренде-рингом у програму **Poser**, и на илустрацији на дну стране, која садржи слике рендероване векторским рендерером у Маји).

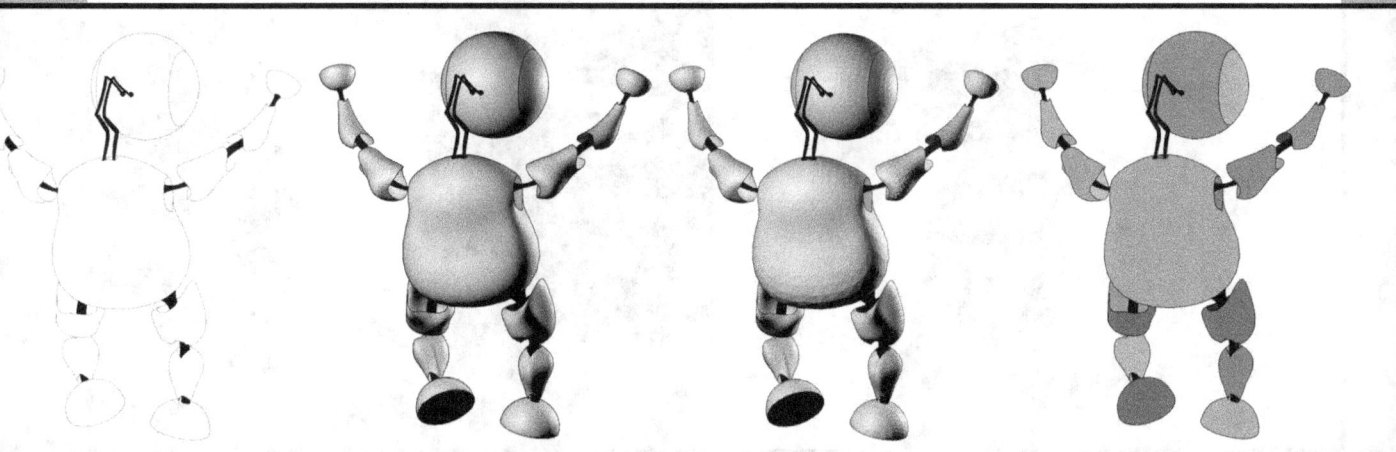

На пратећој илустрацији приказано је радно окружење Позера са припремом за рендеринг, као и избор финалног изгледа слике и поставка параметара самог рендерера.

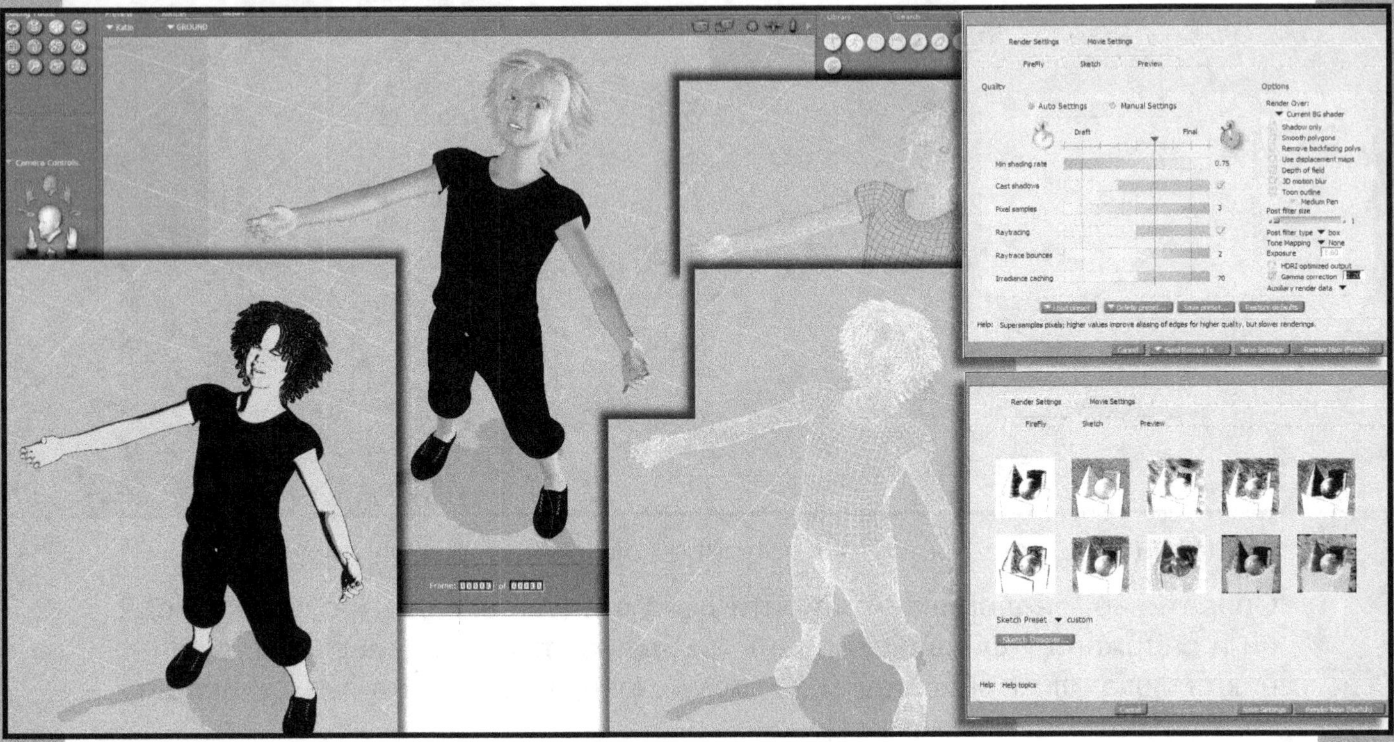

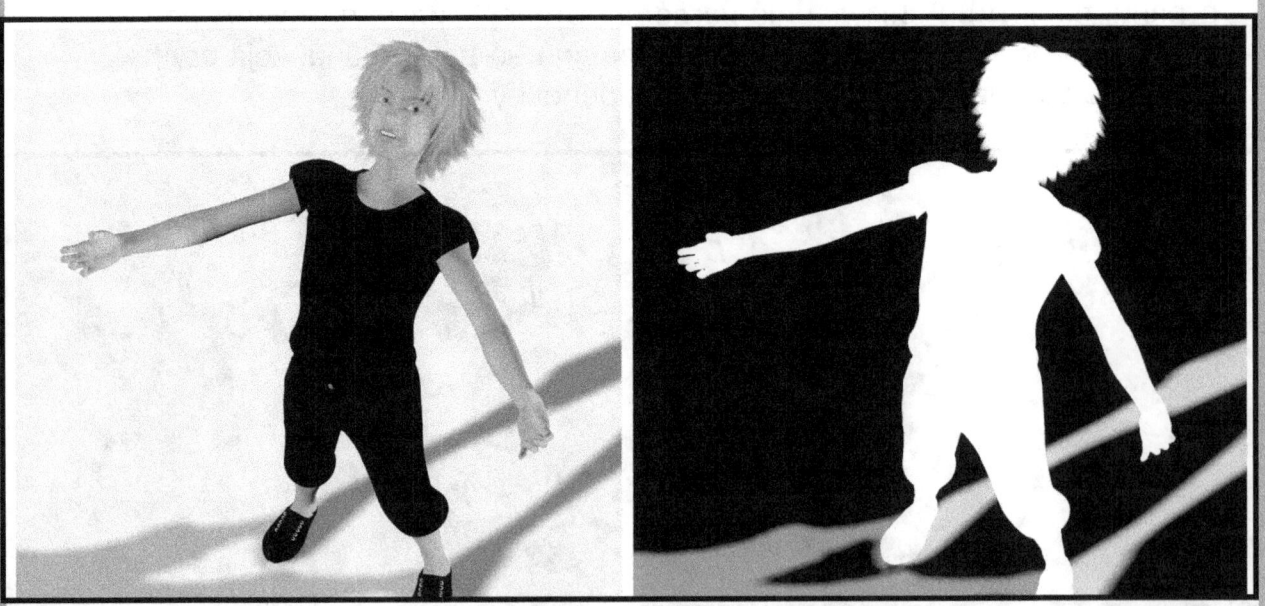

Композитни рендеринг је калкулација и архивирање слика из појединачних слојева сцене, са припадајућим алфа-каналима. Композитни рендеринг је вишеструки поступак, а потпуна, финална слика, креира се у неком од програма за композитинг. На пратећем примеру је рендеринг "слоја" актера са сопственим алфа-каналом.

Наредна илустрација садржи композитни рендеринг из Маје, са три слоја слике, од позадине до актера, са припадајућим алфа-каналима.

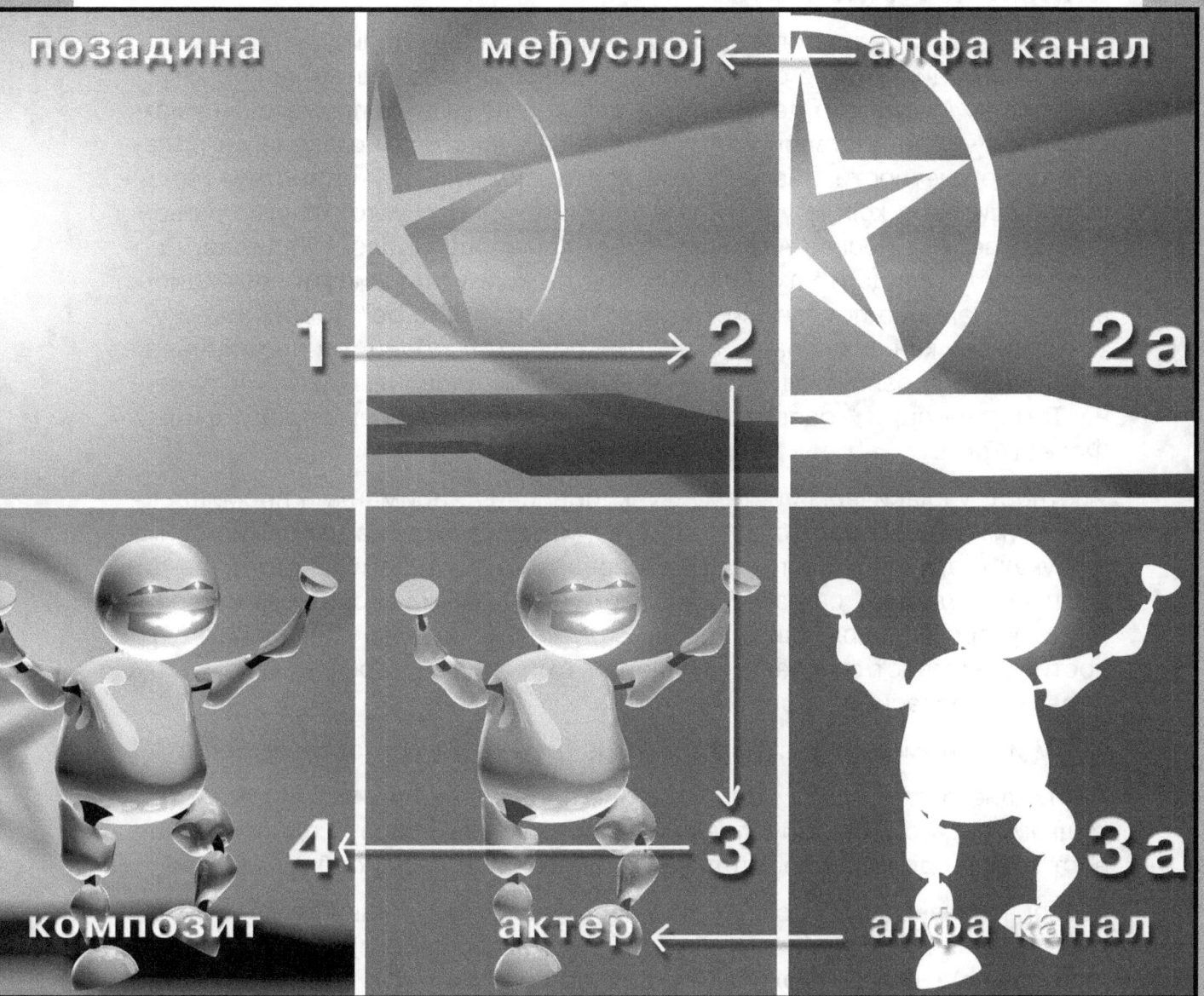

У пракси компјутерске анимације, рендеринг се своди на постављање вредности излазног формата слике (у смислу резолуције, екстензије и жељеног квалитета); на покретање команде Рендер, у било ком од програмских алата; и: чекање. Од неколико секунди за финализацију једне слике, до неколико дана за финализацију комплекснијих анимација.

Перспективе: нефилмска анимација и екранска уметност

Последње декаде другог миленијума представљају период изузетних трансформација готово свих облика људског стваралаштва, посебно уметности. Академско дефинисање савремене дубоке прожетости уметности и културе, у стварности представља еуфемизам стварне деградације саме уметности, значења уметности, симболике уметности и парцијалног елитизма који је у бити уметности почев од нултог фрејма рањеног бика из пећина Лескоа-Анталије, преко Хомерове Сциле и Харибде, Леонардових летелица и Чак Џонсовог Којота, који у три минута пројекционог времена најмање пет пута истражи **"To be or not to be"**, атерирањем у тачку на дну кањона. Крај уметности у познатим облицима промишљања, симболички је означен дигиталним приказом руковања идиота (у тумачењу Тома Хенкса) и "господара света" у Земекисовом ремек делу, филму Форест Гамп.

Уметност, у класичном систему функционисања, поимања и промишљања, одумире. Уметност будућности је **уметност екрана** (покретне слике и звука); и архиве; у потпуности заснована на постулатима постојеће дигиталне уметности, са наглашеним комуникационим својствима и својствима ауторског и тржишног права. Екранска дигитална уметност будућности је уметност схваћена у најширем смислу (и ауторском, и комуникационом, и обласном, и вредносном).

Филм и мултимедијски варијетети чине екранску уметност будућности.

Претходне тезе и наводи односе се на професионалну уметност (у стратешком, педагошком, друштвеном и историјском смислу), односно уметност која је одређена према друштву, времену и самој себи у целини.

Развој човечанства у последњем веку може се стратешки сагледати кроз умножавање популације, повећавање потрошње енергије (превасходно електричне), увећање количине и брзине протока информација и увећавање способности самог људског бића. Изузев последње одреднице, наведени материјално технолошки аспекти бележили су експоненцијалан раст (процентуалан годишњи раст), са показатељима удвостручавања укупне популације у 40-годишњем раздобљу, и сличним односом потрошње електричне енергије, са тенденцијом одржавања раста. Информатички развој је истовремено драматично убрзан, са тешко сагледивим стварним позитивним и негативним последицама по цивилизацију.

Савремену уметност (изузев филма), у протеклих неколико десетлећа, карактеришу следеће појаве: губитак значаја изворног идентитета (идентитет области) и губитак значаја временске одреднице (у ауторском и у вредносном смислу). За разлику од свих осталих материјалних и нематеријалних облика људског стваралаштва у којима је повећавање квантитета основни услов за повећавање квалитета, и у којима је временска измењивост (застаревање), подразумевана категорија (индустрија, занатство, спорт, енергетика), вредновање уметности је подразумевало апсолутну препознатљивост и дефинисаност (слика је сликарство, реч је књижевност), изванвременску категоризацију (дела Хомера, Леонарда, Кјубрика или Моцарта, и данас су "вредна" уметност), изворну креацију (уметник не истражује, уметник ствара), и критичку анализу изложеног (уметничко дело и уметност се вреднују на нивоу постојећег дела, а не имагинарног и понуђеног).

Квантитативна експанзија уметности довела је до значајних трансформација у свим сегментима линије **уметник - уметничко дело - јавност**.

Управо је позиција јавности (у смислу успостављања свеукупних односа уметничког дела према перципијенту и обратно), односно системски тржишно оријентисане и трениране масе хуманоида, препарираних за комодитет понуђеног према ризику избора траженог, условила две значајне промене у систему функционисања уметности: **условљеност маркетиншког учинка** и **условљеност материјалног учинка**. Обе категорије дефинисане су својим прецизним тржишним законима и у потпуној су супротности са класичним принципима и постулатима класичне уметности. Дакле, савремени уметник и уметничко дело превасходно се нуди, а евентуално и излаже. Систем понуде такође је тржишна категорија са потпуно калкулативним, планским и мерним временским и материјалним јединицама и резултатима. Излаз у јавност, у стварности савремене уметности, јесте излаз на тржиште. Понуда и презентација уметничког дела директно утичу на вредновање уметничког дела, а да у бити немају ни додира са стварним или потенцијалним квалитетом уметничког дела. (Систем презентације, понуде и потражње није новостворена категорија, већ је у бити уметности, од кинеских ваза, преко Микеланђела ((савремени историјски подаци представљају Микеланђела као једног од најбогатијих становника Фиренце, са рачуном од тадашњих 500 000 златника и власништвом палате Уфици, коју је касније продао Медичијевима)), енглеских путујућих глумаца који су од замка до замка, и пре и после Шекспира, изводили представе за храну и преноћиште, до Џорџа Лукаса и филмова са обртом од неколико стотина милиона долара. Лукас и савремени систем разликују се само у приступу и експлоатацији тржишта много пре стварања самог дела, кроз презентације и најаве).

Међупозиционирање уметности у јавности у многоме је редефинисано изменама унутар значаја и употребе такозваних помоћних медија, тј. медија за презентацију, критику и архивирање уметничких дела. До скора неприкосновени удео тврдих копија (штампе у најширем, од дневних информативних листова, преко посвећених публикација, до монографија и енциклопедије), драматично је измењен уделом и улогом телевизијског екрана, као и свеукупним утицајем дигиталне ере, Интернета и осталих мрежних комуникација.

Апстрахујући интелектуално изузетно деструктиван квалитет опште телевизије ("средство за гушење маште", текст Фокса Молдера из Досијеа X, седма епизода, десети серијал), евидентни су изузетно значајни и напредни потенцијали самог медија, посебно у корелацији са природном везом дигиталних аспеката: телевизија као медиј екрана, односно екран као једини медиј стварања и архивирања свих уметничких дела и делатности, посебно екран као медиј стварања и архивирања покрета и времена, и на крају, екран као једини и јединствени репрезент уметности будућности, у било којем од познатих класичних облика, до нових мултимедијалних облика, генерално условљених дигиталним технологијама.

Савремени екран обухвата широк (теоријски и технолошки), дијапазон излагачких појмова: пројекција оптичке слике; пројекција електронске слике; телевизијски екран; компјутерски екран; и посебни облици екранских помагала (као што су наочаре, кациге, и слична електронска помагала).

Екран је дводимензионалан, уоквирен, простор покретне временске слике и звука. Поред информационих и комуникационих својстава, екран је специјализовани (биоскоп, тв), и персонализовани излагачки (изборни, лични), простор. До појаве општих дигиталних средстава за израду, трансфер и пројицирање слике и звука, није било потребе, ни значаја, разматрање екрана у било коме ширем појмовном смислу, из једноставног разлога јасне дефинисаности постојећих пројекционих (филмска пројекција), и емисионих (видео и телевизијска технологија), система, чије је теоријско разматрање подразумевало приступ са позиција постојећих, јасних и дефинисаних, технолошко-техничко-креативно, а пре свега професионално, изолованих области. Развој аматерских електронских система, средства и формата за сликовни и звучни запис, током осме деценије претходног века (**VHS**, **BETA**, **S-VHS**, **VD** и сличних), изузев иницијалних визуалних истраживачких интересовања, није допринео стварном развоју и промишљању екранске уметности, услед (по актуелним мерилима), недовољног квалитета примарно регистроване слике и звука, као и неадекватних вредности секундарних система корекције и интегрисања слике и звука (видео и аудио монтажних система, корекционих и ефектних система, као и система трансфера и пројекције).

Смена електронске технологије дигиталном, довела је до значајне промене у свим аспектима третмана аудио-визуалних уметности, не само у машинском смислу (обједињавање технолошких ресурса унутар јединственог уређаја, драматично повишен квалитет слике и звука и остали техно-лошки аспекти), већ и у основном мисаоном, креативном смислу, који подразумева обједињавајуће промишљање, нелинеаран приступ, потпуну контролу, корекцију и креацију, у целокупном процесу стварања и излага-ња уметничког дела. Ова, технолошки квалитативна аматеризација умет-ности у најширем креативном смислу, одвијала се паралелно и интерак-тивно са системским променама професионалног филма и видеа, којима је дигитализација, у спрези са развојем човечанства (читати: тржишта), такође условила неопходност промена, почев од елементарних измена односа према камери и слици, до кокица у мраку биоскопске дворане према пиву у сопственој фотељи. Изузимајући разматрање технолошких и креативних аспеката текуће преоријентације оптичко-хемијских филмс-ких поступака на електронско дигиталне, у целокупном ланцу израде уметничког дела, од регистрације или генерисања дигиталне слике и зву-ка, до електронске или дигиталне пројекције у масовним или индивидуал-ним околностима, сматрам да је значајно споменути два стратешка ас-пекта текућих промена филмске и опште уметности:

А. Уметнички аспект **генерације према регистрацији**;

Б. Излагачки аспект **персонализације**.

Изузимајући значај фундаменталних научних открића Њутна, Ајнштајна, Тесле и осталих највећих генија, највећи део целокупног људског ствара-лаштва можемо карактерисати секундарним, како у изворном, тако и у узрочно-последичном значењу; у изворном из разлога дефинисане ус-ловљености технологијом и њеном временском одређеношћу и стањем; а у узрочно-последичном из разлога постојања и поштовања линије ства-ралаштва засноване на процесима:

- **гледам** (слушам,"пипам",миришем),

- **осмислим**

- **стварам**.

Појам ткзв. секундарности је посебно изражен у првом веку филма и филмског стваралаштва, с обзиром на директну условљеност регистра-тивним аспектима камере као основног изражајног средства. Из тог раз-лога је пројицирани филмски кадар успоставио постулат аутентичности материјализованог покрета и тачке гледишта, што је, у споју са изграђе-ном ликовном перцепцијом слике и пратећим звуком, издвојило филмску уметност од осталих статичких (сликарство, вајарство); симулационо пок-ретних (позориште, остале извођачке уметности); **a priori** симболичких (музика, књижевност); и утилитарних уметности (архитектура, дизајн). Претпостављена аутентичност и динамичност надражаја чула уживаоца филмског дела поступно је унапређивана и надграђивана класичним, пре свега технолошки условљеним, ефектима слике, који су се, до појаве дигиталних средстава, такође заснивали на регистративним квалитетима постојећих снимајућих средстава. Тако је филмски екран у ново дигитално доба ступио са потпуно изграђеном рецепцијом материјализације простора, времена и покрета, и припремљеном перцепцијом уметничке апстракције, тј. перцепцијом не регистрованог, већ генерисаног уметничког дела, креираног из мисли, и визуално-просторно-временско-покретно материјализованог, постојећим алатима дигиталне уметности и дигиталног стваралаштва.

Филм садашњости почиње да бива филм будућности управо креативним ”морфингом” од камере према тастатури; од ока према мисли; од регистрације према генерацији; до уметничке материјализације простора, времена и покрета из чисте идеје, чистом уметношћу, јединственим знањем и умећем и јединственом технологијом; до свеукупног дејства на чула и мисао рецептора.

Са друге стране, излагачки аспекти филмског дела пролазе кроз значајну трансформацију односа према рецептору. Технолошка трансформација оптичке према електронској или дигиталној пројекцији, представља само стандардну ритмичну развојну смену. Значајнија и далекосежнија је трансформација у делу контакта уметности са рецептором, уживаоцем уметничког дела, која, управо јединственим потенцијалом екрана, дигиталним технологијама, омогућава преовладавање два основна недостатка класичног излагања уметности, па и филма: проблем простора и времена уживања; и проблем уживања у репродукцији према ужитку у оригиналу.

Размотрићу ову проблематику на примеру Мона Лизе. По протрчавању кроз Лувр, улазите у просторију са пар стотина туриста Јапанаца, Кинеза или Руса, и сликом Мона Лизе на супротној страни. Вољом и снагом рамена, прилазите слици на пар метара. Осећај значаја самог тренутка присуства потпуно поништава реалност стаклене заштите од два сантиметра дебљине, која укида око бленду и по светлости (оптички квалитети стакла), и појачава иначе изразито зеленкасти део спектра униформног неонског осветљења саме слике. Потом вас нечија снажнија рамена уклоне са позиције уживања. Изузев зноја и испрљаних ципела, у сећању вам остане да је Леонардова графика на зиду лево од Мона Лизе, много боља и интригантнија, али без гужве испред, као и да сте у стварности време посветили разгледници са Мона Лизом, купљеној у киоску пред Лувром, на којој су и боје и атмосфера много ”лепши” од оригинала.

Проблематике просторно-временског типа и репродуктивности, не постоје, у тако израженом облику, у споју дигиталне уметности и уметности екрана. Леонардо данашњице био би тестер најновије верзије Фрактал Пеинтера или Фотошопа, сликао би дигитално, излагао на јавним пројекцијама и индивидуално на Јутјубу или Фејсбуку, мрежним или Интернет трансфером, телевизијским емитовањем, или трансфером мобилне телефоније. Архивирао би на компакт диску или дивидију. Такође би дизајнирао за Боинг, Ербас или Порше. Своје "хајпертекстове" би обогаћивао Јавом или Флешом, и држао на неком од калифорнијских сервера. Нормално, живео би само од ауторских права, закључно са наплатом од индивидуалних уживаоца, који његова дела имају на својим зидним плазма екранима, било са **DVD** пројекције, Акробат монографије, **CD** енциклопедије, или мрежне, кабловске телевизије. Леонардо будућности би вероватно радио на сличан начин, али би уместо приближавања својих дела уживаоцу (од десетак музејских или биоскопских метара до екрана; преко пар метара удаљености кућног екрана; пола метра до екрана мобилног телефона; три сантиметра до екрана личних пројекционих наочара), захваљујући новим нано-био-и-сличним технологијама, највероватније излагао директно у главу.

До тада, са жељом да никад не нестане струје, преостаје нам довољно времена за креативну адаптацију на промене које пред целокупну уметност поставља опште убрзање, дигитална материјализација и комуникација, као и закључак који се једноставно намеће: уметност будућности сачињаваће само деривати оног што данас познајемо под називом компјутерска анимација и композит, са примесама осталих уметничких заната који већ почињу да изумиру и бивају заборављени.

О књизи

Концепт:

Писање "Филмске анимације" започео сам у смеру практичног уџбеника из уметности анимације, за потребе наставе из неколико предмета које сам својевремено држао на универзитету и на домаћим и иностраним професионалним семинарима, из области филмске слике и компјутерске графике и анимације. По одређивању садржаја и на почетку писања текста, одустао сам од строгих манира академског уџбеника и одлучио сам се за опуштено и сажето писање и прецизно илустровање **минималног броја** тематских јединица, чије потпуно познавање и разумевање (по сопственим знањима и вишедеценијском искуству), сматрам неопходним за квалитетно и самозадовољавајуће бављење општом анимацијом и филмским или било каквим визуално-аудитивним "причањем".

Одустао сам од форме уџбеника из два једноставна и очигледна разлога:

Први разлог је готово срамно опште стање српског филма, посебно анимираног, као и пратеће теорије (текстова, радова, критика и уџбеника). Наиме, изузев неколико књижица из седамдесетих и осамдесетих година прошлог века, посвећених аматерској режији, камери, фотографији и монтажи, преко изванредне али загребачке "Школе цртаног филма", Боривоја Довниковића Бордоа из осамдесетих година; и једне безвезне, лаичке сликовнице из деведесетих година, у српској филмологији и издаваштву није остварен писани рад који систематично и стручно обрађује **професију** уметности филмске анимације, или анимације у ширем смислу. Сматрао сам да није претенциозно заузети пионирски део тог великог простора оваквом књигом.

Други разлог је професија анимације, већег је значаја, произлази из текућег стања и очигледних тенденција развоја технологија и креације анимације у свету и тему сам неколико пута иницирао у књизи. Иако се анимацијом може бавити (као и моделарством, кућним видеом или фотографијом), у виду хобија, за сопствено задовољство или осмех најближих, ипак се превише милијарди долара годишње "окрене" кроз производе анимације, да би се олако запоставила могућност тражења места у тако перспективном делу економије уметношћу. На несрећу, као и у свакој савременој технолошкој уметничкој професији, и у анимацији таленат је на последњем месту и исказује се тек по достизању интуитивности у употреби алата, а са дигиталним алатима то подразумева потпуно, перманентно и исправно учење и усвајање алата, технологија и техника, почев од основа.

У простору основа формирао сам и концепт књиге и то је разматрање, систематизовање и утврђивање елементарних чинилаца визуално-аудитивног причања приче уметношћу анимације.

Технологија:

Поједностављен преглед савремених технологија анимације гласио би:

1) Свака анимација се изводи компјутерима, у целости или у већем делу реализације.

2) Савремени компјутери су довољно снажни за графику и анимацију, довољно су јефтини и доступни свакоме; глобално су доступна и усвојена неопходна сазнања за широку општу употребу компјутера, од коришћења Интернета и размене порука, преко социјалних мрежа, употребе филмова и музике, до креирања и размене текста и једноставнијих личних сликовних, видео и аудио радова. Компјутер се "одомаћио".

3) Компјутерски програми за анимацију су ... разноврсни. Постоје изванредни, феноменални, готово чудесни програми за неке специјализоване филмске "захвате". На пример, Диџитал Фјужн за композитинг; Масив Прајм за генерисање масовки (сцена са великим бројем актера), Ендорфин за симулације понашања хуманоида, Вуе за симулацију природног окружења, Фејсробот за симулацију говора и емоција, Моушн Билдер за

трансфер реалног кретања на генерисани скелет, Пиксел Фарм за екст-
ракцију камере из ”живог” снимка, З-браш за интуитивно моделовање, и
остали. Разноврсност означава и неке не баш ”добре” појаве: неки прог-
рами нису лако доступни јер им је цена неколико десетина хиљада дола-
ра (на пример Масив и Фејсробот), а дословно сви програми пате од је-
динствености и компликованости употребе: упутства за употребу се мере
стотинама и хиљадама страница текста и илустрација. Међутим, разно-
врсност означава да постоје и добре појаве: постоји неколико изванред-
них и материјално доступних програма за компјутерску графику и комп-
јутерску анимацију, као и за пратеће делатности (писање, израду стори-
борда, монтажу и слично). О вредностима и значају Маје, Софтимица,
Макса, Худинија, Лајтвејва, Синеме-3Д, Блендера и сличних ”основних” и
опште-познатих програма за компјутерску анимацију није потребно овде
трошити речи.

Данас је алат за производњу анимације заиста доступан свакоме ко жели
да се њиме поигра или озбиљније бави, само је још увек мало превише
компликован.

О књизи:

На књизи сам радио у периоду од 2007. до 2010. године и утрошио сам
велики број радних сати на изради илустрација. Претходно сам још више
времена утрошио на избор и изучавање програма за које сам сматрао да
ће и у наредним годинама представљати основне алате за поједине ос-
новне области професионалне израде анимације и анимираног филма и
желео сам да их коректно представим. Чини ми се да нисам направио
значајне промашаје у својим изборима, с обзиром да је у протекле три
године само један програм у целости угашен, и то Антикс 3Д, за кога је
произвођач престао да пружа подршку закључно са верзијом 5, и прак-
тично је престао са његовим развојем, иако је програм, почев од прве
верзије, пружао изванредне и напредне могућности за превизуализацију.

Паралелно са гашењем Антикса, Ај-Клон је изашао са верзијом 3.1, која је
имала још напредније, а истовремено и једноставније и употребљивије
алате за стварну ”производњу” превизуализационих ”филмова”, почев од
припремљених хуманоидних модела и анимација сложенијих кретања;
преко изванредне контроле светлости и камере; до сасвим употребљивих
уношења сопствених модела, анимација, звука; и ефикасног ”експорта” у
видео-аудио формат. Већ овако конципиран и функционалан Ај-клон
представља изванредну алатку и ”играчку” за потпуну реализацију ”нази-
ви-филма”, и фантастично је средство за тестирање већине елемената
који чине срж филмског језика и израза, као што су само кретање;
ликовни садржаји; светлост; тачка гледишта; ракурси; и кадрирање.

За остале програме које сам изабрао (а и за оне које познајем и повремено користим), морам признати да нисам импресиониран трогодишњим развојем. Наиме, очекивао сам да ће програми значајније побољшати ефикасност и интуитивност коришћења (без обзира да ли су оријентисани на хардвер ((као што су Маја, Фјужн, Позер)), или су засновани на архивским елементима и базама графичких података ((Сториборд, **СТР**, Позер)), чиме би се умањио постојећи предимензионирани утицај компликованог и разноврсног учења појединачних компјутерских алатних технологија. Самим тим би се отворио простор за ефикасније усвајање суштинских сазнања и примене уметничких елемената визуалног и филмског језика и израза. Насупрот мојим жељама и очекивањима, графички и анимациони програми су се значајно (готово "бахато"), развијали у смеру комодитета у раду (фул колор интерфејс са достизањем појединих **real-time** резултата, али само на врхунским машинама), као и у смеру (заиста изванредних али превише компликованих за не-инжењерску употребу), симулационих алата: од симулација покрета људског лица (као што је Софтимиџов Фејсробот), симулација хуманодиног понашања (као што је споменути Ендорфин), до изванредних симулација природног окружења (као што је Вуе). Но, чињеница је да и намена и визуални резултати споменутих програма драматично превазилазе задатке и уметничку праксу основа филмске анимације, односно области којима се ова књига бави (још увек су више компјутерска инжењерија а мање уметност и анимација). У сваком случају, анимација сада и у будуће (једноставна или комплексна, цртачко-фотографска или тродимензионална, играчка или филмска, у целости или у главном), реализује се рачунаром и мањим или већим бројем програма посвећених јединичној делатности. Покушао сам да у књизи прикажем најмањи могући број програма који су неопходни за целокупну реализацију анимираног филма, у уметничком и ауторском делу. Нисам се бавио програмима за организацију, продукцију и контролу постпродукције, односно дигиталним алатима за неуметничке филмске делатности. Посветио сам већу пажњу управљању програмима као што су Премијер, **СТР** и СторибордПро, с обзиром да је њихова употреба блиска логици коришћења класичних технологија монтаже, цртаног филма и израде сторибордова, те се у том смислу могу сматрати једноставнијим алатом. Имао сам и жељу да заинтересовани читалац, покретањем и краткотрајном употребом ових програма, може ефикасно и са задовољством да закорачи у свет анимираног филма, већ после прочитаних неколико страна ове књиге. За остале програме, које сам у књизи представио илустрацијама радних екрана, једноставно нема спаса у смислу убрзања: Мауа, Позер, Ендорфин и сви остали, представљају много сложеније алате којима се управља, по правилу, низом одређених команди и неопходно је коректно и студиозно изучавање и усвајање логике програма и начина примене, уз помоћ постојећих упутстава (која се, како сам већ навео, могу "протезати" на неколико стотина или хиљада страница текста).

На листи у наставку је спецификација програма које сам наводио у књизи:

Антикс3д   (**Antics3D V5 / October 2008, Antics Technologies**);

Фотошоп   (**Adobe Photoshop, Adobe Systems Incorporated**);

Премијер   (**Adobe Premiere Pro, Adobe Systems Incorporated**);

ЦТП (**CTP Pro, Crater Software**);

СторибордПро   (**Storyboard Pro, Toon Boom Animation Inc**);

АјКлон   (**iClone, Reallusion**);

Позер   (**Poser, Smith Micro Software Inc.**);

Маја   (**Maya**, развој: **Alias Systems Corporation**; од октобра 2005. власник је: **Autodesk,Inc.**);

Ендорфин   (**Endorphin, NaturalMotion Ltd**);

МоушнБилдер (**Autodesk MotionBuilder, Autodesk, Inc.**);

Пивот   (**Stickfigure Animator, Peter Bone, Creative Commons**);

Диџитал Фјужн   (**Fusion six, eyeon Software**);

Масив   (**MASSIVE (Multiple Agent Simulation System in Virtual Environment)), Massive Software**);

Фејсробот (**Autodesk Face Robot, Autodesk, Inc.**);

Вуе (**Vue xStream, E-on Software**);

З-браш (**ZBrush3.5, Pixologic, Inc.**);

Блендер (**Blender, Free open source 3D content creation suite, Blender Institute BV**);

Худини (**Houdini, Side Effects**);

Пиксел Фарм (**PFTrack 5.0™, The Pixel Farm**);

Софтимиџ (**SoftimageXSI, Autodesk, Inc.**);

Илустрације са тродимензионалним моделима израдио сам комбиновањем Посера и Маје, или у целости у Маји. Дводимензионалне илустрације израдио сам снимањем екрана појединачног програма и доцртавањем, дописивањем и финализацијом у Фотошопу.

Велико хвала Јани, Соњи и Вуку, који су ми помогли да се изборим са хиљадама сличица и података.

Велико хвала Џоу Алонзу, (**Joe Alonso, President, Crater Animation**), за дозволу да употребим екранске приказе ЦТП-а у књизи.

Иначе:

У време финалне припреме "Филмске анимације" за штампу (јануар-фебруар 2010. године), две кратке новинске вести су ме јако обрадовале и потврдиле исправност става о писању ове књиге, на овакав начин и са постојећим мотивима, у смеру разумевања и постизања елементарне уметничке, визуалне и филмске писмености, у савременим "дигиталним околностима" филмске и опште анимације.

Прва је вест да је Дизни студио, филмом Принцеза и жаба, поново покренуо стварање анимираног филма традиционалним методама ручног цртања.

Наиме, Дизни студио је 2004. године објавио да је тада реализовани филм **Home on the Range**, последњи који је произведен класичним методама ручног цртања, и студио је наставио продукцију анимираних филмова дигиталним технологијама у целости, почев од Пиленцета (**Chicken Little**), 2005. године. Те године је много врхунских аниматора било отпуштено, или је напустило студио. Вероватно је много њих поново ангажовано. Дакле, Дизни је филмом Принцеза и жаба (**The Princess and the Frog, John Musker and Ron Clements, The Walt Disney Co.**, 2009.), "на велика врата" поново активирао уметност класичног анимирања оловком на папиру. Да не буде неспоразума, све остало се, почев од скенирања, реализује компјутерима, а парадокс је да је иницијатор повратка "класичној" анимацији Џон Леситер из "компјутерског" Пиксара. Наиме, по "куповини" Пиксара од стране Дизнија, на почетку 2006. године, Џон Леситер је, заједно са Едом Кетмалом, промовисан у "вођу" одељења за анимацију, и обојица су иницијатори "повратка на ручно цртање".

Друга је вест да је Камеронов Аватар за почетних шест недеља приказивања остварио највећу зараду у историји филма (око 1.87 милијарди долара ако ме сећање не вара, и то само од биоскопских пројекција, и то "свега" око 617 милиона долара на америчком "тржишту", а остало се односи на неамеричке пројекције).

Феноменално за једно уметничко дело које је у овом случају анимирани филм.

Планетарна феноменалност је још значајнија ако се узме у обзир да је Аватар "чист цртаћ" (односно, бриљантно класично конципиран и изведен анимирани филм, од антиципације до претеривања), и у свему "чиста лепота", као и Мона Лиза.

И, за крај:

Драги читаоче,

ако читате и ове редове, знајте да ме чините јако радосним, јер:

а) или сте бар прелистали/прочитали претходних >200 страница, у ком случају сте, као и ја, заљубљеник у анимирани филм;

б) или сте једноставно почели прелиставање као и увек, од последње стране (као и ја: ако не ваља на крају, неће ваљати ни у средини, као ни на почетку) ... те у сваком случају, заслужујете да и ја вас обрадујем.

Јавите ми се поруком на мејл **axkaja@gmail.com** и поклонићу вам једну електронску (**pdf**), копију ове књиге, и то у изворном облику, у пуном колору, са стотинама филмских илустрација и са личном посветом.

Што значи: поклонићу Вам један примерак оригинала књиге, онако како сам је са радошћу припремао и уредио, али је у таквом облику нисам могао објавити у папирнатој форми.

Поздрав!

Александар Кајевић